RESEARCH METHODS IN SOCIAL WELFARE

사회복지조사론

Pacific Books

머리말

최근 들어 한국 사회에서 '사회복지'라는 화두는 뜨거운 감자로 급부상하고 있다. 현재 한국사회에는 다양한 사회적 위험들이 공존한다. 경제수준은 날로 높아지고 있으나 소득수준의 양극화는 오히려 심화되고 있으며, 일하면서도 빈곤한 근로빈곤층이 늘어나고, 맞벌이 부부의 증가로 아동 및 노인 등 가족에 대한 사회적 케어에 대한 욕구 또한 늘고 있다. 이러한 사회문제가 '사회복지'라는 것에 대한 욕구로 분출되고 이슈화되고 있는 것이다. 이러한 상황에 발맞추어 사회의 많은 자원이 사회복지분야에 투입되고 있으며 그 자원을 바탕으로 다양한 사회복지정책과 프로그램이 개발되고 시행되고 있다. 이러한 사회적 추세는 정부 및 민간기관에서 제공하는 사회복지 서비스의 효율성과 효과성에 대한 평가에 대한 관심으로 나타나 사회복지조사에 대한 중요성을 부각시키고 있다.

과거 온정주의적인 사회복지 실천방법의 과학화를 도모하기 위해 시작했던 사회복지조사는 단순한 과학화를 벗어나 시대적 요구를 받고 있으며 전문사회복지 교육에서 그 중요성이 인정되어 필수교과목으로 자리매김하고 있다.

그러므로 저자는 사회복지학도들에게 사회복지조사론의 이론을 체계적으로 이해하도록 돕고 앞으로 실천현장에서 사회복지조사 능력을 충분히 활용할 수 있도록 책의 내용을 구성하고자 하였다. 또한 이러한 목적을 달성하기 위해 이 책에서는 사회복지조사론에 대한 기본적 개념과 이론에 대한 설명을 바탕으로 구체적이고 다양한 조사설계의 내용과 절차를 포함하였고 가능하면 구체적인 예시를 제시하여 쉬운 이해를 도모하고자 노력하였다.

이 책의 구성을 보면, 제 1장에서는 과학적·비과학적 지식의 개념이 무엇인지, 과학적 조사방법은 또한 무엇인지에 대해 알아보고 사회복지학이 어떻게 과학으로 인정받을 수 있는지를 보고자 한다. 제 2장에서는 연구방법론에 대한 접근을 통하여 사회복지조사가 무엇인지에 대한 이해를 도모하고자 한다. 제 3장에서는 조사연구의 과정을 이해하고 연구목적, 시간적 차원, 기타 기준 등 각 기준에 따른 사회조사의 형태와 분류에 대해 알아보고자 한다.

제 4장에서는 연구문제와 개념, 변수, 가설, 이론에 대하여 설명하였다. 사실 연구문제가 전체 연구과정에서 차지하는 중요성은 아무리 강조해도 지나치지 않다. 연구문제의 적절한 설정이 전체 연구과정의 방향을 좌지우지하기 때문이다. 제 5장은 조사방법에서 중요하게 활용되는 측정과 척도에 개념에 대해 알아보고자 하였으며, 제 6장에서는 측정의

신뢰도와 타당도, 그와 관련된 오류에 대해서 알아보고자 하였다. 제 7장은 표집의 개념과 설계, 유형에 대해서 알아보고 제 8장에서 실험조사설계에 대해 설명한다. 연구설계는 연구문제에 대한 해답을 찾는 과정을 계획하는 것으로서 방대한 내용을 담고 있다. 실험연구는 변수 간의 인과관계를 검증하는 것으로 인과관계의 개념과 성립요건에 대하여 알아보고 인과성 추론의 타당성을 저해할 수 있는 오류에 대해 살펴보고 그것을 줄일 수 있는 방법에 대해 다룬다. 또한 연구설계의 구체적인 내용으로 순수실험설계, 유사실험설계, 전실험설계와 비실험설계에 대해 소개한다. 각 설계별로 각각의 연구문제가 다르게 설정되는 점과 발생할 수 있는 오류의 종류나 성격도 함께 알아본다. 제 9장에서는 사회복지조사에서 주로 사용되는 단일사례연구설계에 대해서 알아보고, 제 10장, 11장에서는 1차 자료 수집방법과 2차 자료수집 방법에 대해서 알아보고자 하였다. 제 12장으로 넘어가 사회복지에서 욕구는 무엇이며, 어떻게 조사할 것인지, 프로그램이 종결된 후에 평가조사를 어떻게 할 것인지에 대해서 알아본다. 제 13장에서는 질적 연구를 다루고 있다. 최근 양적 연구와 질적 연구의 장단점이 소개되며 통합의 필요성이 제기되고 있어 이와 관련한 논쟁도 다룬다. 마지막으로 제 14장에서는 앞에서 알아본 연구방법과 실험을 통해 어떻게 조사보고서를 작성할 것인지, 어떻게 유종의 미를 거둘 것인지에 대해 알아본다.

이 책의 구성과정에서 사회복지 조사론의 다양한 지식을 폭넓게 담기 위해 노력하였으나, 한정된 지식과 시간적 제약으로 부족한 부분도 있으리라 생각된다. 미진한 부분은 앞으로 독자들의 지적에 따라 계속하여 수정 보완해 나갈 것이다.

끝으로 이 교재가 출판될 수 있도록 지원해주시고 도와주신 퍼시픽 북스 출판사 관계자 여러분들에게도 감사의 말씀을 전한다.

2012년 12월

집필진 일동

집/필/진

- **박용순** 성결대학교
- **배극수** 성결대학교 · 경복대학교
- **강창교** 문경대학교
- **권영길** 한북대학교
- **길옥연** 인천대학교 시민대학
- **박준섭** 초당대학교
- **서인균** 신경대학교
- **이광석** 경북대학교
- **이영주** 장안대학교
- **이영희** 혜천대학교
- **장우심** 영동대학교
- **전대성** 경북전문대학교
- **정현태** 한국 국제대학교
- **조영순** 국민대학교

CONTENTS

CONTENTS

CONTENTS

1

Chapter

과학적 방법과 조사연구

1.1 지 식

1.2 과학적 조사방법

1.3 과학철학

1.4 과학으로서 사회과학

1.5 사회과학으로서 사회복지학

1.1 지 식

1. 과학적 지식탐구

'과학이란 무엇인가?'라는 질문에 '과학이 무엇이다'라고 답하는 것은 생각한 만큼 쉽지 않다. 보통 과학이라 하면 물리학, 화학, 자연과학, 공학만을 떠올리기 쉽지만 심리학, 사회학도 사회과학이라는 분야에 포함되어 당당히 '과학'으로 볼 수 있다. 그렇다면 과학이란 무엇인가? 최성재(2008)는 과학이란 학문의 대상 영역이 어떤 것이냐에 따라 정의되는 것이 아니라 연구(접근)하는 '방법'이 과학적이냐 그렇지 못하느냐에 따라 그것은 과학이 된다고 하였다. 즉 자연현상을 다루더라도 방법이 과학적이지 못하다면 과학이 아니고 사회현상을 다루더라도 방법이 과학적이면 과학이 되는 것이다.

그렇다면 과학적 방법이란 무엇인가? 과학적 방법이란 체계적 논리와 관찰을 통해 자연현상과 물질 그리고 사회현상에 대한 객관적 지식을 획득하는 것이며, 핵심은 논리와 관찰(경험)을 통해 연구하는 것이다. 이러한 의미로 과학적 지식탐구란 과학적 방법, 즉 논리와 관찰을 통해 한 분야의 대상 영역을 탐구하는 것이며, 이러한 방법을 통해 연구된 다양한 영역은 과학으로 볼 수 있을 것이다.

2. 비과학적 지식탐구

과학적 지식탐구를 추구함에 있어 비과학적 지식탐구에 대해서 알아보는 것은 필수적일 것이다. 어떠한 방법들이 비과학적 지식탐구로 나타나는지 다음을 통해 알아보고자 한다.

(1) 관습에 의한 방법

사회적인 선례나 관습 또는 습성을 수용하여 지식으로 형성하는 것이다. 이러한 관습에 의한 방법을 비과학적인 지식탐구로 보는 것은 관습이 시대에 따라 변하기 때문이다. 더욱이 기술이나 정보가 급격히 변화하는 오늘날에는 과거, '진리'라고 믿었던 것들조차 그렇지 않은 경우가 많다는 한계를 지니고 있음에 과학적 방법으로 볼 수 없다. 예를 들면 민간요법에서는 산후조리 시 찬물로 목욕하는 것은 적절하지 못한 것으로 보지만 서양에서는 반대로 산모가 출산 후 찬물로 목욕을 하고 차가운 음식을 먹기도 한다. 이처럼 관습에 의한 방법은 문화적 요인이나, 시대적 흐름에 따라 변화될 수 있기 때문에 비과학적 지식탐구로 볼 수 있다.

(2) 권위에 의한 방법

자신의 주장에 대한 타당성과 설득력을 높이기 위해 사회적, 정치적으로 지식을 만들어 낼 수 있다고 인정되는 사람의 말이나 주장을 비판 없이 사실이나 진리로 받아들여 사용하는 것을 말한다. 이러한 방법을 과학적 방법으로 볼 수 없는 것은 전문가들 사이에서도 의견일치가 이루어지지 않는 경우가 있다는 점, 전문가의 주장이라 하여도 반드시 옳지 않고, 전문가의 권위도 시간에 따라 변할 수 있다는 한계를 가지고 있기 때문이다. 중요한 것은 전문가, 학자 또는 학술단체의 주장이 과학적인 지식탐구가 되기 위해서는 그들의 말을 전적으로 믿는 것이 아닌 비판적인 시선으로 과학적 검증을 통해서 이루어 질 수 있을 것이다.

(3) 직관에 의한 방법

많은 사람들에게 의심 없이 받아들여지는 경험이나 판단, 추리 등을 스스로 분명한 명제로 호소하는 방법이다. 직관은 설명이나 증명을 하지 않아도 직접 진리임이 밝혀지는 자명성 때문에 쉽게 이용되고 받아들여질 수 있지만, 분명하다 파악되는 그 명제도 당시의 유행이나 어릴 때의 교육에 의해 조성되는 경우가 많기 때문에 항상 옳다고 볼 수만은 없다. 예를 들어 '태양이 움직이기 때문에 지구를 중심으로 돈다.'라는 진리와 같던 명제를 받아들이는 것이 아닌, '지구가 태양을 중심으로 돈다.'라고 밝혀냈던 코페르니쿠스와 같이 직관보다는 끊임없는 의심과 탐구를 통하여 현상을 바라보는 것이 과학적 지식탐구에는 필요하다.

비과학적 지식탐구

분 류	내 용
관습에 의한 방법	사회적인 선례나 관습 또는 습성을 비판 없이 수용하여 지식으로 형성하는 것
권위에 의한 방법	주장의 타당성과 설득력을 높이기 위하여 사회적으로 지위가 있는 사람의 의견(말)을 비판 없이 수용하는 것
직관에 의한 방법	많은 사람들에게 의심 없이 받아들여지는 것으로서 스스로 분명한 명제에 호소하는 것

3. 비과학적인 지식탐구방법의 문제점 : 루빈과 바비(Rubin and Bobbie)

(1) 부정확한 관찰(inaccurate observation)

모든 지식탐구의 출발점은 관찰에서 시작한다. 하지만 일상적인 상황에서 대부분의 경우, 우리의 관찰은 정확하지 않을 가능성이 높다. 내담자가 어떤 대답과 행동을 했는지 생각을 더듬다보면 왜곡되어 나타나는 경우가 많으며, 잘못 해석하거나 판단될 수 있다. 이러한 이유로 부정확한 관찰은 피해야 되며, 관찰을 더 정교하고 계획적으로 하여 부정확함을 제거하는 것이 필요하다.

(2) 지나친 일반화(over generalization)

소수의 사례를 가지고 일반적인 사실로 받아들이는 것이다. 이러한 문제는 쉽게 일어나는데 통계적으로 접근한다고 해도 충분한 숫자가 아닐 경우, 지나친 일반화가 나타날 수 있다. 예를 들어 국민기초생활보장제도 수급자인 몇 사람들이 고급 승용차를 몰고 다니는 것을 관찰하여 근거로 삼고 마치 모든 수급자들이 그러한 것처럼 일반화하여 국민기초생활보장제도 수급자들을 모두 부정 수급자로 간주하여 매도하는 것은 지나친 일반화의 문제로 볼 수 있다. 그렇기 때문에 통계적 방법이 과학적인 지식탐구방법이 되기 위해서는 충분한 숫자의 관찰과 반복관찰을 통해 이루어질 수 있다.

(3) 선택적 관찰(selective observation)

지나친 일반화로 인하여 발생하는 문제 가운데 하나로 어떤 현상에 특정의 패턴이 있고, 여기에는 특정의 원인이 있다고 결론을 내리면 그러한 패턴과 일치하는 미래의 사건이나 상황에만 관심을 기울이려는 경향이다. 즉 현상 속의 특정 부분의 인과관계인 패턴을 관찰하면 이후 그 패턴에만 관심을 가지고 그 외의 패턴들에 대해서는 무시하는 경향을 보이는 것을 말한다. 보통 인종적 편견이 오래 지속되는 현상으로 나타나는데, 경상도 사람에게 한 번 사기를 당한 경험으로 인하여 경상도 사람은 정직하지 못하다고 결론을 내리는 것은 지나친 일반화로 볼 수 있다. 선택적 관찰의 경우 앞의 사건 이후 정직한 경상도 사람이나 정직하지 못한 비경상도 사람들을 무시하는 경향이 나타나게 될 경우를 말한다.

선택적 관찰은 편견을 가진 사람들 사이에서만 일어나기 쉽다고 생각하지만 모든 사람들에게 흔히 나타날 수 있다. 사회복지사 역시도 문제를 중심으로 접근하고 해결하는 훈련을 통해 내담자의 문제점만을 부각하여 보려고 하는 선택적 관찰이 나타나곤 한다. 더욱이 내담자의 가족과 함께하는 상황에서 내담자의 문제만 부각하고 다른 측면들은 무시하는 모습은 선택적 관찰의 문제점을 확연하게 보여주는 예로 볼 수 있다. 이러한 문제점들을 해결하기 위해서는 관찰하고자 하는 대상의 수나 종류를 사전에 조사하여 설계하는 것이 필요하다. 즉, 대상을 구체화하여 관찰할 수 있을 때 선택적 관찰의 문제는 해결될 수 있을 것이다.

(4) 고정관념(made-up information)

고정관념은 어떤 집단의 사람들에 대한 단순하고 지나치게 일반화된 생각들로 어떤 현상에 대한 객관적인 관찰을 방해한다. 대부분의 사람들이 고정관념을 지니고 있다. 자신이 믿는 고정관념을 현상에 적용함에 불구하고 맞지 않을 경우, 자신의 고정관념에 대해 생각하기 보다는 그 대상에게 문제점을 제기하게 된다. 예를 들어 특정 사회복지실천모델의 효과성에 대하여 강한 집착을 보이는 사회복지사는 클라이언트에게 모델을 적용함에도 불구하고 만족스러운 결과가 나오지 않는다면 모델의 효과성에 대해 회의를 하기보다는 클라이언트가 동기화되지 않았다는 것에서 원인을 찾으려 하는 경향을 보인다.

(5) 사후가설(ex post facto hypothesizing)

사후발생적 가설 또는 소급가설이라고도 한다. 관찰이나 연구는 투입 이후 결과를 도출하거나 효과성을 평가하게 된다. 문제는 사후검정에 이용되는 조사방법이 정교하지 못하거나, 효과의 검증이 자신의 기대와 달리 나타났을 경우 결과를 자신이 평소에 갖고 있던 이론에 따라 임의로 해석함에 있다. 연구자는 임의로 해석하는 이 결과를 나름의 일정한 가설로 만든 후 믿게 되는데, 이는 과학적이지도 않을뿐더러 자신의 믿음이기 때문에 이후 연구에도 좋지 않은 영향을 미칠 수 있다.

사후가설에서 나타나는 비과학적 문제를 해결하기 위해서는 관찰에 따른 결과에 맞게 가설을 수정 또는 재설정하는 것이 필요하며, 반복 관찰을 통해 해결될 수 있을 것이다.

(6) 비논리적 근거(illogical reasoning)

논리적 근거 없이 판단하는 것을 말한다. 어떤 상황에 대해 자신이 생각하는 것과 다를 경우, 논리적인 근거를 통해 바라보기 보다는 비논리적 근거를 통해 예외적인 상황으로 치부해 버린다. 이러한 비논리적 근거의 종류에는 대중에의 호소와 발생학적 오류, 인신공격, 수용가능성의 오류 등이 있는데, 대중에의 호소는 많은 사람이 인정하고 있기 때문에 다른 사람들도 이 정보나 지식을 받아들이고 행동해야 한다고 주장하며, 이와 일치하지 않을 경우, 논리적 근거 없이 예외로 치부하는 문제를 보인다. 발생학적 오류의 경우 어떤 대상이 어디서 어떻게 기원하게 되었는지를 보고, 이를 통해 그 관계 중 하나가 필요치 않다면 자체의 가치나 장점은 보지 않고 제외시키는 문제점을 가지고 있다. 예를 들어 "분석철학의 경우 영미제국주의의 것이므로, 제국주의를 원하지 않으면 분석주의를 배워서는 안 된다"는 비논리적인 근거를 통한 오류를 보이게 된다. 반면 인신공격의 경우 "마르크스가 가장으로서의 역할에 충실하지 못했기 때문에 그가 쓴 이론은 받아들일 수 없다"와 같이 이론가 삶의 문제를 이론까지 확장하여 문제가 있는 것으로 해석하는 비논리적인 문제를 보인다. 마지막으로 수용가능성의 오류는 전제 자체에 오류가 존재하는 것으로 계속 돈을 잃은 도박사가 "이제껏 잃어왔기 때문에 이번에는 딸 확률이 높을 거야"라는 비과학적이고 비논리적인 전제를 가지는 것이다. 이렇게 제시한 세 가지 근거 모두 일상생활에서 쉽게 나타날 수 있는 비논리적추론의 예로 볼 수 있다.

(7) 이해하는 데 자아 개입(ego involvement in understanding)

어떤 현상들을 이해하는 데 자아가 개입하게 되면 현상을 객관적으로 보기가 어려워진다. 개인마다 자아는 다르게 형성되기 때문에 과학적인 근거를 통해 현상을 바라보지 못할 경우, 현상의 이해가 개인마다 상이하게 나타나게 된다. 예를 들어 사회복지사의 경우 자신의 프로그램을 평가할 때 효과성이 낮게 나왔다면 그것이 자신의 개입방법의 문제가 아닌 평가방법이 잘못되었다고 생각할 수 있으며, 다른 이유를 찾는 경향을 통해 현상을 객관적으로 바라볼 수 없게 한다. 또한 클라이언트도 마찬가지로 문제가 자신들의 행위 때문에 발생했기보다 다른 사람들이나 환경 탓으로 돌림을 통해 자아개입은 현상을 객관적으로 보지 못하게 하는 비과학적인 근거를 제공하는 한계를 가진다.

(8) 탐구의 성급한 종결

사실이라는 것은 끊임없이 변할 수 있다. 과거에 믿었던 진리라고 하더라도 끊임없는 과학적 관찰과 탐구로 새롭게 증명될 수 있는데, 이러한 과거 사실이라 믿었던 근거들을 믿고 더 이상 탐구하려 하지 않는 모습들은 비과학적인 모습이다. 예를 들어 자신들이 효과적이라고 판단하는 프로그램이나 개입방법에 대하여 더 이상의 탐구 없이 종결하려는 경향이 존재하는데 특히 탐구의 결과가 주는 의미가 연구자, 지배권력 등에게 부정적인 영향을 줄 수 있다고 예측될 때, 성급하게 지식탐구 작업을 중단시키는 모습이 나타나게 된다. 이처럼 단발적인 결과가 효과적이기 때문에 더 이상 탐구하지 않는 것, 또는 부정적인 효과 때문에 중간에 그만 두는 것은 사실을 찾지 못하는 것과 같다. 때문에 믿고 있는 사실도 다를 수 있다는 개방적인 태도(open-minded)를 가지고 지속적인 탐구를 통해 과학적인 조사를 이루어 나가야 할 것이다.

(9) 신비화(mystification)

자연 앞에서 인간은 모든 것을 이해할 수 없다. 과거와 달리 현상에 대해 과학은 많은 것을 증명하고 발견해 왔지만 아직도 인간은 모르는 것이 더욱 많다. 문제는 모르는 것에 대한 탐구의 노력보다 이해할 수 없는 현상이 인간의 능력을 넘어서는 영역이라고 원인을 돌리며 초자연적 또는 신비화로 치부하는 것이다. 과학적 방법은 모든 것을 알 수 있다는 믿음 하에 끊임없이 탐구해야 할 것이다. 어렵다 하여 신비화한다면 과학적 근거는 빈약해 질 것이며, 현상의 사실은 결코 알아낼 수 없을 것이다.

1.2 과학적 조사방법

1. 과학적 조사의 의의

앞에서 살펴본 지식추구 방법은 비과학적인 근거와 논리를 통해 편견과 맹목적 확신을 가질 위험을 가지고 있다. 그렇다면 비과학적인 지식탐구로 인해 나타나는 문제를 제거하기 위해서는 가장 앞에서 살펴보았듯이 과학적 방법을 통해 현상을 바라보는 것이 필요하다. 김병섭(2008)은 과학적 방법에 대해 주어진 명제에 대해서 가능한 한 많은 의문을 제기해야 하는 것과 증거에 기초하여 증명해야함을 이야기하면서, 과학적 방법은 기존에 옳다고 주장하거나 사실이라고 믿는 것들에 대해서도 다른 설명의 가능성을 열어두고 받아들일 수 있는 자세로 현상에 접근해야 함을 강조했다. 이러한 과학적 조사는 우리가 일반적인 현상들의 과학적 근거를 밝혀내게 하고 객관적으로 바라보고 이해할 수 있는 힘을 가지게 할 것이다.

2. 과학적 조사방법의 특징

(1) 개방적인(open－minded) 자세

과학적 조사방법은 우리가 이미 알고 있는 것, 혹은 믿는 것 모두에 대하여 개방적인 자세를 갖고 있어야 한다. 과학에 있어서 절대적 진리는 존재하지 않으며, 절대적 진리를 인정하는 순간 더 이상 나아갈 수 없다. 그러한 이유로 과학적 연구는 이론에 대한 잠정적인 결론이라고 인식하고 수정 가능함을 기억하고 있어야 한다. 우리가 '지식'이라고 부르는 것들은 일시적인 것(provisional), 또한 부정(refutation)의 대상이 될 수 있음을 생각하는 것, 그것이 과학적 조사방법의 자세이다.

(2) 관찰에 근거한 증거를 기반에 둔 지식

과학적 조사방법은 권위, 전통, 이념 등이 아니라 체계적(systematic)이고 포괄적(comprehensive)으로 관찰된 증거를 통해서 진리를 찾는 것이다. 지나친 일반화나 선택적인 관찰은 피해야 하며, 관찰 대상의 수를 다수로 만드는 것이 필요하다. 더불어 관찰 대상은 다양해야 하고 관찰의 과정이나 절차를 구체적(specific)으로 함으로써 결과에 도달하는 과정을 드러내고 근거를 제시할 수 있어야 한다.

관찰에 근거한 증거를 통해 지식은 편견을 제거할 수 있고 편견이 들어간다 하더라도 구체적인 과정 속에서 편견의 영향을 받는 요인들을 끊임없이 밝혀내고자 함으로써 지식은 객관적이고 과학적인 근거를 가질 수 있을 것이다.

(3) 명백한 규칙과 절차의 체계

과학적인 조사는 문제의 설정, 가설제시, 조사설계, 측정, 자료수집, 자료분석 등의 일정한 규칙과 절차를 통해서 이루어진다. 그러나 이러한 규칙과 체계가 영원히 변하지 않는 것은 아니다. 앞에서도 보았듯이 과학에 있어 영원불변의 진리는 존재하지 않는 것과 같이 명백한 규칙과 절차라 할지라도 변하지 않는 진리는 아니다. 결국 이 점에 있어서도 개방적인 자세를 가지고 오류를 찾아내고 끊임없는 수정과 개선을 통해 더욱 과학적인 지식을 얻을 수 있어야 한다. 중요한 것은 결과뿐만 아니라 도출을 이끌어내는 과정 역시 모두 중요하게 보는 것이다.

(4) 의사소통을 위한 규칙

비과학적인 방법으로 제시되는 근거들은 의사소통을 혼란스럽게 할 수 있다. 보편적으로 알려진 것들의 경우, 현재 과학적 방법으로 탐구되었기 때문에 논의할 수 없지만 비과학적 근거로 개인의 주장을 하다보면 상대방과의 대화는 혼란을 야기할 뿐이다. 그렇기 때문에 과학적 방법을 통한 근거의 제시는 어떤 공통의 경험을 공유하기 원하는 사람들 사이의 의사소통을 원활하게 해줄 것이다. 이러한 관계에서 과학적 방법은 규칙을 명백히 하고 공개적이며 접근 가능하게 하여 반복 조사와 건설적 비판을 위한 틀을 만들 수 있다.

(5) 추론을 위한 규칙

과학적 방법은 추론된 지식의 논리적 기반을 명백히 하는 것이다. 경험적 관찰이 과학적 접근방법에서 가장 근본적이지만, 그 자체가 진리인 것이 아니기 때문에 경험적 관찰로만 주장의 근거를 삼기에는 어렵다. 이러한 사실에서 과학적 방법은 과학의 가장 핵심 도구인 논리를 통해 경험적 관찰의 추론을 이끌어내고 과학적 근거를 세울 수 있게 한다. 즉 과학적 방법은 사실적 관찰에 대한 의미 있는 추론체계이고, 이것을 통하여 사실적 관찰로부터 믿을만한 논리적 근거를 끌어올 수 있는 것이다.

(6) 경험적 객관성을 위한 규칙

반면 추론을 위한 규칙만으로 끝난다면 과학적이지 못하는 한계를 지니게 된다. 논리란 추론의 옳고 그름과 관련이 있을 뿐, 경험적인 진실 혹은 입증된 사실과 관련이 있는 것은 아니다. 때문에 객관적 증거(evidence)를 통해 사실(fact)을 지지해야 한다. 그런 후에야 사실은 진실이 될 수 있다.

3. 과학적 지식의 특징

(1) 과학은 체계적(systematic)이고 논리적(logical)이다.

종교가 계시, 관습, 전통 등에 근거를 두고 있다면 과학은 서로 배반적인 것을 동시에 가질 수 없다는 논리적 이유에 근거하여 경험적 자료를 체계적으로 분류·정리한다.

(2) 과학은 결정론적(deterministic)이다.

과학에서는 모든 현상이 자연발생적인 것이 아니라 어떤 원인에 의해서 발생하는 것이기 때문에 그 원인이 논리적으로 확인되어야 함을 전제로 한다. 이러한 인과관계에서 과학의 결정론은 단정적으로 보기 보다는 개연성을 가지고 얼마나 더 가까우냐에 따라 확실히 하는 것이다.

(3) 과학은 일반적(general)인 것을 추구한다.

과학은 개별적인 현상들을 하나하나 설명하기 보다는 현상에서 보편적으로 나타나는 것들에 대한 일반적인 이해를 찾는다. 즉 과학은 되도록 많은 대상들의 보편적이고 일반적인 성향을 밝혀내려는데 목적을 두고 있으며 일반화의 가능성을 추구한다.

(4) 과학은 간결한(parsimonious) 것을 추구한다.

과학자들은 현상을 탐구할 때 일반적으로 설명될 수 있는 최소한의 공통 요인을 찾아내고자 한다. 유형별로 영향을 미치는 공통적인 요인들이 많다면 각각의 유형별 요인들이 현상을 얼마나 잘 설명할 수 있는지 분별하기 어려워진다. 이러한 한계를 제거하기 위해 현상의 유형을 구분하는데 도움이 되지 않는 요인들을 발견하여 제거하고 영향을 미치는 최소한의 요인으로 현상을 간결하게 설명하고자 한다.

(5) 과학은 구체적(specific)이다.

과학은 어떤 논제를 연구할 때 분명히 밝혀야 할 개념의 뜻을 조작적 과정을 통해 구체화하고 경험적으로 인식할 수 있도록 해야 한다. 조작화 개념의 구체화는 흐릿한 시공간적인 범위를 명확하게 하고 도출하고자 하는 결과와 개념들을 보다 정확히 측정할 수 있게 하며 경험적으로 인식할 수 있게 돕는다.

(6) 과학은 경험적으로 검증가능(empirically verifiable)해야 한다.

과학적 지식은 경험적인 자료를 모아 분석하고 검증함으로써 이론이나 법칙을 도출할 수 있으며, 경험성(empirically)을 통해 도출된 이론이나 법칙을 궁극적으로 인간의 감각기관에 의해 지각될 수 있게 한다. 이러한 경험적 특성은 측정될 수 있고 관찰될 수 있는 현상만으로 국한되어야 하며 연구결과로 발견된 새로운 사실도 특정된 범위 내에서 해석되어야 한다. 만약 경험적으로 자료를 수집하여 얻은 결론이 아니거나, 자료의 분석을 통하여 예측하지 않은 결론은 과학적 이론이라 부르기에 부족하다.

(6) 과학은 간주관적(inter-subjective)이다.

과학적 연구는 연구과정이 같으면 같은 결론을 얻어야 한다. 이는 서로 다른 두 과학자가 연구과정이 같은 실험을 행하는 경우, 서로 다른 주관적 동기가 있더라도 결과가 같게 나타나야 한다는 것을 의미한다. 그러나 만일 학자들이 내린 개념의 조작화가 다를 때, 즉 변수들이 모두 혹은 부분적으로 달리 정의되고 측정된다면, 같은 현상 내지 같은 주제를 연구하여도 같은 설명이 되지는 않는다.

(7) 과학은 수정가능(open to modification)하다.

과학에서도 영원한 진리는 없으며, 당시의 상황에 맞게 수정될 수 있다. 과학은 진리를 추구한다기보다는 효용(utility)을 탐색하는 것으로서, 수많은 과거의 과학적 이론이 부정되었거나 다른 이론으로 대체되어 오고 있다.

(8) 과학은 설명적이다.

과학의 기능은 연구대상을 개선하기 위해 지식을 개발하고 사실을 학습하고 새로운 사실을 발견하는데 있다. 관심의 대상이 되는 경험적 사상이나 사건을 모두 망라하여 설명할 수 있는 일반법칙을 발견·설립하고 단편적인 지식들을 결합하여 사건에 대해 보다 신뢰성 있는 예측을 하거나, 현재까지 할 수 없었던 예측을 해내도록 한다.

(9) 과학은 재생가능(reproducible)하다.

과학은 반복가능한데 과학에서 이론으로 정립되기 위해서는 그 이론에 대한 신뢰성을 확보하기 위해 조사를 반복적으로 수행할 수 있어야 한다. 지금의 일반적으로 사용되는 모든 이론은 여러 차례 반복적으로 검증되거나 관찰된 후 정립된 것이다. 이러한 반복, 즉 재생가능성을 확보하기 위해서 연구자는 개념의 조작화, 조사설계, 자료수집과정, 자료분석과정 등에 관해서 상세하게 기술하여야 한다.

(10) 과학은 객관성(objectivity)을 가져야 한다.

객관성이란 건전한 감각기관을 가진 여러 사람이 같은 대상을 인식하여 얻은 인상의 일치를 의미한다. 즉, 누구에게나 동일하게 인식되는 사건이나 현상은 객관성이 있다고 말할 수 있다. 그렇다고 다수결이 다수의 인식이라는 점에서 객관성을 의미하거나 어떤 상황이 과학적 객관성을 가지고 있느냐의 여부를 판단해 주는 것이 아님에 주의하라. 다수결은 그저 해당상황에서의 선택수단에 지나지 않는다. 객관성을 확보하기 위해서 질문지나 조사표, 채점표와 척도 같은 도구들이 개발되고 사용된다.

4. 과학적 조사의 논리

(1) 연역법(deduction)

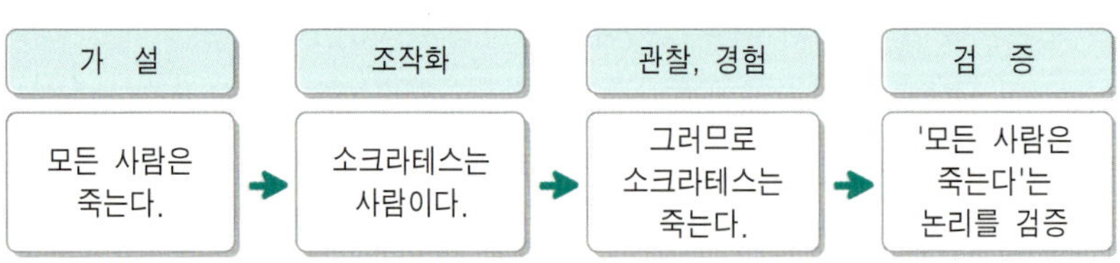

연역법은 기존의 이론적 틀이나 공리, 공준, 정리, 다른 가설에서 개념간의 관계를 논리적으로 추론하여 가설을 설정하고, 이 가설이 현실에서 그대로 나타나고 있는가를 관찰하여 확인하는 절차를 취하는 것이다(최성재, 2008, 55). 이를 통해 가설을 검증하고 증명할 수 있다.

위의 표를 보면 전개방법을 볼 수 있다. 이를 살펴보면, 처음 이론적 이해를 통한 가설 '모든 사람은 죽는다'을 설정한다. 이후 검증에 필요한 관찰 대상의 조작화 '소크라테스는 사람이다'를 관찰하고, '그러므로 소크라테스는 죽는다'라는 관찰이나 경험의 결과로 가설 검증이 참임을 알 수 있다. 이에 가설을 채택하여 검증을 마무리 지을 수 있다.

연역법은 전통적인 과학적 조사의 접근방법으로 보편적이거나 일반적인 원리나 법칙으로부터 구체적이고 특수한 현상에 대한 지식을 추론해내는 접근방법이다. 연역법은 위와 같이 삼단논법을 대표적으로 볼 수 있으며, 실증주의자들(positivists : 과학으로 얻어지는 지식의 총체 이외에 참된 지식은 없다고 주장하는 사람들)이 주로 사용한다.

(2) 귀납법(induction)

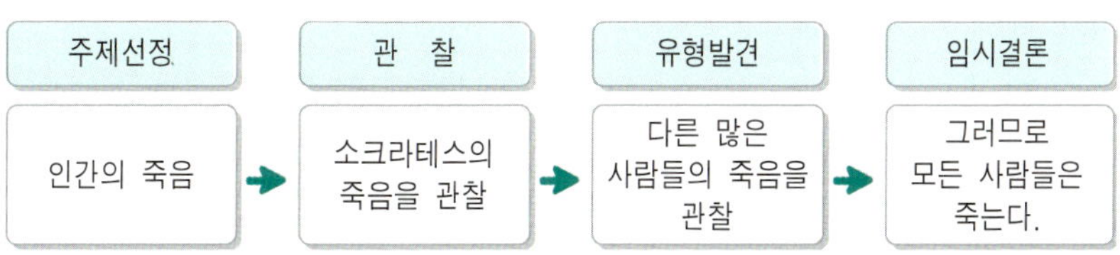

귀납적 방법은 연역법이 이론으로부터 가설을 도출하고 관찰을 통해 검증하는 것과 달리 관찰로부터 시작하여 이론을 도출해내는 방법이다. 전개방법으로는 주제를 선정하고 관찰을 통하여 보편적 유형을 발견하여 발전을 통해 임시결론에 이르게 한다.

귀납법은 개별적 사실들로부터 일반적인 원리 또는 이론으로 전개해 나가는 논리적 과정이기 때문에 유형을 검증하는 연역법과는 달리 관찰에 의해 나타난 유형 또는 규칙으로 임시결론을 내고 이론을 도출할 수 있다. 즉 연구대상이 된 경험세계를 객관적으로 관찰하고 결과를 기록하고, 그 결과가 어떤 규칙에 따라 일정한 유형으로 전개되는 것을 발견하는 것이다. 귀납적 방법에 의해 임시적으로 결론내린 유형이나 규칙성을 객관적인 수준에서 증명하기 위해서는 계량적인 분석절차와 방법, 그리고 통계적 분석이 필요하다.

(3) 연역법과 귀납법의 순환적 관계

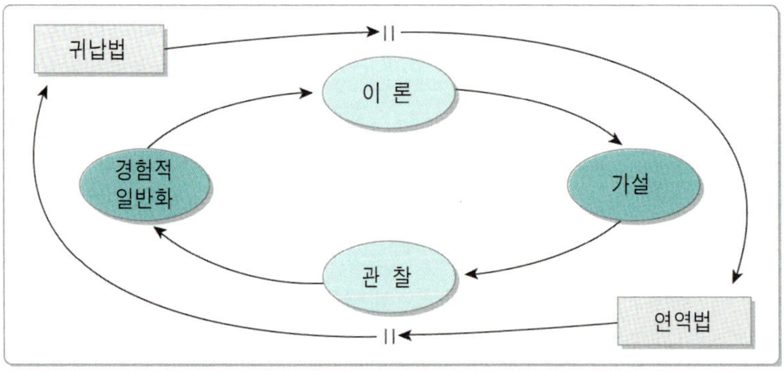

그림 1-1 **연역법과 귀납법의 상호관계**

연역적 방법과 귀납적 방법은 마치 독립적으로 이론을 도출해내는 것처럼 보이지만 실제 조사에서는 연역적 방법과 귀납적 방법은 순환적 관계로 서로 연결되어 있다. 즉 상호대립적인 관계가 아니라 상호보완적인 관계로 이 과정에서는 명백한 시작과 끝이 없는 순환 관계이다. 일반적으로 기존이론이 존재할 때에는 연역법을 사용하고 기존이론이 존재하지 않을 때에는 귀납법을 사용한다.

연역적 방법과 귀납적 방법

구 분	연역적 방법	귀납적 방법
전제	연역적인 가정에서 출발	객관적·중립적인 관찰에서 출발
행위의 규칙성	기존 이론 및 가정이 처음부터 설정된 것으로 가정	행위가 대립되는 이해관계들 간의 상호작용 관찰에서 추론
강조점	획일적인 연역적 전제	연구의 복잡성, 불확실성, 목적 및 수단의 모호한 관계 강조
결론의 타당성	전제의 타당성에 달림	일정한 정도의 확률값만 가짐

1.3 과학철학

과학과 과학적 방법에 대한 정의와 원리를 근본적으로 논하는 학계의 입장은 시대에 따라 변화하고 있다. 이러한 입장에는 크게 지식의 객관성을 추구하는 절대론적 입장과 지식의 주관적 개입을 인정하는 상대론적 입장이 있다. 실증주의, 경험주의 및 반증주의는 경험적 관찰을 중시하며 지식의 객관성을 추구하는 절대론적 입장인 반면, 다른 학파들은 지식을 탐구함에 있어 연구자 주관의 개입은 필연적이라는 상대론적인 입장을 취하고 있다(김병섭, 2008; 28～30. 최성재, 2005; 29～33. 김기원, 2001; 29～33; 한승준, 2000; 45～51; Sayer, 1999; 326～334).

(1) 귀납주의

16세기 베이컨(F. Bacon)으로 대표되는 귀납주의는 많은 사례를 실험·관찰하고 공통적인 것을 찾아내어 일반적 법칙과 이론을 형성하고자 한다. 귀납주의는 인식의 원천을 실험과 관찰로 보기 때문에 현상을 객관적으로 관찰하고 실험하는 것만이 정확한 지식을 얻고 보편적인 진리에 도달할 수 있는 방법이라고 주장한다.

(2) 연역주의

17세기 데카르트(R. Descartes)로 대표되는 연역주의는 과학에서 연역법의 사용을 중시하는 입장으로 논리적 추론을 통해 일반적인 공리나 전제로부터 결론을 유도하는 사고이다. 연역주의는 보편적, 일반적 원리와 법칙으로부터 가설을 형성하고 경험적 관찰을 통해 가설을 검증함으로써 과학이 발전하게 된다고 주장한다.

(3) 논리적 실증주의(logical positivism)

스펜서(H. Spencer) 등의 고전적 실증주의와 베이컨(F. Bacon) 등의 귀납주의를 결합한 과학철학이다. 논리적 실증주의에서는 형이상학적 명제나 진술을 배제하고 검증가능성의 원리에 적용될 수 있는 '진술과 명제는 경험적으로 검증할 수 있는 경우에만 의미가 있다'는 프로토콜 명제[1]만을 추구한다.

초기 꽁트(Comte)의 실증적 사회연구방법은 천문학 또는 생물학과 같이 '관찰 → 명제(가설) → 관찰된 자료에 의한 진위여부 검증(testability) → 진리로서 입증(verify)'과 같이 진행되었다. 이 방법은 기존의 규범적이고 관념적인 사회현상연구에 중대한 변화를 초래하였지만, 몇 가지 한계를 가지고 있었다. 특히 검정된 가설에 진리로서의 지위를 부여하는 진증론(verifiability)의 입장은 한계로 지적되나 이후 이를 확증론(confirmability)으로 기각하고 관찰될 수 없는 것도 과학의 대상이 될 수 있다고 주장하는 논리실증주의가 나타났다. 논리실증주의는 확증론을 통해 한 번의 가설 검정을 통과했다고 해서 그것이 진

1) 관찰명제 또는 기록명제라고도 한다. 프로토콜은 '기록', '증서'라는 뜻이나, 철학에서 프로토콜 명제라고 하면 직접 경험할 수 있는 일에 관한 관찰을 서술한 명제를 말한다(출처 : 네이버 백과사전).

리로서의 지위가 증명될 수 없으며, 가설의 검정은 단지 검정(test)일 뿐 진리로서 증명된(verified) 것은 아니라는 것을 강조한다. 중요한 부분으로 한 명제를 확증한다는 것은 그것의 참·거짓을 명확하게 결정하는 것이 아니라, 하나 혹은 그 이상의 관찰을 통해서 그 명제가 참 혹은 거짓일 '확률의 크기'를 밝혀낸다는 것이다. 즉 논리실증주의의 경험적 증거는 영원불변의 진리가 아니며, 가설의 확률의 정도를 높여줄 수 있는 방법을 분석함으로써 이론을 발전시키려고 하는 것이다.

(4) 논리적 경험주의(logical empiricism)

논리적 경험주의는 관찰을 과학의 출발점으로 간주한다. 즉 과학의 이론들은 궁극적으로 이론들을 확률적으로 검증하는 관찰에 의해서 정당화되며 연속적인 경험적 검증과정을 거쳐야지만 진리로 발전되어 간다고 주장한다.

논리적 경험주의는 논리적 실증주의에서 주장하는 경험적 증명이 모호함을 지적하고, 하나의 관찰로만 참 명제인 진술로 규명되기 어렵다는 점을 보완하기 위해 등장하였다. 이러한 논리적 경험주의는 관찰만으로는 완전한 진리를 규명하기 어렵기 때문에 진리의 검증(verification)이라는 개념과 달리 진리의 확인(confirmation)이라는 개념을 사용한다. 즉 경험을 바탕으로 구축된 이론의 가설이 여러 번의 관찰을 통해서 실증적으로 검증되고 이를 통해 이론이 진리로써 점차 확인되어 가는 것이다. 이러한 연속적인 경험적 검증과정을 통해 진리로 발전되어 간다고 주장한다.

비록 연속적인 경험적 검증이라는 확률적 관계를 사용하고 있기는 하지만 논리적 실증주의와 마찬가지로 소수의 관찰에 의해서 참과 거짓에 대한 논리적 판단을 행하는 것은 한계로 지적되며, 관찰수행과정에서 관찰자에 의한 오류의 가능성 역시도 배제할 수 없다.

(5) 반증주의(falsificationism)

칼 포퍼(K. Popper)로 대표되는 반증주의는 기존의 이론인 확인된 지식을 다시 한 번 확증하는 것이 지식의 성장이나 과학을 발전시키는데 크게 기여하지 않는다고 본다. 반증주의는 모순에 대한 계속적인 반증과 대담한 가설을 옳은 것이라고 검증하는 것을 통해 지식이 성장한다고 보며, 초기 경험주의와 달리 진리로써의 인정 기준은 기존의 가설이 반증될 때까지로 본다. 즉 기존의 이론을 부정하고 관찰을 통해 과학이 발전한다고 생각하며 기존의 이론에 대해 엄격히 경험적 검증을 행한다. 반증주의는 논리적으로 연역법에 의존한다.

(6) 과학적 혁명(scientific revolution)

토마스 쿤(T. Kuhn)은 과학은 기존의 패러다임(Paradigm, 세상을 바라보는 방식)을 부정하고 패러다임의 위기가 새로운 패러다임의 출발을 통해 과학적 혁명이 나타난다고 주장하였다. 쿤은 과학혁명의 과정을 '지배적 패러다임의 성립 → 정상과학 → 이변의 누적 → 패러다임의 위기 → 과학혁명'으로 설명하였다. 지배적 패러다임이란 개별적인 연구들이 패러다임을 형성하는 것이 아닌, 패러다임이 개별적 연구들을 이끌어낸다는 것이다. 즉 하나의 패러다임이 지배하는 시대에서는 관련된 가설과 그에 따른 과학적 연구만이 나타남을 지적한다. 이러한 지배적 패러다임이 도출하는 가설들이 정상과학인 시대에서는 이변을 도출하는 과학연구들은 변칙사례로 여겨진다. 그러나 이러한 이변들이 지속적으로 쌓여 기존의 패러다임을 위기에 빠지게 하며 이후 새로운 패러다임과 기존의 패러다임의 충돌이라는 과도기를 통해 패러다임의 교체가 일어나게 된다. 토마스 쿤은 이를 '과학혁명'이라 표현하였다.

과학의 발전(혁명)은 지배적 패러다임의 균열이 일어나는 순간, 급격한 변화에 의해서 이루어진다고 볼 수 있다. 이러한 급격한 변화는 위에서 설명한 바와 같이 새로운 패러다임이 지배적 패러다임으로의 되어질 때, 즉 과학혁명이란 패러다임의 이동(paradigm shift)을 의미하는 것이다. 패러다임은 고정된 체계가 아닌 과학적 혁명이 이루어지는 동안 끊임없이 발전하고 변화하는 체계이며 새로운 패러다임이 나타나면 혁신되고 대체된다. 다윈의 진화론, 프로이드의 정신분석학, 마르크스의 사회적 과학주의, 케인즈의 수요이론 등을 예로 들 수 있다.

1.4 과학으로서 사회과학

1. 사회과학의 의의

사회과학은 인간의 모든 행위를 연구대상으로 하여 개인의 독자적 행동이나 타인과의 상호관계 속에 행하는 행동을 연구한다. 또한 사회현상과 인간의 사회적 행위를 사회현상으로 보고 분석하여 종합하고 일반적 법칙을 찾아내려는 지식체계로 볼 수 있다. 사회과학의 성격으로는 경험과학, 역사과학, 실천과학, 사회현실 등에 대한 전체적 인식과학이라고 할 수 있다.

사회복지학은 경제학, 법학 정치학, 교육학, 심리학과 같이 분석적 사회과학(analystic social science)으로 분류되는데, 현대사회에 중점을 두면서 사회형태(the behavior of societies)의 제 측면을 결정하는 기저(基底)의 관계들을 발견하고자 한다. 이와 달리 고고학, 인류학, 사회학으로 분류되는 기술적 사회과학(descriptive social science)은 사회들의 구조와 상호작용 및 발전을 기술한다(김기원, 2001; 34). 사회과학은 앞에서 언급한 바와 같이 두 부류로 나뉘지만 사회복지학이나 다른 학문들이 하나의 분류에만 머무르는 것은 아니다. 하나의 분류에만 머무르지 않고 기술적·분석적 사회과학의 방법을 모두 이용함으로써 사회현상을 보다 잘 분석하고 종합하여 일반적인 법칙이나 기저나 구조를 찾아 개선해 나가고자 한다.

✻ 사회과학 방법론과 자연과학 방법론의 차이

- **사회과학**
  - 사고의 가능성은 제한
  - 사고의 도식화에 대한 의문제기
  - 독창적이고 유일한 성격의 학문
  - 사회문화적인 특성에 영향을 받음
  - 연구자의 가치관, 세계관에 영향을 받음
  - 명확한 결론을 내리기 어려움
  - 새로운 이론도 기존 이론과 비단절적 성격을 가짐
- **자연과학**
  - 사고의 가능성은 무한정
  - 사고의 도식화 강조
  - 누진적인 성격을 가진 학문
  - 사회문화적인 특성에 영향 받지 않음
  - 연구자의 개성이나 사회적 지위에 영향 받지 않음
  - 명확한 결론을 내림
  - 새로운 이론 대두 가능

2. 사회과학의 주류 패러다임

사회과학의 패러다임은 이야기하는 사람에 따라 범위와 그 명칭을 달리 하고 있다. 이에 사회과학의 패러다임을 기능주의(functionalism)와 갈등주의(conflict theory), 상징적 상호작용주의(symbolic interactionism), 사회교환주의(social exchange theory) 등으로 구분하는 경우와 실증주의(positivism)와 비실증주의(nonpositivism)로 구분하는 경우와 같이 혼돈을 야기하기도 한다(Monette, Sullivan & Dejong, 2002). 더욱이 실증주의, 후기실증주의(postpositivism), 해석주의(interpretivism) 및 비판주의(critical theory)로 구분하는 경우도 있는데(Rubin & Babbie, 2001) 여기서는 Neuman(2003)이 정리한 세 가지 주류적 패러다임, ① 실증주의, ② 해석주의, ③ 비판주의를 중심으로 살펴보기로 한다(최성재, 2008; 40~45).

(1) 실증주의(positivist social science)

실증주의 패러다임은 앞에 살펴보았듯이 18세기 사회학의 창시자라 할 수 있는 프랑스의 콩트에 의해 제창되었다. 실증주의 패러다임은 인간행동의 일반적 행태를 예측하는 데 사용할 수 있는 확률적 일반법칙을 발견하는데 주력하며, 이를 확인하기 위하여 논리적 유추와 정확한 경험적 관찰을 결합한 '이론 - 가설 - 관찰 - 일반화'의 반복적 절차에 따라 측정과 양적 자료수집 및 통계적 분석의 조사방법을 통해 인간행동을 연구하고자 한다(Neuman, 2003). 이러한 형태로 이루어지는 실증주의는 사회과학도 자연과학과 같은 방법으로 연구할 수 있다고 보지만 실증주의에서의 사회과학은 자연과학의 연구만큼 구체적 연구방법이 아직 충분히 개발되지 않았기 때문에 개연성(확률)이 자연과학보다 떨어짐을 인정한다. 그럼에도 불구하고 과학적 방법이 곧 실증주의 패러다임에 의한 것을 의미할 정도로 지배적 패러다임이 되고 있기 때문에 대부분의 교과서나 조사자들은 실증주의 패러다임을 선호하고 있다. 문제는 이러한 지배적이고 과학적이라고 믿는 자들이 실증주의 패러다임 외의 사회과학 방법론을 무시하는 경우가 종종 있다는 점인데, 이는 곧 실증주의 패러다임에만 익숙해져 있는 사람들의 연구가 한계에 봉착할 수 있음을 의미한다. 이러한 문제의 한계를 극복하기 위해서는 다른 다양한 연구방법론을 과학적 방법으로 인정하고 이해하여 실증적 방법을 보완해 나가는 것이 필요할 것이다.

(2) 해석주의(interpretive social science)

해석주의 패러다임은 독일 사회학자 막스 베버(Max Weber, 1864~1920)와 독일의 철학자 빌헬름 딜타이(Wilhelm Dilthey, 1833~1911)에서 그 연원을 찾을 수 있다. 사회현상을 이해하는 데 있어 딜타이는 연구대상자 입장에서의 이해를 강조했다. 예를 들면 사회복지사의 시선이 아닌, 클라이언트가 사회를 어떻게 바라보고 이해하는지가 중요하다고 보았다. 베버의 경우 사회과학은 인간의 행동 중 '의미 있는 사회적 행동'에 초점을 두고 연구할 것을 강조했다. 베버의 사회적 행동은 두 사람이 부딪치는 행동을 '우연'이 아닌 그 행동을 하는 사람의 '주관적 의미'를 보는 것이다. 베버가 보기에 사회적 행동은 주관적 의미가 부여되기 때문에 이 의미 있는 행동만이 사회과학의 연구대상이 되어야 하며, 해석주의 사회과학의 제1차 대상이 되어야 한다고 주장했다. 이러한 의미에서 해석주의는 실증주의에서와 같이 외형적으로 유형화된 어떤 일반적 행동을 관찰하는 것이 아니라, 그 행동 깊숙이 자리 잡고 있는 행위자 입장에서의 의미를 찾아내는 데 초점을 두고 있다고 볼 수 있다. Neuman(2003)은 해석주의 패러다임을 사회과학이 사람들이 어떻게 사회세계(social world)를 창조하고 유지하는가를 이해하고 해석하기 위하여 자연적 상황에 있는 사람들을 직접 상세하게 관찰하고 사회적으로 의미 있는 행동을 체계적으로 분석하는 것이라 하였다.

(3) 비판주의(critical social science)

비판주의는 맑스(Karl Marx, 1818~1883)와 프로이트(Sigmund Freud, 1856~1939)에게서 연원을 찾을 수 있고, 후에 아도르노(Theodor Adorno, 1903~1969), 프롬(Erich From, 1900~1980), 마르쿠제(Herbert Marcusem 1898~1979), 하버마스(Jurgen Habermas, 1929~)에 의해서 정교하게 다듬어졌다.

비판주의 패러다임에 의한 사회과학은 사회에 나타나는 표면적 환상, 즉 보여지는 물질세계가 아닌 그 속의 실제적 구조를 발견하는 비판적 탐구의 과정이라 볼 수 있다. 이를 통해 보이는 세계 속의 실제 구조를 드러내고 사람들이 인식하여 스스로 현재의 조건을 변화시켜 개선된 사회를 구성해 나가도록 도울 수 있음을 비판주의 학자들은 주장하며 현대사회의 내부가 아닌 외부만을 보고 밝히고자 하는 실증주의와 해석주의를 비판하였다. 비판의 요지를 살펴보면 우선 실증주의는 실제로 사람들이 의미하는 것과 사람들이 생각하는 능력을 제대로 다루지 못하고 사회적 상황을 무시한다고 비판한다.

또한 현실 사회를 계속적 변화과정의 단계로 보지 않고 현상유지의 자세만을 가지고 있음에 비판한다. 마찬가지로 해석주의 역시 너무 주관적·상대적이며 모든 관점을 똑같게 취급한다는 점, 사람들의 실제적 상황보다는 생각을 더 중요시한다는 점을 비판하고 있으며, 넓고 장기적인 맥락보다는 지엽적·미시적인 단기적 맥락에만 초점을 두고 있는 것과 비도덕적이고 수동적인 점, 강한 가치적 입장을 취하지 못하고 사람들이 현재의 생활을 개선하기 위해 잘못된 환상에서 벗어날 수 있도록 적극적으로 도와주지 못함을 비판한다. 이러한 맥락에서 실증주의와 해석주의는 공통적으로 외부 세계에 나타나는 현상만을 연구대상으로 보기 때문에 비판적으로 살펴봐야할 실제적 구조를 드러내지 못하게 하고 이로 인해 사람들이 사회의 변화과정을 인지하지 못하게 함으로써 현실에 안주하게 됨을 비판주의는 지적한다. 결국 숨겨져 있는 사회 내부의 구조를 드러냄으로써 사회를 변화시키고 개선된 사회를 구성해나가려 비판적 탐구를 비판주의 학자들은 하고자 한다.

3. 사회과학의 한계

사회과학의 대상인 인간행위가 갖는 속성 때문에 사회과학은 다음과 같은 한계점을 지닌다(김기원, 2001; 38~39).

(1) 연구대상이 복잡하고 가변적이다.

사회과학의 연구대상인 인간은 가변적이고 복잡한 행동과 태도를 가지고 있으며, 더욱이 개인마다 차이를 보이기 때문에 정확한 예측이 힘들다. 연구 중에도 인간의 행동은 연구자의 의도를 벗어날 수 있다.

(2) 연구방법이 불완전하고 통제조작이 어렵다.

인간행태의 본질을 파악할 수 있는 방법들이 불완전하다. 특히 인간은 자신이 실험대상이 되고 있다는 것을 알게 되면 평소와 다른 행동을 보일 수 있기 때문에 자연과학과 같은 엄밀한 통제조작에 의한 연구가 어렵다.

(3) 객관적 예측이 불확실하다.

인간은 예측을 뒤 바꿀 수 있는 능력이 존재하기 때문에 객관적 예측이 항상 맞지는 않는다. 인간은 수많은 요인들로 때에 따라 달리 영향을 받는다. 이에 과학적 방법으로 반복관찰 후 객관적인 판단을 내리고 인간의 행동을 예상하더라도 또 다른 요인에 의해 예측행동과 달리 행동할 수 있다.

(4) 인간이 연구대상이므로 과학적 분석이 어렵다.

인간에 대한 상징적 연구이기 때문에 연구대상이 도덕적이고 규범적이다. 따라서 과학적 분석과 기술에 어려움이 있다.

(5) 인간을 수단으로 사용할 때 윤리적 문제가 발생할 수 있다.

연구대상이 인간이기 때문에 인간을 목적이 아닌 수단으로 사용할 때에 비인간화·윤리성의 문제가 발생할 수 있다. 연구를 위해 인간을 실험의 도구로 사용하게 될 경우 윤리적 문제가 발생할 수 있으며, 이는 점차 인간만이 아닌 생명을 지닌 모든 생명체를 포함하는 방향으로 변하고 있다.

(6) 연구자의 가치가 개입될 여지가 있다.

연구를 하는데 있어서 연구자 자신의 가치관, 또는 연구자가 준거하고 있는 학문세계의 지배적인 가치가 개입될 수 있다. 연구자 역시 인간이기에 개인의 가치, 학문세계의 가치, 사회를 지배하는 가치에 영향을 받으며 연구를 하는데 있어 다양한 가치는 끊임없이 개입될 수밖에 없다. 연구에 가치가 개입되면 연구는 객관성을 잃어버리게 되기 때문에 연구자는 끊임없는 고찰을 통해 가치를 배제하는 탐구적 자세가 필요하다.

1.5 사회과학으로서 사회복지학

사회복지학이란 사회복지 현상의 구성요소들과 요인들을 체계적으로 분석하고 이들 간의 인과관계를 탐구하며 개념과 변수 이론을 체계적으로 정립하는 학문영역이다. 사회복지학이 사회과학으로서 인정받기까지에는 나름대로의 고유한 연구주제와 연구방법 그리고 이론체계의 면에서 사회과학이 될 수 있는 과학적 기준을 충족시키기 위해 노력하였다. 이래 사회복지학은 응용과학, 실천과학, 사회과학으로서 인정받게 되었으며 아래를 통해 사회과학으로서의 사회복지학의 특징을 살펴보자(김기원, 2001).

1. 응용과학으로서 사회복지학

사회복지학은 인간의 욕구를 충족시키기 위해 과학적인 지식을 사용하며 복잡한 인간체계를 연구하기 위해 개발된 지식과 기술을 사용하는 응용과학이다. 심리학, 사회학, 경영학, 경제학, 정치학, 행정학, 정보과학 등 사회과학 영역뿐만 아니라 자연과학, 의학, 법학 등 다양한 학문영역을 다루어 인간의 욕구충족과 사회문제해결을 위해 적극 활용한다. 이러한 점에서 사회복지학은 종합과학적(multi-disciplinary)이고 학제적(inter-disciplinary)임을 알 수 있다. 물론 이와 같은 특징으로 인해 사회복지학이 잔여적인(residual) 학문이라 비판받을 수 있겠지만 분명히 사회복지학 역시 타학문에는 속하지 않는 고유의 영역을 가지고 있기 때문에 그러한 비판은 옳지 않을 것이다.

2. 실천과학으로서 사회복지학

사회복지학은 인간의 욕구와 사회문제의 해결을 위해 다양한 학문을 이용하여 클라이언트를 직접 만나 문제를 해결해 주는 실천과학이다. 예를 들어 사회복지학은 클라이언트의 문제에 법학, 행정학, 심리학 등을 적용하여 개입함으로써 직접적인 문제를 해결해 줄 수 있다. 이러한 점에서 사회복지학은 응용과학이면서 함께 실천과학으로도 볼 수 있다.

2

Chapter

사회복지조사 연구방법론

2.1 연구방법론

사회복지란 인간의 사회적 욕구를 충족시키고 사회문제를 해결함으로써 인간의 삶을 향상시키기 위한 사회적 노력이다. 사회복지학은 인간의 존재와 함께 인간이 살고 있는 사회현상에 대하여 과학적으로 접근하고 인간의 삶을 보다 행복할 수 있도록 추구한다는 점에서 사회과학에 속한다(이해영, 1999; 31~53). 사회과학의 과학성에 관한 논란의 여지는 있지만 과학성이란 인간의 존재와 사회현상을 과학적으로 설명할 수 있는 이론으로 완성할 수 있어야 성립가능하다. 인간의 사회현상에 대하여 과학적으로 탐구하기 위해서는 다양한 연구방법론(research methods)[2]이 활용된다. 이러한 연구방법들을 기술하고 분석하는 일체의 지식을 연구방법론(Research Methodology)이라 한다(김기원, 2001).

1. 연구방법론의 정의

연구방법론은 연구방법이나 기법으로 수집하고 분석한 자료를 해석하는 기준이나 가치체계 또는 연구과정 전체를 지배하고 있는 이념, 철학 및 지식체계이다. 또한 연구방법론은 연구절차와 그 절차가 제시하는 형식에 관해 기술하고 분석하는 일체의 지식을 의미한다. 한편 사회복지실천분야에서 연구방법론은 실천과정을 분석하기 위해 사용될 수 있는 이론적으로 알려진 틀을 의미한다(Everitt & et. al., 1992).

2. 연구방법론의 목적

연구방법론의 목적은 연구방법을 기술하고 분석하는 것이다. 일반적인 연구방법론의 목적은 보고, 기술, 설명, 예측이다.

(1) 보고(announcement)

보고는 연구수행의 결과를 추론이나 결론을 내리지 않고, 간단한 자료나 통계수치를 요약 정리하여 발표하는 것이다.

2) 방법론은 학문연구의 기초가 되는 법칙, 이론, 설명, 예측 등에 관한 이론이나 특정 과학 분야를 그 인식적 특성에 대해 묘사하고 이론 형성을 위한 노력을 기울이는 것으로 학문연구 방법에 대한 이론을 말한다(강신택, 1981).

(2) 기술(description)

연구방법론을 통하여 누가, 언제, 어디서, 무엇을, 어떻게 하였는지 등에 대해서 사람이나 사건들에 발생하는 현상을 기술하거나 정의한다. 한편, 기술은 '왜(Why)'에 관한 질문에 대해서는 대답하지 않는다. 예를 들어, 국내에 거주하는 외국인 이주노동자의 생활 실태는 어떠한가? 이 경우 조사대상자 집단에 대한 구체적인 정보를 수집할 목적으로 진행되고, 조사의 결과로는 주제에 대한 분명한 정보와 특성에 대한 구체적인 기술과 묘사가 가능하다.

(3) 설명(explanation)

연구방법론은 기술된 현상이 왜 발생했는지 그 원인을 밝히려 한다. 현상이 발생하는 원인과 그 결과를 설명하기 위해서는 일반적으로 가설을 설정하고 가설상의 인과관계를 검증하여 이론으로 발전시키려 한다. 예를 들면, 실직과 실직자의 알코올 중독 간에는 어떤 상관성이 있는가? 이 경우 변수들 간의 관계를 밝히는 것을 목적으로 한다. 보통 어떤 가설을 설정함으로써 조사를 시작하게 되고 그 조사결과로 가설을 증명하게 되는 경우가 일반적이다.

(4) 예측(forecasting)

예측은 수집된 자료를 분석하여 알려지지 않은 미래의 상황을 추정하는 것이다.

연구방법론의 목적

보고 (announcement)	연구결과를 간단하게 정리, 요약하여 발표하는 것으로 연구결과에 대한 추론과 결론을 내리지 않는다.
기술(description)	인간행동이나 상황, 사건을 서술하는 것이다. 즉, 있는 그대로의 모습을 묘사하는 것으로 '왜'에 대한 질문에 대해 답하지는 않는다.
설명(explanation)	기술 연구를 토대로 설명하는 것이다. 즉 왜 그런가를 밝히는 것으로 인과관계를 밝히는 것이다.
예측(forecasting)	이론의 기본적인 명제로부터 보다 복잡한 명제를 추론하는 것이다. 즉 수집된 자료를 분석하여 미지의 상황을 추정하는 방법이다.

3. 연구방법론의 특징

(1) 경험주의 방법을 주로 사용한다.

연구방법론은 사회현상과 인간행태에 관한 사회법칙을 찾고자 경험주의 방법을 주로 사용한다. 이는 전통적인 과학주의 연구방법론이다.

(2) 사회과학은 인간과 사회현상에 관한 법칙을 찾으려 한다.

연구방법론은 인간과 사회현상에 관한 법칙인 인간존재의 가치와 목적을 설명해야 하고 이것이 하나의 이론으로써 사회과학의 과학성을 향상시킬 수 있어야 한다.

(3) 연구방법론은 인간의 이성적이고 합리적인 사고작용을 기초로 한다.

논리적 오류나 모순을 제거하고 질서 정연한 논리적 체계를 사용함으로써 사회현상의 규칙적인 법칙을 발견하고 객관적이고 합리적인 이론형성을 추구한다.

(4) 연구방법론은 종합과학적 접근방법을 사용한다.

연구방법론은 어느 한 분야의 이론만을 가지고 접근하는 것이 아닌 기존의 다양한 과학적 이론들을 활용하여 여러 측면에서 종합적으로 연구문제를 해결하려고 시도한다.

(5) 연구방법론은 간주관적이다.

동일한 사회현상이나 인간존재를 이해하고 설명하는 방법은 자신의 주관적 관점이나 인식방법에 따라 다양할 수 있다. 연구방법론은 이 다양한 설명을 공통적인 하나의 설명내용으로 일반화시키려고 노력한다. 즉, 인간의 주관적인 인식과정을 어떻게든 보편타당하게 만들어서 누구든지 동일한 판단을 할 수 있고 연구결과가 사회의 법칙으로 발전될 수 있도록 하려 한다.

2.2 사회복지조사

1. 사회복지조사의 개념

사회복지조사란 사회복지의 목적을 달성하기 위한 수단으로 개인의 복지욕구 충족과 사회적 문제해결 방안을 찾아 자료를 수집하는 지식탐구의 활동 및 절차이다. 또한 사회복지조사는 과학적 방법을 활용해 현상에 관한 자료를 수집·기술·분석·해석·이해하여 사회복지 문제해결을 위한 지식을 제공하며, 객관적이고 논리성, 검증가능성, 일반성 등의 과학적 특징과 방법을 필요로 한다. 또한 연구자가 조사결과에 대한 확신을 가질 수 있도록 철저하게 통제하고 체계적으로 수행해야 한다(김치영, 2007).

2. 사회복지조사의 특징

사회복지실천현장에서 사회복지조사는 일상의 실천현장에서의 문제들을 해결하기 위해 필요한 실천적인 지식을 찾아내는 것을 목표로 한다. 그 구체적인 목표로는 욕구의 파악, 개입 효과성 평가, 사회복지사의 책무성, 다른 사람의 조사결과에 대한 평가에 활용 등이 있다.

(1) 응용조사와 순수조사의 양면성

사회복지조사는 주로 응용조사의 특징을 지니나 순수조사의 측면도 있다. 즉, 응용조사와 순수조사의 양면성을 지닌다고 할 수 있다. 먼저 사회복지조사는 사람들의 욕구를 충족시키고 사회문제를 해결하기 위하여 사회복지 정책이나 프로그램 계획 및 수행에 즉각적으로 활용되고 직접 적용될 수 있는 유용한 정보를 산출한다. 따라서 조사를 실시하는 이유는 목적이 순수조사와는 달리 주로 현실문제해결을 위한 지식을 산출하는 것이기 때문에 응용조사적 성격이 강하다. 그러나 동시에 사회복지조사는 지적 이해와 지식 그 자체만을 획득하려는 순전히 조사자 호기심의 충족이라는 목적도 지니고 있다.

(2) 사회개량적 특성

역사적으로 사회복지조사는 사회개량적 특성을 지니며 발전되어 왔다. 구체적인 예로 Booth & Rowntree의 조사는 사회적 욕구를 발견하고 빈곤층에 대한 대책마련을 위하여 시작되었다. 이렇듯 사회복지조사는 빈민이나 노동자들의 생활향상을 도모하거나, 장애인의 사회재활을 강구하고, 아동의 학대를 방지하며, 노인요양시설을 개선하는 등 사회적 약자의 문제를 다루는 사회개량적 성격을 갖고 있다.

(3) 계획적 특성

사회복지프로그램이나 정책을 계획할 때 누가 어떤 서비스를 어디에서 필요로 하는지 정확히 파악하여 사회복지서비스를 체계적이고 계획적으로 제공할 수 있다. 이를 위해 사회복지의 시작은 욕구조사로 시작된다. 인간들의 사회적 욕구를 발견하고 이해하기 위하여 사회복지조사를 활용하는 것이다. 욕구는 보통 잠재적 형태로 존재하는 경우가 많으므로 조사방법을 통하여 철저하게 발견해야 한다.

(4) 평가적 특성

사회복지조사는 사회복지서비스가 본래 의도한 목적을 어느 정도 달성하였으며 얼마나 효과가 있었는지를 평가하는 방법을 제공한다. 이처럼 사회복지 서비스 또는 정책개입에 대한 효과를 평가하는 조사를 평가조사라고도 한다.

(5) 시험적 특성

사회복지조사를 통해서 이들 프로그램이나 대상이 다른 프로그램이나 대안들과 어떠한 상호작용을 하고 있으며 이들과의 상관관계는 어떠한지를 직·간접적으로 시험할 수 있다.

(6) 과학적 특성

사회복지와 관련된 실태를 정확히 파악하여 이를 계량화함으로써 객관적이고 통계적으로 검증할 수 있는 과학적인 연구를 지향한다. 또한 실험을 통한 사회복지조사의 임상적 기법은 프로그램이나 대안들의 개입효과를 과학적으로 측정하는데 기여하고 있다.

사회복지조사의 특징

응용조사와 순수조사의 양면성	지적이해와 지식을 획득하려는 기초조사의 성격과 해결에 필요한 지식을 산출하는 응용조사의 성격이 있다. 사회복지조사의 그 목적은 사회복지프로그램 계획과 수행에 활용될 수 있는 지식을 산출하므로 응용조사의 성격이 강하다.
사회개량	주로 사회적 약자(장애인, 노동자, 아동, 기초생활수급자 등)를 문제로 다루고 사회복지 증진과 사회문제를 해결하는 사회 개량적 특성이 있다.
계획지향성	욕구조사를 통하여 대상자 선정과 욕구의 종류 및 수준을 파악하여 사회복지서비스를 체계적이고 계획적으로 제공할 수 있다.
평가적 특성	사회복지서비스의 효과성과 효율성을 평가하기 위한 도구로 활용된다.
시험적 특성	사회복지프로그램이나 복지정책이 복지욕구에 적합한지 시험을 통해 상호작용과 상관관계를 분석해봄으로써 시험할 수 있다.
과학적 특성	사회복지 문제나 현상을 개념화하고 변수를 조작하는 등 과학적 방법을 활용한다.

3. 사회복지조사의 유용성

(1) 사회복지조사는 사회복지의 과학적 기초를 구성하는데 도움을 준다.

사회복지는 실천을 강조하는 경험과학이자 응용과학으로 사회과학의 한 분야에 속한다. 사회복지의 성격상 관련 학문의 연구결과를 적극 활용해야만 하기 때문에 실천을 위한 과학적 기초를 구성하는데 한계를 드러내곤 하였다. 특히 실천에서는 클라이언트의 문제에 대한 분석과 해결에 관한 많은 지식과 실천기술을 요구하고 있으므로 보다 적절한 지식과 이론 그리고 보다 효과적인 실천을 발전시키기 위해서 사회복지는 과학화를 도모해야 한다. 이는 궁극적으로 클라이언트의 문제해결과 삶의 역량강화와 사회체계의 변화로 연결된다. 이러한 사회복지의 과학적 기초의 구성을 위하여 체계적 조사방법이 활용된다.

과학적 기초를 구성 및 개입방법의 개발 → 클라이언트 및 사회의 변화도모 → 사회복지의 과학화

(2) 사회복지 조사방법은 과학적 실천을 가능하게 해준다.

사회복지조사는 가설적 연관성을 증명할 수 있을 뿐 아니라 프로그램 그 자체의 실효성을 검증할 수 있다. 또한 사회복지 전문가는 실천활동에 대한 체계적 지식을 수집하기 위하여 조사방법에 기초한 지식과 기술을 활용함으로써 과학적 합리성을 추구하며, 개입대상을 찾고 개입결과에 대해 직접적인 평가를 실시한다.

(3) 사회복지 전문직의 책임성 실현

사회복지사는 전문가로서 클라이언트에 대해 사회복지사의 개입에 대한 효과를 입증할 윤리적 책임이 있으며, 정부나 민간기관으로부터의 서비스에 대한 재정적 지원에 대해 비용 효과성을 입증할 수 있는 재정적 책임이 있다. 그러므로 과학적 방법을 통한 서비스 효과성과 비용 효과성에 대한 검증이 필요하고 이를 통해 전문직의 책임성을 실현한다.

궁극적으로 사회복지 전문가들은 사회복지조사를 통해 사회복지실천의 검증이 가능하고 또한 이를 통해 사회복지전문직을 발전시킬 수 있다.

(4) 사회복지조사는 사회복지 이론과 기술체계를 구축하는데 유용하다.

사회복지전문가들은 사회복지의 과학적 실천활동에 대한 경험적이고 체계적인 지식을 수집하기 위하여 사회복지 조사방법을 활용하며, 사회복지조사는 경험적 증거를 제공함으로써 지식체계를 형성하고 일반화시키며, 이를 통해 간접적으로 사회복지 실천기술을 구축하는데 기여한다.

4. 사회복지조사의 한계

사회복지조사는 인간의 욕구를 충족시키고 사회문제를 해결하며 사회복지 관련 이론과 기술을 개발하는데 의미 있게 기여하지만 다양한 변화가능성을 가진 인간을 대상으로 하

는 조사이기 때문에 몇 가지 제한점도 지니고 있다.

(1) 경험적 인식의 제한성

사회복지조사는 다양한 기법을 통해 행해지지만 실제로 조사는 경험적으로 인식된 범위 안에서 행해지는 것이며, 인간의 경험적 인식의 범위에는 한계가 있다. 같은 내용의 연구라도 조사연구자마다 가지고 있는 현상이나 사건에 대한 인식의 기준이 다를 수 있다.

(2) 연구대상

자연과학은 자연현상을 연구대상으로 하지만 사회과학은 인간과 관련된 사회현상을 연구대상으로 하여 과학적 접근이 어려운 경우도 있다. 예를 들어, 어떠한 프로그램에 대한 효과성을 입증하고자 조사를 할 경우에 연구대상이 인간이기 때문에 한 인간의 변화에는 다양한 요인이 영향을 끼칠 수 있다. 인간의 개인적인 성장이나 가정환경의 요인 등 다양하게 작용할 수 있는 연구대상 스스로의 변화가능성으로 인하여 과학적 접근이 어려운 경우도 있다.

(3) 윤리성의 제약

사회과학은 인간과 관련된 사회현상을 연구하기 때문에 윤리적 문제가 야기된다. 예를 들어, 알코올중독 치료 서비스의 효과성을 입증하고자 클라이언트를 두 집단으로 나누어 A집단에는 서비스 실시, B집단에는 서비스를 실시하지 않을 경우에 두 집단 모두 그 서비스가 필요한 클라이언트임에도 불구하고 한 집단만 서비스를 받지 못하는 경우가 있다. 이는 윤리적 문제를 발생시키는 경우로 다른 조사방법을 강구해야할 것이다.

(4) 시간과 비용의 제약

정해진 조사기간에 한정된 비용으로 수행하기 때문에 비용과 시간의 제약을 받는다. 조사 상 필요한 결과가 조사 기간 내에 발생하지 않고 기간 종료 후에 발생할 경우도 있다. 그러나 조사기간을 무한정 연장하기에는 엄청난 비용이 요구된다. 따라서 완벽한 조사를 수행하는데 한계가 있다.

(5) 지리적 제약

조사는 전수조사를 제외하고는 보통 제한된 지역 또는 공간에서 실시된다. 이 제한된 지역 안에서의 조사를 통한 결과가 전체를 얼마나 대표할 수 있느냐의 대표성 문제가 표본추출과정에서 나타난다. 또한 조사대상은 폭넓게 분포하고 실제 조사는 일정한 지역 내에서 수행되므로 표본의 대표성에 문제가 발생할 수 있다. 지리적 제약을 극복할 수 있는 방법에는 전화조사 또는 인터넷을 이용한 조사가 가능하지만 이러한 매체에 대하여 접근할 수 있는 조사대상자가 한정되어 있다는 점은 표본의 대표성을 훼손할 수 있는 문제도 따른다.

(6) 개인의 가치와 선호

사회복지학은 가치중립적이기 보다는 가치개입적인 학문으로서 조사자의 개인적 가치나 선호, 선입견 등이 조사과정에 개입될 수 있다. 그로 인하여 같은 내용에 관한 연구더라도 조사연구자의 성향이나 가치에 따라 다른 조사결과가 나올 수도 있다.

(7) 정치적·문화적·사회적 요인에 따른 제약

사회복지조사의 결과는 논리적 타당성보다 조사 당시 사회적 사상이나 정치적 통제, 문화적 통제 요인에 따라 수용과 거부가 될 수 있다.

5. 사회조사의 윤리성

사회조사는 인간을 대상으로 하는 조사이기 때문에 윤리성이 중요하다. 윤리성과 관련한 연구내용 및 주제, 연구대상 및 과정, 연구결과 등은 다음과 같다.

(1) 연구내용 및 주제

사회조사의 연구내용은 인간에게 해를 주는 것을 목적으로 해서는 안 되며, 연구내용 및 주제가 사회적 윤리에 어긋나지 않아야 한다. 또한 연구대상자가 어떠한 내용의 연구가 진행되는지 연구내용에 대하여 충분히 알고 있으며, 본인이 연구대상자가 되는 것을 동의해야 한다. 즉, 고지된 동의가 필요하다. 하지만 고지된 동의에 한해서 연구가 진행될 때 문제점은 참여하고 싶은 대상자만 참여하기 때문에 일반화가 어려울 수 있다.

(2) 연구대상 및 과정

사회조사의 연구과정에서는 연구대상자에게 신체적·정신적·심리적·물질적·법적 피해를 주지 않는 것이 기본이다. 또한 연구자는 연구대상자의 연구 참여에 대한 승낙을 받아야 한다. 이를 조사대상자의 참여에 대한 자기결정권이라고 한다. 또한 연구자는 긍정적인 연구결과를 유도할 수 있는 항목을 의도적으로 선정하지 않고, 객관적으로 측정 가능한 항목을 선정해야 한다. 한편 조사과정에서 동료집단의 조언을 통해 편견을 방지할 수 있다.

(3) 연구결과

사회조사의 연구결과를 작성할 때는 조사대상자에 대한 익명성과 자료원에 대한 비밀을 보장해야 하며, 다른 연구자의 연구결과를 인용 없이 사용하는 표절은 규제된다.

3

Chapter

사회조사의 형태와 절차

3.1 조사연구의 과정

사회복지 조사연구의 과정은 일정한 단계를 거쳐 수행되는데 모두가 동의하는 확정된 과정이 있는 것이 아니라, 학자 또는 연구자에 따라 다양하게 구분가능하다. 한편 다양한 조사연구의 과정과 다양한 방법이 존재하나, 사회에 대한 이해와 복지향상을 도모하는 공통적 목적을 지님으로써 다양한 연구과정 사이에서 기본적 단계가 존재한다. 각 연구단계마다 특수한 세부사항들이 다를 수 있지만 기본적으로 조사연구는 연구문제나 연구목적을 지니고 있어야 한다. 또한 각 단계에서 어떻게 자료가 수집되고 분석될지에 대한 계획을 의미하는 조사설계가 있어야 한다(김기원, 2001). 이 책에서는 다음의 표와 같이 6단계로 나누어 조사연구의 과정을 살펴보고자 한다.

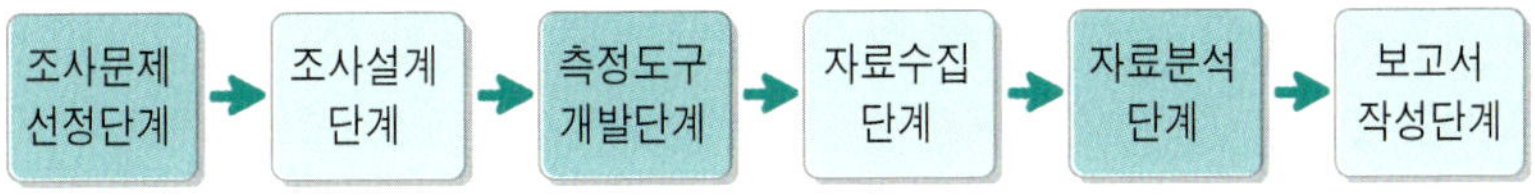

1. 조사문제 선정단계

조사문제의 선정이란 조사의 전체적인 방향을 설정하는 단계로서, 조사의 주제, 목적, 이론적 배경 중요성 등을 파악하고 이를 체계적으로 정립하는 과정으로, 선정된 주제와 관련하여 연구대상의 문제를 보다 구체적이고 체계적으로 표현하여 가설로 발전할 수 있도록 체계화하는 과정이다. 이를 위해서는 기존에 조사된 관련 통계자료 또는 문헌 조사, 전문가의 의견조사, 탐색적 예비조사, 사례연구 등을 활용할 수 있다.

(1) 조사연구질문

사회복지의 조사연구질문은 다른 분야의 연구질문과 달리 실제로 현장에서 해결해야할 클라이언트나 사회문제에서 시작된다. 먼저 일반적 질문이 정해지면 그 다음으로 이 질문을 실제 연구조사 할 수 있는 구체적인 연구질문으로 다시 설정한다. 예를 들어, 아동학대에 대한 일반질문으로 '아동학대는 어디서부터 시작되는가?'라는 의문을 가졌을 때, 실제 조사연구질문으로는 '학대받은 경험이 있는 사람은 성인이 되었을 때 아동학대를 저지를 가능성이 그렇지 않은 사람보다 많은가?'라는 구체적질문으로 설정할 수 있다. 조사연구질문이 어떻게 선정되느냐에 따라서 연구목적상 해결하고자 하는 문제와 직접적으로 연결된다. 또한 어떤 연구질문을 선택할 때는 '나는 이 문제가 궁금해서~'가 아니라, '이 문제에 대해 이전에 조사(연구)한 적이 없지만 클라이언트의 문제해결을 위해서 꼭 조사해야할 문제야!' 또는 '~하기 때문에 반드시 조사가 필요해'와 같이 연구의 필요성과 설득력이 있어야 한다. 이를 위해 일반적으로 연구문제를 설정할 때 문헌검토의 과정을 거친다.

(2) 문헌검토

조사연구질문이 정해지면 이것을 이론과 연결하기 위해 문헌검토를 하는 것이 일반적이다. 문헌검토는 연구질문과 이론을 연결하는 목적과 함께, 이미 행해진 기존연구 결과를 확인하고 또한 연구진행에 대한 방향을 설정하는데 도움이 된다. 문헌검토를 통하여 아직 연구가 되지 않은 부분을 발견할 수 있고 또는 다른 사람이 해놓은 연구를 다시 하지 않을 수 있는 예방적 도움과 함께 연구질문을 이론적 틀 속에서 정립할 수 있는 장점이 있다.

❋ 문헌검토시 유의사항(Marlow, 2005 : 54)

- 연구자가 조사하고자 하는 주제와 밀접한 관련이 있는 문헌만 검토한다.
- 기존 문헌과 자신의 연구사이의 논리적 연계성을 제시한다.
- 기존 문헌과 자신의 연구사이의 차이점이나 논란이 되는 부분을 찾아본다.
- 가장 최근의 문헌을 활용하고 인용하도록 한다.

2. 조사설계 단계

조사설계단계는 조사연구를 효과적이고 효율적으로 수행하기 위한 전략으로 자료를 수집하고 분석하는 전반적인 과정을 계획하는 것으로 조사대상 변수들 사이의 논리적 구조를 설정하고 가설설정에서 일반화에 이르기까지 필요한 제반활동에 대하여 계획을 세우는 단계이다.

조사설계의 구체적 내용은 연구설계의 선택, 변수에 대한 조작적 정의, 자료수집의 방법, 조사대상자의 선정, 측정도구의 선정 등의 내용을 결정하는 것이다. 즉, 조사설계의 과정은 "무엇에 대해 조사할 것인가?"와 "그것을 어떻게 조사할 것인가?"에 대한 질문의 답을 찾아나가는 과정이다.

✻ 통가설

- 가설이란 연구를 통해 검증하고자 하는 어떤 현상의 사실이나 변수 간에 어떠한 관계가 있음을 가정적으로 진술한 것이다.
- 가설설정이란 조사대상 변수들 사이의 논리적 구조를 설정하는 것으로서, 조사대상과 자료수집, 검증방법 선정에 있어 구체적인 방향을 제시하고, 실증적으로 검증 가능하도록 구체화하는 과정이다.
- 가설은 기존의 이론이나 연구, 또는 경험적 사실이나 현상에 대한 관찰 등에서 도출된다.

3. 측정도구 개발 단계

자료를 수집하기 위한 설문지를 제작하거나, 프로그램에 대한 사전과 사후비교를 가능하게 하는 척도를 개발하거나 준비한다. 척도는 기존에 신뢰성이 인증된 척도를 이용할 수도 있으며, 기존 척도를 이용하여 새로운 척도를 개발할 수도 있는데 이 경우에는 신뢰도 검사를 실시해야 한다.

4. 자료수집단계

자료(data)란 조사과정에서 수집되어서 아직 분석되지 않은 상태의 정보를 말한다. 자료는 1차 자료와 2차 자료로 구분할 수 있는데, 1차 자료는 조사자가 조사과정에서 직접 수집해야할 자료로 실험, 인터뷰, 관찰, 설문지 등을 통하여 수집할 수 있다. 2차 자료는 조사자가 아닌 다른 연구자가 이미 수집한 자료나 다른 연구에서 이미 수집한 자료를 다시 활용하는 것을 의미한다.

조사설계와 측정도구 개발단계를 거치면 바로 자료수집과정에 들어가게 되는데, 자료수집단계부터는 실제 실행단계라고 볼 수 있다. 자료수집의 방법으로는 기존의 통계자료를 수집하는 방법과 실제로 직접 조사하는 방법이 있는데, 이에는 대상자에게 직접 질문을 하여 답을 얻어 내는 방법으로 면접을 통한 방법이나 전화조사, 우편을 이용하는 방법, 인터넷을 이용하는 방법 등이 있다. 이 때 조사연구자가 주의해야 할 점은 모든 경우에 있어 조사대상자로부터 승낙이 우선되어야만 한다는 점, 또한 자료수집과정에서 의도하지 않은 영향, 즉 편향되는 부분이 있어서는 안 된다는 점이 있다(황성동, 2006).

5. 자료분석단계

자료분석은 자료의 부호화와 점검 등과 같이 자료를 정리한 후에 자료를 분석하고 해석하는 것이다. 즉, 정리된 자료를 설명하는 결론을 도출하는 과정이다. 수집된 자료는 편집과 코딩과정[3]이 끝난 뒤에 분석을 하고 가설을 검증하기 위하여 결과에 대한 의미 있는 해석이 이루어진다. 이때 분석은 보통 통계기법(예 : SPSS, SAS 등)을 사용하여 수집한 자료를 대상으로 실시된다. 또한 분석의 결과를 통하여 미리 설정한 가설이 참인지 거짓인지에 대한 판단과 그 결과를 일반화할 수 있는지 여부, 연구결과의 함의성을 고려할 수 있다.

6. 보고서 작성

조사연구의 마지막 과정은 보고서 작성과정이다. 조사보고서에는 문제제기과정부터 발견된 사실들과 이에 대한 해석까지를 모두 정리하여 작성하고 그 연구에 대해 관심 있거나 연구결과가 필요한 사람에게 연구의 공유 및 피드백을 목적으로 한다. 또한 자료의 분석을 통한 결과를 일정한 형식으로 기술한 보고서를 작성한다. 보고서의 작성은 이용자의 이해도와 조사에 관한 지식의 정도에 맞추어 작성되어야 한다.

❋일반적으로 조사보고서에 담겨야할 내용(황성동, 2006 : 63)

- 문제의 제기 및 연구필요성(연구질문과 가설)
- 조사방법에 대한 설명(조사설계, 변수, 측정도구, 자료 수집방법 등)
- 연구 결과 및 연구로 밝혀진 사실
- 결과에 대한 논의, 연구의 제한점 및 후속 연구의 제안

3.2 연구목적에 따른 분류

전체조사과정 단계 중에서 초기에 명확히 할 필요가 있는 것이 연구의 목적으로, 연구의 목적을 무엇으로 하느냐에 따라서 그 후 연구 단계의 내용들이 결정된다. 연구의 목적에 따라서 크게 탐색적 조사, 기술적 조사, 설명적 조사로 분류할 수 있다(한경성, 2005).

---

3) 코딩(coding)은 수집된 자료의 내용에 대해 일정한 숫자를 부여하여 자료의 분석을 용이하게 하는 방법이다.

1. 탐색적 조사

탐색적 조사는 예비조사라고도 하며 특정 조사설계를 확정하기 전에 주로 조사문제를 규명하기 위하여 예비적으로 실시되는 조사를 말한다. 조사연구자가 새로운 관심사에 대해 연구하거나, 연구주제가 비교적 잘 알려지지 않은 새로운 것이거나, 좀 더 정교한 조사 전 단계에서 조사의 가능성을 타진하고자 하는 경우에 사용한다.

탐색적 조사의 주요 목적은 문제를 규명하는 것이다. 조사연구자가 탐색적 조사를 통해 연구문제를 확인하고, 연구조사에 필요한 변수들을 파악하고 그 변수들 간의 상관관계를 파악하며, 이를 통하여 가설을 설정한다. 그런데 탐색적 조사의 성격상, 조사문제에 대한 구체적이고 만족스러운 답을 제시하기에는 한계점이 있다. 예를 들어, 탐색적조사는 특성상 주로 비확률적 표집을 주로 활용하기 때문에 표본의 대표성문제에 봉착하게 되고 이는 조사결과의 일반화를 어렵게 한다. 탐색적 조사의 종류에는 문헌조사, 경험자 의견조사, 특례조사 등이 있다(김기원, 2001).

(1) 문헌조사

조사 대상이나 조사 분야에 대한 지식이 부족한 경우에 행하는 최초의 조사로서 관련 분야의 문헌을 조사한다. 문헌조사는 기존에 발간된 각종 문헌을 조사하는 것으로서 문제를 규명하고 가설설정을 위한 가장 빠르고 경제적인 조사방법이다. 문헌조사를 통해 얻어지는 자료는 2차 자료들이다.

(2) 경험자 및 전문가 의견조사

조사 분야에 대한 경험 또는 전문지식을 가지고 있는 사람으로부터 정보를 획득하는 방법이다. 경험자 및 전문가 의견조사는 문헌조사를 보완할 수 있는 방법으로 연구문제에 대한 해결책을 찾기보다는 연구유경험자들의 연구경험을 통해 앞으로의 문제해결과정을 위한 방향설정에 조언을 구하는 조사로 볼 수 있다. 일반적으로 경험자의 선정은 연구자의 판단과 편의에 따라서 특정 유경험자들이 선정된다.

(3) 특례조사

연구 문제에 대한 기존의 연구자료가 부족할 경우 사용되는 사례조사의 하나로서 본조사의 상황과 유사한 상황을 찾아내어 분석하는 방법으로 현 상황에 대한 논리적인 유추에 도움을 주는 방법이다. 가설을 설정하는데 충분히 이용할만한 이론이나 연구결과가 부족할 경우에 몇 개의 실제 사례나 가상 사례(시뮬레이션 이용)를 통하여 가설을 설정하는데 도움을 받을 수 있다.

2. 기술적 조사

기술적 조사는 서술적 조사라고도 하며 조사대상의 현상을 정확하게 기술하기위해 실시하는 조사이다. 즉, '어느 현상이 어떻게 일어나고 있는가?' 에 대한 해답을 구하는 것으로 어떠한 사건, 현상의 모양, 분포, 크기, 비율 등 단순통계적인 것에 대한 해답을 구하기 위해 실시되는 조사를 말한다. 예를 들어, 통계청의 사회통계조사, 언론 매체의 각종 여론조사 등이 포함된다. 또한 기술적 조사는 발생빈도나 비율, 관련 변수간의 상호관계성을 파악하고 개략적으로 미래 상황을 예측하는 특징을 가지고 있다. 그러나 기술적 조사에서는 둘 이상의 변수 간 일정 관계에 대한 강도는 기술할 수 있지만 인과관계를 기술하는 것은 아니며 인과관계의 경우 설명적 조사에서 설명가능하다.

3. 설명적 조사

설명적 조사는 어떠한 현상에 대해 원인이 되는 사실과 결과가 되는 사실 간의 인과관계를 규명(진단적 조사)하거나 미래의 사실에 대해 미리 예측(예측적 조사)하는 조사이다. 또한 어떠한 사건이나 현상의 발생에 대해 '왜(why)'라는 원인을 파악하고 그 현상에 대한 답을 얻고자 하는 것이다. 설명적 조사와 기술적 조사의 차이점은 기술적 조사는 단순히 현상에 대해 서술하는 것이고 설명적 조사는 그 현상이 발생하는 원인관계에 대해 규명하는 것이다. 예를 들어, 기술적 조사는 '사람들이 얼마나 수도이전에 반대하는지'에 대하여 단순히 찬반의 수치를 서술하는데 그치지만, 설명적 조사는 '왜 사람들이 수도 이전에 반대하는가'를 밝히는 것으로서 인과관계를 규명하고자 한다.

조사목적에 따른 조사유형

	탐색적 조사	기술적 조사	설명적 조사
연구 목적	• 현상에 대한 이해 • 중요한 변수 확인, 발견 • 미래 연구를 위한 가설 도출	• 관심 현상을 상세히 기록	• 질문에 대한 현상의 주요 원인 설명 • 현상에 대한 인과관계 확인

3.3 시간적 차원에 따른 분류

1. 횡단조사(cross-sectional study)

횡단조사란 일정 시점에서 인구의 횡단을 조사하는 것으로, 여기서 횡단(cross-section)이란 서로 다른 연령, 교육수준, 소득수준, 인종, 종교 등 광범위한 사람들의 표본추출을 말한다. 횡단조사의 목적은 일정 시점에서 특정 표본이 가지고 있는 특성을 파악하거나 집단을 분류하여 자료를 수집하는 것으로 어느 한 시점에서 측정하므로 정태적인 성격을 갖는다. 횡단조사를 실시하는 대표적 예로는 각종 여론조사 또는 특정 연도의 OECD 국가간 사회보장 예산 비교 등이 있다. 횡단조사는 간단하고 비용을 절감할 수 있는 장점이 있다. 그러나 어떤 현상의 진행과정이나 변화는 측정 불가능하다. 조사하려는 현상들이 시간에 따라 변할 수 있다는 점이 무시되어 인과관계를 명확히 하는 것에 한계가 있다. 이러한 시간의 변화에 따른 변화를 보완하기 위한 조사가 다음의 종단조사이다.

2. 종단조사(longitudinal study)

횡단 조사의 단점을 해결하기 위해 시간의 변화에 따른 조사하려고 하는 현상의 변화를 측정하는 것이 종단조사이다. 이는 동일한 분석단위를 사용하여 둘 이상의 시점에서 측성을 되풀이하는 방법이다. 종단 조사(longitudinal study)는 시간의 흐름에 따른 연구문제와 관련된 각종 변수의 변화상황을 기록하여 변화가 일어난 원인을 분석하는 방법이다. 또한 반복측정이 이루어지므로 동태적인 성격을 지니고 이에 따라 설계가 복잡하여 비용이 많이 든다. 종단조사의 방법으로는 동류집단조사, 패널조사, 경향 조사가 있다.

(1) 동류집단조사(Cohort study)

동류집단조사란 보다 구체적인 범위에 속한 특정 인구집단의 시간의 변화에 따른 변화의 모습을 조사하는 것이다. 구체적으로 특정한 경험을 함께 한 집단에 대하여 두 번 이상 다른 시기에 비교 조사하는 것이다. 또한 조사 대상자들이 동일인은 아니지만 동일한 특성을 가진 인구집단을 시간대별로 조사한다. 그 예로는 2차 세계대전 후의 베이비붐(baby boom)세대, 386세대, N세대 등을 조사하는 것이다.

(2) 패널조사(Panel study)

패널조사란 동일한 주제, 동일한 응답자에 대해 두 번 이상 다른 시점에 장기간 반복적으로 면접이나 관찰을 시행하는 조사이다. 패널조사를 실시할 때 각 조사가 이루어지는 일정한 간격별 그 시점을 웨이브 또는 파동이라고 한다. 패널조사는 경향조사나 동년배조사보다 시간에 따른 변화에 대한 정보를 가장 강력하고 정확하게 얻을 수 있다. 왜냐하면 다른 조사와 다르게 동일 조사대상자를 반복해서 조사하기 때문에 인과관계 해석에 있어서 다른 요인들의 영향을 상대적으로 적게 받을 수 있기 때문이다. 그러나 이 패널조사의 단점은 조사비용이 많이 들고, 패널 소진이나 조사 효과 등의 문제가 발생할 수 있다.

(3) 경향조사(Trend study)

경향조사란 일반적인 조사대상자들이 시간에 따라 어떻게 변하는가 하는 경향을 알아보는 것이다. 동일한 주제로 어떠한 광범위한 인구 집단 속에서 장기간 반복적으로 실시하나 응답자는 조사마다 동일하지 않아도 된다. 패널조사와 유사하지만 조사대상이 매번 동일한 대상자가 아니라는 점에서 차이가 있다. 예를 들어, 매년 실시하는 인구통계조사를 장기간에 걸쳐 비교하여 인구특성의 변화를 알아본다.

횡단조사와 종단조사의 차이점

횡단조사	종단조사
측정이 단 한번 이루어진다.	반복적인 측정이 이루어진다.
정태적이다,	동태적이다.
조사대상의 특성에 따라 집단을 분류하여 비교분석하므로 표본이 크다.	유형에 따라 서로 다른 시점에서 동일 대상자를 추적해 조사해야 하므로 표본이 작아지게 된다.
일정시점에서 표본이 갖는 특성을 파악하거나 그 특성에 따라 집단을 분류하려는 것이 목적이다.	시간의 흐름에 따른 조사대상이나 상황의 변화를 측정하여 그와 관련된 의미를 밝히는데 목적이 있다.

3.4 기타 기준에 의한 분류

1. 용도에 따른 분류

(1) 기초조사

기초조사란 순수하게 사회적 현상에 대한 지적인 이해와 습득, 그 자체에만 목적을 둔 조사를 의미한다. 이는 조사자의 지적호기심을 충족하려는 동기에서 시작하며 실제로 현장 응용도는 높지 않다.

(2) 응용조사

응용조사란 조사결과를 직·간접적으로 사회적 현상에 응용함으로써 문제해결이나 개선을 위해서 수행하는 조사를 의미한다. 또한 조사결과를 활용하기 위해서 사용되며 현장 응용도가 높다.

(3) 평가조사

평가조사란 사회복지정책이나 프로그램의 효과성을 평가하기 위해 실시되는 조사이다. 이 조사의 목적은 지식의 획득이 아니라 프로그램의 지속, 중단 등의 여부를 평가하는 것이다. 응용조사 분류의 하나로서 최근 사회복지 분야에서 책임성 요구와 관련하여 중요시되고 있다.

기초조사와 응용조사의 차이점

	기초조사	응용조사
정의	사회적 현상에 대한 지식 그 자체를 획득한다.	조사결과를 문제해결과 개선을 위해 응용한다.
동기	조사자 개인의 지적 호기심 충족	조사결과를 활용하기 위해
특성	현장 응용도가 낮다.	현장 응용도가 높다.

2. 조사자료의 성격에 따른 분류

(1) 양적조사

양적조사란 조사대상을 정형화된 측정과 척도를 사용하여 집계하는 방법으로서, 흔히 통계적 조사라고도 한다. 이는 객관적, 결과지향적 특성을 가지며 일반화가 가능하고 연역법을 사용한다. 특히 객관적인 자료를 수집하고 활용하는데 많이 쓰이며 자료의 결과는 모두 수량화한다. 또한 대규모 분석에 유리한 면을 가지고 있다.

(2) 질적조사

질적조사란 전통적인 양적 조사방법들에서 나타나는 문제점들을 지적하며 질적이고 귀납적인 방법을 강조한 조사이다. 질적조사의 특성은 주관적, 과정지향적이며 조사자의 준거틀을 사용하고, 일반화가 불가능하다. 즉, 수량화시키기 어려운 조사대상자에 대해 실패를 파악하려는 방법이다. 또한 동태적 현상을 가정하고, 소규모 분석에 유리하며 탐색, 발견, 서술 등을 지향한다.

양적조사와 질적조사

양적조사	질적조사
객관적·결과 지향적	주관적·과정 지향적
정형화된 측정과 척도 사용	조사자의 준거틀 사용, 비통제적 관찰
일반화 가능, 특정적	일반화 불가능
연역법	귀납법
안정적으로 가정, 대규모 분석 유리	동태적 현상 가정, 소규모 분석 유리
가설검증, 사실 확인, 추론 지향	탐색, 발견, 서술 지향

3. 대상범위에 따른 분류

관찰대상의 범위가 어느 정도인가에 따라 사회조사를 ① 전수조사(census), ② 표본 조사(sample survey), ③ 단일사례조사(single subject study)로 분류할 수 있다(최성재, 2005).

우선 전수조사는 전체 관찰대상자의 조사를 말한다. 국가의 인구조사(population census), 군인 장병들 전체를 대상으로 하는 조사, 한 학교의 학생전체에 대한 조사 등을 예로 볼 수 있다. 그러나 조사 대상 전체의 수가 그리 크지 않은 경우를 제외하고는 대상자 전체를 모두 조사하는 것은 실제로 모든 대상자에게 접근하는 것도 어렵고 너무 많은 시간과 비용이 소요되기 때문에 일반적 사회과학 연구에서는 하기 어렵다. 그렇기 때문에 전수조사는 대부분 국가기관에서 시행한다.

표본 조사는 조사대상 전체를 대표하는 것으로 간주되는 일부를 선정하여 그 선정된 대상만 조사, 그 결과를 조사대상 전체에 대해 추정하는 것(일반화하는 것)을 말한다. 사회과학에서 대부분의 양적 조사는 표본 조사를 활용한다.

단일사례조사는 한 개인이나 소집단을 대상으로 하는 조사로 심리상담이나 사회복지 서비스 등에서 주로 활용된다. 예를 들어 아이들의 문제행동을 행동수정으로 해결하려는 임상심리상담가나 사회복지사는 아이의 행동빈도를 개입 전과 개입 후마다 기록하여 그 빈도가 개입으로 인해 영향을 미치는지 관찰할 수 있다. 또한 빈도가 증가 또는 감소했는지를 판단할 수 있으며, 이를 단일사례조사라 할 수 있다. 중요한 것은 단일사례가 한 개인만을 이야기하는 것이 아니라 한 가족이나 소집단도 될 수 있다는 것이며, 관찰단위와 분석단위가 같으면서 하나인 경우 모두 단일사례조사에 해당될 수 있다는 것이다.

대상 범위에 따른 조사 분류

전수조사	• 조사의 정밀도를 요하는 경우에 사용되는 것으로 조사대상이라고 생각되는 모든 부분을 조사하는 방법이다. 즉, 조사대상 모두를 조사하는 것이다. • 모집단이 비교적 작은 경우에 추정도를 높이기 위해 사용한다. 예 : 인구조사, 국세조사
표본 조사	• 다양한 표본추출방법을 이용해 조사대상 전체의 일부분을 추출하여 그 전체를 추정하는 조사이다. • 모집단의 특성을 알기 위해 모집단을 대표할 수 있는 표본을 추출하는 것이 중요하다. • 알고자 하는 것은 표본의 특성이 아니라 전체(모집단)의 특성이다.
단일사례(대상) 조사	• 개인, 가족, 소집단을 대상으로 하는 조사로서 임상사회복지서비스에 관계되는 조사연구 및 평가에 사용되는 것이다.

기타 조사 방법

사례조사	• 특정 사례를 조사하여 현상이나 문제를 전체적으로 파악하고 실증적으로 분석하는 조사이다. 대상의 성질을 자세하게 설명하고 행동이나 특성의 변화와 영향, 요인들과의 인과관계를 파악하는데 유용하다.
서베이조사	• 추출된 표본에 대하여 질문지 같은 표준화된 조사도구를 이용하여 질문함으로써 자료를 수집하는 방법이다. 예 : 지역사회 욕구조사
현지조사	• 문제형성이나 가설설정을 위해 현장에 나가서 직접 면접을 통해 자료수집하는 방법이다.
실험조사	• 조사자가 외재적 요인들에 대해 의도적 통제를 하고 인위적으로 조건을 형성하여 독립변수의 효과를 측정하거나 독립·종속변수 간의 인과관계를 검증하는 방법이다.
미시조사	• 분석단위가 개인이거나 개별적인 개체
거시조사	• 분석단위가 큰 지역사회이거나 조직체

4

Chapter

조사연구와 가설의 형성

4.1 연구문제

조사연구란 자료수집을 이용한 모든 연구를 말한다. 현장에서 직접 자료를 수집하는 방법이든 문헌조사와 같이 간접적인 방법이든 어떠한 방법을 이용하든 간에 자료수집을 통한 모든 연구를 말한다(김기원, 2001). 조사연구에서 무엇을 연구할 것인지를 정하는 것은 사회조사의 출발점이며 가장 중요한 과정이다. 연구(study)라는 말과 조사(research)라는 말과도 같은 의미로 사용되는 경우가 많으며, 조사문제를 연구문제라 할 수도 있고 조사방법도 연구방법이라고 할 수 있다. 경우에 따라 두 용어가 상호교환적으로 사용될 수 있으므로 유의하기 바란다(최성재, 2005). 이 장에서는 조사연구의 기초가 되는 연구문제와 가설의 형성에 대해서 알아보겠다.

1. 연구문제의 개념

연구문제는 조사연구의 출발점으로서 조사자의 창의성과 독창성에 많이 의존한다. 연구문제는 두 개 이상의 변수 간에 어떤 관계가 있는가를 의문문의 형태로 작성하는 것이다. 조사연구할 문제를 명백하고 단순, 명료하게 지적해야 하며, 경험적 검증이 가능하도록 작성되어야 한다.

2. 연구문제의 도출

사회복지의 영역은 사회보험분야, 공공부조분야, 사회복지서비스 및 관련 복지제도분야 등으로 크게 나눌 수 있고 이들 각각의 영역은 또다시 세분화시킬 수 있다. 이와 관련하여 사회복지조사는 이들 모든 영역에서 수행되므로 연구문제는 다양한 분야 및 근원에서 도출될 수 있다. 조사연구자들이 연구문제를 도출할 때에는 연구자의 지적 호기심 및 경험, 기존 지식체계의 미비, 문헌고찰, 사회적 가치와 규범 등에 영향을 받는다. 이와 같은 연구문제의 도출과정에서 일반적으로 소개되는 근원을 재정리하면 다음과 같다(김해동, 1997; 110~16, 김기원, 2001; 132~133, 김치영, 2007; 76~78).

(1) 기존 지식체계의 미비

연구문제의 도출과정에서 기존의 지식체계가 가장 보편적 근원이 된다. 사회현상이나 사회문제가 기존의 이론체계로 설명이 어려울 경우나 기존의 이론과 지식들이 그 현상과 전혀 관련이 없을 경우, 기존의 이론과 지식들이 서로 합의 또는 일치하지 않은 상태에서 다른 이론에 의해 확실하게 검증 또는 반증되지 않고 존재하는 경우에 이와 관련된 연구문제가 도출될 수 있다.

(2) 사회적 요청

사회복지조사는 이론의 형성만을 목적으로 하는 순수조사인 경우도 있으나 보통은 사회구성원의 욕구 충족과 사회문제의 해결을 목적으로 하는 응용조사의 의미를 가지고 많이 실시된다. 새로운 사회문제가 발생했거나 발생할 가능성이 있을 경우, 또는 기존 사회문제에 대한 새로운 해결책이 필요할 경우 등의 상황에 처했을 때 정부나 단체 등이 특정 분야에 대한 연구 요청을 할 수 있다. 즉, 사회구성원의 욕구충족과 사회문제해결이라는 사회적 요청에 의해서 연구문제가 도출될 수 있다.

(3) 실천현장의 경험

실천현장에서 적용할 수 있는 이론과 지식체계가 불확실하거나 부족할 경우 또는 실천과정에서 많은 의문과 불확실성에 근거한 실천 활동을 하고 있으나 이에 대한 이론적 지침서가 마련되어 있지 않은 경우에 연구문제로 도출되기 쉽다.

(4) 사회복지의 가치

연구문제의 또 다른 근원은 사회복지의 가치와 규범이다. 사회복지의 가치는 인간의 존엄성, 평등, 사회연대, 민주주의, 자발성 존중 등이 있다. 연구문제는 사회복지의 가치를 실현하기 위한 방안들을 형성하기 위해 도출된다. 즉, 사회구성원들이 어떠한 사회적 욕구를 가지고 그것이 어떻게 충족되고 있는지, 그리고 사회적 기회가 사회적 약자에게 평등하게 보장되고 있는지, 사회구성원의 행복한 삶에 큰 영향을 주는 정책이나 제도 결정과정에 그들의 의견이 충분히 반영이 되고 있는지 등과 같은 연구문제들이 사회복지의 가치로부터 도출된다.

(5) 개인적 경험

조사연구자의 개인적 경험은 한정적인 면은 있지만 가장 일차적으로 연구문제 도출의 근거가 된다. 연구자는 기존의 이론체계와 상관없이 자신의 과거 경험에서 축적된 지식들을 근거로 연구문제를 생성하기도 한다. 하지만 연구자가 모든 삶의 경험을 다 하기란 불가능하며 설사 모든 것을 경험하더라도 전부가 다 주제가 될 수 없다. 연구자는 개인적 경험에 한계가 존재함을 인정하고 이것만으로는 연구문제 선정이 불충분하므로 다른 방법에 의해 보완되어야 한다.

(6) 사회적 규범

조사연구자는 법, 관습, 도덕, 종교와 같은 사회적 규범과 가치로부터 영향을 받아 연구문제를 선정하기도 한다. 예를 들어, 사회권이나 행복추구권을 천명한 헌법이나 이를 실제로 실현하기 위해 만든 사회보장기본법과 국민기초생활보장법 등의 사회규범들이 사회구성원의 행복한 삶을 보장하고 있는지에 대하여 연구문제를 설정할 수 있다.

(7) 강한 탐구심과 호기심

어떠한 특정 분야나 주제에 대한 연구자의 강함 탐구심과 호기심은 연구문제의 근원이 된다. 특정한 주제에 대한 연구자의 특별한 탐구심과 호기심이 그 주제에 대해 더 깊이 알고자 하게 만들고, 해결하고자 하는 욕구를 생성해내어 그것들과 관련된 문제를 연구문제로 발전시키게 된다.

(8) 문헌고찰

연구문제의 설정과정에서 연구주제에 대하여 기존 연구들에서 어떻게 밝혀내고 있으며 어떤 것들이 이미 알려져 있는지를 확인하는 문헌고찰(literature review)이 중요하다. 한 연구가 의미있기 위해서는 기존의 연구와 같은 분야 또는 주제라도 세분화된 내용의 차이나 연구방법론의 차이 등 분명히 차별화할 수 있는 부분이 있어야 한다. 또한 이전에 실행된 다른 연구에 대한 철저한 평가를 바탕으로 해야할 것이다. 한편 문헌고찰을 하는 과정에서 기존에 가졌던 의문이 사라지고 다른 의문이 생길 수도 있다. 그러한 의미에서 문헌고찰은 새로운 의문에 대해서 정답을 제공해주기 보다는 단서를 제공해주거나 새로운 가설을 설정하는데 도움이 되기 때문에, 연구문제를 형성하는데 도움을 받을 수 있다.

조사문제의 도출

경 우	내 용
기존 지식체계의 미비	• 기존의 지식체계에서 부족한 부분이 있거나 기존의 연구결과들이 상호 모순될 때 • 기존 지식체계로는 어떤 새로운 사실을 설명할 수 없을 경우
사회적 요청	• 사회적으로 어떤 문제의 해결을 위한 요청이 생겨 연구문제를 형성 • 사회적 가치에 의해 주제를 선정하기도 하는데, 이는 사회적 가치가 어떠한 연구를 가능하게 혹은 제약한다는 의미
실천현장의 경험	• 실천과정에 많은 의문이나 불확실성에 근거하고 있거나 이에 대해 이론적 지침서가 마련되어 있지 않은 경우
사회복지의 가치	• 사회복지의 가치인 인간의 존엄성, 사회연대 등의 가치실현
개인적 경험	• 연구자들이 관심을 가진 분야의 기존 지식체계에서 도출 • 일상생활에서 겪은 개인적 경험으로부터 도출
사회적 규범	• 사회의 관습, 도덕, 종교, 법과 같은 규범들로부터 도출
강한 탐구심과 호기심	• 연구자의 강한 탐구심과 호기심으로부터 도출
문헌고찰	• 연구문제를 도출할 때 과거의 연구들이 어떠했는지 알아보기 위해 문헌연구의 과정을 거치며, 문헌연구는 연구문제가 되는 토픽(topic)을 뽑아낼 수 있는 주요원천

3. 연구문제의 선정기준

사회복지조사의 대상이 되는 조사문제는 모든 문제들을 모두 다루는 것이 아니라, 문제들 가운데 연구할 가치가 있다고 판단되는 문제만을 선정하여 다루고 있다. 일반적으로 연구문제를 선정하는 기준으로 알려진 내용은 창의성(originality), 시험가능성(testability), 도의적 배려(ethical consideration)등이다(김해동, 1997; 96～104; 김기원, 2001; 135～136).

(1) 독창성

연구문제의 독창성은 중요하다. 조사연구에서의 독창성이란 것은 기존 연구를 그대로 답습하거나 그대로 전달하는 것이 아니라 기존 것과는 아예 다른 새로운 관점이나 의견을 제시하거나 또는 기존의 연구들을 비교분석하거나 재구성하는 것을 의미한다. 또한 사회복지 연구문제는 다양한 사회문제들 중에 현재까지 해결책이 제시되지 않은 내용을 다뤄야한다. 이미 사회적으로 널리 알려져 검증된 이론이나 해결책을 전달하고 설명하는 활동은 독창적 활동이라고 보기 어렵기 때문에 이는 조사문제를 형성하는 활동과는 구분된다.

(2) 경험적 검증가능성

사회복지조사는 과학적조사로서 연구문제에 대한 경험적 검증가능성을 중요시한다. 즉, 연구문제로부터 구체적인 가설이 형성될 수 있어야하며, 명확한 해답이 가능해야 한다. 더불어 그 해답에 대한 참과 거짓 여부를 경험적 차원에서 검증할 수 있어야 한다. 즉, 연구문제는 그 문제의 사실여부를 어떠한 기준에 의해 판단할 수 있어야 한다는 것이다.

(3) 윤리적 배려

사회복지조사에서 연구문제를 형성함에 있어서 윤리적인 배려 또는 도덕적 배려가 있어야 한다. 모든 연구자는 다양한 사회문제에 대하여 연구할 권리가 있으나, 그 연구결과는 사회구성원의 복지향상에 직·간접적으로 기여할 수 있어야 한다. 반면 조사대상자의 사생활을 침해하거나, 수치심을 유발하거나 또는 신체적·정신적으로 피해를 주어서는 안 된다. 그러므로 조사연구자는 연구상황조건, 시간, 노력, 장비 등과 연구대상이 처한 상황 및 조건 등을 고려하여 연구를 진행해야 할 것이다.

한편 연구자의 연구가 단독조사가 아니라 외부로부터 의뢰를 받은 경우라면 연구문제는 조사의뢰자와 합의한 주제를 벗어나지 않는 범위에서 진행되어야 하는데, 그러하지 못할 경우에는 반드시 조사의뢰자의 승인을 받아야 한다.

(4) 효용성

사회복지조사의 목적은 인간의 태도와 사회현상에 대해 조사하고 사회문제에 대해 해결책을 도모하기 위함이므로 사회복지조사의 연구문제는 어떠한 해답을 구하고자 하는지 명확해야하며 그 연구문제에 대한 조사결과가 사회적으로 효용성이 있어야 하며 실용적이어야 한다.

(5) 현실적 제한

연구문제의 선정기준에서 현실적 제한을 고려하는 것은 중요하다. 연구자는 연구문제의 해답을 찾는 연구과정에서 필요한 시간과 비용, 노력 등을 현실적으로 고려해야하며, 이러한 현실적 조건이 허용되는 범위 안에서 연구문제를 선정해야할 것이다. 또한 상황적 조건뿐만 아니라 연구자가 지닌 연구자의 조사능력, 연구인력, 조사도구 및 장비 등을 고려해야 하고 이러한 조건 속에서 연구가 가능한 연구문제를 설정해야할 것이다.

연구문제의 선정기준

기 준	내 용
독창성	기존의 것을 답습하는 것이 아니라 비교분석 또는 재구성하거나 새로운 관점이나 견해를 제시하는 것
경험적 검증 가능성	연구문제에 대한 답이 가능하고, 구체적인 가설이 도출될 수 있으며 가설에서 사용된 조작적 정의를 통해 경험적으로 측정될 수 있어야 함
윤리적 배려	연구문제의 해답이 사회구성원의 행복 증진에 기여하고 개인 사생활 등 정신적, 신체적 피해를 주지 않아야 함
효용성	연구문제에 대한 해답이 무엇을 하려는 것인지 적절한 의도가 있어야 하고 실용적이어야 함
현실적 제한	연구문제의 해답을 찾는 데 드는 시간, 비용, 조사 인력, 장비 등 현실적인 상황을 고려해야 함

4. 연구문제의 서술조건

연구문제의 서술에는 네 가지의 중요한 조건이 있다(최성재, 2005). 첫째, 연구문제는 의문형의 형태로 서술되어야 한다. 연구문제에서 '문제'란 관심의 대상이 되는 현상이나 문제(problem)를 의미하면서 답을 얻기 위한 의문을 제기하는 질문이라고 볼 수 있다. 즉 연구주제를 의문문 형식으로 만든다는 것은 하나의 의미 있는 서술적 의문문장으로 만드는 것을 말한다. 예를 들어 "자녀의 장애유형에 따른 보호자의 부담감은 어느 정도인가?"와 같이 의문문 형식의 조사문제는 현황(실태)에 대한 의문(Who? What? How?)이나 관계(Why?)에 관한 의문으로 서술되어야 할 것이다.

둘째, 명확하고 구체적으로 서술되어야 한다. 연구문제를 단순히 한 단어나 몇 개의 단어를 연결하여 나타내는 것은 명확하지 못하며 더욱이 때로는 추상적 표현이 될 수밖에 없다. 이는 조사자가 무엇을 연구하려고 하는 것인지 분명하게 하지 못하여 제 3자를 정확히 이해하기 어렵게 하며 혼돈을 줄 수밖에 없다. 예를 들어 '노동시장에서의 장애인 차별'의 경우 '장애인 복지'라는 연구문제보다 구체적이라 할 수 있을 것이다. 실제 연구에서는 더욱 구체적인 문제설정을 위해 노력해야 할 것이다. 또한 개념에 대해서 구체적으로 제시해주어야 하는데, 점차 다양하게 정의되고 있는 개념들, 예를 들어 '청소년'의 경우 몇 세 이하로 설정할지에 대해서 구체적으로 연구문제에서 정의해야 할 것이다.

셋째, 변수들 간의 관계에 대해 서술되어야 한다. 연구문제에는 영향을 미치는 독립변수와 결과로 나타나는 종속변수가 있어야 한다. 즉 원인과 결과를 명확히 제시해야 하는데, 앞에서 언급한 질문에서는 자녀의 장애유형이 원인, 보호자의 부담감이 결과로 원인변수가 결과변수에 영향을 미치는지 관계를 서술하고 있다.

마지막으로 연구문제는 경험적 검증가능성을 함축하고 있어야 한다.

5. 연구문제 선정에 영향을 미치는 요인

베일리(Bailey)에 따르면 연구문제 선정에 궁극적으로 영향을 미치는 요인들에는 사회과학적 연구패러다임, 연구자의 가치, 반응성의 정도, 연구자의 방법론, 시간요인, 선택된 분석단위 등이 있다. 이에 대하여 정리하면 다음과 같다(Bailey, 1987; 김기원, 2001).

(1) 사회과학적 연구 패러다임

연구문제 선정에 영향을 미치는 요인으로 사회과학적 연구 패러다임이 있다. 사전적으로 패러다임이란 패턴, 예, 또는 모델로 정의된다. 또한 통상적으로 연구자가 일체감을 갖는 학파나 모델을 의미한다. 사회과학에서는 이러한 패러다임이 다양하게 존재한다. 사회복지학과 같은 사회과학내의 패러다임이란 '사회적 현상을 바라보기 위해 일련의 개념과 가정으로 구성된 관점이나 준거틀'로서 연구자가 사회를 바라보는 눈이라고 할 수 있다. 예를 들어 두 연구자가 동일한 객관적 대상에 대해 다른 패러다임에 기초해 연구할 때, 그들은 같은 대상에 대해 서로 다르게 인식하고 다르게 해석할 수 있다. 연구자가 가지는 패러다임에 따라서 그들이 중요하다고 여기는 연구문제도 다르고 그에 대한 개념과 가정도 다를 수 있다. 그러므로 패러다임은 연구문제 선정에 영향을 끼치는 중요한 요인이라고 볼 수 있다.

(2) 연구자의 가치

연구자의 가치 또한 연구문제의 선정에 영향을 끼치는 요인이다. 가치는 연구자의 시각에서 연구의 가치가 있을 것이라고 간주되는 문제의 설정에 영향을 주며, 조사연구를 위해 필요하다고 간주되는 연구방법과 연구자 자신과 조사대상 간의 관계를 바라보는 방식에도 영향을 끼친다.

가치는 바람직하고 바람직하지 않은 것에 대한 개념으로 검증이 불가능한 특성을 가지며, 가치는 연구자에게 편견을 갖게 하여 객관성을 상실시킬 수도 있다. 가치와 가치판단과 관련하여 중요한 것은 모든 연구자는 각자만의 가치를 지니고 가치판단을 하고 있으며, 그들이 지닌 패러다임에 따라서 그 결과는 다르게 나타날 수 있다. 그러므로 각자가 지닌 가치가 다르다면 연구문제가 각자 달라질 수 있고, 연구문제 설정 후의 조사를 통한 해석 및 결과과정에서도 가치는 영향을 줄 수 있다.

(3) 반응성의 정도

특정자료 수집방법에 내재하는 반응성의 정도도 연구문제의 선정에 영향을 미친다. 반응성이란 호손효과[4)]라고도 하며, 어떠한 연구과정에서 연구자가 관찰대상자를 관찰함에 있어서, 관찰대상자가 연구자가 본인을 관찰하고 있다는 것을 인지하고 있는 상황에서 연구자가 그 상황에 있을 때는 일정한 방식으로 행동을 하는 반면에, 연구자가 없을 때는 다르게 행동함으로써 연구자가 관찰하고 있다는 사실 자체만으로 관찰대상자의 행동에 영향을 미칠 수 있다는 것이다. 즉, 반응적 조사기법은 조사기법의 적용이 조사대상자의 행동에 반응을 일으켜 연구자가 조사하기 바라던 그대로의 사회적 상황과 조건을 변화시킴으로써 조사자료에 영향을 미치게 되는 것이다.

(4) 연구자의 방법론

연구자가 활용하는 방법론도 연구문제 선정에 영향을 미친다. 방법론이란 조사과정의 원리를 말하는데 연구자가 수집한 자료를 분석하고 결론을 내리기 위해 활용하는 표준 또는 기준과 연구의 근본적 이유로 작용하는 가정과 가치를 포함한다. 연구자의 방법론은 연구자가 연구문제에 대해 어떠한 가설을 세우고 그 가설을 기각할 것인지, 말아야할 것인가를 결정하는 데 필요한 근거가 되는 요인들을 결정한다. 연구자가 명확하고 논리적인 방법론에 입각하여 연구를 실행하는지, 아니면 공감적 이해에 입각하여 연구를 실행하는가의 차이, 즉 연구자가 활용하는 방법론의 차이는 연구문제의 선정에 영향을 미친다.

---

4) 사회조사에서 종종 나타나는 것으로, 실험대상자들이 지켜보고 있다는 사실을 의식함으로써 그들의 전형적인 것과 다르게 행동하는 현상을 의미한다. 가령 정신병원에서 보호를 받고 있는 사람들의 상호작용을 관찰하는 사회사업가는 보호받는 자가 지켜보고 있지 않을 때 나타나는 것과 동일한 행동을 관찰하지 못할 것이다(이철수 외, 2009). 사실 Hawthorne effect란 말은 시카고 서부전기회사의 Hawthorne 공장의 조사에서 그 이름이 유래되었다. 하버드 대학교수 G. E. Mayo의 주도하에 추진되었고 그 연구의 중심은 작업능률과 인간적 여러 요인의 관련을 규명하는 것이었다. 호손 효과는 근로자의 행동을 관찰함으로써 그들의 행동이 변하며 따라서 일시적으로 효율이 변화하는 현상을 말한다. 이 현상은 1924년에서 1932년 사이에 미국 일리노이 주 시서로(Cicero)에 있었던 '호손 웍스'(Hawthorne Works)라는 공장에서 수행된 일련의 실험에서 얻어진 결과에서 처음 관찰되었다. 최근 들어서는 호손 효과의 의미는 확장되어 어떤 새로운 관심을 기울이거나 관심을 더 쏟는 것으로 대상의 사람들이 행동과 능률에 변화가 일어나는 현상을 말하는 것으로 변했다(위키백과, 2012).

(5) 시간요인

연구문제의 선정에 시간요인도 영향을 미친다. 연구가 어느 특정 시점에 행해지는지, 아니면 장기간에 걸쳐 행해지는지에 대한 시간적 요인에 따라 연구문제가 달라질 수 있다. 그러므로 특정시점에 행해지는 횡단조사에는 정태적인 연구문제를, 장기간에 걸쳐 행해지는 종단조사에는 동태적인 연구문제를 선정하게 된다.

(6) 선택된 분석단위

선택된 분석단위도 연구문제의 선정에 영향을 미친다. 분석단위는 사회복지조사에 있어서 분석단위는 매우 다양하며 일반적으로 개인, 집단, 공식적 사회조직, 사회적 가공물 등으로 구분한다. 예를 들어, 사망에 관한 연구를 한다면 개별 사람들이 죽음에 어떻게 적응하는가의 연구에서 분석단위는 개인이다. 반면 국가별 국민들의 사망률을 비교한다면 분석단위는 국가이다.

분석단위

분석단위	내 용
개인	• 클라이언트의 개인적 속성 • 지역사회 주민의 욕구조사의 경우 분석단위는 개인
집단	• 동아리, 읍·면·동 단위, 시·도, 가족, 또래 등
공식적 사회조직	• 학교, 교회, 시민단체, 지역사회복지관 등
사회적 생성물(산물)	• 결혼식, 대중음악, 도서, 신문의 사설 등과 같이 가공된 행위 또는 결과

그런데 분석단위와 관련하여 주의해야할 점은 생태학적 오류, 축소주의/환원주의, 개인주의적 오류 등을 범하지 말아야 한다는 것이다. 다음 표는 이러한 오류의 의미와 구체적 사례를 예시로 들고 있다.

연구의 분석단위와 해석상의 오류

종 류	의 미	사 례
생태학적 오류 (Ecological fallacy)	• 집단을 분석단위로 조사하여 밝혀진 내용을 바탕으로 그 집단을 구성하는 개인들의 어떤 속성을 단정하는 경우	• 기독교 국가의 자살률이 힌두교 국가의 자살률보다 높다고 하여 기독교를 믿는 개인이 자살을 더 많이 하는 것으로 결론을 내릴 경우 생태학적 오류에 해당한다. • 대구의 노령인구 비율이 높을 경우에, 이 지역의 투표 성향을 살펴본 후, 대구지역의 특정 정당 지지율이 높다고 해서 노인들이 그 정당을 더 지지한다고 결론을 내릴 때 생태학적 오류를 저지르는 것이다.
환원주의/ 축소주의/환원주의 (Reductionism)	• 어떤 현상을 설명하는 데 사용하는 개념이나 변수들을 지나치게 제한하거나 한 가지로 귀착시키려는 경향	• 아동학대의 원인은 다양할 수 있지만 심리학자는 개인들을 분석대상으로 삼는 경향이 강하고, 가족치료 전공자는 가족을 분석단위로 삼는 경향이 강하다. • 최근 노인자살율 증가라는 현상을 보고 정신과의사는 개인의 심리에 초점을 두지만, 사회복지사는 노인빈곤이라는 사회체계에서만 원인을 찾는다면 이는 축소주의적 오류에 해당된다.
개인주의적 오류 (individualixtic fallacy)	• 개인을 분석단위로 조사하여 밝혀진 내용을 집단이나 사회에 적용하는 경우	• 영희(개인)는 불량학생이므로 영희가 속한 A동아리(집단)도 불량스러울 것이라고 판단하는 것은 개별주의적 오류에 해당된다. • 철수(개인)는 전국 모의고사 1등이므로, 이 학생이 다니는 고등학교 학생들(집단)은 모두 성적이 우수할 것이라는 판단은 개별주의적 오류를 범하는 것이다.

6. 개념적 정의와 조작적 정의

사회복지조사에서 연구문제를 정확하게 서술하기 위해서는 그 연구문제에 포함된 개념과 변수들에 대한 명확하고 구체적인 정의가 행해져야 한다. 개념은 어떤 사물, 사람, 생각, 사건 등의 공통적 속성을 추상화하여 의미를 부과한 것이므로 개념 자체를 직접 경험적으로 측정할 수 없으므로 이를 검증하기 위해서는 개념들이 명료하게 정의되어야 한다. 조사 문제에 포함된 개념과 변수들에 대해 명확하고 구체적인 정의가 이루어져야 조사문제를 명확하게 서술할 수 있다.

(1) 개념적 정의

개념적 정의란 연구대상이 되는 사람이나 사회적 현상, 사물의 속성 등 주요 용어들을 개념적으로 정의하는 것이다. 개념적 정의는 추상적, 일반적, 사전적, 주관적이라는 특성을 지닌다. 또한 개념적 정의는 측정이 가능하도록 바꿔야 하는 조작적 정의의 전단계이다.

(2) 조작적 정의

조작적 정의란 추상적인 개념을 경험적으로 측정이 가능하도록 구체화하여 실증적인 지표로 변환시키는 것이다. 즉, 연구자는 다른 연구자도 이 변수에 대해 정확히 이해하는데 어려움이 없도록 변수에 대해 정확하게 조작적으로 규정하여야 한다. 조작적 정의는 개념적 정의를 벗어나지 않는 범위에서 측정 가능하도록 정의되어야 한다. 예를 들어, 어떤 사람이 빈곤한가?는 그 사람이 하루에 한 끼의 식사밖에 못 한다든지, 월소득이 40만원밖에 안 된다든지, 집이 없어 노숙을 한다든지의 경험적이며 구체적인 실체들을 관찰함으로써 알 수 있는 것이다. 이런 식으로 개념적-이론적 수준과 경험적-관찰적 수준사이에 다리를 놓아주는 것이다. 또한 조작적 정의는 신뢰도가 있고 타당해야 한다.

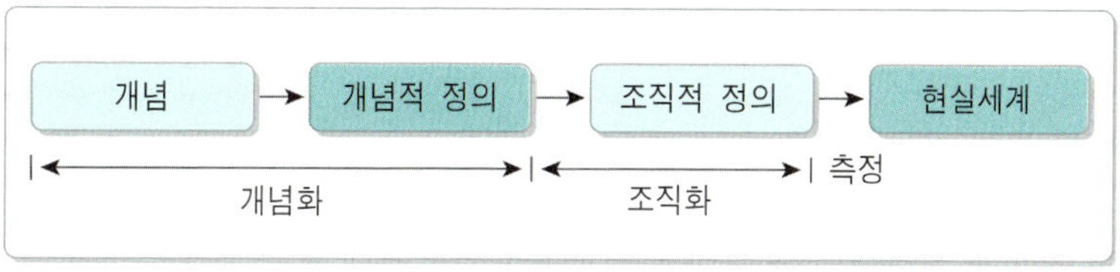

그림 4-1 **개념적 정의와 조작적 정의의 관계**

4.2 개념과 변수

1. 개념과 변수의 의미

(1) 개념(concept)

개념이란 관심의 대상이 되는 경험세계에서의 어떤 현상이나 사건, 사물, 현상의 속성을 추상적인 용어를 사용하여 관념적으로 구성한 것이다. 또한 개념이란 어떤 대상이나 현상, 사건 또는 사물에 대한 지적 아이디어를 의미하는 것이다.

개념의 기능을 살펴보면(Frankfort-Nachimas & Nachmias, 2001; 최성재, 2005에서 재인용), 다음의 네 가지 기능과 같다. 첫째, 의사소통의 기능을 한다. 개념은 의사소통의 수단으로서 기능한다. 만약 사회과학자들 사이에서 합의되거나 공통으로 사용하는 개념 없다면 서로간의 의사소통도 불가능할 것이고, 다른 연구자가 조사를 반복적으로 시행하기도 어려울 것이다. 둘째, 사회현상을 보는 시각을 제공한다. 개념은 다른 사람들과 공유할 수 있는 사회현상을 보는 시각을 가질 수 있도록 해준다. 또한 개념은 경험한 것과 인식한 것을 나타내는 것이 되고 새로운 경험과 인식의 영역을 넓혀준다.

셋째, 일반화의 기능을 한다. 개념이라는 수단을 통해 사회과학자들은 경험하고 관찰한 것을 다시 분류하고 그것을 보편적으로 설명할 수 있는 것으로 만드는 일반화기능을 하게 된다.

넷째, 이론의 핵심적 구성요소를 이루는 기능을 한다. 이론이란 개념과 개념을 연결시켜 놓은 것인데 이런 면에서 개념은 이론의 핵심적 구성요소라고 할 수 있다.

(2) 변수(variable)

변수란 말 그대로 그 값이 변하는 개념이다. 또한 조사대상이 되는 구체적인 개념 또는 이론적으로 구성된 개념이며, 속성[5]들의 논리적인 집합을 말한다. 변수란 구체적이고 경험적인 것, 측정할 수 있는 개념을 말한다. 그 예로는 나이, 결혼의 유무, 아동학대, 자아존중감 등이 있다. 변수란 적어도 두 가지 이상의 값을 가지는 경험적 속성으로 조사하고자 하는 개념들이 가설로 나타나고 검증되는 형태이다.

한편 한 개념이 다른 범주들로 분류될 수 있는 변수값을 갖고 있지 않다면 그것은 변수로 볼 수 없다. 예를 들어, '장애'는 개념이지만 장애라는 단어 자체는 변화될 수 없으므로 변수가 될 수 없다. 그러나 장애등급은 1급에서 6급까지 다양한 가치값을 가지므로 변수라고 볼 수 있다. 또한 성별을 나타내는 남성과 여성은 성별이라는 변수의 변수값이다. 그리고 변수는 비연속적 변수와 연속적 변수로 나눌 수 있다. 비연속적 변수는 예로는 남성과 여성으로 나누는 성별과 합격, 불합격으로 나누는 합격여부 등이 있으며, 연속적 변수에는 시험점수와 나이 등이 있다(김치영, 2007).

(3) 상수(constant)

상수란 결코 변하지 않는 하나의 값을 갖는 변수이다. 변수의 값이나 범주는 양적으로 정해져 있지만(즉, 연령의 경우처럼 숫자로 나타나지만), 일부 변수는 숫자에 의해서라기보다는 낱말부호로 지정된 범주를 갖고 있다. 예를 들어. 성(性, gender)은 남자(M)와 여자(F)라는 부호에 의해 지정된 범주를 가진 변수이다.

---

5) 속성(attribute)은 사물의 특징이나 성질, 사물의 현상적 성질을 말한다. 변수의 측정결과 속성들은 변수값(value)이 된다. 예를 들어, 인간의 성(gender)이라는 변수에 대한 변수값은 여성 혹은 남성이 될 수 있다.

개념, 변수, 상수의 예

개 념	변 수	상수(변수값)
성(gender)	성별	남자(M)
		여자(F)

- 여성, 남성은 변하지 않는다. → 상수
- 성별은 남성 또는 여성이라는 값을 갖는다. → 성별은 변수

2. 변수의 종류

(1) 독립변수(independent variable)

독립변수란 행위를 발생시키는 원인이 되는 변수로서 조사하고자 하는 상황을 발생시키거나, 영향을 미친다고 생각되는 변수 또는 인과 관계에서 원인이 되는 변수이며, 시간상으로 먼저 변하는 속성을 가진 변수를 말한다. 또한 실험설계에서 실험 자극 및 처치 등의 개입이 독립변수가 된다. 종속변수의 결과를 예측하거나 그 차이를 설명하기 위해서 사용되기도 한다는 의미에서 원인변수, 설명변수, 예측변수라고도 한다. 이러한 독립변수는 종속변수의 논리적인 선행조건으로 종속변수에 영향을 미치는 원인으로 작용한다. 한편 독립변수가 부정확하게 규정된다면 종속변수에 결과로서 나오기를 기대했거나 바람직한 변하가 발생했더라도 그것이 독립변수의 어떤 요인에 의해 발생한 것인지를 정확하게 연결시킬 수 없다.

(2) 종속변수(dependent variable)

종속변수란 설명하려는 대상이나 결과가 되고 시간상으로 독립변수의 변화가 먼저 있고 그 후에 따라서 변하는 변수를 의미한다. 또한 실험설계에서 독립변수의 조작 또는 변이에 따라 변화결과를 나타내는 변수로 인과관계에서 결과를 나타낸다. 종속변수를 결과변수, 피설명변수, 피예측변수, 가설적 변수라고도 한다. 한편 종속변수의 값이 다른 변수에 의존하지만 다른 변수에 영향을 미칠 수 없다. 실험설계에서는 실험처치와 같은 개입에 따라서 변화하는 것으로 예측되는 변수, 즉 관찰대상의 속성이 종속변수가 된다.

중요한 것은 변수간의 관계에서 독립변수와 종속변수가 정해지는 조건은 둘 사이의 인과관계의 형성이라는 조건이다. 변수간의 관계에서 독립변수와 종속변수는 다음의 세 가지 조건이 충족되었을 때 성립한다. 첫째, 두 변수가 상관관계가 있어야 한다. 둘째, 독립변수가 먼저 변해야 하고 그 후에 종속변수가 변해야 한다. 셋째, 두 변수와의 관계가 다

른 변수로 인해서 나타나서는 안 된다(최성재, 2005; 141).

독립변수와 종속변수의 관계에 대한 예를 들자면, '규칙적인 운동을 할수록 오래 산다'라는 가설에서 독립변수는 운동이며, 종속변수는 수명이라고 할 수 있다. 또한 '기온이 내려갈수록 아이스크림 소비는 낮아질 것이다'라는 가설에서 독립변수는 기온이며, 종속변수는 아이스크림 소비량이다.

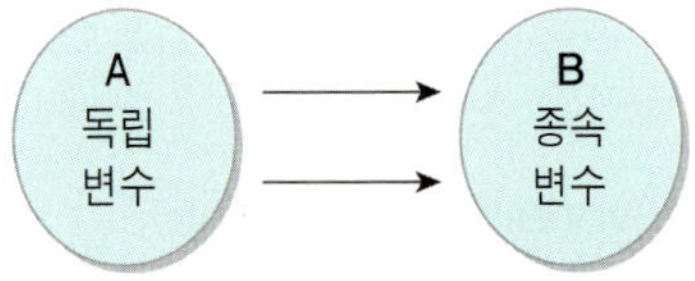

A는 B에 영향을 준다. A는 원인이므로 독립변수, B는 결과이므로 종속변수
예 : 정신질환으로 입원한 경험 또는 알코올 중독과 노숙 간의 관계를 규명하고자 하는 연구에서는 입원한 경험 또는 알코올 중독이 독립변수가 되고 노숙은 종속변수가 된다. 독립변수와 종속변수는 원래의 속성으로 정해져 있는 것이 아니라, 조사목적에 따라 독립변수이던 것이 종속변수가 되고, 종속변수이던 것이 독립변수가 될 수 있다.

그림 4-2 **독립변수와 종속변수**

(3) 매개변수(intervening variable)

매개변수는 독립변수와 종속변수의 관계를 설명하는데 개입이 되는 변수로서 종속변수에만 영향을 미친다. 독립변수 A와 종속변수 B는 고도로 상호관련이 있을지 모르지만, 이는 단지 변수 A가 제3의 변수 C의 원인이 되고, 차례로 변수 C가 변수 B의 원인이 되었기 때문일 수 있는 것이다. 이러한 경우에 변수 C를 매개변수(intervening variable)라 부른다.

또한 매개변수는 독립변수와 종속변수 사이에서 독립변수의 결과인 동시에 종속변수의 원인이 되는 변수이다. 예를 들어, 노인의 사회활동과 노인의 우울증 간의 관계에 대해 조사한 결과, 두 변수 간에 유의미한 관계가 있는 것으로 나타났다. 하지만 노인의 사회활동과 우울증 수준간의 관계를 설명하는 설명력이 미흡하여 다른 제3의 변수를 고려한 결과, 자아존중감이라는 변수를 발견했고 사회활동을 하면서 자아존중감이 높아진 노인의 우울증 수준은 낮았다. 이 연구에서 노인의 사회활동은 독립변수이고, 자아존중감은 매개변수이며, 노인의 우울증 수준은 종속변수이다.

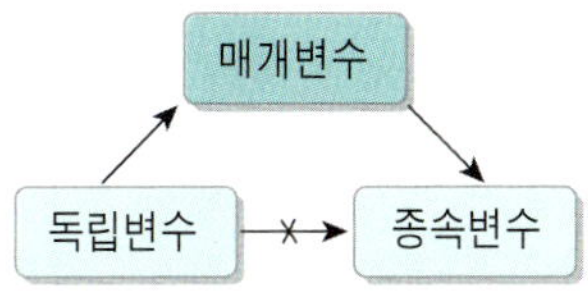

예 : 사회복지시설 근무자의 업무 자율성은 자아실현 충족을 높이고 높아진 자아 실현 충족은 업무 능률성을 향상 시킨다.
근무자의 업무 자율성 → 독립변수
자아실현 충족 → 매개변수
업무능률성 → 종속변수

그림 4-3 **매개변수**

(4) 외생변수(extraneous variable)

외생변수는 독립변수와 종속변수의 관계가 표면적으로 인과적 관계에 있는 것처럼 보이게 하는 변수이다. 실제로는 독립변수와 종속변수가 우연히 어떤 변수가 연결됨으로써 관계가 있는 것처럼 보이게 하는 제3의 변수이다. 따라서 외생변수를 통제하면 독립변수와 종속변수의 관계는 사라진다. 예를 들어, 어느 사회복지기관에서 조사를 한 결과 사회복지사의 수(數)가 서비스 질에 영향을 미치며 두 변수가 유의미한 관계라고 나타났다. 그러나 제3의 변수인 사회복지사의 자격급수를 통제하고 사회복지사의 수와 서비스의 질이란 두 변수만의 관계를 살펴본 결과 유의미한 관계가 사라졌다. 이 예에서 사회복지사의 수는 독립변수, 사회복지사의 자격급수는 외생변수, 서비스의 질은 종속변수이다.

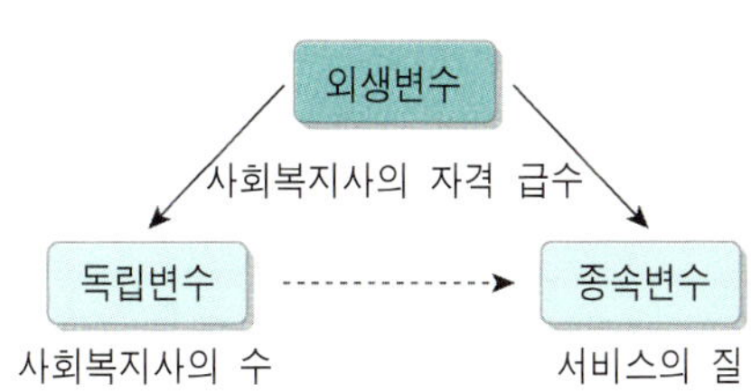

독립변수와 종속변수 간의 인과관계는 가시적 관계이다. 이 때 제3의 변수가 독립변수와 종속변수에 미치는 영향을 통제하면, 즉 외생변수를 통제하게 되면, 가시적 관계는 사라지게 된다.

그림 4-4 **외생변수**

(5) 억제변수(suppressor variable)

억제변수란 두 변수 X, Y가 서로 관계에 있는데도 관계가 없는 것처럼 나타나게 하는 제3의 변수로 하나의 변수와 긍정적으로 상관되어 있고, 다른 변수와는 부정적으로 상관되어 있음으로써 두 변수간의 관계를 억누른다. 억제변수는 독립변수와 종속변수 간의 사실적 관계를 약화시키거나 아예 소멸시켜 버린다. 예를 들어, 계급적 지위와 권위적 태도는 관계가 없다고 나타났으나, 교육수준을 통제해보니 계급이 높을수록 강한 권위적 태도가 나타날 때 교육수준이 억제변수가 된다.

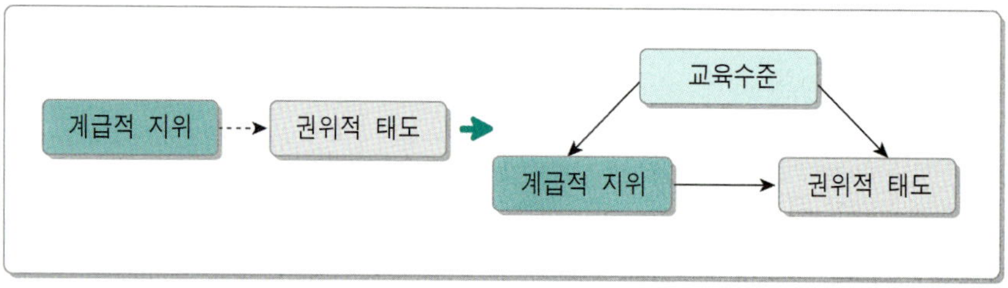

그림 4-5 억제변수

(6) 왜곡변수(distorter variable)

왜곡변수란 독립변수와 종속변수 간의 관계를 정반대의 관계로 나타나게 하는 제3의 변수이다. 예를 들어, 기혼자의 자살률이 미혼자의 자살률보다 높다는 주장이 있다. 이때 연령이라는 변수를 통제해 보니 실제로는 그 반대로 나타났다. 같은 연령층이라면 미혼자의 자살률이 기혼자의 자살률보다 높다는 것이다. 이때 연령은 실제관계가 표면적으로 나타난 관계와는 정반대임을 밝혀주는 왜곡변수가 된다.

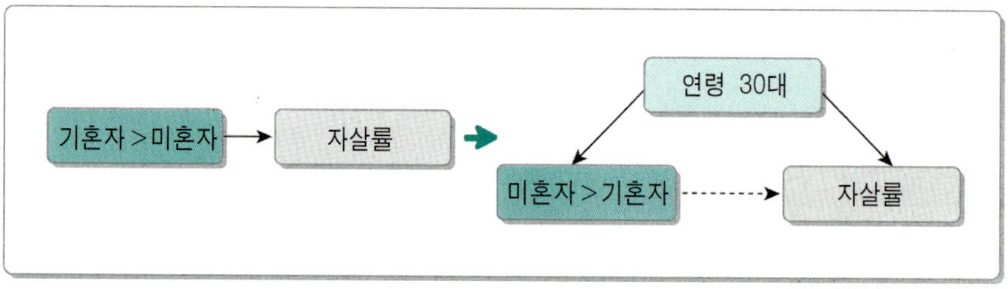

그림 4-6 왜곡변수

(7) 조절변수

조절변수는 독립변수와 종속변수 사이의 관계를 체계적으로 변화시키는 원인변수로 독립변수와 종속변수 간의 관계의 크기를 조절(증가 또는 감소)하는 역할을 한다. 주로 상황을 나타내는 경우가 많아 상황변수라고도 한다. 예를 들면, 수능성적스트레스(독립변수)가 자살률(종속변수)에 영향을 주고 있을 때 스트레스 대처방안이라는 조절변수가 개입되면 수능성적 스트레스와 자살률 사이관계의 크기를 증가 또는 감소시킬 수 있다.

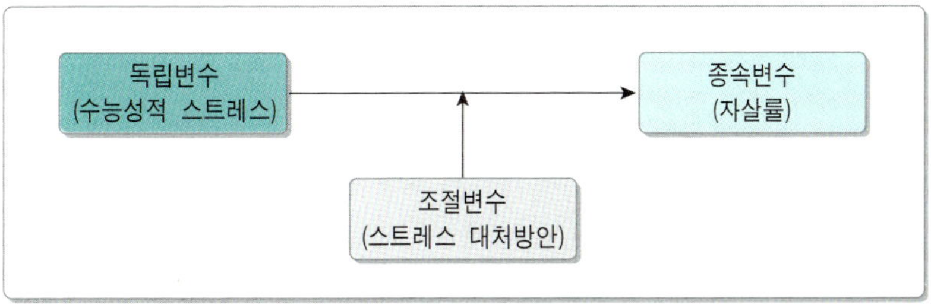

그림 4-7 **조절변수**

(8) 통제변수(control variable)

독립변수와 종속변수 간의 인과관계에 영향을 주는 제3의 변수를 통제변수라고 한다. 통제변수는 독립변수의 영향력을 정확히 알기 위하여 통제되는 변수로 외생변수, 매개변수, 조절변수, 억제변수, 왜곡변수 등이 설계에서 통제된다.

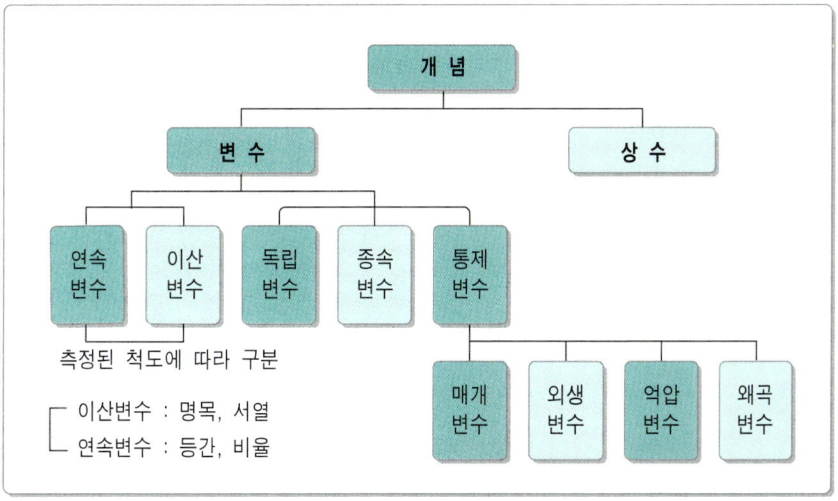

그림 4-8 **변수의 분류**

3. 변수의 속성에 따른 분류

변수는 그 속성과 측정하는 방법에 따라 이산변수와 연속변수로 나눈다.

(1) 이산변수(discrete variable)

이산변수는 각 값의 사이가 떨어져 있다. 값과 값 사이가 연결되어 있지 않고 분리되어 있기 때문에 그 사이의 값들은 아무런 의미를 갖지 않는다. 이산변수는 변수의 값에 최소단위가 있는 변수로 명목척도와 서열척도로 측정되며, 양적 척도가 아닌 질적 척도로서 질적 연구분야에 많이 활용되고 있다. 이산변수의 예로는 화폐단위를 볼 수 있는데, 우리나라의 경우 1원이 가장 최소단위이기 때문에 121원은 표시할 수 있다. 그러나 121.5원과 같이 최소 단위 밑의 소수점은 표시할 수 없다. 다른 예로는 한 가족 구성원의 수를 3명이나 5명으로 표시하는 것은 가능하나, 3.5명 또는 5.1명으로 표시할 수는 없다.

이처럼 각 값 사이가 떨어져 그 사이 값이 존재하지 않거나 독립적인 관계를 갖는 것을 이산변수라고 할 수 있을 것이다. 그러나 이산변수라 할지라도 실체측정이 아니고 측정한 것을 통계적으로 나타날 경우에는 평균가족수를 3.1명과 같이 나타낼 수 있다는 것은 주의해야 할 것이다. 또한 소득 여부에 대한 질문을 예로, 질문에 대한 대답으로 '예, 아니오'의 경우 값과 값 사이가 연결되어 있지 않아 이산변수로 볼 수 있을 것이다. 그러나 이 값을 통해 연구를 진행하기 위해서는 더미변수를 통해 값에 수치를 줄 필요가 있다.

여기서 더미변수란 질적변수를 수치로 변환한 것으로 각 값들이 '0과 1'이라는 인공변수를 취하는 것으로 앞에서 언급한 '예 = 0, 아니오 = 1'을 예로 볼 수 있다. 더미변수는 고등교육의 유무, 건강보험 가입 여부, 성(gender)과 같이 질적인 설명변수 또는 독립변수가 종속변수에 미치는 영향을 나타낼 때 사용된다(김기원, 2001).

(2) 연속변수(continuous variable)

연속변수는 변수가 수평선상의 모든 값이 연결되어 연속적인 모든 값의 의미를 가질 수 있어 연산이 가능하다. 연속변수는 등간척도와 비율척도로 측정되며, 서열화되어 있고 간격이 같아서 각 수치 간에 가감승제가 가능하다. 또한 연속변수는 변수값의 최소단위가 없어서 연속적 수치로 나타낼 수 있는 변수이다. 그러므로 연속변수는 주로 양적 연구에서 많이 활용된다.

예를 들어, 무게, 신장, 시간, 온도 등은 최소단위를 정할 수 없고 소수점 이하의 계속적 수치를 사용하여 그 값을 나타낼 수 있는데, 신장의 경우 170.3856cm, 시간은 3.2503시간, 온도는 0.254℃로 나타낼 수 있다.

4.3 가 설

1. 가설의 개념과 기준

조사연구란 연구자가 선정한 연구문제를 경험적으로 검증해나가는 과정이다. 연구문제를 적절하게 선정한 후, 연구자는 자신이 설정한 연구문제에 대한 해답을 찾기 위한 연구를 진행하게 된다. 가설은 이러한 맥락 속에서 이해되어야 하는데, 가설이란 두 개 이상의 변수들 간의 관계 설정이 어떻게 되어 있을 것이라고 연구자가 생각한 것으로 아직 검증되지 않은 잠정적 결론이다. 또한 가설은 "경험적으로 검증가능한 변수간의 관계에 대한 진술로서, 연구문제에 대한 잠정적 해답 내지 최선의 예측"을 의미한다(김병섭, 2008; 165). 경험적 검증을 한다는 것은 가설이 기본적으로 왜(Why)나 어떻게(How)로 시작하는 연구문제에 대한 가장 적절한 답(Best guesses)이라는 점이다(Blaiklie, 2000).

한편 바람직한 가설을 세우기 위해서 몇 가지 기준을 가지고 서술해야 한다. 연구가설은 2개 이상의 변수들간의 관계를 진술하는 명제로서 보통 미래형 긍정문으로 표현된다. 바람직한 가설의 조건으로 다음의 여섯 가지를 살펴보겠다(Frankfort-Nachmias & Nachmias, 2001; 최성재, 2005).

가설 서술의 첫 번째 기준은 연구가설은 개념적으로 명확해야 한다. 가설에서 사용된 개념은 개념적 정의 또는 명목적 정의(nominal definition or conceptual definition)가 명확하게 정의되어야 하며 그리고 그 개념을 어떻게 측정할 것인가를 고려한 조작적 정의(operational definition)도 명확하게 정의되어야 한다.

둘째, 연구가설은 구체적이고 특별해야한다. 가설에 사용된 개념의 범위가 너무 넓거나 추상적이면 그 개념을 구체적으로 측정하기란 쉽지 않게 된다. 가능하면 개념의 범위를 좁혀서 측정과 관찰이 쉽도록 하고 변수간의 관계가 긍정적 방향(같은 방향으로 변함)인지 부정적 방향(반대방향으로 변함)인지 등을 명확하게 하는 것이 바람직하다. 또한 그 관계가 성립할 수 있는 상황이나 조건을 제시하여 관계가 분명해지도록 해야 한다.

셋째, 연구가설은 경험을 통하여 검정 가능한 것이어야 한다. 사회과학은 논리와 경험적 검증을 바탕으로 수립되는 지식이므로 연구가설이 경험적으로 검증 가능해야 한다. 예를 들면, "여자는 가정일로부터 해방되어야 한다.", "자본주의 경제체제는 노동자들의 착취로부터 발전한다." 등과 같이 철학적 또는 가치적 논란의 여지가 있거나, 당위성을 포함하는 내용은 사회과학적 연구문제나 가설로 선정할 수 없으며, 그러한 개념들을 경험적으로 관찰하기도 어렵다.

넷째, 연구가설에서 개념과 변수들의 관계는 측정가능한 방법이 있어야 한다. 즉, 아무리 가치있는 연구문제나 가설이라도 실제로 그것을 측정할 수 있는 방법이 없다면 그러한 가설은 검증이 불가능하게 된다. 사회조사방법론의 발달로 과거에 측정하기 힘들었던 개념이나 변수들을 측정할 수 있게 되었지만 아직 모든 개념을 측정하기란 불가능하며 신뢰도와 타당도가 있는 측정도구나 방법이 없는 경우도 많다. 한편 측정가능한 개념만 연구대상이 된다는 조건은 연구설계를 할 때에 개념을 사전에 미리 정의하고 시작하기 때문에 생기는데, 이는 질적 연구방법, 경험근거이론화 방법을 따르는 입장에서는 수용하기 어려운 조건일 수도 있다.

다섯째, 가설은 이론적 체계와 연결되어야 한다. 가설은 이론을 발전시키거나 이론을 검증하기 위해서 설정된다. 즉, 사회조사를 시행하는 목적은 과학적 지식을 수립하기 위함이며, 지식은 곧 이론이므로 사회조사에서 가설과 이론과의 관계는 중요하다. 그러므로 가설은 이론적 배경을 바탕으로 하며 그 가설의 검증이 기존이론과 어떠한 관계를 가지는지를 고려해야 한다.

여섯째, 가설은 가능하면 가치중립적이어야 한다. 이 입장은 실증주의를 바탕으로 한다. 앞서 소개한 사회과학의 다른 패러다임을 기반으로 하는 사회조사에서는 가치편향적 입장을 지지하므로 실증주의 이외의 다른 패러다임을 근거로 하는 사회조사에서 연구가설이 반드시 이 조건을 충족시킬 필요는 없다. 하지만 아직도 실증주의적 입장이 지배적인 상황에서 사회과학의 가치중립성 유지는 바람직한 입장이라고 본다. 한편 구나 미르달(Gunnar Myrdal, 1944)은 사회과학자가 실제로 가치중립적 입장을 견지하는 것은 불가능하므로 오히려 본인의 가치를 분명히 밝히는 것이 연구자 개인의 가치관과 조사결과의 분석에서의 가치개입 여부를 판단할 수 있게 하여 결론적으로 가치중립성을 더 견지할 수 있게 한다고 주장하고 있다.

2. 가설의 종류

가설은 다양한 기준에 따라 여러 가지 종류로 분류할 수 있다. 먼저 연구목적에 따른 분류에 의하면 기술적 가설과 설명적 가설로 분류할 수 있고, 적용범위에 기준을 두고 분류하면 일반가설과 지엽적 가설로 나눌 수 있다. 다음으로 검증과정에 따른 구분으로는 연구가설, 귀무가설(영가설), 대립가설, 통계적 가설로 구분할 수 있다.

(1) 연구목적에 따른 분류

연구목적이 기술적 연구인지, 설명적 연구인지에 따라서 각각 설정되는 가설의 기능과 특성이 다르다.

① 기술적 가설

기술적 가설은 식별가설이라고도 하며 어떠한 사실을 밝히며 묘사하기 위한 가설로서 '그것이 무엇(what)인가', '그것이 어떠한 성질과 기능을 가지고 있는가?' 등에 관한 해답을 구하기 위한 가설이다. 즉, 기술적 가설은 어떠한 사실을 밝히는 것으로 그것이 무엇인지에 대한 잠정적 해답이라고 할 수 있다. 보통 "……은 ……이다.", "……은 ……로 구성된다."의 형식으로 서술한다.

② 설명적 가설

설명적 가설은 설명적 연구에서 사용되며, 개념과 개념간의 인과관계를 규명하기 위한 가설로 '왜(why)'라는 질문에 대한 해답을 구한다. 즉, 어떠한 현상에 대한 설명을 제시하고자 하는 가설로서, 그 현상과 관련된 기존 지식체계나 이론으로부터의 연역 또는 귀납적 방법에 의해서 그 현상에 대한 인과관계를 밝히는 것을 목적으로 설정된다. 결론적으로 왜(Why)에 대한 답을 구하고자 하는 것이다. 보통 "……이면 ……이다.", "……할수록 ……하다.", "만약 …하면 …하다."로 서술한다.

(2) 적용범위에 따른 분류

가설의 적용범위가 일반적으로 적용가능한지, 또는 특정한 시간과 장소에만 한정적으로 적용되는지에 따라서 일반가설과 지엽적 가설로 구분할 수 있다.

① 일반가설

일반가설은 모든 시간과 장소에 관계없이 내포된 변수들 간의 관계가 항상 적용되는 가설로 적용범위가 광범위하다.

② 지엽적 가설

지엽적 가설은 내포된 변수들 간의 관계가 특정 시간과 장소에만 한정적으로 적용되는 가설로 적용범위가 한정적이다.

(3) 검증과정에 따른 구분

통계적 연구과정에서 주로 계량적으로 사용하는 가설 유형으로 연구가설, 영가설, 대립가설, 통계적 가설의 종류가 있다(김종천, 2004; 김치영, 2007).

① 연구가설

연구자가 검증하고자 하는 이론으로부터 도출된 가설로서 검증될 때까지는 조사문제에 대한 잠정적인 해답으로 간주된다. 이는 주로 'X는 Y와 관계가 있다'와 '~한다'라는 형식의 선언적 형태와 '~할 것이다'라는 가정적 형태로 진술되며 작업가설, 실험가설, 과학적 가설로 불리기도 한다. 연구가설의 예시로 "소득수준이 높을수록 복지예산 증액을 위한 증세에 대해 반대할 것이다.", "학교사회복지 프로그램의 참여는 청소년의 자아존중감을 향상시킬 것이다." 등이 있다.

② 귀무가설(=영가설)

귀무가설(영가설)이란 연구가설의 역(逆)으로, 주어진 연구가설에서 명시된 것을 부정하거나 기각하기 위해 설정하는 가설이다. 연구의 목적은 연구자가 설정한 연구가설을 지지하는 데 있다. 연구자는 귀무가설을 기각하고 그에 대립하는 대립가설을 채택함으로써 연구의 목적을 달성하려 한다. 귀무가설의 형태는 변수들 간의 관계에서 차이가 없다는 부정적 형태로 "~가 없다"라는 선언적 형태와 "~가 없을 것이다"라는 가정적 형태로 진술된다. 또한 통계학적 분석에서는 연구가설을 직접 규명하기보단 영가설을 부인함으로써 가설이 존재한다는 것을 증명하는 방식으로 분석한다.

다시 설명하면, 연구가설이 "고소득계층과 저소득계층간에 복지예산증액을 위한 증세에 관한 의견에는 차이가 있을 것이다." 또는 "국민기초생활보장법의 급여수준과 수급자의 근로 동기에는 상관관계가 있다."라고 한다면, 이러한 연구가설의 정확성을 검증하기 위해 사용될 귀무가설은 "고소득계층과 저소득계층간에 복지예산증액을 위한 증세에 관한 의견에는 차이가 없을 것이다."와 "국민기초생활보장법의 급여수준과 수급자의 근로

동기에는 상관관계가 없다."가 된다. 즉, 다시 설명하면 첫 번째 연구가설에서 연구자가 만약 고소득계층과 저소득계층간에 복지예산증액을 위한 증세에 관한 의견의 차이가 분명히 있다는 것을 제시할 수 있다면 귀무가설은 논박되거나 진실이 아닌 것으로 결론지을 수 있고 연구가설이 참이라는 것을 밝힐 수 있다. 두 번째 연구가설에서도 연구자가 국민기초생활보장법의 급여수준과 수급자의 근로동기에는 상관관계가 있다는 것을 검증해낸다면, 귀무가설은 거짓으로 밝혀지고 연구가설이 참이라는 것을 증명할 수 있는 것이다.

③ 대립가설

귀무가설에 대응하여 귀무가설이 거짓일 때 채택하기 위해 설정하는 가설이다. 대립가설은 표본으로부터 주어진 증거에 의해 연구자가 주장하고자 하는 가설로서 간혹 연구가설과 동일시되기도 한다. 예를 들면, "소득수준이 높고 낮음에 따라 사람들의 복지예산증액을 위한 증세에 대한 의견은 다를 것이다.", "소득수준과 복지예산 증액을 위한 증세에 대한 의견 차이 간에는 관계가 있을 것이다."라는 가설을 세울 수 있다.

④ 통계적 가설

통계적가설은 어떤 특징에 관해 둘 이상의 집단 간의 차이, 한 집단 내에서 또는 몇 집단 간의 관계, 표본 혹은 모집단 특징 등을 설명하기 위해서 설정하며 통계적 검증과정에서 귀무가설과 대립가설이 숫자적인 수단에 의해(주로 표본의 평균비교를 통해) 평가될 수 있는 가설로 전환하게 되는데 이를 통계적 가설이라 부른다. 즉, 표본으로부터 주어진 정보를 이용하여 모집단의 확률분포나 모수치에 대해 예상하는 진술이다. 하지만 모든 연구가설과 영가설을 수량화하는 것은 불가능하기 때문에 통계적 가설의 적용범위는 상당히 제한되어 있다(김치영, 2007).

연구가설 – 귀무가설 – 대립가설의 비교

구분	내용
연구가설	'행복한 교실' 프로그램에 참여하게 되면, 이 프로그램에 참여한 학생집단이 참여하지 않은 학생집단보다 집단응집력이 강해질 것이다.
귀무가설	'행복한 교실' 프로그램에 참여한 집단과 참여하지 않은 집단 간 집단응집력의 차이가 없을 것이다.
대립가설	'행복한 교실' 프로그램에 참여한 집단과 참여하지 않은 집단 간 집단응집력의 차이가 있을 것이다.

가설의 종류

분류	종 류	내 용
연구 목적	기술적 가설	• 식별가설이라고도 하며 사실을 밝히는 것에 관한 가설이다. • 보통 "……은 ……이다."로 서술한다.
	설명적 가설	• 인과관계를 규명하기 위한 가설로 두 변수 간에 일어날 수 있는 관계를 나타낸다. • 보통 "……할수록 ……하다.", "만약 ……하면 ……하다."이다.
적용 범위	일반가설	• 변수들 간의 관계가 시간, 장소에 관계없이 항상 적용되는 가설로 적용범위가 광범위하다.
	지엽적 가설	• 변수들 간의 관계가 특정한 시간, 장소에 한정적으로 적용되는 가설로 적용범위가 한정적이다.
검증 과정	연구가설(H)	• 가설이 검증될 때까지는 연구문제에 대한 잠정적 해답으로 연구자가 제시한 가설 • 과학적 가설, 작업가설, 실험가설이라고도 불린다.
	귀무가설(H_0)	• 영가설이라고도 하며 연구가설과 논리적으로 반대의 입장을 취하여 연구가설을 기각하기 위해 설정되는 가설이다. • 오히려 대립가설을 설정하여 연구 가설을 지지하려고도 한다. • A는 B와 관계가 없다.
	대립가설(H_1)	• 귀무가설에 대립되는 가설로 귀무가설이 거짓일 때 채택하기 위해 설정한다. • A는 B와 관계가 있다.
	통계적 가설	• 표본으로부터 주어진 정보를 이용하여 모집단의 확률분포, 모수치 등을 예측하는 가설이다.

3. 가설의 특성

바람직한 가설은 문제 해결성, 상호 연관성, 검증 가능성, 명확성, 구체성, 추계성이라는 특성을 지닌다. 구체적 특성은 다음과 같다.

(1) 문제 해결성

검증을 통해 문제를 해결할 수 있어야 한다.

(2) 상호 연관성

2개 이상의 변수간의 관계를 나타내야 한다.

(3) 검증 가능성

변수의 조작적 정의가 필요하며 변수들을 실제로 측정가능해야 한다.

(4) 명확성

명확성은 연구과정과 결과에 영향을 미치므로 각 변수들의 조건에 대해 명확하게 표현되어야 한다.

(5) 구체성

가설은 측정 가능한 변수 간의 관계이어야 하며 각 변수들은 측정가능하도록 구체적으로 정의되어야 하고 계량화되어야 한다.

(6) 추계성

잠정적이고 확률적인 표현으로 진술되어야 한다.

4. 가설의 기능

가설의 가장 기본적인 기능은 이론적 세계(theoretical world)와 현실 세계(real world)를 이어주는 매개체가 된다는 것으로, 연구자는 가설을 통해 연구를 실행하고 가설 검증을 통해 연구문제에 대한 답을 찾게 된다. 이를 더 자세히 살펴보면 다음과 같다(김병섭, 2008; 170～171).

(1) 가설과 이론적 세계와의 관계

가설과 이론적 세계와의 관계를 살펴보면, 이론의 검증 측면과 이론의 제시 측면으로 나누어 살펴볼 수 있다. 먼저 이론의 검증 측면을 살펴보자. 이론은 사실을 설명하고 예측하는 도구이다. 연구자는 사회현상을 설명하는 기존의 이론이 적절한 것인지 의문을 품을 수 있고 이러한 의문은 가설을 통해서 검증하게 된다. 만약 가설이 검증된다면 이론은 부분적으로 지지받을 수 있지만 이론이 가설검증을 통해서 지지를 받았다고 해서 이론이 진리로 확정되었다고 보기는 어렵다(Dooley, 2002; 김병섭, 2008에서 재인용). 또한 이론이 가설 검증 결과와 부합하지 않는다 하더라도 이론이 바로 폐기되는 것은 아니다.

다음으로 이론의 제시 측면을 살펴보면, 보통 사회과학 연구는 이론에서 가설을 도출하여 연구하는 것이 일반적이지만 반대로 가설검증을 통해 이론을 도출해내는 경우도 있다. 그 예로 인간관계론은 작업조건이 노동자들의 생산성을 결정한다는 가설을 검증하는 과정에서 작업조건이 아니라 오히려 인간관계가 더 중요하다는 것을 발견함으로써 만들어진 이론이다. 또한 인간관계가 생산성을 결정한다는 가설을 만들고 이를 검증하였기 때문에 이론으로서 성립된 것도 사실이다.

(2) 가설과 현실 세계와의 관계

가설과 현실 세계와의 관계를 살펴보면 사회현상의 기술 측면과 현실의 개선 측면으로 나누어 살펴볼 수 있다. 먼저 사회현상의 기술 측면과 관련하여 가설에 대해 경험적 검증이 이루어질 때마다 가설과 관련된 현상에 대한 정보가 생성되며 연구자는 가설 검증을 통하여 사회현상에 대한 지식의 양을 증가시킬 수 있다. 다음으로 현실의 개선 측면은 가설의 부차적인 기능으로 가설검증의 결과로 얻은 지식들을 바탕으로 사회정책 형성 또는 사회복지서비스 개선방안 도출 등을 통하여 현실 세계에서 사회문제의 해결방법으로 사용할 수 있다는 것이다.

가설은 연구문제에 대한 잠정적인 해답으로 그 해답을 찾기 위한 과정에서 가설은 가정을 제시하고 이론을 검증하게 된다. 또한 가설설정 과정을 통하여 연구의 초점과 방향을 제시하게 되고, 관련지식들을 서로 연결하는 기능을 한다. 궁극적으로는 사회문제 해결의 단서를 제공하며, 사회문제와 현상들에 대한 지식을 증가시킨다.

4.4 이 론

1. 이론의 개념

이론에 대한 정의는 간단하지 않지만 단순하게 정의한다면 사회과학에서 이론은 어떤 사회현상을 설명해 주는 일련의 상호 연관된 추상적 명제나 진술을 말한다(Skidmore, 1979).

2. 이론의 구성요소와 기능

(1) 구성요소

이론의 형태나 구조에서 가장 핵심적인 것은 개념과 개념으로 연결된 진술인 명제이다(최성재, 2005). 먼저 개념(concept)이란 사물이나 사회현상의 공통적 속성을 묶어 간단한 추상적 언어로 표현해 놓은 것을 말한다. 예를 들면, 배추, 상추, 무 등의 구체적 속성을 묶어서 한마디로 '채소'라는 추상적 언어로 표현하거나 사람들이 일상생활을 함께 하는 혈연단위 또는 비혈연단위로 한 가정을 이루는 집단의 공통적 속성을 묶어 '가족'이라는 추상적단어로 표현하기도 한다. 한편 학술용어로 쓰이는 개념은 일부 학자들 사이에서만 의미가 통하는 것이 아니라 그 개념이 그 문제에 대해 관심을 가지고 있는 과학자 공동체에서 간주관적인 것이 되어야 하며 연구하는 사람들 사이에서 동의할 수 있는 것이어야 한다. 또한 새로운 개념을 만들어낼 때에도 그 개념이 과학자 공동체에서 동의를 얻을 수 있을 정도의 보편적 정의를 내리는 것이 요구된다.

개념은 사회과학에서 중요한 네 가지 기능을 한다(Frankfort-Nachmias & Nachmias, 2000). 첫째, 개념의 의사소통의 수단이며, 둘째, 어떤 현상을 경험적으로 관찰가능하게 하는 시각을 제공하고, 셋째, 연구자가 경험 또는 관찰한 것을 조직하고 분류하며 보편화할 수 있도록 해준다. 넷째, 개념이 이론의 구성요소가 되어 이론의 내용과 속성을 설명한다.

다음으로 명제란 일반적으로 두 가지 이상의 개념이 연결된 의미 있는 진술을 말하는데 한 가지 개념으로 구성되는 경우도 있지만(예 : 개는 인간의 반려동물이다) 사회과학에서는 대부분의 명제가 두 가지 이상의 주요 개념으로 구성된다. 예를 들면, "아동학대의 경험이 있는 사람이 성인이 되어 아동학대를 저지를 가능성이 높다"(아동학대의 경험과 아동학대를 저지를 가능성이라는 두 개념을 연결)라는 명제가 있다. 명제에서 개념간의 관계는 상관관계 또는 인과관계로 진술되는 것이 보편적이다.

(2) 이론의 기능

이론은 사회조사와 사회복지 실천에 관련하여 크게 세 가지의 기능을 갖는다(최성재, 2005).

첫째, 이론은 현상의 설명을 가능하게 해준다. 이론은 사회현상을 설명하는 것으로 왜 그런 사회현상이 일어나는지를 설명해 준다. 둘째, 이론은 사회조사 실천의 지침으로 기능한다. 즉, 조사할 사회현상 발견, 가설 설정, 조사 설계, 조사결과 해석 등의 조사 과정에 지침을 제공한다. 셋째, 이론은 복수적 관찰의 통합의 기능을 한다. 현재까지 복수로 존재하는 조사 또는 개입의 결과를 통합하여 이론과 경험적 결과를 종합적으로 검토하여 이론의 경험적 타당성을 보다 통합적으로 검정하게 해준다.

(3) 이론의 특징

이론의 특징을 간단히 살펴보면 이론은 연구의 주제를 선정하는데 아이디어를 제공한다. 또한 이론의 검토과정에서 연구자는 의문을 가지고 되고 이는 가설을 설정하는데 도움을 준다. 또한 이론을 검증하는 과정에서 새로운 사실을 발견하게 되고 이는 새로운 이론을 개발하는데 도움을 준다. 한편 이론은 조사결과에 의해 수정되거나 확장되며 더 넓은 범위로 확대 적용될 수 있다.

5

Chapter

측정과 척도

5.1 측 정

자료(Data)를 얻는 방법은 크게 관측(observation)과 조사(survey) 그리고 실험(experiment)으로 나누어 볼 수 있다. 관측은 진행되고 있는 상황의 정보를 얻기 위해서 관찰을 하고 자료를 얻는 것으로 볼 수 있다. 이와 달리 조사와 실험은 의도적으로 현황과 관계를 파악하기 위해 자료의 수집 대상과 조건 등을 계획하고 수행한다는 점에서 관측과 조사·실험은 차이를 보인다(최제호, 2007). 이렇게 현상을 과학적인 방법을 통해 자료를 얻는 과정을 우리는 측정(measurement)이라고 한다.

1. 측정의 의미

측정(Measurement)은 측정하고자 하는 대상이 가진 속성에 따라 일정한 규칙을 가지고 기호나 숫자를 부여하는 과정이다(김치영, 2007). 곧 분석하고자 하는 현상이나 단위에 대해 질적 또는 양적방법으로 기호나 숫자를 부여할 수 있다는 이야기로 이를 통해 추상적이고 이론적인 현상이나 개념들이 관찰 가능하게 된다. 간단히 측정은 자료의 특성을 관찰할 수 있게 하는 수단으로 일정한 규칙에 따라 변수의 속성에 수치를 부여하는 것으로 볼 수 있다.

측정에 사용하는 용어로는 속성과 변수, 변수값이 있다. 속성이란 어떤 사물의 특질이나 현상의 성격으로 관찰할 수 있게 만들고자 하는 대상이다. 변수는 속성들의 논리적인 집합으로, 예를 들어 여성과 남성이라는 속성들의 집합이 성별이라는 변수로 표현될 수 있다. 변수값은 변수의 측정 결과 속성들의 값으로 성별이라는 변수에 여성 혹은 남성으로 표현되는 값들이 변수값이 되는 것이다. 또한 측정에는 객관성과 신뢰도, 타당도가 확보되는 것이 중요한데, 이에 대해서는 6장에서 자세히 다루기로 하자.

2. 측정의 역할과 중요성

측정은 과학적 연구 및 조사에서 다음의 네 가지와 같이 중요한 역할을 하고 있다(김태성 외, 2005; 79~80, Mark, 1996; 272~273, 남세진·최성재, 1988; 208~210).

첫째, 측정은 이론적·관념적인 세계와 구체적·경험적인 세계를 연결한다. 앞서 언급한 바와 같이 사회과학에는 많은 개념들이 추상적이기 때문에 직접적인 관찰에 의해 파악하기 쉽지 않다. 이러한 추상적 개념들을 구체적인 측정도구를 이용해 조작적으로 측정되어야만 비로소 우리가 인식하고 관찰할 수 있는 구체적인 대상으로 확정된다.

둘째, 측정은 추상적이고 주관적인 개념들을 객관화하여 표준화한다. 앞서 살펴본 바와 같이 측정하고자 하는 대상은 추상적 개념의 속성을 가지고 있기 때문에 객관적인 판단이 어렵다. 이에 조작적 정의를 통하여 대상을 객관적으로 관찰할 수 있도록 하며, 측정대상을 일관성 있게 묘사 가능하게 함으로써 연구자들의 의견일치를 보다 효과적으로 가능하게 할 수 있다.

셋째, 측정은 후속연구나 관련연구를 가능하게 한다. 사회조사과정에서 자료를 수집하고 조직화하는 가장 기본적인 단계인 측정은 밝히고자 하는 개념의 속성을 확정할 수 있다. 만일 연구자가 관심을 가지고 있는 이론의 구성 개념들을 정확하게 측정할 수 없다면 이 이론은 객관적인 검증을 할 수 없을 것이며, 후속연구나 관련연구를 불가능하게 할 것이다. 즉 측정을 통해 개념의 속성을 확정하는 것은 아주 중요한 것이다.

넷째, 측정은 연구자들로 하여금 특정 연구에 대한 반복실험을 가능하게 한다. 또한 연구과정 및 결과를 둘러싼 의사소통을 가능하게 하는데, 측정을 통해 추상적인 개념이 객관화되고 표준화되었다면, 연구자들은 특정 개념에 대한 관련연구들을 반복하여 실시할 수 있다. 그 결과, 연구자들 서로 간에 혼돈 없이 상호 교류할 수 있게 된다.

3. 측정의 기능

측정은 일반적으로 다음과 같은 기능을 수행한다(남세진 & 최성재, 1988; 208~210, 김기원, 2001; 199~200에서 재인용).

(1) 일치 또는 조화의 기능을 수행한다.

측정은 경험적인 현실세계와 추상적인 개념의 세계를 조화시키고 일치시키는데 사용되는 규칙과 절차를 제시해 준다. 현실세계는 경험적 증거를 제공하고 추상적 개념의 세계는 조사자가 사건이나 현상을 이해하고 설명 또는 예견하려는 이론적 모델을 제공한다. 이 경험적 증거와 이론적 모델이 규칙과 절차를 통해 측정되어 결국 현실세계와 이론적 모델이 연결되는 것, 일치하고 조화를 이루게 하는 것이 측정의 기능이다.

(2) 객관화와 표준화의 기능을 수행한다.

측정은 관찰 자체를 주관적 판단보다 훨씬 더 객관적인 것이 되도록 하여 과학적 관찰로 추리할 수 있게 도울 수 있다. 과학의 기본적 원칙은 연구자가 만든 사실이 다른 연구자에 의해 독자적으로 입증될 수 있어야 한다는 것이다. 만일 개념에 대한 표준화된 측정이 없다면 다른 연구자들의 의견이 일치를 볼 수 없고 경험적으로 검증할 수도 없을 뿐만 아니라 이론 구성 자체를 구체적이고 정확하게 할 수도 없게 될 것이다.

(3) 계량화 기능이다.

측정으로 하여금 사건이나 현상은 세분화되고, 통계적 분석에 활용할 수 있는 정보가 제공된다. 측정은 관찰한 바를 상세하게 기술할 수 있게 하며 수(number)가 가지고 있는 속성에 따라 다양한 수준에서 이루어질 수 있게 한다. 다양한 수준으로의 측정은 자료들의 다양한 상황에 맞춰 적용할 수 있게 함으로써 변수를 일정한 범주, 수준, 정도, 빈도 등으로 기술할 수 있게 한다. 이처럼 측정은 통계적 조작에 활용될 수 있는 정보를 계량화하여 분석에 활용할 수 있게 함으로써 현실세계를 설명하고 예견하고자 하는 이론을 체계적이고 신뢰성 있게 구축하고 검증할 수 있게 한다. 더욱이 측정의 수준이 점차 높은 차원으로 옮겨감에 따라 측정은 더욱 세분화될 수 있고 다양한 사건이나 현상을 구체적이고 정확하게 볼 수 있는 정보를 제공해줄 수 있게 한다.

(4) 반복과 의사소통의 기능이다.

측정은 연구결과를 다른 사람들이 반복하고, 그 결과를 확인하고 반증할 수 있도록 한다. 앞에서도 언급하였듯이 과학에서 증명된 사실은 다른 연구자가 같은 방법으로 시도하였을 경우 같은 결과가 나옴을 뜻한다. 그렇기 때문에 측정하고 증명된 사실은 반복이 가능하며, 측정에 따른 결과를 확인할 수 있다. 이는 연구측정이 객관적이고 상세할수록 연구결과를 다른 사람에게 정확하고 효율적을 전달할 수 있게 함으로써 사회복지현장에서 실천성을 향상시키고 프로그램이나 정책대안을 개선하는데 기여할 수 있다.

5.2 측정의 수준

측정이란 측정하고자 하는 대상이 가진 속성에 따라 규칙적으로 숫자를 할당하는 것인데 측정수준이 대상이 가진 속성에 따라 달라지게 된다. 일반적으로 사회과학에서는 4단계의 측정수준이 있음을 Stevens(1946)가 이야기했는데 명목측정, 서열측정, 등간측정, 비율측정의 4단계이다. 4단계로 이루어진 측정수준은 누진적인 성질을 가지는데 상위 단계의 측정수준은 하위단계의 측정수준이 가진 특성을 모두 포함하고 해당단계의 추가 정보까지 가지는 성격을 지니고 있다(김태성 외, 2005). 이 절에서는 이러한 4단계의 측정수준의 개념과 특징을 차례대로 살펴보고자 한다.

1. 명목 수준의 측정(명목측정, Nominal scale)

(1) 명목측정의 의의 및 특징

측정대상의 특성을 분류할 목적으로 숫자(numerals)를 부여하는 것으로 부여된 숫자는 수치적 의미를 가지지는 않는다. 단지 측정대상들이 상이한 범주임을 구별하기 위한 것으로 숫자는 상징성(symbol)만 지니고 있다.

명목측정은 두 가지, 범주가 그 측정대상의 속성이 취할 수 있는 모든 범위를 포함해야 하는 포괄성과 범주 간에 구별이 명확하여 모든 대상은 하나의 범주에만 속해야 하는 상호배타성의 성질을 가지고 있다. 이로 인해 사용가능한 연산으로는 (=)이 있으며 그 외의 사칙연산은 사용될 수 없다. 예를 들어 기독교와 불교는 각각 '1'과 '2'로 표현될 수 있으며, 종교라는 포괄성에 속하고 두 범주의 상호배타성이 뚜렷이 나타난다. 그러나 '1 + 2 = 3', 즉 '기독교 + 불교 = 3'이라는 연산과는 관련 없음을 알 수 있다.

이밖에 명목측정은 4단계로 이루어진 측정수준 가운데 가장 적은 정보만을 포함하고 있기 때문에 낮은 수준의 측정으로 볼 수 있다. 명목측정으로 인해 측정된 변수는 사칙연산이 적용되지 않는 상징성만 지니고 있기에 복잡한 통계처리로 이용 불가능하며, 가능한 통계처리로는 빈도분석(frequency), 최빈치(mode), 백분율(percentage) 등의 몇 가지 기술분석(descriptive analysis)으로만 사용 가능하다.

(2) 명목측정의 예

명목측정은 거주지, 직업분류, 대학분류, 학번, 주민등록번호, 장애등급 등으로 이용될 수 있는데, ① 성별 : '남자, 여자', ② 종교 : '불교, 천주교, 개신교, 종교 없음, 기타', ③ 운동선수의 등번호(등번호는 선수가 누구인지 알게 해줄 뿐, 숫자가 높거나 낮음에 따른 능력의 차이는 없다)와 같이 예를 들 수 있다.

2. 서열 수준의 측정(서열측정, Ordinal scale)

(1) 서열측정의 의의 및 특징

상호배타적이고 포괄적인 범주로 구성되어 있다는 점에서 명목측정과 같다. 그러나 명목측정과 같이 모든 범주가 똑같은 수준에 있어서 값이 똑같은 것이 아니라, 할당된 범주들 사이에서 특징이나 속성과 관련하여 값이나 순서에 서열을 부여한다. 서열측정에서 할당되는 범주들 사이에는 단지 서열적 순서만 존재할 뿐이지 사칙연산과 같은 수학적 조작은 할 수 없다. 이에 측정대상 간의 대소, 고저, 전후, 상하 등은 볼 수 있지만 수학적 판단기준인 절대량은 존재하지 않기 때문에 일정하고 동일한 간격 역시 볼 수 없다. 사용가능한 연산으로는 (=), (<, >)이 있으며, 서열측정으로는 평정척도, 리커트 척도, 거트만 척도 등이 있다. 사회과학 분야에서 주로 사용된다.

(2) 서열측정의 예

서열측정으로는 직장만족도, 소득수준, 사회계층, 선호도, 석차, 사회복지사 자격급수 등을 예로 볼 수 있으며 ① 당신의 직장만족도는? '매우만족(1), 만족(2), 보통(3), 불만(4), 매우불만(5)'이나 ② 당신의 소득수준은? '상(1), 중(2), 하(3)'처럼 이용될 수 있다.

3. 등간 수준의 측정(등간측정, Interval scale)

(1) 등간측정의 의의 및 특징

측정대상을 속성에 따라 구분·서열화하고, 서열 간 간격(interval)이 동일한 측정이다. 측정 대상에 할당된 범주들 사이에 일정한 간격이 존재하며, 서열적인 순서 역시도 존재하는 등간측정은 임의적 영이 존재하고 수학적인 의미를 가지게 된다. 그러나 절대적 영이 존재하지 않기 때문에 사칙연산 중 덧셈과 뺄셈은 가능하나 곱셈, 나눗셈은 불가능하다. 명목측정과 서열측정보다 상위의 측정개념으로 하위 개념의 통계적 처리가 모두 가능하며, 연산 (=), (<, >), (+, −)이 사용가능하다.

실제 사회과학에서는 다음 항에서 설명할 비율측정보다 등간측정에 의하여 측정된 변수들이 많다. 실제 통계분석과정에서 이러한 등간변수를 비율변수로 가정하여 사용하는 경우가 많기 때문에 등간변수에 대하여 대부분의 통계처리가 가능하다고 볼 수 있겠다.

(2) 등간측정의 예

등간측정에는 온도, 지능지수, 물가지수, 생산성지수, 주가지수, 온도, 성격검사, 적성검사, 도덕성지수 등이 있다. 예로 보면 ① 지능지수(IQ)의 경우 '…100, …110, …120, …' 같이 간격이 분명 존재하며 변수의 절대량이 존재하지 않음을 알 수 있다. 또한 ② 온도 차이의 경우 상대적인 '0'이 존재하고 온도 간의 간격은 동일하게 적용됨을 알 수 있다. 20℃와 30℃의 온도 차이와 40℃와 50℃의 온도 차이는 동일함을 통해 덧셈과 뺄셈은 가능하지만, 40℃가 20℃보다 2배 이상 날씨가 덥다고 할 수는 없음에 곱셈과 나눗셈은 불가능함을 알 수 있다. 또한 절대 '0'이 아닌 온도 0℃인 경우, 온도가 전혀 없는 것을 의미하지 않음으로 등간측정이 어떻게 이용되는지, 어떠한 성질을 지니고 있는지 볼 수 있다.

4. 비율 수준의 측정(비율측정, Ratio scale)

(1) 비율측정의 의의 및 특징

비율측정은 가장 높은 수준의 측정으로 명목, 서열, 등간측정의 특징에 절대적인 영 '0'을 가지고 있다. 또한 절대적인 '0'의 존재로 (=), (<, >), (+, −), (×, ÷)의 연산을 사용, 모든 산술적 조작이 가능하다. 이와 같은 성질로 비율측정은 다양한 통계기법을 활용하여 평균, 표준편차 등의 기술통계와 인과관계를 검증할 수 있다. 또한 회귀분석과 경로분석 등이 사용가능하여 다양하고 많은 통계적 정보를 얻을 수 있다.

(2) 비율측정의 예

비율측정에 사용되는 항목들은 연령, 몸무게, 월수입, 투표율, 범죄율, 근무연수, 결혼기간, 자녀수, 자산금액, 몸무게, 가격, 사회복지서비스 횟수, 상담횟수, 취학률, 장애인고용률 등이 있으며, ① 당신의 연령은? __세, ② 당신의 월수입은? __만 원, ③ 당신의 몸무게는? __kg과 같이 이용될 수 있다. 조사 대상이 '0세', '0만원', '0kg'이라는 것은 대상이 존재하지 않음을 의미하는 것이며, 이는 절대 영 '0'이 존재함을 알 수 있게 한다. 또한 '25만원은 5만원의 5배이다'처럼 곱셈이 적용되며, 비율측정은 모든 사칙연산을 사용할 수 있고 해석할 수 있는 성질을 지니고 있음을 알 수 있다.

측정별 특징 비교

측 정	명목측정	서열측정	등간측정	비율측정
비교	확인분류	순위비교	간격비교	절대적 크기비교
범주	○	○	○	○
순위		○	○	○
등간격			○	○
자연적 존재				○
특징	숫자부여	명목+순서	서열+등간	등간+절대영점
평균의 측정	최빈값	중앙값	산술평균	기하평균, 조화평균
산술적 계산	=	=, >, <	=, >, <, ±	=, >, <, ±, ×, ÷
예	성별, 계절, 운동선수 등번호, 종교 분류, 장애유형, 결혼여부, 지역, 인종 등	직장만족도, 소득수준, 사회계층, 선호도, 석차, 사회복지사 자격급수 등	온도, 지능지수 물가지수, 생산성지수, 주가지수, 성격검사, 적성검사, 도덕성지수 등	연령, 몸무게, 월수입, 투표율, 범죄율, 근무연수, 결혼기간, 자녀수, 자산금액, 가격, 사회복지서비스 횟수, 상담횟수 등

5.3 척 도

1. 척도의 의미

사회조사에서는 많은 경우 하나의 개념이나 대상을 알고자 할 때, 하나의 설문 문항인 지표(indicatior)를 이용하여 충분히 측정할 수 있다. 예를 들어 조사대상자의 성별(sex)이나 수입(income)은 '당신의 성별은 무엇입니까?' 혹은 '당신의 월급은 얼마입니까?'와 같이 각각 하나의 문항으로 충분히 묻고 측정할 수 있다. 하지만 '당신의 직업만족도는?'처럼 만족도, 사회적 친밀도, 정치적 성향 등과 같이 사회과학에서 사용하는 개념 중 상당수는 위의 지표와 같은 문항만으로는 답을 이끌어내기에는 무리이며, 당연히 그 내용을 충분히 측정할 수 없다. 이와 같이 단일개념이긴 하지만 답변의 범위와 내용이 매우 광범위하고 복잡한 경우 이를 보다 정확하게 측정하기 위해서는 하나의 지표보다는 여러 개의 지표를 묶어 복수의 설문항목(questionnaire item)으로 만든 척도를 사용하는 것이 보다 적절하다(김태성 외, 2005). 일반적으로 하나의 문항에 일정한 규칙에 따른 숫자나 기호를 배열하여 대상자에게 값을 배정하게 하는 척도는 지표로 알 수 없는 다양한 의미의 자료를 측정하게 할 수 있을 것이다.

2. 지수와 척도

(1) 지표(indicator)

변수의 속성을 나타내는 요소이다. 일반적으로 사회경제적 지위를 나타낼 때에는 그 사람의 소득, 학력, 직업, 종교 등의 지표를 통해 파악한다. 여기서 사회경제적 지위는 속성이고 소득, 학력, 직업, 종교는 속성을 구성하는 지표이다.

(2) 지수(index)

단순지표로는 변수의 속성을 파악하기에는 한계가 있다. 따라서 더 정확한 파악을 위해 복합적이고 다의적인 측정치를 사용하는데 이를 지수라고 한다. 지수는 복합적이고 다의적인 특성을 갖고 있는 개념을 양적으로 측정하기 위해 다수의 지표들을 하나로 묶어 단일 수치로 나타낸 것으로 소비자물가지수, 생산성지수, 도덕성지수 등이 있다.

(3) 척도(scale)

측정대상의 속성들을 종합적으로 측정하는 척도는 변수와 관련된 여러 차원을 측정하고, 각 차원(지표)에 점수를 할당하여 항목 간(지표 간)에 서열을 가릴 수 있도록 한다. 척도란 어떤 개념(예, 자아존중감)을 측정하기 위해 고안된 일단의 진술 또는 질문 사항을 말하며, 사람들의 태도와 관련된 변수들을 측정할 때 주로 사용한다. 척도의 주요내용으로는 사회적 행위 측정(우울증, 사회적 지지체계), 성품 측정(자아존중감, 자기효율성), 문화적·사회적 상황 측정(생활만족도, 서비스만족도, 가족환경척도) 등이 있다.

(4) 지수와 척도

지수와 척도는 복수의 설문문항으로 이루어진 복합측정 도구이며 측정수준이 전형적인 서열측정이라는 공통점을 가지고 있다. 반면 지수는 지수를 구성하는 복수의 설문문항이 모두 동일한 비중을 가지고 하나의 값으로 환산되는 반면, 척도는 각각의 설문문항들에 중요도와 강도를 일정한 차이를 보이게 함으로써 문항마다 강도 구조를 만들어 점수를 만들어낸다는 차이점을 지닌다. 즉 지수는 여러 문항을 통해 하나의 점수로 속성을 드러내고자 하고, 척도는 하나의 문항에 속해있는 항목의 서열화를 통해 만족도질문과 같이 문항에 대한 강도를 점수화 시켜 이끌어낼 수 있다. 보통 지수는 경험적으로 쉽게 인식할 수 있는 지표들로 구성되어 있고, 척도는 사람들의 태도나 생각이 관련된 변수를 측정할 수 있기 위해 구성된다.

이러한 지수와 척도는 타당도, 신뢰도를 높일 수 있고 복잡하고 복합적인 사회현상을 하나의 점수로 요약할 수 있으며, 측정수준을 높여준다는 이점이 있다.

3. 척도의 구성요건

척도의 구성요건으로는 한 변수의 측정을 위해 그 안에 포함된 모든 속성들이 포괄적으로 나타나야 함을 말하는 포괄성의 원칙, 한 변수를 나타내는 속성들은 상호 배타적이어야 한다는 상호배타성의 원칙, 범주들이 논리적으로 연결되어 있어야 하며 범주 내에 이질적인 것이 아닌 동질적인 것을 포함해야 한다는 논리적 연관성의 원칙, 측정하고자 하는 하나의 개념을 여러 문항들이 측정해야 한다는 내적 일관성의 원칙이 있다.

4. 척도의 종류

(1) 명목 척도(nominal scaling)

각 범주에 부여된 숫자가 서로 다르다는 것만을 의미하는 수준으로 각 범주가 동질적이면서 상호배타적이고 포괄적이도록 문항의 응답지를 구성한다. 응답범주들은 서로 논리적으로 연관성을 가져야 하며, 명목변수의 속성은 분류만 가능하다. 즉 변수의 값을 양적으로는 처리할 수 없고 질적으로 처리할 수 있다. 예를 들어 종교는 명목변수이지만 종류에 따라 수치가 아닌 숫자를 부여할 수 있다. '개신교 = 1, 천주교 = 2, 불교 = 3, 이슬람교 = 4, 기타종교 = 5'로 분류할 수 있으며, 이때 종교별로 부여된 숫자 1, 2, 3, 4, 5는 분류기호로서의 의미만 있고 2가 1보다 크거나 4가 2의 2배가 되는 것은 아니다. 또한 질문 '당신의 성은 무엇입니까?'를 통해 남자(1), 여자(2)처럼 분류하여 숫자를 부여할 수 있다.

(2) 서열 척도(ordinal scaling)

측정된 값들 사이에 상대적인 서열관계만 알 수 있도록 숫자나 기호를 부여하는 과정이다. 사회조사에서 서열척도화는 측정, 개념의 조작적 정의, 응답자 편의(bias)방지라는 세 가지 중요한 기능을 수행한다. 서열 척도화에는 평정척도, 총화평정척도, 리커트 척도, 거트만 척도화 등이 있다.

① 평정척도/평급척도(Rating scale)

평정척도는 각 항목의 합산을 통하여 서열을 산출한다. 평가자가 측정대상의 연속성을 전제로 하여 일정한 등급법에 따라 평가함으로써 대상 속성을 구별하는 척도이다. 평가자, 대상, 연속성의 세 가지 요소가 있다.

평정척도의 장·단점

장 점	단 점
• 척도를 구성하기 쉽다. • 사용이 간편하다. • 비용·시간적으로 경제적이고 적용범위가 넓다.	• 평가자의 주관적 판단에 의존 → 평가자 성격 및 태도, 심리적인 편향에 좌우

- **도표식 평정척도법**

  가장 흔히 사용되는 기법으로 선과 언어를 합해 구성한다.

  당신의 직업만족도는?

- **범주(카테고리) 평정척도법**

  당신의 직업만족도는?

  매우 만족(　) 만족(　) 보통(　) 불만(　) 매우 불만(　)

- **숫자 – 언어식 평정척도법**

  ① 매우 만족 ② 만족 ③ 보통 ④ 불만 ⑤ 매우 불만

- **점수 부여식 평정척도법**

  백점 만점 중 (　)점

② 총화평정척도

총화평정척도는 응답자가 응답하는 여러 질문의 문항 값을 총합하여 계산한다. 전체의 점수가 높으면 그 개념의 속성이 더 많거나 크거나 강한 것을 의미한다.

③ 리커트 척도(Likert scale)

리커트 척도는 신뢰도와 타당도를 높이기 위해 하나의 문항보다 여러 개의 문항들을 하나의 척도로 사용하는 것에 기초하고 있다. 총화척도를 변형한 것으로 하나의 개념을 측정하기 위해 여러 개의 문장을 이용하는 척도인데, 리커트 척도를 설계하기 위해서는 문항 간의 일관성이 높아야 하고 내적 일관성 검증을 통해 신뢰도가 낮은 항목은 삭제할 필요가 있다. 리커트 척도에서 각각의 문항은 상관관계가 높은 측정항목을 가지고 있고 각 항목은 측정하고자 하는 개념의 속성에 대해 동일한 기여를 하기 때문에 단순 합산을 통해 서열을 산출할 수 있다. 보통 3~7점으로 구성되는 리커트 척도는 높은 실용성 덕분에 사회과학에서 널리 사용된다.

리커트 척도의 장·단점

장 점	단 점
• 사용이 용이 • 척도 구성시 시간과 비용이 절감 • 일관성으로 높은 신뢰도, 타당도를 확보 • 평가자의 주관 개입 배제 • 응답범위에 따라 정밀성 확보	• 리커트 척도에 의해 얻어진 총점은 등간변수가 아닌 실제로 서열척도로 척도간의 간격이 불분명 • 척도 구성 시 모집단을 대표하는 표본 선정이 어려움

리커트 척도의 예 : 우울증 측정예시

척도문항	전혀 아니다	아니다	그저 그렇다	그렇다	매우 그렇다
1. 나에게는 희망이 없다고 생각한다.	1	2	3	4	5
2. 내 인생은 실패작이라고 생각한다.	1	2	3	4	5
3. 나의 삶이 후회스러워 괴롭다.	1	2	3	4	5
⋮					
29. 입 안이 쓰고 마르다.	1	2	3	4	5
30. 나는 많은 시간 무력감을 느낀다.	1	2	3	4	5

④ 거트만 척도

거트만 척도는 척도도식법이라고도 하며 단일차원적 특성, 태도, 현상 등을 측정하기 위해 마련된 누적척도의 하나이다. 척도를 구성하는 문항 자체가 일정한 기준에 의해 미리 서열을 부과하여 구성하는 것이 누적척도에 해당되며, 대표적으로 사회거리척도(social distance scale)가 있다.

거트만 척도의 장·단점

장 점	단 점
• 경험적 관측을 토대로 척도 구성 → 이론적으로 우월 • 문항이 누적적이어서 응답결과로부터 응답을 예측할 수 있음 • 복잡한 계량과정 없이 쉽게 서열적 척도화 가능 • 단일차원적	• 질문문항의 내용을 강도에 따라 일관성 있게 누적적이 되도록 작성이 어려움 • 두 개 이상 변수를 동시 측정하는 다차원적인 척도 사용 불가능

거트만 척도의 예

질문문항	강 도
1. 외국인 근로자가 우리나라에 있는 것은?	
2. 외국인 근로자가 우리 지역에 있는 것은?	
3. 외국인 근로자가 우리 옆집에 사는 것은?	
4. 외국인 근로자와 같은 집에 사는 것은?	
5. 외국인 근로자와 결혼을 전제로 사귀는 것은?	

⑤ 사회적 거리척도

보가더스(Bogardus)가 인종적 편견의 강도를 측정하기 위해 만든 것으로 사회적 거리척도라고 한다. 응답자 자신과 다른 사회적 범주(인종, 계급, 국적)의 구성원 간에 인지되는 거리를 측정하려는 거트만 척도와 같이 누적적인 항목으로 구성되는 누적적 척도이다. 서열척도의 일종으로 하나의 연속성을 가진 문항들로 구성된 척도이다.

보가더스 사회적 거리 척도의 장·단점

장 점	단 점
• 집단상호 간의 거리 측정에 매우 유용 • 적용범위가 넓으며 예비조사에 적합 • 사회적 거리를 측정하는데 연속체 개념을 최초 도입	• 사회적 거리 순위만 표시한 것으로 친밀감의 크기를 나타내지는 않음 • 신뢰성은 재검사법에 의해서만 가능 → 조사의 정확성 확보 어려움

보가더스의 사회적 거리척도

수준		범 주	중국인	일본인	미국인	프랑스인
최고	7	혼인해서 인척관계를 가진다.				
수준	6	친구로서 같은 동호회회원으로 활동하겠다.				
↑	5	이웃으로서 같은 동네에 살겠다.				
	4	내가 종사하는 직장에서 함께 일하겠다.				
↓	3	우리나라 국민으로 받아들이겠다.				
최저	2	우리나라 방문객으로 받아들이겠다.				
수준	1	우리나라에 들어오지 못하게 하겠다.				

응답요령 : 각 항목에 대한 귀하의 첫 인상적인 반응을 응답에 나타내십시오. 각 국민에 대한 귀하의 일반적 생각을 토대로 해당 빈칸에 '0'표 하십시오.

(3) 등간-비율 척도

척도의 개별 값 간에 일정한 거리와 절대 영 값이 존재해야 하는 속성을 갖추어야 하는데, 일반적으로 사회과학에서는 쉽지 않은 측정이다. 등간-비율 척도화에는 서스톤 척도와 의미분화 척도, 요인척도가 있다.

① 서스톤 척도

리커트 척도 구성에서 간격이 동일하지 않다는 단점을 보완하기 위한 것으로, 어떤 사례에 대하여 가장 긍정적인 태도와 가장 부정적인 태도를 나타내는 양 극단을 동일한 간격으로 만들어 수치를 부여하는 등간척도이다. 문항평가자들을 통해 사전 평가를 시행하고, 이 결과를 분석하여 각 문항에 대한 중앙값을 척도치로 부여하게 된다. 하지만 널리 사용되지는 않는다.

서스톤 척도의 예

개인주의	가중치	찬성
1. 사회의 의견을 받아들이기 위하여 개인의 의견을 억누르는 것은 자신의 숭고한 목적을 달성하는 길이다.	1.1	
2. 인간은 다수의 의견을 따를 때 가장 좋은 대접을 받는다.	2.8	
3. 논쟁이 생겨서 친구와 의견일치를 보지 못하는 것은 어리석은 일이다.	4.5	
4. 자기주장을 펴는 것은 가치 있는 일이지만 사회생활의 편익을 누리기 위해 제한되지 않을 수 없다.	6.1	
5. 인간의 능력발전은 자신에게 중요한 목적이 되어야 한다.	7.5	
6. 타인의 요구에 쉽게 따르면 자기개성이 희생된다.	8.9	
7. 능력의 한계까지 자기발전을 이루려는 것은 인간존재의 주목적이다.	10.4	

② 요인척도

요인분석은 변수들 간에 존재하는 상호관계의 유형을 밝혀 상호 밀접하게 연관되어 있는 변수들의 묶음을 발견하고 이를 보다 적은 수의 가설적 변수, 즉 요인들로 축소시키기 위한 통계적 기법이다. 따라서 요인척도에서 먼저 어떤 항목이 척도 내에 포함될 수 있는지를 파악하기 위해서는 변수들 간의 상관관계를 계산하는 것이 필요하다.

요인척도의 장·단점

장 점	단 점
• 컴퓨터 통계 프로그램 사용 → 계산용이 • 항목들의 가중치 부여 • 단일 차원성과 연속 점수	• 손수 계산 어려움 • 분석을 위한 분석이 필요

(4) 어의분화척도(의의 차별척도)

어떤 개념에 함축되어 있는 의미를 평가하기 위해 구성하는 척도로, 쉽게 만들 수 있고, 비교적 적은 수의 문항으로 신뢰도를 확보할 수 있다. 응답자가 간단하게 응답할 수 있는 장점이 있는 어의분화척도는 어떤 개념에 대한 생각이나 느낌을 다양한 차원에서 평가하기 위해 그에 대한 형용사를 정하고 양 극단에 서로 상반되는 형용사를 배치하여 그 속성에 대한 평가를 내리도록 하는 척도이다.

어의분화척도의 예 : 당신은 '사회복지사'에 대해 어떤 느낌을 갖고 있습니까?

	7	6	5	4	3	2	1	
이타적이다.								이기적이다.
친절하다.								불친절하다.
다정다감하다.								냉정하다.
헌신적이다.								헌신적이지 않다.
우리사회에 필요하다.								우리사회에 필요하지 않다.

(5) 기타 척도

① 소시오메트리

소시오메트리는 집단 내 개인의 선택, 커뮤니케이션 및 상호작용형태에 관한 자료를 수집하고 분석하는 많은 방법들을 지칭하는 포괄적인 용어이다. 소집단 내의 구성원들 간 가지는 호감과 반감을 측정하거나 이러한 감정에 의해 나타나는 집단 구조에 관심을 갖는 소시오메트리는 보가더스의 사회적 거리척도와 마찬가지로 사회적 거리를 측정하는 방법으로 볼 수 있다. 하지만 소시오메트리는 사회적 선택에 대한 연구와 측정, 즉 집단 대 구성원 간의 거리를 측정하는 방법이라는 점에서 집단 간의 거리를 측정하는 보가더스 척도와 구별된다.

소시오메트리는 소시오그램(sociogram)이나 소시오메트릭행렬(sociometric metrices), 소시오메트릭지수(sociometric indices) 등을 사용하여 정리한다.

소시오메트릭 행렬(5집단에서 2인 선택)의 예 : 당신은 누구와 일하고 싶습니까?(2인 선택)

구 분		선택받은 사람(1 : 선택, 0 : 거부)				
		A	B	C	D	E
선택하는 사람	A	0	1	0	0	1
	B	1	0	0	0	1
	C	0	0	0	1	1
	D	0	1	0	0	1
	E	1	1	0	0	0
	합 계	2	3	0	1	4

② Q분류척도

Q분류척도 또는 Q기법은 단일 현상을 여러 가지 현상으로 세분화하여 한 가지 현상을 설명하는 방법이다. 특정자극에 대해 비슷한 태도를 가진 조사 대상을 분류하기 위한 방법으로서 응답자가 특정 기준에 따라 문항들을 분류하여 측정대상을 나눈다. 일종의 투사실험으로 한 사람의 특징이나 단일현상을 설명하기 위해 여러 가지 요인들을 도출해내는 것에 집중하고 있다. 예를 들어 어떤 K라는 부모에세 아동상남소 상남원이 상담소에서 생활하는 아동들에 관한 60장의 사진을 제시하고, 이 사진들을 가장 그러한 것에서 가장 그렇지 않은 것에 이르기까지 10개 등급으로 나누어 분류하도록 하는 방법이 Q분류척도이다.

③ R기법

여러 현상 또는 여러 사람들을 한데 묶어 공통된 점을 도출해내는 방법이다.

6

Chapter

신뢰도와 타당도

6.1 측정의 신뢰도

1. 신뢰도(Reliability)의 개념

특정 측정도구가 얼마나 안정적이고 일관성이 있는지의 정도를 말한다. 즉 동일하거나 유사한 측정도구를 사용하여 대상에 대하여 반복 측정할 경우 동일하거나 비슷한 결과를 얻을 수 있는 정도이다. 달리 말하면 좋은 척도가 되기 위해서는 측정값이 일관성(consistency) 있게 나타나야 한다는 것이다. 이것이 곧 측정도구가 높은 신뢰도를 가지고 있다는 것이다. 예를 들어 500g의 고기를 저울에 여러 번 잴 때 항상 같은 500g의 무게가 나온다면 이 저울은 일관성이 있으며, 신뢰도가 높다고 판단할 수 있다.

2. 신뢰도 평가 방법

(1) 검사-재검사법(test-retest method)

검사-재검사법이란, 동일한 대상에 대하여 동일한 척도를 일정한 시간 간격(서로 다른 두 시점)을 두고 측정한 뒤 그 측정값들을 서로 비교하는 방법이다. 척도가 안정적이고 신뢰할 만하다면 각 측정값들은 거의 동일한 측정값을 보이겠지만 측정대상인 사람들에게 동일한 검사를 반복할 경우 연구대상 자체에 변화가 생기는 검사효과(test-effect : 시험/성숙효과로 불리기도 함)가 나타날 수 있다는 한계가 있다.

검사-재검사법의 장·단점

장 점	단 점
• 시행이 용이하고 절차가 간단하다.	• 검사 효과가 발생할 수 있다. • 두 검사 사이에 상당한 시간간격을 두고 측정할 경우 연구대상 자체에 변화가 생겨 성숙효과가 발생할 수 있다.

(2) 반분법(split-half method)

반분법이란 하나의 척도를 둘로 나누어 동일한 대상에 대하여 동시에 측정을 실시한 후 각각 측정값의 상관관계를 계산한 것이다. 원래 하나의 척도이던 것을 둘로 나누어 측정대상에게 마치 두 개의 별도 측정처럼 보이게 하여 '검사 효과'를 제거할 수 있다. 또한 상당한 기간에 걸쳐 측정할 때 나타날 수 있는 측정대상의 변화효과를 제거할 수 있기도

하다. 그러나 반으로 나뉜 측정문항들을 완전히 동등하게 만들기가 어렵고, 기존 척도에 측정문항이 적을 경우에는 사용할 수 없는 단점도 존재한다.

반분법의 장·단점

장 점	단 점
• 검사효과를 제거할 수 있다. • 시간간격으로 인해 파생되는 외생변수의 문제를 제거할 수 있다.	• 반으로 나뉜 각 측정문항들을 완전히 동등하게 만들기 어렵다. • 원래의 척도에 측정문항이 적은 경우에는 사용할 수 없다.

(3) 대안비교법(alternative－form method)

동일한 대상을 측정하도록 고안된 독립된 서로 다른 두 개의 척도(비슷한 유형의 척도)를 동일대상에 대하여 동시에 사용하는 것으로 복수양식법, 평행양식법이라고도 한다. 서로 다른 두 가지 형태의 측정도구로 동일한 대상을 차례로 측정하고 그 결과들 사이의 상관관계를 통해 신뢰도를 검증한다. 양 측정치간의 상관관계가 높으면 신뢰도가 높고, 낮으면 신뢰도가 낮다. 또한 대안비교법은 해당 측정대상에 대하여 신뢰도가 공인된 척도를 비교대상으로 새로 개발된 척도와 비교함으로써 신뢰도를 판단할 수 있으며 이것을 최선의 방법으로 볼 수 있다.

대안비교법의 장·단점

장 점	단 점
• 검사－재검사법의 시험효과와 외생변수의 문제를 극복할 수 있다.	• 동일한 대상을 측정할 두 개의 측정도구를 개발하는 것이 어렵다. • 시험효과를 완전히 배제할 수 없다.

(4) 내적일관성측정법(internal consistency measures)

내적일관성측정법이란 동일한 개념에 대해 여러 개의 항목으로 구성된 척도를 이용할 경우, 항목들 사이의 상관관계를 측정하여 신뢰도를 측정하는 방법이다. 내적 일관성측정법으로서 가장 널리 사용되고 있는 방법으로는 크론바하 알파계수 계산법이 있다.

❋ 크론바하 알파계수

- 신뢰도의 내적일관성을 측정할 때 사용하는 방법으로, 동일한 개념에 대해 여러 개의 항목으로 구성된 척도를 이용할 경우, 항목들 사이의 상관관계를 측정하여 신뢰도를 측정하는 방법이다.
- Cronbach's alpha는 0~1사이의 값을 가지며, 일반적으로 계수가 0.6 이상이 되어야 만족할 만한 수준이 되며, 계수가 0.90 이상이 되면 신뢰도가 높은 수준이다.

(5) 조사자 간 신뢰도

복수의 조사자를 통해 관찰하고 측정한 점수를 비교하여 의견이 얼마나 일치하는지, 또는 얼마나 상관관계가 있는지를 평가하는 방법이다.

6.2 측정의 타당도

1. 타당도

측정하고자 하는 대상을 측정도구가 제대로 측정하고 있느냐, 일치하느냐의 여부를 나타내며, 측정도구의 정확성(accuracy)을 의미한다. 다시 말하면 측정대상에 대해 척도가 얼마나 정확하게 반영되고 있는지를 보는 것으로 질문문항과 변수 속성의 일치성을 말하는 것이다. 예를 들어 측정대상의 값이 측정도구마다 측정치가 같다면 측정도구의 타당도는 높다고 볼 수 있지만 반대로 측정치가 다르다면 타당도는 떨어지게 된다.

앞서 언급한 500g의 고기이야기를 다시 보면 우리는 그 고기의 무게를 모르기 때문에 저울로 측정할 필요가 있다. 그래서 측정하려고 준비했던 저울을 통해 고기의 무게가 500g임을 알아냈다. 이때 저울의 신뢰도는 저울이 계속해서 500g이 나올 경우 '저울의 신뢰도는 높다'라고 할 수 있다. 문제는 다른 저울로 고기의 무게를 측정했더니 600g이 나온 경우다. 방금 전에 계속해서 500g으로 나오던 고기가 다른 저울에서는 600g으로 나왔을 때, 저울의 정확성이 의심된다. 어느 저울이 고기의 무게를 정확히 측정하고 있는가? 이처럼 타당도는 측정하고자 하는 대상의 속성이 얼마나 정확한 값으로 나오는지에 대한 것이다. 신뢰도와 타당도는 함께 높이 나올 수 있지만, 지금의 예처럼 달리 나타날 수도 있다.

2. 타당도의 유형과 평가방법

(1) 내용 타당도(content validity)/액면타당도(face validity)

측정도구를 구성하고 있는 내용(content)이 가지고 있는 대표성의 정도를 의미한다. 즉, 특정도구를 구성하고 있는 내용들이 자신이 측정하고자 하는 개념과 의미를 얼마나 잘 포함하고 있는지의 정도를 말하는 것이다. 다른 타당도 개념에 비해 그 논리가 간단하고 설명이 용이하지만 사회과학에서 측정하고자 하는 대부분의 개념이 추상적이기 때문에 경험적으로 타당도의 정도를 확인하기 가장 어려운 유형이다. 따라서 내용 타당도는 객관적인 절차나 기준이 있기보다 관련 개념에 대한 전문가의 판단 및 합의에 근거하여 결정할 수밖에 없는 한계가 있다.

(2) 기준 타당도(criterion-related validity)/실용적 타당도(pragmatic validity)

특정 개념에 대하여 이미 타당도가 확인된 다른 측정도구를 기준으로 삼아 현재 개발된 도구의 타당도를 판단하는 것이다. 즉, 특정 척도의 타당도를 그 척도가 측정하고자 하는 대상을 적절하게 측정하고 있다고 이미 알려져 있는 다른 변수 혹은 기준과의 비교를 통해 판단한다. 여기에는 동시 타당도와 예측 타당도가 있다.

① 동시 타당도(concurrent validity)

연구자의 척도가 그 측정집단의 현재 특성을 기대되는 방향으로 구분하고 있는가의 정도를 말한다.

② 예측 타당도(predictive validity)

측정 결과로 나타난 점수나 척도평가치가 조사대상자의 차후 태도나 행위를 예견할 수 있는 정도를 말한다. 즉 미래에 발생할 기준을 예측하는 능력으로 볼 수 있다.

(3) 개념 타당도/구성체 타당도(construct validity)

측정하고자하는 개념이 관련을 맺고 있는 개념이나 가정을 토대로 하여 그 개념의 전반적인 이론적 틀 속에서 측정도구의 타당성을 경험적으로 검증하는 방법이다. 척도가 기대되는 방향이나 노선에 따라 얼마나 잘 구별되느냐에 따라 개념 타당도가 있느냐가 결정된다. 여기에는 수렴 타당도, 판별 타당도, 요인 타당도가 있다.

① 수렴 타당도(convergent validity)

이론(개념)적으로 관련 있는 변수(척도)와 상관관계가 있는 것으로 보일 때 수렴 타당도가 있다고 한다. 자가 우울증 측정도구와 정신과 의사가 우울증을 진단하기 위해 사용하는 임상적 도구의 결과가 비슷하게 나오는 경우를 예로 볼 수 있다.

② 판별 타당도(discriminant validity)

이론(개념)적으로 상관없는 변수(척도)와 서로 연관되지 않는 것으로 나타날 때 판별 타당도가 있다고 한다. 결혼만족도와 우울증이라는 개념을 예로 측정하였을 때, 이 둘 간의 상관관계가 낮게 나타나야 판별 타당도가 있다고 말할 수 있다.

③ 요인 타당도(factorial validity)

척도의 개별 항목이 통계적으로 서로 연관된 그룹(즉, 하위 요인)을 만든다. 이때 한 그룹의 항목들은 다른 그룹의 항목들보다 더 긴밀한 상관관계를 보일 때 요인 타당도가 있다고 한다. 예로 85개 항목의 자아존중감 척도 항목은 '학습자존감', '사회적 자신감', '외모 만족도', '적극성'의 네 가지 하위 요인으로 나눌 수 있다.

6.3 타당도와 신뢰도의 상관관계

1. 신뢰도와 타당도의 비대칭적 관계

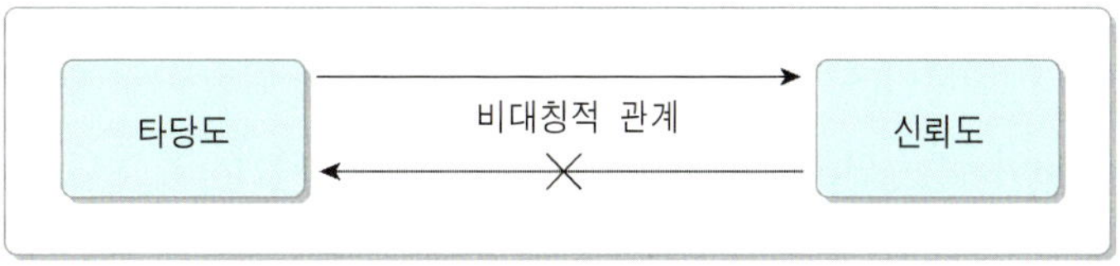

신뢰도와 타당도는 항상 정의 관계(positive relationship)를 갖는 것은 아니다. 타당도가 높으면 당연히 신뢰도도 높지만, 반드시 그 역인 신뢰도가 높다 해서 타당도가 높은 것은 아니다. 또한 신뢰도가 낮으면 타당도는 낮게 나타나지만, 반대로 타당도가 낮다고 해서 신뢰도가 낮게 나타나는 것은 아니다. 신뢰도는 타당도가 없어도 확보할 수 있다. 아래의 표는 신뢰도와 타당도의 관계를 나타낸 것이다.

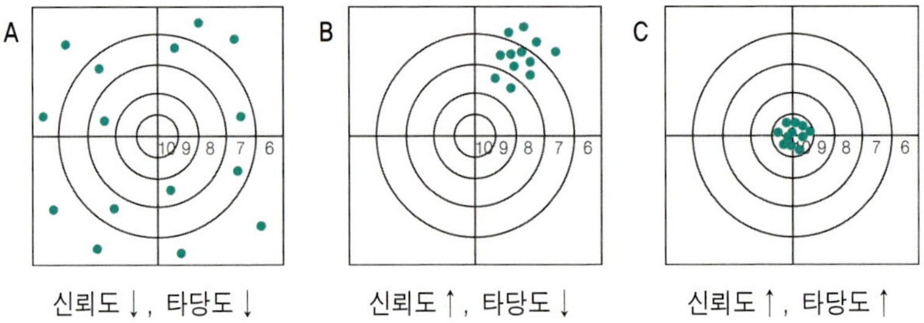

그림 6-1 **신뢰도와 타당도의 의미**(↓: 낮음, ↑: 높음)

2. 오류와의 관계

신뢰도는 비체계적 무작위 오류와 관련된 개념인 반면 타당도는 체계적 오류와 관련이 있다. 비체계적 무작위 오류란 동일한 척도라도 측정이 이루어지는 각각의 상황이 오차를 발생시킬 수 있다는 것으로 측정하는 사람이 측정값을 잘 읽지 못하거나 혹은 측정값을 잘못 기록하는 일로 나타날 수 있다. 이러한 점에서 측정마다 완전히 동일한 측정값을 얻을 수는 없지만 이러한 오류는 측정도구의 결함으로 발생하는 것이 아니기 때문에 문제가 되지 않는다. 반면 타당도가 낮은 척도는 그 척도 자체에 이미 일정한 오류가 내재되어 있기 때문에 문제가 될 수 있으며 이를 체계적 오류라고 한다. 이러한 오류의 다양한 유형 속에서 단계별로 오류가 발생할 수 있는 원인에 대해 살펴보면 아래와 같다(김기원, 2001).

첫째, 애매한 개념의 형성과 개념의 빈약한 조작적 정의가 액면타당도 결핍의 원인이 될 수 있다. 애매하거나 빈약하게 표현된 가설은 결코 적절하게 검증될 수 없어서 전체적인 오류와 의미 없는 연구를 행하게 된다. 또한 첫 단계에서 빈약한 작업에 기인한 액면타당도의 결여는 신뢰도가 액면타당도에 달려있기 때문에 신뢰도의 결핍을 나타내게 된다.

둘째, 비록 개념이 명확하고 잘 정의되었으며 가설이 잘 작성되어 있다할지라도, 측정도구 내에 빈약하게 표현된 항목들은 만일 응답자가 그들을 이해할 수 없다면 신뢰도의 결핍을 가져오게 한다. 나아가 다른 응답자들이 똑같은 질문이 다른 것을 의미하는 것으로 이해할지 모르며, 따라서 쓸모없고 신뢰할 수 없는 자료의 원인이 된다.

셋째, 빈약한 표본수집과정은 대표성이 없거나 비대표적인 자료의 원인이 되어 결국 연구에서 사용된 특수 응답표본 이외에는 그 발견들을 일반화시킬 수 없게 된다. 이것은 다소 외적 타당도와 관련된 문제이기도 하다.

넷째, 많은 잠재적인 오류의 원인들이 실제 자료수집상황에서 발견된다. 이들은 환경

내에서 통제되지 않은 외생요인들(extraneous factors), 응답자에 있어서 통제되지 않는 개인적 요소들(분노, 피로 등), 조사자와 응답자간 관계의 어떤 측면, 또는 장비의 고장 등이다.

다섯째, 자료를 코딩하거나 자료를 질문지에서 컴퓨터로 또는 녹음기에서 기록지에 옮기는 사람이 잘못된 숫자를 기록하는 것과 같이 단순한 오기(clerical error)를 할 수 있다. 면접자가 응답자의 응답을 잘 못 이해하거나 또는 판독하기 어렵게 기록하여서 코딩하는 사람이 그 응답을 다른 것으로 잘못 이해할 수 있다.

마지막으로 오류는 자료분석과정에서 자료를 잘못 해석하는 것이다. 이 단계에서는 자료로부터 잘못된 결론을 도출함으로써 또는 자료가 보여주지 않는 무언가를 자료가 보여준다고 잘못 말함으로써 오류가 발생한다. 이러한 오류는 자료분석가가 편견을 가지고 있거나 훈련이 잘 안 되어서 발생하기도 한다.

*** 신뢰도와 타당도는 일정 정도 상충관계를 가진다**

어떤 척도의 경우, 신뢰도를 높이고자 하면 타당도가 낮아지고, 반면에 타당도를 높이고자 할 경우 그 척도의 신뢰도는 일정정도 희생되는 상충관계를 가지기도 한다.

6.4 측정오류(측정오차)

연구자가 측정하고자 하는 측정대상의 진정한 값(참값 : true score)과 실제 측정도구를 사용하여 얻어진 측정값과의 차이를 의미하며, 그 정도는 측정대상과 측정도구의 성격에 따라 차이가 나타난다. 측정오류(오차)는 크게 체계적 오류와 비체계적 오류로 나뉜다.

1. 체계적 오류(Systematic error)

변수에 일정하게 또는 체계적으로 영향을 주는 요인에 의해서 일정한 방향과 크기로 측정값에 영향을 미치는 오류다. 주로 측정대상이나 연구자의 사회경제적 특성이나 성향과 많은 연관이 있다. 측정결과로 얻은 자료가 한쪽으로 치우치거나 변수 간의 관계가 지나치게 높거나 낮으면 체계적 오류가 존재함을 의심해야 한다. 고정반응, 사회적 적절성, 문화적 차이 등이 이에 속한다.

(1) 고정반응(response set)

우울증을 측정하는 척도에서 일정한 유형의 설문 항목이 계속될 때 응답자는 극단적인 값을 피하고 중도 값(그저 그렇다)을 택하려는 경향이 있다. 또는 앞의 설문 항목에서 응답한 값을 후속항목에도 계속 동일하게 응답하는 경우를 말한다.

(2) 사회적 적절성(social desirability bias)

조사자의 의도에 맞추거나 그 사회의 가치 기준에 부합하는 것을 택하려는 경향이다. 예를 들면 청소년의 흡연 실태나 일반 시민의 마약에 대한 태도를 조사한다고 할 때 그러한 경험이 있다 하더라도 솔직히 응답하지 않고 그 사회가 원하는 가치에 준하여 응답할 가능성이 있다.

(3) 문화적 차이(cultural gap bias)

측정과정에서 문화적 차이나 인구사회학적 차이가 개입하여 발생하는 오류를 말한다. 예를 들어 성인에 대한 우울증 검사도구를 청소년들에게 그대로 적용한다면 명백히 오류가 발생할 것이다. 또한 다민족 사회인 미국에서 주류 백인들을 위해 개발한 측정도구를 소수민족에게 적용할 때에는 신중해야 할 것이다.

2. 비체계적 오류(Random error : 무작위적 오류)

비체계적 오류 또는 무작위적 오류란 측정자의 피로, 기억, 감정변화 등과 같이 측정대상, 측정과정, 측정수단, 측정자 등에 일관성 없이 영향을 미침으로써 발생하는 오류이다. 이는 인위적인 것도 아니고 체계적인 것도 아니므로 오류의 값이 다양하게 분산되어 있으므로 서로의 값에 상쇄되는 경향이 있으며 특히 응답자가 많을수록 자기상쇄(self-compensation)적인 경향이 있다. 즉 비체계적인 오류는 연속되는 여러 번의 측정에도 일정하게 영향력을 행사하는 체계적 오류와는 달리 일정한 방향으로 편향(bias)되거나 어떤 경향을 나타냄이 없이 무작위적(random)으로 발생하는 오류이다.

비체계적 오류의 대부분은 ① 측정 상황, ② 측정자, ③ 측정 대상자, ④ 측정 도구 등의 요인으로 인해 발생하며, 아래의 표를 통해 예를 볼 수 있다.

비체계적 오류의 분류

① 측정 상황으로 인한 오류	장소, 시간, 날씨, 자연 환경, 소음 등
② 측정자로 인한 오류	건강, 관심사, 기분 등
③ 측정 대상자로 인한 오류	긴장, 불안 등의 신체적 정신적 요인
④ 측정 도구로 인한 오류	측정 도구에 대한 사전 교육이 충분치 않을 때, 수집된 자료를 코딩하는 과정에서 잘못 입력할 때 등

3. 비체계적 오류 제고 방안(신뢰도를 높이는 방법)

신뢰도는 주로 비체계적인 오차와 관련된 것이므로 비체계적 오차의 발생가능성을 최대한 통제하는 것이 신뢰도를 높일 수 있는 방법이다. 일반적으로 신뢰도를 높이기 위해 제시되는 방안들은 다음과 같다(채서일, 1992. 김기원, 2001에서 재인용).

신뢰도를 높이는 방법으로는 첫째, 측정도구의 내용을 명확하게 해야 한다. 측정도구가 되는 문항이나 문구의 내용이 애매모호하게 되면 응답자뿐만 아니라 조사자도 임의로 상이한 해석을 할 수 있기 때문에 측정오류가 커지게 된다. 따라서 모든 사람이 동일한 의미로 이해할 수 있도록 측정도구가 되는 항목이나 문항의 내용을 명확하게 구성해야 한다. 즉 측정항목을 되도록 구체화하는 것이 필요하다. 둘째, 측정항목을 가능한 늘려야 한다. 대체로 동일한 개념이나 속성을 측정하기 위한 항목의 수가 많을수록, 측정값들의 평균치는 측정하고자 하는 속성의 실제값에 근접하게 된다. 셋째, 측정자들의 측정방식이나 태도에 일관성을 가져야 한다. 일관성이 없는 측정방식이나 태도는 동일한 질문에 대해서도 응답자들의 반응이 서로 차이를 나타내게 된다. 넷째, 조사대상자들이 잘 모르거나 관심이 없는 내용은 측정하지 않는다. 잘 모르거나 관심이 없는 내용에 대해서는 응답자가 무성의하거나 실제와 전혀 다른 응답을 할 가능성이 높기 때문이다. 다섯째, 일반적으로 신뢰성이 인정되었거나 이전의 경험에 비추어 신뢰할 수 있는 측정도구를 사용한다. 여섯째, 동일한 질문이나 유사한 질문을 2회 이상 실시하여 일관성 있는 응답을 하도록 한다. 일곱째, 측정자에게 측정도구에 대한 교육이 철저히 이루어져야 한다. 측정자에게 면접조사표나 관찰조사표와 같은 측정도구에 대해 교육을 하고 실제 예행연습들을 하도록 함으로써 측정시 오류를 줄일 수 있다.

7

Chapter

표집(표본추출)

7.1 표집의 의의

1. 표집의 정의

사회과학에서 어떤 현상에 대해 조사할 때 조사 내용을 완벽하게 대표해 주는 대상을 찾아 필요한 정보를 얻기란 쉬운 일이 아니다. 따라서 조사자는 전체 모집단에서 가장 잘 대표할 수 있는 사람이나 집단을 선택하여 그들을 조사 대상으로 삼으려 하는데, 이들이 바로 표본이다. 이렇게 표본을 선택하는 과정을 표본추출 또는 표집(sampling)이라고 한다. 즉, 표집이란 모집단으로부터 조사대상을 선정하는 과정으로 조사문제와 자료를 생산하는 과정에서 무엇을 또는 누구를 관찰대상으로 할 것이냐 또는 누구를 설문의 응답자로 할 것이냐를 결정하는 것이다.

2. 표집의 장점

사회조사의 방법은 조사하고자 하는 대상 전체를 조사하는 전수조사(complete enumeration)와 조사대상의 일부분만을 조사하여 전체를 추리하는 표본조사(sample survey) 두 가지가 있다. 전수조사의 경우 조사대상 전체를 정확하게 파악할 수 있다는 장점이 있지만 현실적으로 시간과 비용이 너무 많이 들기 때문에 상대적으로 보다 적은 비용으로 신속하게 조사를 하고도 모집단을 필요로 할 만큼 정확하게 추정할 수 있는 표본조사를 많이 사용한다(채구묵, 2001; 207). 아래를 통해 표집을 통한 표본조사가 어떠한 장점을 가지고 있는지 보자.

① 경제성 : 전수조사 보다 조사비용을 절약할 수 있다.

② 신속성 : 전수조사는 많은 시간이 소요되고, 조사기간 동안에 상황이 변할 수 있지만 표본을 사용하면 신속하게 조사할 수 있다.

③ 정확성 : 조사업무량이 많지 않아 유능한 조사자들에 의해 조사될 수 있으므로 연구대상을 정확히 파악할 수 있다.

④ 응답률 : 응답자로부터 높은 응답률과 협력을 얻을 수 있다.

⑤ 조직적 반발의 방지 : 많은 사람들을 감정 상하게 하지 않을 수 있고 감정이 상한 사람은 똑같은 질문을 접한 다른 응답자의 신원을 모르기 때문에 공통된 관심을 가지고 조직화될 가능성이 적다.

⑥ 신뢰도 : 전수조사를 하기 위해 상당수의 면접자 또는 조사자가 필요하기 때문에 신뢰도 문제가 발생할 가능성이 높다.

⑦ 가능성 : 전수조사의 경우 모집단 전체를 파악할 수 없는 경우가 있으며 조사가 현실적으로 불가능하다. 따라서 조사를 가능하도록 하기 위해 표본이 사용된다.

3. 표집의 단점

표본추출의 경우 가장 중요한 점은 모집단 전체를 가장 잘 대표할 수 있는 표본을 추출해야 한다는 것이다. 즉, 좋은 표본이란 표본이 모집단의 특성을 그대로 가지고 있는 것이라 할 수 있다. 그러나 좋은 표본을 이끌어내기란 쉽지 않으며, 분명 장점만큼 단점도 존재한다. 아래를 통해 표집의 단점을 보도록 하자.

첫째, 모집단을 대표할 수 있는 표본을 찾기 어렵다. 표본이 모집단을 대표하지 못할 경우 표본을 대상으로 조사한 결과를 전체의 결과로 말할 수 없으며, 이는 곧 일반화의 가능성이 낮음을 이야기한다.

둘째, 모집단의 크기가 작은 경우에는 표집이 큰 의미가 없다. 모집단의 크기가 작은 경우에는 모집단 자체를 조사하면 되기 때문에 표본을 추출하는 것이 의미가 없다.

셋째, 표본설계가 복잡한 경우는 오히려 시간과 비용이 더 많이 소요될 수 있으며, 표본설계가 잘못된 경우에는 오차가 많이 발생할 수 있는 단점이 있다.

7.2 표본조사의 설계

1. 표본추출의 기술적 용어

모집단에서 표본을 추출하는 과정은 확률이론에 근거하여 상대적으로 체계적이고 조직적인 일련의 작업들로 이루어져 있다. 이절에서는 이와 같은 표집과정에서 사용되는 다양한 용어들을 소개하고 이들이 가진 의미와 기능을 자세히 살펴보도록 한다(김기원, 2001; 261~267, 김태성 외, 2005; 124~128, 김귀환 외, 2005; 132~134).

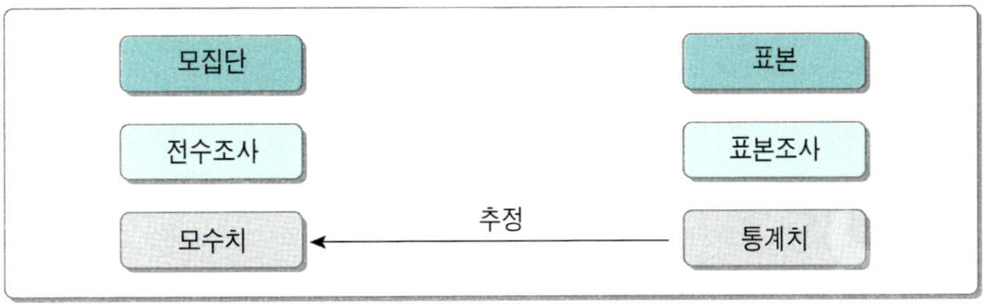

(1) 표본조사(sampling study)

표집과정(표본추출과정)을 거쳐 모집단의 일부를 표본으로 선정하고 그 표본에 대해서만 실시되는 조사를 말한다.

(2) 전수조사(population study)

연구대상 전체인 모집단(population)을 대상으로 실시되는 조사를 말한다.

(3) 표집요소(sampling element)

자료가 수집되는 대상의 단위로서 자료분석의 기초가 된다. 표집요소는 자료분석시 분석단위(unit of analysis)와 일치하는 경우가 많으며, 대체로 개인이 요소가 되지만 가족, 집단, 조직과 같은 다른 종류의 단위들도 표집의 요소가 될 수 있다.

(4) 전대상(universe)

특정 연구를 위해 규정된 요인 전수의 이론적-가설적 집합체이다. 조사대상의 요소가 노인이라면 시간과 공간에 구애되지 않고 노인 모두가 전대상이 된다. 이론적으로 구체화되어 있지 않아 조사과정에서 실제로 유용하지 않은 개념이다.

(5) 모집단(population)

모집단이란 시간, 공간, 자격 등의 조건들이 구체적으로 규정된 요소들의 현실적-한정적 집합체이며, 연구자가 관심을 가지고 연구하고자 하는 대상들의 전체 집합이다. 즉, 실제 연구의 대상이 되는 전체집단으로 연구자가 전수조사를 통해 자료를 수집하거나, 표본조사 결과를 가지고 통계적 기법을 활용해 추정하려는 대상 집단을 말한다. 모집단을 정확하게 정의하는 것은 연구자에게 있어 무척 중요한데, 연구자는 자신의 연구주제와 목적에 따라 구체적인 변수와 특성을 사용하여 정확히 모집단을 설정해야 이후 연구에서 얻고자 하는 결과를 얻을 수 있을 것이다.

(6) 표집(sampling)

표본을 선택하는 과정을 말한다. 이를 표본추출이라고도 한다.

(7) 표집단위(sampling unit)

표집과정의 각 단계에서 표집대상인 요소들의 단위를 말한다. 대체로 표집단위는 개인이 되지만, 경우에 따라서는 개인이 아닌 집합체가 표집단위가 된다. 예를 들면 다단계층화표집으로 전국의 청소년을 대상으로 욕구조사를 실시하는 경우, 1단계에서는 시-군을 선정하고, 2단계에서는 구-읍을 선정하고, 3단계에서는 동-면을 선정하고, 마지막으로 각 동-면에 거주하는 청소년을 추출한다고 할 때, 1, 2, 3단계에서는 표집단위는 집합체인 반면, 마지막 4단계 표집단위는 개인이 된다.

(8) 표집틀(sampling frame)

표본이 실제 추출되는 연구대상 모집단 전체의 목록 또는 모든 단위의 완전한 목록을 말한다. 실제로 사회조사에 있어 연구자가 연구하고자 하는 모집단의 모든 요소들이 완벽하게 포함되어 있는 표집틀을 구하는 것은 쉽지 않은 일이다. 그렇기 때문에 이와 같은 경우에는 모집단의 요소를 완벽하게 포함하고 있지는 않지만 연구자가 구할 수 있는 것 가운데에서 연구하고자 하는 모집단의 요소들이 많이 포함하고 있다고 판단되어지는 대안들을 표집틀로 활용하게 된다. 각종 여론조사에서 전화번호부를 표집틀로 활용하는 것 등이 좋은 실례로 볼 수 있을 것이다.

(9) 관찰단위

직접적인 조사대상으로 자료가 수집되는 요소 또는 요소들의 집합체이자 자료수집단위(unit of data collection)이다. 관찰단위는 분석단위와 대체로 일치하지만 반드시 일치하지는 않는다. 예를 들어 장애인 근로자가 근무하는 직장 상사(관찰단위)와의 면담을 통해서 장애인 근로자(분석단위)의 직장적응에 관한 정보를 수집할 수 있는데, 이때는 관찰단위와 분석단위가 일치하지 않기 때문에 적절한 정보를 얻을 수 있도록 세심한 주의가 필요하다.

❋ 표집관련 용어의 예시

- 2011년 12월 말, 현재 맞춤형 건강관리프로그램 서비스를 이용한 경험이 있는 65세 이상 노인을 대상으로 조사를 실시하였다. 표본은 맞춤형 건강관리 프로그램 이용자 명부로부터 무작위로 500명을 추출하였다.
  - 모집단 – 맞춤형 건강관리 프로그램 서비스 이용 노인
  - 표집틀 – 맞춤형 건강관리 프로그램 이용자 명부
  - 표집단위 – 개인
  - 표집방법 – 무작위
  - 관찰단위 – 개인

(10) 요소(element)

자료가 수집되는 대상의 단위로서 자료분석의 기초가 된다. 모집단을 구성하고 있는 개별대상을 의미하며, 대체로 개인이 요소가 된다. 하지만 개인 외에도 가족, 집단, 조직, 나아가 국가까지 다양한 종류의 단위들도 표집의 요소가 될 수 있다. 대부분의 사회조사에서 필요한 자료의 수집과 분석은 이와 같은 요소를 기준으로 하여 이루어지기 때문에 이러한 요소를 분석단위(the unit of analysis)라고 언급하는 경우도 있다.

(11) 변수와 상수(variable & constant)

변수란 모집단의 요소가 가지는 상호배타적이고 서로 다른 속성을 말한다. 변수는 반드시 변량(variation)을 가지고 있어야 하며, 변수값(values)을 갖는다. 변수값이 소득이나 몸무게와 같이 연속적인 경우에는 연속변수(continuous variable)라고 하고, 변수값이 성별이나 장애유형과 같이 범주적인 경우에는 이산변수(discrete variable)라 한다. 변수는 반드시 두 개 이상의 값을 가져야 하는데 이는 변량을 가져야 한다는 것이다. 만일 모집단의 모든 요소가 동일한 속성을 가지고 있다면 이 속성은 그 모집단의 상수(constant)이지 변수가 아니다.

(12) 표본(sample)

표본이란 연구자에 의하여 연구목적에 따라 정의된 모집단 가운데에서 일정한 체계적인 추출과정을 거쳐 실제로 선발된 부분을 의미한다. 전체 모집단의 부분집합 또는 부분으로 볼 수 있는 표본은 반드시 전체 그 자체라기보다는 항상 전체의 근사치(approximation of the whole)로서 항상 간주되어야 할 것이다.

연구자는 표집을 하기 이전에 연구의 목적과 자원의 한계를 고려하여 표본의 크기를 결

정하게 된다. 특히 표본의 크기는 선정된 표본이 모집단의 속성을 정확히 반영하는지의 여부를 의미하는 대표성의 정도에 큰 영향을 미치기 때문에 주의 깊게 결정되어야 한다.

(13) 모수치(모수 : parameter)

모집단을 대상으로 하는 자료를 말하는데, 조사된 표본의 통계치를 근거로 확률적인 추정(estimation)을 하여 모집단의 특성을 요약하고 묘사한 것이다. 일반적으로 전수조사는 힘들기 때문에 표집을 통해 표본의 통계치를 얻게 된다. 이 통계치를 이용하여 모집단의 특성을 파악하고자 하는 것이 모수치이며 이것이 일반적인 사회조사 연구자의 궁극적인 목적이다.

(14) 통계치(statistic)

표본을 관찰하여 얻어진 자료를 의미한다. 즉, 조사된 표본에서 특정변수가 가지고 있는 특성을 요약하여 말하는 것으로, 조사 표본에서 얻은 장애인근로자의 월 평균 소득을 통계치의 예로 볼 수 있다.

(15) 표집간격(sampling interval)

모집단으로부터 표본을 추출할 때 추출되는 개별 요소간의 간격을 말한다. 체계적 표집(systematic sampling)에서 사용되는 용어이다. 전국의 150만 국민기초생활보장대상자 가운데 100,000명을 뽑아 실태조사를 실시할 경우 표집간격은 15이다.

(16) 표집률(samoling ratio)

연구대상 전체인 모집단에서 개별요소 하나가 선택될 비율을 말한다. 앞의 예에서 표집률은 100,000/1,500,000 = 0.067 = 6.7%이다.

(17) 표집오차(sampling error)

표본의 통계치들이 모집단의 모치수와 정확히 일치하지 않고 그 주위에 분산되어 있는 정도를 말한다. 즉 통계치가 모치수와 다른 정도이다. 표집오차는 표본의 특성치에서 모집단의 특성치를 추정하는 과정에서 발생하는데 표본에서 얻는 모치수의 추정값은 전수조사에 의한 모치수만큼 정확하지는 않다.

(18) 신뢰수준 또는 신뢰구간(confidence levels or confidence interval)

표집오차를 나타낼 때 표본의 통계치가 모수치로부터 어느 정도의 차이가 나는지 그 간격을 가지고 정확성에 대한 신뢰수준을 보여주게 된다. 가령 연구자가 자기의 표본통계치가 95% 수준에서 믿을 만하다고 할 때 이 말은 모수치로부터 ±5% 간격의 오차를 갖는다는 의미이다. 예를 들어 신뢰수준 95%로 통계치의 평균이 100만 원이라면 실제 모수치의 평균은 95만 원에서 105만 원 사이에 있는 것으로 이해하면 된다.

2. 표본설계의 과정

표본조사의 설계는 표본조사를 어떻게 수행할 것인지에 관해 계획하는 것으로 연구목적, 연구문제의 형성, 자료분석 및 해석 등 연구과정상 관련된 측면을 고려해야 한다. 그 과정으로는 연구대상이 되는 모집단을 확정하고 적당한 표집틀을 선정한 후, 표집의 방법과 표본의 크기를 결정하고, 실제로 표본을 추출하게 된다(김렬, 1999; 220~229, 김태성 외, 2001; 128~129, 김치영, 2007; 205~207).

(1) 모집단 확정

조사연구자가 실제 연구목적에 부합하는 자료를 얻기 위해서는 가능한 완전하고 정밀한 모집단의 규정이 필요하다. 이는 연구자가 관심을 갖고 조사하려는 대상 전체를 이론적으로 규정한 것이며, 완전한 모집단을 위해서는 요소, 표본단위, 범위 및 시기 등을 명백하고 한정적으로 확정해야 한다. 이 네 가지 특성 중 하나만 빠져도 완전한 모집단이 성립되지 않으며, 모집단의 확정은 이후 방법이 그 자료를 얼마나 유용한지 결정하는 데 중요한 영향을 미치게 된다.

(2) 표집틀 선정

모집단이 확정되면 최종적인 표본을 추출하게 될 표집틀을 선정해야 한다. 표집틀은 표본이 실제로 선정되는 표집 단위의 실제 목록으로 좋은 표집틀은 모집단의 구성요소 모두를 포함하면서 어떤 요소도 이중으로 포함되지 않아야 한다. 모집단의 요소를 나타내는 수단으로, 전화번호부, 방명록, 주민등록번호, 학생명부 등과 같이 물리적인 표집틀이 있을 수 있고, 비물리적인 형태의 표집틀로 시간마다 상점 내에 머물고 있는 구매자를 표본으로 추출할 수도 있다.

(3) 표집방법 결정

연구의 목적과 연구의 대상인 모집단이 정확하게 확정되고 표본이 추출될 표집틀이 확보되면 어떤 방법으로 모집단을 대표할 수 있는 표본을 확보할 것인지에 대한 검토가 필요하다. 크게 확률표집과 비확률표집으로 나누어지는데, 연구자가 둘 중에 어떠한 것이 조사연구의 목적과 상황에 가장 적절한 것인지를 선택하고 가장 효과적인 표본추출방법을 선택하면서 다음 단계로 넘어가게 된다.

(4) 표본의 크기 결정

표본추출에서 피할 수 없는 것이 그 조사 대상의 규모를 얼마로 해야 할지에 대한 것이다. 표본규모를 결정한다는 것은 추가적 정보와 추가적 비용과의 상대적 관계를 고려해야 하기 때문에 매우 어렵지만, 표본의 크기가 결정되어야 통계적으로 신뢰성 있는 추정치를 얻을 수 있기 때문에 필요하다. 이를 위해 신뢰구간접근법과 통계적 기법을 통해 표본의 크기가 결정될 수 있으나, 실제로 연구자는 대표성을 확보할 수 있을 정도의 표본크기를 표집방법, 모집단의 성격, 시간과 비용, 연구자 및 조사원의 능력 등을 고려하여 결정한다.

(5) 표본추출

표본의 크기를 결정한 후, 마찬가지로 결정된 표집방법으로 표본을 수집하고 추출한다.

7.3 표집(표본추출)의 유형

1. 확률표집법

확률표집에서는 조사자가 대체로 모집단의 규모와 구성원의 특성에 대해 알고 있으며, 모집단의 각 요소가 표본으로 선정될 확률이 동일하다. 이러한 기준으로 조사자는 자신이 선정한 표본이 대표성을 띠는지를 확인할 수 있으며, 표집오차의 추정이 가능하다. 확률표집의 유형에는 단순무작위표집과 체계적(계층적/계통적) 표집, 층화표집, 집락(군집)표집이 있으며, 똑같은 확률로 뽑는 무작위 표집의 경우 모수치의 추정과 오차의 측정을 가능하게 한다.

(1) 단순무작위표집법(simple random sampling)

가장 기본적인 유형으로 모집단의 각 요소가 표본으로 뽑힐 확률이 동일하다는 원칙이 적용되고, 이론적으로 모집단의 특성을 가장 잘 반영해 주는 표집방법이다. 표집방법으로는 모집단의 전체 구성요소들이 포함된 명단인 표집틀의 확보 이후 이 표집틀에서 연구자가 사전에 정한 표본의 크기에 따라 필요한 수의 표본을 무작위로 선출한다.

단순무작위표집법의 장점으로는 손쉽게 표집할 수 있다는 점과 표집오차의 계산이 용이하다는 점이 있지만, 모집단의 규모가 큰 경우에는 모두 일련번호를 부여하는 것이 힘들기 때문에 현실적으로 적용하기 힘들며, 모집단 내의 하위집단 분포를 잘 반영하지 못할 수 있다는 단점(예 : 초등학교 교사의 성비)이 있다. 제비뽑기, 난수표, 통계 프로그램 등을 단순무작위표집법의 예로 볼 수 있다.

(2) 체계적/계층적/계통적 표집법(systematic sampling)

무작위표집의 장점을 살리면서 모집단 목록에서 일정한 순서에 따라 표본을 추출하는 방법이다. 즉, 일련번호를 붙인 표집틀을 마련하고 모집단의 총수를 요구되는 표본수로 나누어 표집간격을 구한 후 표집간격 안에 들어 있는 숫자 중 하나를 무작위로 선택한다. 이를 추출된 최초의 표본으로 정하고 나머지 표본들을 기계적으로 정해진 일정한 표집간격(k)에 따라 추출하는 방식이다. 표집간격이란 모집단으로부터 표본을 체계적으로 추출할 경우 사용하는 용어로 추출되는 표본 사이의 간격을 의미하며(모집단의 크기 ÷ 표본의 크기)로 알 수 있다.

주의해야 할 점은 편재가능성인데 편재가능성이란 표집틀의 표집단위가 어떤 특징적 경향을 따라 배열되어 있을 경우 표집간격이 표본추출에 영향을 미치는 현상을 말한다.

(3) 층화표집법(stratified sampling)

모집단에 대해 알고 있는 속성을 기초로 모집단을 상호배타적이고 포괄적인 소집단(층화)으로 나눈 후, 각 소집단(층화)별로 무작위표집 하는 방법이다. 이를 위해서는 모집단의 속성에 대한 이해가 바탕이 되어야한다. 또한 층화표집의 특징 중 하나로 동질적인 집단 내에서 발생하는 표집오차가 이질적인 집단 내에서 발생하는 표집오차보다 더 작다는 확률분포논리에 기초하고 있다는 점이다. 예를 들어 대학생에게 의견을 묻고자 하는 연구에서 학년별로 몇 명씩 표본을 뽑아 의견을 묻는다면, '학년'이라는 변수에서 생기는 표본오차를 없앨 수 있다.

일반적으로 층화를 구분하는 기준은 성별, 지역 등 모집단의 특성에 따라 다르기 때문에 조사하고자 하는 목적에 따라 그 기준을 다르게 적용할 수 있다. 아래는 층화표집의 유형 세 가지를 볼 수 있다.

층화표집의 유형

유 형	내 용
비례층화표집	• 모집단에서 각 층이 차지하는 비례에 따라 각 층의 크기를 할당하여 표본을 추출하는 방법 예 : 대학생의 60%가 남자이고, 40%가 여자이면 남자가 60%, 여자가 40%가 되도록 표본을 추출하는 방법
비비례층화표집	• 각 층의 크기와 상관없이 각 층에서 같은 수의 표본을 추출하는 방법 • 장점 : 각 층의 비교가 쉽고 실험집단과 통제집단을 나눌 때 경제적임 • 단점 : 현지조사인 경우 같은 크기로 층을 뽑기 어렵고 모집단의 특성을 파악하기 어려움
최적분할 비비례층화표집	• 동질적인 층은 비교적 적은 수의 표본을 뽑고, 이질적인 층은 보다 많은 표본을 선정한다. 따라서 가장 적은 표본크기로서 요구되는 정확성의 수준을 유지할 수 있도록 하여 통계량의 표준오차가 최소가 되도록 하는 방법 • 모집단의 성격을 정확히 알 때 사용이 가능하지만 잘 사용되지 않음

(4) 집락표집법/군집표집법(cluster sampling)

표집단위를 개인이 아닌 집락, 즉 자연집단을 단위로 하는 표본추출방법이다. 집락표집은 모집단을 기존의 지리적 구획 또는 행정적 구분 단위로 나누어진 집락을 기초로 해서 몇 개의 부분 단위로 나누고, 이러한 부분 단위에서 무작위로 표본을 추출하는 방법이다. 집락표집의 장점은 단순무작위표집의 경우 표본에 뽑힐 요소들이 지리적으로 분산될 경우가 있는데 반하여 집락표집은 몇 개의 대표적인 집락에 집중함으로써 시간과 비용을 절약할 수 있다는 점이다. 반면에 집락표집의 단점은 집락이 동질적인 경우 오차의 개입가능성이 높으며 단순무작위표집보다 특정집단을 과대(과소)하여 표현할 위험이 많다는 것이다. 서울 시민의 교통준수에 대한 의식조사를 실시하는 경우, 각 동을 무작위로 추출한 다음 이 동에서 표본을 선정하는 방법을 집락표집법의 예로 들 수 있다.

집락표집과 층화표집은 비슷한 면이 많다. 그렇기 때문에 둘의 비교를 통해 차이를 알아보자. 먼저 집락표집은 추출된 부분 집단에서만 표본을 선정하고 층화표집은 모든 부분집단에서 표본이 선정됨에 차이를 보인다. 둘째, 집락표집은 부분집단(집락) 내에서는 이질적이며 부분집단(집락) 간에는 동질적이지만, 층화표집은 부분집단(층화) 간이 이질적이고 집단(층화) 내에서는 동질적이다. 셋째, 층화표집은 크기나 특성 등 모집단에 대한 정보와 표본틀이 필요하지만, 집락표집은 모집단의 크기가 매우 크거나 그 특성을 파악할 수 없을 때에도 사용할 수 있다. 이처럼 집락표집과 층화표집의 차이를 이해하면 적절한 방법으로 연구를 할 수 있을 것이다.

2. 비확률표집법

비확률표집은 이용가능성, 편리성, 경제성을 주요하게 보며 편의(임의)표집, 의도적(유의) 표집, 할당표집, 눈덩이표집이 있다. 무작위 표집을 전혀 사용하지 않기 때문에 모집단의 각 요소가 표본으로 선정될 확률이 동일하지 않다. 그렇기 때문에 표본이 모집단을 잘 대표하는지를 알 수가 없어 일반화하기 어렵다는 단점이 있다.

(1) 편의표집법/임의표집법(convenient sampling/accidental sampling)

조사자가 어떤 이슈에 대한 조사를 위해 임의로 특정 시간과 장소를 정해 두고 표본을 우발적으로 선택하는 방법으로 모든 표집방법 중 비용과 시간 면에서 가장 효율적이다. 이에 표집방법의 가장 큰 장점으로 편의성을 들 수 있지만 결과를 일반화할 수 없다는 한계로 인하여 가장 낮은 대표성의 표집방법으로 다루어진다.

(2) 의도적 표집법/유의표집(purposive sampling)

조사자가 조사 의도에 맞는 대상을 표본추출하는 것으로 그 대상은 조사 목적을 가장 잘 반영하는 사람들이 된다. 그러나 이렇게 선정된 표본은 모집단의 전형적인 사례가 될 수 있지만, 확률적 표집 절차를 따른 것이 아니므로 모집단을 대표할 수는 없다. 예를 들어 학생운동을 하는 학생의 이념적 성향을 조사를 위해 운동권 학생을 조사할 경우, 학교에서 쉽게 접촉할 수 있는 운동권 학생들을 대상으로 일정 규모에 이를 때까지 표본으로 선정할 수 있다. 하지만 표본으로 선정된 학생들이 전체 운동권 학생을 대표한다고는 볼 수 없다.

(3) 할당표집법(quota sampling)

조사자가 임의로 만든 할당표본 틀을 이용하여 표본을 선정하는 방법이다. 즉, 모집단의 여러 속성을 참고로 하여 표본수를 할당하고 각 할당된 범위 내에서 표본을 선정하는 것이다. 이것은 층화표집과 유사해 보일 수 있지만 실제 표본을 선정하는 데 무작위추출 방법을 사용하지 않는다는 점이 다르다. 예를 들어 복지관 이용자 100명의 표본을 할당표집할 경우, 이용자 남녀의 비율을 고려하여(예, 6 : 4) 비례적으로 표본수를 할당(60명 : 40명)할 경우, 할당표집이 된다.

(4) 눈덩이표집법(snowball sampling)

눈덩이표집은 최초의 표본에서 시작하여 조사대상자를 점진적으로 확대해 나가는 방법이다. 조사자는 우선 최초의 표본에서 얻은 정보를 바탕으로 다음 표본으로 연결범위를 확대해 나간다. 이 표집은 모집단에 대한 사전 정보가 거의 없어 탐색적으로 조사할 때 주로 사용되는 방법이다. 자폐아동에 대한 부모의 양육부담을 조사할 때, 한 자폐아동 부모에게서 다른 부모에 대한 정보를 얻고, 여기서 다른 부모에 대한 정보를 통해 점차 표본을 확대해 나가는 것을 예로 볼 수 있다.

표집의 유형

	표집방법	내 용
확률 표집	단순무작위표집	• 표집틀에서 무작위로 표집을 추출 • 제비뽑기, 난수표 등 이용
	체계적 표집	• 하나를 무작위로 선택하여 최초의 표본으로 삼고 나머지 표본은 표집간격(k)에 따라 추출 • 순환성이 있는 표집에서는 사용이 불가능
	층화표집	• 모집단 내 알고 있는 속성을 기초로 층화를 나눈 후 층화별로 무작위표집 • 비례층화, 비비례층화, 최적분할비비례층화
	집락표집	• 집락을 표집단위로 하는 표본추출방법
비확률 표집	임의(편의)표집	• 시간과 공간을 정해 두고 표본을 우발적으로 선택하는 방법
	의도적(유의) 표집	• 조사자가 조사 의도에 맞는 대상을 표본추출하는 것
	할당표집	• 조사자가 임의로 만든 할당표본 틀을 이용하여 표본을 선정하는 방법이다.
	눈덩이표집	• 최초의 표본에서 시작하여 조사대상자를 점진적으로 확대해 나가는 방법

확률표집법과 비확률표집법의 비교

기 준	확률표집법	비확률표집법
연구대상이 표본으로 추출될 확률	동등함, 알려져 있음	동등하지 않음, 알려져 있지 않음
표집(표본추출)	무작위 표집	의도적 표집–독단적
포본의 통계치로 모집단의 모수치 추정	편의가 없음	편의가 있음
모수치 추정 가능성	추정가능	추정불가능
오차 측정 가능성	측정가능	측정불가능
시간과 비용	소요 많음	절약
모집단의 규모와 성격	명확히 규명	불명확, 불가능
종류	체계적 표집, 층화표집, 단순무작위 표집, 집락표집 등	편의표집, 유의표집, 할당표집, 눈덩이표집 등

7.4 대표성과 표본의 크기

1. 대표성(Representativeness)

대표성이란 추출된 표본의 특성이 모집단의 집합적 특성과 일치하는 정도에 의해 평가된다. 만일 추출된 표본이 모집단의 집합적 특성과 거의 동일한 집합적 특성을 갖고 있다면 그 표본은 모집단에 대해 대표성을 갖는다고 말할 수 있다(소영일, 1995; 254~255).

확률표집의 기본 논리는 '만약 모집단의 모든 구성원들이 표본으로 선정될 가능성이나 확률이 동일하도록 표본으로 선정된다면, 그 표본은 모집단을 대표할 것'이라는 것이다. 이러한 확률표집은 다음과 같은 두 가지 장점을 가진다. 첫째, 확률표본은 비확률표본보다 대표성을 가지는데, 확률표집은 표본이 한쪽으로 치우치는 편의(bias) 현상을 방지할 수 있게 해주기 때문이다. 둘째, 확률이론은 우리에게 표본의 대표성, 즉 표본의 정확성을 추정할 수 있도록 해준다. 다시 말하면 조사자가 추출한 표본이 모집단을 대표하도록 하고 있는지의 여부를 정확하게 추정할 수 있도록 해준다(김기원, 2001).

결과적으로 대표성이 있다는 것은 추출된 표본이 모든 변수의 분포에 있어서 모집단을 복사한 것처럼 동일하다는 것이며(남세진, 최성재, 1988; 202~203), 이렇게 나온 표본의 대표성 정도에 따라 표본을 연구한 결과는 모집단 전체를 연구한 결과와 거의 같음을 합리적으로 주장할 수 있게 한다(김귀환 외, 2005; 145). 그리고 대표성을 가진 표본은 추출할 수 있는 가장 최선의 방법으로는 무작위 표집을 이야기할 수 있으며, 표본의 크기가 클수록, 모집단 구성요소가 동질적일수록 대표성은 높아진다. 또한 바람직한 표본은 특정 성향으로 편향되어 있지 않아야 하며 표준오차가 적어야 함을 유의하자.

2. 표본의 크기

표본의 크기는 모집단으로부터 추출한 표집단위(sample unit)의 총수(總數)이다. 통계적 기법에 의해 최적 표본의 수를 파악하는 이론적 또는 내적 결정요인과 조사의 적절성과 관련된 표본의 크기를 실제로 결정하는데 고려해야 할 실제적 또는 외적 결정요인이 존재한다.

(1) 표본크기의 이론적 결정요인

표본크기의 이론적 결정요인은 신뢰구간접근법과 가설검증접근법으로 나누어지는데 신뢰구간접근법은 신뢰구간의 크기가 표본의 크기와 분산의 정도에 의해 결정되는 점을 역으로 이용하여 표본의 크기를 산정하는 방법이며 가설검증접근법은 제 1종 오류와 제 2종 오류의 최대허용치를 정하고 이를 통하여 표본의 수를 결정하는 방법이다.

※ 제1종 오류와 제2종 오류

- 모든 판단은 잘못될 수 있다. 예컨대, 무죄인데 단죄하고 유죄인데 풀어준다. 멀쩡한데 정밀검사를 시키고 골골하는데 돌려보낸다. 건전한 기업은 죽이고 부실한 기업은 살린다. 사랑하는데 헤어지고 미워하는데 붙어산다.
- 귀무가설이 맞는데 이를 기각하는 오류를 제1종 오류(type I error)라고 한다. 반대로 귀무가설이 틀렸는데 이를 기각하지 못하는 오류를 제2종 오류(type II error)라고 한다. 애인이 변심하지 않았는데(변화가 없으므로 귀무가설이 옳은 상황) 변심했다고 잘못 판단하여 생이별하는 오류가 제1종 오류라면, 애인이 변심했는데도(우려했던 상황이므로 대립가설이 옳은 상황) 여전히 자기를 좋아하는 줄 착각하는 오류가 제2종 오류이다. 생이별이 1종 오류이고 착각이 2종 오류이다. 잘못 자르는 것이 제1종 오류라면, 잘라야 할 때 못 자르는 것이 제2종 오류이다. 둘 다 문제라 할 수 있다.
  - 귀무가설 : 발견이 단지 우연에 의한 것이라는 부정적인 주장
  - 대립가설 : 누군가가 발견하여 적극적으로 입증하려는 것

(류근관, 2003 : 396-398)

(2) 표본크기의 실제적 결정요인

표본의 크기를 실제적으로 결정하는 데 고려해야 할 요인들은 다음과 같다(박용치, 1997; 217~219).

① 모집단의 동질성(Homogeneity) 정도

② 표집방법 및 조사방법의 유형

③ 분석범주 및 변수의 수

④ 이론과 표본설계

⑤ 소요되는 비용-시간-인력

7.5 표본오차

1. 표본오차(sampling error)

표본오차(표집오차)는 표본의 통계량과 모집단 모수 간의 차이로 표본의 통계치가 모집단의 모수치와 정확히 일치하지 않고 그 주위에 분산되어 있는 정도를 말한다. 이는 결국

표본의 값이 모집단의 값을 얼마나 가깝게 반영하느냐와 관련된 것인데, 표본오차가 작을수록 표본의 값이 모집단의 값을 더 가깝게 반영하는 것이라고 할 수 있다.

표본오차를 추정할 경우 표본의 크기와 신뢰구간 등은 영향을 주며, 신뢰수준을 높게 잡을 경우 표본오차가 커지고, 표본의 크기가 커지면 표본오차는 작아진다. 또한 모집단의 동질성, 표본추출방법도 표본오차와 관련되어 있다. 실질적으로 모집단 전체의 값을 알 수가 없어 표본으로부터 얻어진 값으로부터 연구자가 정한 일정한 신뢰수준(예, 99% 또는 95%) 하에 나타날 수 있는 오차의 범위를 추정하게 된다. 예를 들어 ○○시의 성인남녀 500명을 대상으로 △△당에 대한 지지도를 조사한 결과 지지율이 30%이고, 이 조사의 오차는 신뢰수준 95%에서 ±3%라고 하면, 95%의 확신을 가지고 ○○시의 성인이 △△당에 지지할 확률이 27~33% 사이에 존재한다고 볼 수 있다. 이때 ±3%는 표본의 값들을 갖고 모집단의 지지도를 추정한 확률적 의미로서, 모집단과 표본이 차이가 날 가능성을 의미한다.

❋ 정규분포곡선과 표준오차 구하는 공식

• 정규분포곡선

표본의 대표성에 관한 유용한 정보를 제공해 주는 것으로서, 표준정규분포의 평균은 0이고 표준편차는 1이다. 정규분포곡선은 좌우대칭이며 종모양을 지니고, 최빈값, 중위수, 산술평균이 한 점에 일치한다.

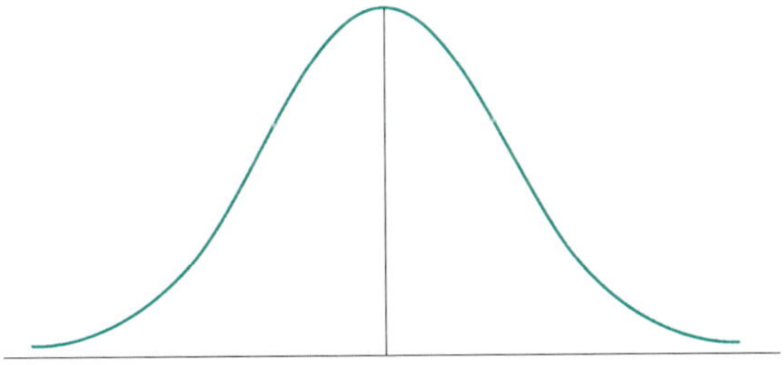

• 표본오차 구하는 공식

$$d = \pm Z\sqrt{\frac{P(1-P)}{n}}$$

d : 표본오차(비율)

Z : 신뢰수준의 근사치 표본점수

P : 모집단에서 표본의 비율이 틀릴 확률(95% 신뢰수준 0.05, 99% 0.01)

n : 표본의 크기

2. 비표본오차

표본추출과정에서 발생하는 오차가 아니라 조사원의 미숙, 설문지의 부정확한 표현, 무응답, 인터뷰 과정에서 비롯되는 오류, 자료의 그릇된 해석 등 조사과정에서 발생하는 오차이다. 그렇기 때문에 표본의 크기를 크게 하면 할수록 표본오차의 가능성은 감소하지만 비표본오차의 가능성은 높아지는 특징을 가지게 된다.

8

Chapter

실험조사설계

8.1 조사설계

1. 조사설계의 의의

조사설계란 연구자가 설정한 연구문제를 해결하기 위해서 어떠한 논리적 구조를 가지고, 어떠한 연구방법을 통해서 무엇을 어떻게 관찰하고 분석시킬 것인가에 관해 계획을 짜는 것이다. 또한 조사설계는 경험적으로 검증하기 위한 틀이며, 구체적 내용은 연구디자인의 선택, 변수에 대한 조작적 정의, 자료수집 방법, 조사대상자의 선정, 측정도구의 선정 등의 내용을 담는 것이다.

(1) 광의의 조사설계

가장 넓은 의미의 조사설계란 조사문제 선정과정부터 조사결과의 일반화과정까지 모든 과정을 계획하는 것이라고 할 수 있다(Miller, 1991; Creswell, 2003). 연구자가 수행하고자 하는 탐구에 대한 기획, 즉 연구자가 무엇인가를 발견하고 규명하고자 하는 자신의 목적을 달성하는데 필요한 전략구상을 종합적으로 계획한 청사진과 같다. 여기서 계획을 세운다는 것은 실제로 어떤 행동을 진행하는 것이 아니라 조사과정 각 단계에서 수행할 행동에 대해 구체적인 부분을 미리 생각하는 것을 말한다. 즉, 넓은 의미의 조사설계는 조사절차의 과정에서 조사문제 선정과 가설설정의 과정을 제외한 나머지 과정에 대한 전반적 계획이라고 할 수 있다. 보통 이러한 의미로 조사설계가 사용되고 있으나 조사설계의 핵심적 내용에 대해 초점이 분명하지 못한 점이 한계점이라 할 수 있다(최성재, 2005).

(2) 협의의 조사설계

좁은 의미의 조사설계는 연구문제에 대한 답을 얻기 위해 연구대상 변수 간의 관계에 논리적 구조를 세우고 가설설정과정에서 일반화과정에 이르기까지 필요한 전반적 활동에 대해 계획을 세우는 것이다(Rubin & Babbie, 2001; Punch, 2004). 이러한 협의의 조사설계는 조사과정의 전단계를 포함하면서 특히 조사대상 변수 간 관계의 논리적 구조를 만드는데 초점을 둔다. 또한 협의의 조사설계에서 고려되어야할 중요 요소에 대하여 펀치(Punch, 2004; 최성재, 2005에서 재인용)는 다음의 네 가지를 제시한다. 첫째, 어떠한 전략을 따를 것인가? 둘째, 어떠한 개념적 틀 속에서 조사를 실시할 것인가? 셋째, 누구로부터 자료를 수집할 것인가? 넷째, 어떻게 자료를 수집하고 분석할 것인가? 이며, 여기서 전략이란 연구문제에 대한 답을 얻기 위하여 조사대상과 자료수집과 관련해서 어떠한 논리적 구조를 형성할 것인가를 다루는 것을 의미한다. 펀치(Punch)가 제시한 네 가지 요소는 조사절차에 대한 계획, 조상대상과 자료수집을 연결하는 논리적 구조를 만드는 것을 의미한다. 결론적으로 조사설계란 개념적 또는 이론적 차원에서 변수와 변수의 관계를 경험적 검증을 통해서 관계를 끌어낼 수 있도록 조사대상을 선정하고 자료수집의 방법을 논리적으로 계획하는 것이다(최성재, 2005).

한편, 베일리(Bailey)에 의하면 조사설계는 다음 그림과 같이 조사문제가 선택되고 그에 대한 가설이 설정되고 난 후 가설상의 변수들을 측정하는 방법과 가설을 검증할 집단을 결정하는 단계로 정의된다.

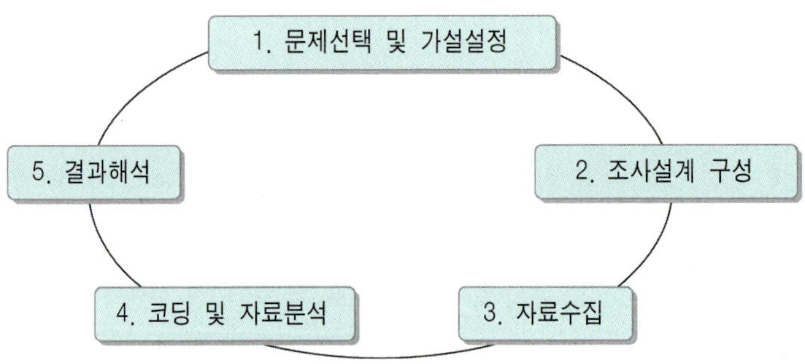

그림 8-1 **조사과정단계 : Bailey**

2. 조사설계의 목적과 기능

조사설계의 목적은 연구문제에 대한 적절한 답을 제공하고, 그 답을 구하는 과정에서 변수의 분산을 통제하거나 일탈을 방지하는 것이다. 이를 더 자세히 살펴보면 다음과 같다(김기원, 2001; 김치영, 2007).

첫째, 조사설계의 목적은 연구자가 연구문제에 대합 답을 가능한 객관적이고 정확하며, 경제적으로 구하도록 하는 것이다.

둘째, 조사설계는 가설의 의문에 대해 더 신뢰성 있게, 타당한 해답을 구할 수 있도록 만드는 데 목적이 있다.

셋째, 변수 간의 관계가 적절하게 검증되도록 만드는 데 목적이 있다.

넷째, 관찰이나 분석의 방향을 적절하게 설정하는 데 목적이 있다.

다섯째, 조사설계의 목적은 어떠한 형태의 분석을 사용할 것인지를 제시하는 데 있다.

여섯째, 조사설계가 적절하게 계획된다면, 분석을 통해서 도출해낼 수 있는 가능한 결론의 윤곽을 파악할 수 있다.

3. 조사설계의 구성요소

조사설계의 구성요소를 일반적인 조사과정상의 단계를 중심으로 고찰하면 다음의 표와 같다.

조사설계의 구성요소

구성요소	내 용
주제 - 문제 - 가설설정	주제를 선정하여 조사문제로 특정화하고, 조사문제는 검증 가능한 가설로 발전한다.
조사대상의 선정	조사대상, 분석단위(개인, 집단, 통계자료, 문헌, 사회적 가공물 등)의 선정
표본수집	모집단, 표집단위, 표본의 크기, 표집방법 수집
조사방법의 선택	자료를 수집하는 방법(관찰, 면접, 설문, 실험 등) 선택
측정과 척도	자료를 측정하는 전략과 척도의 선택
자료의 수준	탐색적 수준, 기술적 수준, 설명적 수준
조사결과의 분석과 해석	분석할 자료와 분석방법, 통계기법, 결과분석의 해석, 결론 설정
조사보고서 작성과 발표	보고서의 형식, 보고 일정, 일반회시기는 방법 등의 선덱

4. 조사설계의 분류

(1) 자료수준에 따른 조사설계

① 탐색적 조사설계

② 기술적 조사설계

③ 설명적 조사설계

(2) 시간의 범위에 따른 조사설계

① 횡단조사설계

② 종단조사설계 : 패널조사, 경향조사, 동년배조사 등

③ 유사종단조사설계

(3) 실험조건의 충족 정도에 따른 조사설계

① 실험설계(순수실험설계, 진실험설계)

② 유사실험설계(의사실험설계, 준실험설계)

③ 원시실험설계(선실험설계, 전실험설계)

④ 비실험설계

8.2 실험조사연구의 기초

1. 실험조사연구와 인과관계

사회복지조사는 변수와 변수간의 인과관계를 검증함으로써 그 결과를 통하여 사회복지 정책이나 실천이론을 형성하고, 실천현장에서 문제에 대한 해답을 구하고 그 실천에 대한 활동의 효과성을 증명하는데 종종 사용된다. 이러한 사회복지조사에서 실험조사설계는 독립변수와 종속변수간의 인과관계가 있음을 증명하고자 하는 설계이다.

여기서 인과관계란 어떤 변수가 어떤 원인으로 인하여 다른 변수의 변화에 영향을 주거나 발생의 결과로서 관계에 있는 것을 의미한다. 한편 사회과학에서 사용하는 인과관계는 일반적으로 사용되는 의미의 인과관계와 다소 차이가 있다. 인과관계란 통상적으로 'X라는 원인이 Y라는 결과를 발생시킨다.'라고 결정론적으로 표현하지만, 사회과학에서는 'X라는 원인이 Y라는 결과를 발생시킬 수 있다'라고 확률적으로 표현한다. 이러한 이유는 실제 사회현상에서는 X라는 하나의 특정 독립변수 외에도 종속변수 Y를 발생시키는데 영향을 미칠 수 있는 다양한 독립변수들이 존재하기 때문이며 다른 변수들을 실제로 완벽하게 통제할 수도 없기 때문에 그 변수들의 관계를 결정론적으로 밝혀내기 어렵다(김기원, 2001).

2. 인과관계 성립요건

조사연구에서 다루는 대부분의 변수들의 관계는 명시적이거나 인과관계의 성격을 지닌다. 따라서 모든 사회현상에서 인과관계를 경험적으로 증명한다는 것은 결코 쉽지 않다. 그럼에도 불구하고 모든 조사연구에서는 변수들 간의 인과관계를 제시해야 한다. 인과성을 추론하기 위해서는 다음에서 살펴볼 공변성, 시간적 우선성, 변수 통제와 같은 몇 가지 인과관계 성립요건들이 필요하다(김영종, 2000; 김기원, 2001; 김치영, 2007).

인과관계의 기본전제조건은 원인변수와 결과변수는 반드시 공변관계에 있어야한다. 또한 결과변수는 반드시 원인변수에 의해 야기되어야 하며, 원인변수는 반드시 결과변수보다 시간적으로 선행되어야 하고 원인변수와 결과변수의 인과관계는 다른 제3의 요인에 의해서 설명되어서는 안 된다.

(1) 공변성

두 변수간의 관계에서 인과관계가 성립되기 위해서는 각각 독립변수, 종속변수라고 상정된 두 현상이 서로 짝을 지어 규칙적으로 두 변수가 함께 변화함을 보여주어야 한다. 즉, 한 변수가 변화할 때 다른 변수도 같이 변화하는 것을 보여주는 것을 공변성의 원리라고 한다. 예를 들면 다음과 같다. “Y = 3X + 6”일 때 독립변수가 X가 변하면 종속변수인 Y의 결과도 규칙적으로 변한다. 또 다른 예로는 “사회복지기관에서 자아존중감이 높은 직원은 대체로 직무만족도가 높고, 반대로 자아존중감이 낮은 직원은 직무만족도가 대체로 낮다”를 통해 자아존중감과 직무만족도라는 두 변수 간에는 공변성이 있음을 알 수 있다. 이러한 공변성을 확인하는 것이 인과성 성립의 일차적 조건이지만 사회과학에서 공변성의 원리를 명확하게 확인하는 것은 쉽지가 않다.

(2) 시간적 우선성

인과관계의 성립을 위해서는 공변성이 확인되더라도 시간적 우선성이 확인되지 않으면 인과관계가 성립되었다고 볼 수 없다. 즉 두 변수의 변화에 있어서 시간적으로 어떤 변수의 변화가 앞서고 다른 변수의 변화가 뒤따르게 되거나 거의 동시에 발생함을 확실하게 보여주는 것이 인과관계 성립의 두 번째 요건이다. 다시 말하면 원인이 되는 요인의 발생이 결과적 요인의 발생보다 시간적으로 우선하거나 거의 동시에 일어나야 하는 것이다. 예를 들면 “Y = 3X + 6” 일 때 독립변수가 X가 변하면 종속변수인 Y의 결과도 변한다. 이 식에서 공변성을 확인할 수 있고, 또한 X가 먼저 변해야만 Y도 변하는 시간적 우선성이 존재한다. 또 다른 예로 “여름에 온도가 올라가면 전기 사용량이 증가한다”라는 가설에서 온도가 올라가는 것이 원인이라면 전기 사용량이 증가하는 것보다 시간적으로 앞서야만 한다. 그러나 이러한 시간적 우선성을 확보하는 것이 인과성 성립의 두 번째 요건임에도 불구하고 사회과학에서 시간적 우선성을 확보하는 것은 쉽지 않다는 한계를 지니고 있다. 아래는 사회과학의 현상에서 인과관계성립의 설명이 왜 어려운지를 예를 통해 볼 수 있다.

※ 시간적 우선성에 대한 입증 논란의 예

알코올 중독 질환자와 함께 사는 가족들은 그렇지 않은 가족들보다 낮은 경제적 지위를 가지고 있는 것으로 나타났다고 가정하자. 즉 가족구성원의 알코올 중독 여부와 낮은 경제적 지위의 변수들 간에 공변성이 확보되었다고 하더라도, 두 변수 간의 시간적 우선성을 확인할 수 없다면 인과관계의 성립이 가능하지 않다. 한편 논리적으로 다음과 같은 설명이 가능하다.

첫째, 알코올 중독 질환자 여부 → 경제적 지위 결정

- 가설 1. 알코올 중독 질환자를 가족 구성원으로 둔 가족은 경제적 활동에 있어서 여러 가지 제약 때문에 그렇지 않은 가족에 비해서 경제적 지위가 낮아진다.

둘째, 경제적 지위 결정 → 알코올 중독 질환자 여부

- 가설 2. 경제적 지위가 낮은 가족일수록 경제적 어려움 때문에 생긴 다른 문제들로 인하여 가족 중 알코올 중독 질환자가 발생할 가능성이 높아진다.

(3) 외생변수 통제(가식적 관계의 배제)

인과관계 성립요건 세 번째는 외생변수의 통제이다. 앞서 공변성과 시간적 우선성이 확인되었더라도 그것만으로 인과관계가 성립될 수 없다. 이와 더불어 세 번째 조건인 통제가 필요하다. 여기서 통제란 공변성과 시간적 우선성이 확인된 두 변수의 관계가 제3의 변수로 인하여 발생되는지를 확인하는 것이다. 만약 두 변수사이에 외부 변수를 도입하여 기존의 두 변수간의 관계가 사라진다면 인과관계가 있다고 볼 수 없다. 다음의 예를 살펴보자.

※ 통제에 대한 입증 논란의 예

어느 노인복지관에서 최근 문제가 되고 있는 노인자살의 증가문제를 완화하기 위해 우울증 완화프로그램을 10주간 실시하였다. 프로그램 종료 후 기존에 우울증을 앓고 있던 노인들의 우울증 수치 변화를 살펴보니 우울증이 완화되었음을 확인하였다. 이 경우 프로그램 실시와 우울증 수치가 함께 변화되었으므로 공변성을 확인할 수 있고, 프로그램 실시 후에 우울증 수치가 줄었으니 시간적 우선성도 확인할 수 있다. 그러나 프로그램 실시가 반드시 우울증 완화에 대한 독립변수인지, 그 관계를 규정지을 수 있는가?

우울증 완화프로그램에 참여한 노인들 중 개인적인 삶의 변화, 예를 들어 로또 당첨이나 새로운 일자리를 얻게 되어 삶의 의욕이 생겼을 수 있다. 이러한 우연 또는 다른 변수에 의해서 우울증의 수치가 완화되었을 수 있기 때문에 과연 프로그램 실시가 우울증의 수치를 감소시켰는지를 반드시 확인해야할 필요가 있다. 결국 프로그램 외의 영향을 미칠 수 있는 다른 변수들에 대한 통제의 조건이 확인되어야만 프로그램 실시와 우울증 완화의 인과관계가 성립됨을 알 수 있는 것이다.

인과관계의 성립요건으로 공변성, 시간적 우선성, 외생변수 통제 등의 조건들을 살펴보았다. 여기서 주의해야할 점은 먼저 인과관계성립에 있어서 한 변수가 변하면 다른 변수 또한 변하지만 그 역은 성립하지 않는다는 점이다. 또한 사회과학에서의 인과관계의 성립은 자연과학과는 차이가 있다. 사회현상은 자연현상과는 달리 항상 변화가능성을 지닌 인간의 삶 속에서 나타나는 현상으로 개방화된 시스템이라고 볼 수 있다. 이러한 개방시스템 속에서 연구대상은 다른 사회현상에 노출되어 있으며, 다양한 요인들이 결과에 영향을 미칠 수 있다. 따라서 결과를 발생시키는 원인이 독립변수 외에 다른 변수들이 존재할 수 있음을 간과해서는 안 될 것이다. 또한 사회과학의 연구가 개방된 시스템에서 이루어지고 여러 가지 원인이 작용하게 되므로 모든 이론이 늘 완벽할 수 없으며, 확률적일 수밖에 없다는 점을 고려해야 한다.

인과관계 성립요건

인과관계의 조건	내 용
공변성	두 변수가 함께 변화함을 보여주는 것이다.
시간적 우선성	독립변인이 종속변인보다 시간적으로 선행되어야 한다.
외생변수 통제 (비가식적 관계)	두 변수들 간에 나타나는 공변성과 시간적 우선성이 제3의 다른 변수들로 인하여 나타나는지 확인하는 것이다.

3. 인과관계 추리근거

사회과학의 모든 연구가 인과관계를 규명하고자 하는 것은 아니다. 그러나 대부분의 사회과학 연구가 어떠한 사회현상이나 사회문제가 일어나게 된 원인이 무엇인지 설명하고, 또는 그러한 사회문제를 해결하기 위하여 어떠한 개입을 실행할 것인지에 관심을 보이는 것이다. 즉, 사회과학 연구의 목적과 더불어 사회과학에서 바람직한 지식은 변수간의 인과관계를 설명하는 것이라 할 수 있다. 인과관계 추론을 위한 방법으로 Mill(1919)은 차이법, 일치법, 결합법, 잉여법, 공변법 등 5가지 방법을 제시하였다. 그러나 이러한 추론방법마다 인과성의 3가지 조건을 모두 충족하는 데는 어려움이 존재한다(김병섭, 2008). 연구설계는 이러한 어려움을 극복하는 방법을 모색하는 것이며, 아래를 통해 인과관계 추론의 방법과 한계점을 살펴보도록 하자(Mill, 1919; 김병섭, 2008).

(1) 차이법(method of difference)

차이법은 어떠한 현상이 발생하고 또 다른 경우에는 발생하지 않을 때, 또한 나머지 조건들은 모두 같은데 단 한 가지 조건만 차이가 날 경우, 그 차이가 나는 단 한 가지의 조건을 그 현상의 원인이라고 보는 것이다. 다음의 표를 보면 쉽게 이해할 수 있는데 어떤 요인 C가 개재되는 경우, 항상 특정사건 Z가 발생하고 요인 C가 개재되지 않으면 특정사건 Z는 결코 발생하지 않음을 통해 요인 C는 특정사건 Z의 원인임을 말해 준다고 볼 수 있다.

차이법을 청소년 범죄의 원인 사례에 적용해보면, 모범적인 학교생활을 하고 있는 학생A와 청소년 범죄를 저지른 학생B의 경우를 살펴볼 때, 두 학생 모두 가정형편은 넉넉한 편이며, 우수한 학업성적을 유지하고 있다. 그런데 두 학생의 생활조건에서 차이가 나는 것은 학생A의 경우 부모님의 관계에서 불화가 없는 반면에, 학생B의 경우는 부모님 사이에서 불화가 있다. 사례 간의 유사함은 나타난 결과에 대한 원인이 될 수 없고 사례 간의 차이점만이 원인이 될 수 있다는 차이법에 기초하면 넉넉한 가정형편과 우수한 학업성적의 측면은 모두 유사한 조건으로 통제되었다고 볼 수 있다. 그러므로 종속변수인 청소년 범죄를 저질렀는지 여부에 영향을 미치는 독립변수는 차이가 있는 부모님의 불화 여부라고 볼 수 있다.

하지만 차이법에 의한 추론에도 한계점이 있다. 먼저 부모님 사이의 불화여부 외에 다른 변수들은 모두 동일하다고 가정하지만, 그 외에도 제 3의 변수가 존재할 수 있다. 예를 들어, 폭력적인 방송 프로그램을 시청하든가, 유해환경에서 거주 등의 다른 요인들이 청소년 범죄를 유발한 원인이 될 수 있다.

- 상황 1의 구성요소 (A, B, C)가 사건Z를 발생시킨다.
- 상황 2의 구성요소 (A, B)는 사건Z를 발생시키지 않는다.
- 사건Z가 발생한 상황1과 사건Z가 발생하지 않은 상황2의 차이를 통해 C가 사건Z를 발생시킨다고 추리할 수 있다. 즉 C는 원인인 독립변수이고, Z는 결과인 종속변수이다.
- 여기서, 구성요소 C는 부모님 사이에 불화가 있는지 없는지의 차이이며, Z라는 종속변수는 독립변수에 따른 결과로서 '모범적인 학교생활' 또는 '청소년 범죄를 저지름'으로 나타날 수 있다.

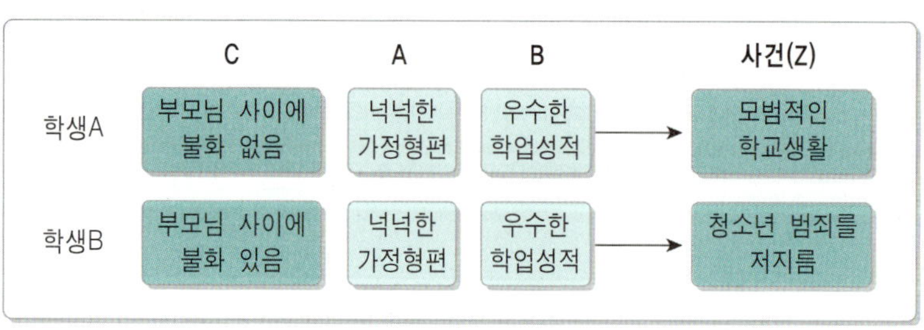

(2) 일치법(method of agreement)

일치법이란 주어진 현상에 관한 두 개 또는 그 이상의 사례들이 공통된 하나의 조건을 가지고 있을 때, 그 조건을 현상의 원인 또는 결과로 간주하는 방법이다. 청소년 범죄의 원인에 대한 예를 들어보자. 학생C와 학생D는 각각 가정형편과 학업성적의 상태에 차이가 있는데, 두 학생이 가진 여러 조건들 중에는 유일하게 부모님 사이의 불화가 하나의 조건으로만 서로 일치한다.

즉 이 사례에서 서로 다른 조건들은 결과의 원인이 될 수 없기 때문에 서로 일치하는 유사함만이 원인으로 상정될 수 있고, 일치법의 논리로 살펴보면 부모님 사이의 불화가 있다는 것이 청소년 범죄를 저지른 요인으로 추론할 수 있다. 이러한 일치법의 적용은 유사한 변수 외에 다른 불필요한 변수들을 제거할 수 있어서 추론을 쉽게 유도하지만, 몇 가지 한계점을 지니고 있다. 먼저 이 사례에서 다양한 원인 중 공통적으로 발견되는 '부모님의 불화여부'의 요인을 살펴보면 두 학생의 부모님 간의 불화를 과연 같은 정도와 종류의 불화로 볼 수 있는지에 대한 의문이다. 단순한 다툼의 문제인지, 그 심각성을 확인할 수 없으며 그 정도에 따라서 학생에게 영향을 미치는 정도 또한 다를 것이다. 한편 청소년 범죄와 학생들의 부모님의 불화여부는 전혀 상관이 없을 수도 있다. 오히려 보이지 않는 다른 요인들이 작용할 가능성도 무시할 수 없다. 또한 이성문제나 흡연, 음주 문제 등 다른 제3의 설명가능성 또한 존재한다.

- 상황 1의 구성요소(A, B, C)가 사건Z를 발생시킨다.
- 상황 2의 구성요소(C, D, E)가 사건Z를 발생시킨다.
  그러므로 C는 사건Z를 발생시킨다. 즉 C는 원인인 독립변수이고, Z는 결과인 종속변수이다.
- 여기서 상황구성요소 C는 '부모님 사이에 불화 있음'이며 종속변수 Z는 '청소년 범죄를 저지름'이다.

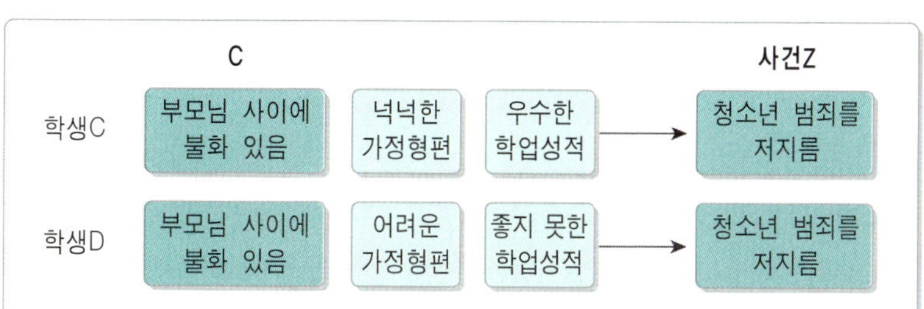

(3) 결합법

일치와 차이의 결합법(Joint method of agreement and difference, 이하 결합법으로 칭함)은 말 그대로 일치법과 차이법을 결합하여 인과추론을 하는 방법이다. 어떠한 현상이 발생하기 위해서는 상황마다 공통적으로 존재하는 변수가 있지만, 그 현상이 발생하지 않는 경우에는 결과도 나타나지 않는 변수를 원인이라고 보는 것이다. 즉 다음과 같이 표현된다.

- 상황 1의 구성요소(A, B, C)가 사건 X, Y, Z를 발생시킨다.
  - 상황 2의 구성요소(B, C)가 사건 Y, Z를 발생시킨다.
  - 상황 3의 구성요소(A, D, E)가 사건 X, W, P를 발생시킨다.

  그러므로 A는 X의 원인 또는 결과, 원인의 일부이다.

또한 일치법과 차이법 모두 변수의 제거법의 논리를 기반으로 한다. 먼저 일치법의 경우는 동일한 결과를 보이는 둘 혹은 그 이상의 상황에서 한 상황에서라도 나타나지 않는 독립변수들을 제거해서 다른 원인들을 배제시키는 것이다. 그리고 차이법의 경우는 다른 결과를 보이는 상황들 속에서 공통적으로 나타나는 원인들을 배제시킨다. 서로 다른 방법으로 제3의 설명가능성을 배제시켜 나가기 때문에 일치법과 차이법에 의해서 나타난 원인이 동일하다면 그 원인에 대한 신빙성은 커질 수 있다.

(4) 잔여법(잉여법)

잉여법(method of residues)이란 어떤 특정의 전체 상황 중에서 일부분(a)이 어떤 요인(b)에 의해 야기된다는 사실이 밝혀지면, 남은 잔여부분(1－a)을 야기하는 요인은 일부분(a)을 설명해 주는 요인(b)을 제외한 여타의 요인(1－b)으로 자연히 설명된다는 것이다.

A, B, C 요인이 a, b, c란 현상을 야기하고, B요인이 b란 현상의 근본원인이며, C요인이 c란 현상의 근본원인이다. 그렇다면 요인 A는 현상 a의 근본원인이 된다.

(5) 공변법

지금까지 앞서 살펴본 인과추론 방법들은 모두 어떠한 정도를 표현하지 못하는 한계가 있다. 예를 들어, 학업성적이 좋고 나쁘다는 식으로만 표현하고 있으며 그 정도를 표시하지 못한다. 이러한 한계점을 극복하기 위한 추론방법이 공변법(method of concomitant variation)이다. 공변법이란 어떠한 요인의 양이 증가하거나 감소할 때 다른 현상도 그러한 변화가 나타나는 경우 이것을 바탕으로 인과성을 추론하는 것이다. 즉 어떤 현상이 특정한 방식으로 변화할 때마다 다른 현상도 특정한 방식으로 변화하면 이들 두 현상은 인과적으로 관련되어 있다고 간주하는 방법이다.

예 A BC a bc
(A+) BC ⟶ (a+)bc
(A−) BC (a−)bc
(+는 증가, −는 감소)
A와 a는 인과관계가 있다. A, B, C, D의 상황이 a, b, c, d의 상황보다 시간적으로 선행하기 때문에 A는 원인인 독립변수이고, a는 결과인 종속변수가 된다.

(6) 기타

① 시간적 선행성 : 한 사건이 다른 사건의 원인이 되기 위해서는 다른 사건보다 시간적으로 먼저 발생하거나 거의 동시에 발생하여야 한다.

② 가식적 관계의 배제 : 두 변수의 관계가 제3의 변수로 설명되는 가식적 관계가 되지 않도록 제3의 변수를 통제하거나 미칠 영향을 배제해야 한다.

③ 통계적 관계성 : 추정되는 두 변수 간의 인과관계가 통계적으로 의미가 있다면, 그 관계가 직접적인 인과관계인가를 경험적으로 확인하여야 한다.

④ 개입−반응 효과 : 원인으로 추정되는 요인의 양과 빈도수를 증가시킴에 따라 표적문제의 양태가 일관적으로 심한 변화를 일으킨다면, 양자 간에 인과관계가 있다고 판단할 수 있다.

⑤ 기존 연구와의 일치성 : 두 변수 간의 관계에 대한 관찰의 결과가 기존의 연구결과에서 나타난 인과관계와 일치한다면 인과관계는 신빙성을 얻게 된다.

⑥ 생물학적 타당성 : 두 변수 간의 추정되는 인과관계가 생물학적 지식에 의해 적절히 부합되는 것으로 나타난다면, 이러한 정보는 두 변수 간에 인과관계가 있다고 규정하는데 도움이 된다. 특히 아동의 성장과 노인의 노화와 같은 분야에서의 인과관계 추정에 있어서 생물학적 타당성은 도움이 된다.

⑦ 관련성의 특이성 : 조사 중인 원인요인이 오직 하나의 현상이나 집단에만 관련이 있고, 다른 현상이나 집단에는 관련이 없다면 인과관계는 추정될 수 있다. 예를 들면, 고혈압집단에는 치매발생률이 높은 반면, 정상혈압집단에서는 치매발생률이 극히 낮다면 고혈압과 치매 발병 간에는 인과관계가 있는 것으로 추정된다.

4. 인과관계의 기초

(1) 필요조건

필요조건(necessary condition)이란 어떠한 조건 없이는 절대로 어떠한 사건이 일어날 수 없는 조건을 의미한다. 독립변수(원인변수) X가 종속변수(결과변수) Y의 필요조건인 경우는 X가 없이는 Y는 존재하지 않지만 X의 존재가 항상 Y를 존재하게 하는 것을 의미하지 않는 경우이다. 예를 들면 마약경험 없이는 마약중독이란 있을 수 없지만, 마약경험이 있다고 해서 항상 마약중독이 되는 건 아니다. 여기서 마약경험은 마약중독의 필요조건이다.

(2) 충분조건

충분조건(sufficient condition)은 어떠한 조건이 사건을 발생시키는 하나의 원인이 되는 것을 말한다. 독립변수 X의 존재는 종속변수 Y의 발생에 영향을 미치지만 Y는 X 없이도 발생할 수 있다면, X는 Y의 충분조건이다. 예를 들어 흡연은 폐암의 원인이 될 수 있지만 광산근무나 유해물질에 노출되는 공해산업주변에서 거주 등 역시도 폐암의 원인일 수 있다. 이처럼 흡연은 폐암에 걸릴 수 있는 여러 조건 중 하나로 꼭 필요한 원인은 아니지만, 하나의 원인으로 사건을 발생시킬 수 있는 충분조건이라 할 수 있다.

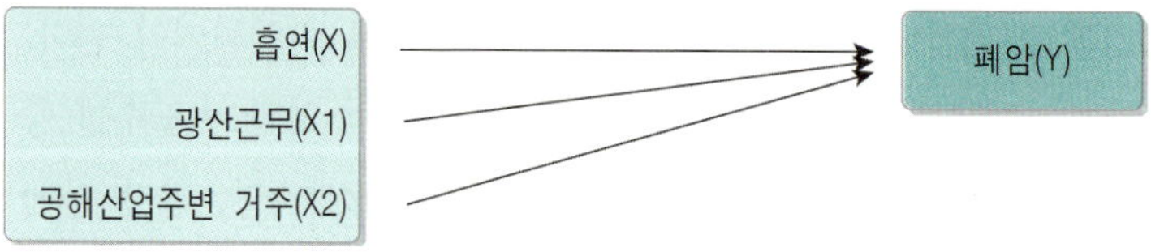

그림 8-2 **충분조건**

(3) 필요－충분조건

X가 일어나지 않으면 Y는 절대 일어나지 않으며, X가 일어나면 Y가 언제나 일어날 때 X는 Y의 필요충분조건(necessary and sufficient condition)이다. 즉 X는 Y의 유일한 원인이고, 어떠한 대체원인이나 기여원인이 존재하지 않으므로 X 또는 Y가 단독으로 일어나는 경우란 있을 수 없다.

5. 인과관계 관련 개념

(1) 선형관계 대 비선형관계(직선형관계 대 곡선형관계)

선형(직선형) 관계는 두 변수들의 점수나 값이 변수의 값에 관계없이 항상 똑같은 비율로 변화하는 관계이다. 또한 비선형(곡선형) 관계에서는 변수들이 서로 다른 비율로 변화한다.

(2) 가식적 관계와 매개관계

가식적 관계는 두 변수가 제3의 변수(외생변수)에 의해 발생하여서 두 변수가 서로 관련되어 있는 것처럼 보이는 관계이다. 그리고 매개관계는 변수 A가 변수 B에 직접적인 영향을 미치는 것이 아니라 C로 인해 B가 가능한, 즉 매개변수에 의해 만들어지는 관계이다.

(3) 가식적 영관계

가식적 영관계는 두 변수가 각각 제3의 변수(억압변수)와 상관되어 있어 독립변수와 종속변수들이 실제로 관련이 있어도 관련되어 있지 않은 것처럼 보이는 관계이다.

6. 인과관계에서의 타당도 개념

타당성(validity)이란 연구자가 조사연구에서 연구하고자 목표한 것을 얼마나 정확하게 오류 없이 연구하였는가를 나타내는 기준을 의미한다. 타당성이 높은 연구를 진행하기 위해서는 연구과정에서 오류의 종류를 줄여야할 것이다. 연구수행의 각 단계별로 나타날 수 있는 오류에 대한 리스트를 준비하고 오류 발생을 줄일 수 있는 통제방법을 강구해야할 것이다.

Cook 등(1990)은 연구 과정에서 범할 수 있는 오류의 종류를 구성타당도, 내적타당도, 외적타당도, 통계적 타당도 등의 네 가지로 제시하였는데 이들이 제시한 각각의 타당성 개념은 연구 설계를 할 때 문제가 되는 기본적인 이슈들과 연관되어 있다. 구성타당도는 개념과 변수의 관계를 중요하게 논의하며, 내적타당도는 인과관계와 시간의 개념을 중요시하고, 외적타당도는 분석단위와 표본추출과 관련 있으며, 통계적타당도는 통계처리 및 해석, 보고서 작성과 관련된 오류를 다룬다(김병섭, 2008).

이 장에서는 Cook 등(1990)의 분류를 중심으로 각 타당도의 개념을 살펴보고자 한다.

(1) 구성타당도

구성타당도(construct validity)는 연구에서 사용하고 있는 개념이 타당한가의 문제로 이론적으로 구성한 개념과 측정도구가 얼마나 일치되는지의 정도를 나타내는 개념이다. 구성타당성을 저해하는 요인으로는 부적절한 개념정의(inadequate preoperational explication of construct), 단일조작편차(mono-operation bias), 단일방법편차(mono-method bias), 절차와 처리간의 상호작용(interaction of procedure and treatment), 구성개념 수준의 혼동(confounding levels of constructs with constructs), 실험자의 기대(experimenter or expectancies) 등이 있다(Cook, Cambell, & Perrachio, 1990; 김병섭, 2008에서 재인용).

(2) 내적 타당도

내적타당도(internal validity)는 인과성의 조건과 관련이 있다. 앞서 살펴본 인과성의 세 가지 조건을 살펴보았다. 첫째, 원인변수과 결과변수가 공변할 것, 둘째, 원인변수가 결과변수에 비해 시간적으로 선행할 것, 셋째, 독립변수와 종속변수가 제3의 변수에 의해 설명되지 아니할 것 등의 조건이 필요하다. 이러한 인과성에 대한 추론 가능성이 얼마나 높은가를 나타내는 것이 내적 타당도이다. 즉, 내적타당도란 각 변수 사이의 인과관계에서 어느 한쪽의 변수가 다른 쪽의 변수의 원인이 되는지 확실한 정도를 말하며, '독립변수에 의해 종속변수의 변화가 일어난 것인가?'를 확신하는 정도를 뜻한다.

내적타당도를 저해하는 요인으로는 우연한 외부사건, 시간경과에 따른 성장요인, 실험대상의 변동, 검사요인, 도구요인, 선정요인, 통계적회귀, 모방 등이 있으며 이를 예방할 수 있는 구조로 조사설계가 이루어져야할 것이다(김태성, 2005).

(3) 외적 타당도

외적타당도(external validity)는 연구일반화와 관련된 개념으로 특정 조사연구의 결과를 해당 조사설계와 다른 대상이나 상황에도 일반화시켜 적용할 수 있는 정도를 말한다. 즉, 이번 실험조사결과를 다른 경우에도 얼마나 일반화시킬 수 있는지의 정도를 의미한다. 구체적으로 표본에서 얻어진 연구결과를 가지고, 연구조건이 다른 집단들까지 확대 해석 또는 일반화할 수 있는 정도를 말한다. 이러한 외적타당도에 영향을 주는 대표적 요인은 크게 세 가지로 나누어 볼 수 있다.

첫째 분석단위의 오류이다. 분석단위는 연구자가 분석을 할 때에 사용하는 단위로서 설명단위라고 불리기도 한다(Ragin, 1991). 또한 분석단위는 개인과 집단뿐만 아니라 조직, 네트워크, 국가, 사회, 정책 등 다양하다. 사례연구의 분석단위는 사람이 되기도 하고, 정책이나 어떠한 사건이 단위가 되기도 한다. 그러므로 분석단위에 따라서 연구의 내용이 크게 바뀔 수 있으며 이를테면 개인과 문화 중 어느 것을 분석단위로 하느냐에 따라서 연구전체의 방향이 완전히 달라질 수 있는 것이다. 이러한 분석단위와 관련된 오류로는 개인단위의 조사결과를 집단 단위에 적용하여 발생하는 개체적 오류, 반대로 집단단위의 조사결과를 개인단위에 적용시켜 발생하는 생태학적 오류, 그리고 다층 수준의 분석에서 발생하는 오류 등이 분석단위의 오류이다. 이 오류에 대한 구체적 설명은 뒤에 나오는 외적 타당도의 설명에서 구체적으로 살펴보기로 하자.

다음으로는 표본추출 과정의 오류로서 주로 표본오차가 해당된다. 선정된 표본은 전체 집단의 대표성을 지녀야만 표본에서 발견된 특정한 연구결과들이 일반화 될 수 있기 때문에 먼저 표본이 모집단을 적절하게 대표해야하는 것이다. 대표성을 지니지 못하면 오차가 발생하기 마련이고 이로 인하여 외적 타당도는 저해될 수 있다.

셋째, 특수한 실험처리를 통한 연구결과를 일반적인 상황에서 적용가능한가의 문제이다. 실험처리의 상호작용효과(실험처리와 처리간의 상호작용, 선정요인과 처리간의 상호작용, 환경과 처리간의 상호작용, 역사요인과 처리간의 상호작용, 조사와 처리간의 상호작용 등) 다수 실험처리에 의한 간섭, 인위적 실험배치의 효과 등이 이에 속한다(김병섭, 2008). 이 부분은 뒤에 나오는 실험설계에서 더 자세히 다룰 것이다.

(4) 통계적 타당도

통계적 결론타당도는 두 변수 사이에서 확인된 공변관계가 우연한 것인지, 아닌지에 대한 통계적인 의사결정의 타당성이다. 통계적 결론은 보통 실험개입의 효과의 강도나 인과관계의 규명보다는 주로 그 사전단계에서 유의미한 공변관계가 있는지 여부를 밝혀서 귀무가설의 기각여부를 결정하는데 이용된다. 즉, 효과가 있는데도 없다고 결론을 내리거나(제 2종 오류), 효과가 없는데도 있는 것처럼 결론을 내리는 오류(제 1종 오류)를 막는 것이 중요하다(김병성, 2008).

7. 조사설계에서 고려해야 할 반응효과

(1) 보상적 경쟁효과

실험집단과 통제집단을 만들어 실험집단에는 바람직한 독립변수를 적용하고 통제집단에는 적용하지 않을 경우, 통제집단은 실험집단에만 다른 것이 이루어지고 있는 것을 알게 된다. 따라서 통제집단의 구성원들은 자기들이 어떤 이점을 박탈당했다고 느끼고 그들이 박탈당한 것을 보상하는 의미에서 의도적으로 종속변수에서 예상하는 것 이상으로 효과를 나타내거나, 아니면 실망하거나 의기소침하여 기대 이하의 효과를 나타내는 경우이다.

(2) 조사원 기대효과

실험조사 연구에서 실험적 상황에 참여하는 조사원이 그 조사나 연구에 대하여 열정적이고, 그 조사결과에 대하여 긍정적으로 기대하는 것을 은연중에 조사대상자에게 느껴지게 하거나 전달하는 경우 실험조사의 결과는 기대 이상의 긍정적 효과가 나타날 수 있는데, 이러한 효과를 실험조사원 기대효과라 한다.

(3) 위약효과(플라시보 효과, Placebo effect)

실제로 특별한 처치를 받고 있지 않음에도 불구하고 특별한 처치를 받고 있다고 생각하는 그 자체만으로 나타나는 긍정적 효과를 말한다.

(4) 호손효과(Hawthorne effects)

호손효과는 일반적으로 연구나 실험에 참여하는 사람들이 다른 비교집단의 사람들에 비하여 그들이 특별히 취급받는다고 느끼며 자신이 관찰되고 조사받고 있음을 의식하게 되고 평소와는 다른 행동을 함으로써 결과에 영향을 미치는 현상을 말한다.

(5) 후광효과

사전의 가설 또는 선입견 등의 제한된 정보로 과장되게 일반화하는 경향을 말하는데 긍정적으로 일반화하는 경향을 말한다. 예를 들면, 어떤 학생이 한 과목에서 좋은 성적을 얻으면 그 학생은 다른 과목도 잘할 것이라는 긍정적 믿음 하에 학교 교사가 다른 과목에도 후한 점수를 주는 경향, 주관식 시험문제에서 첫 문제를 잘 푼 경우 그 다음 문제에도 후한 점수를 주는 경우 등이 있다.

8.3 실험연구설계

1. 실험연구설계의 의의

실험연구설계는 조사자가 어떤 방법으로 자료를 수집하고, 어떻게 분석할 것인가를 가르쳐 줌으로써 실험을 효과적이고 효율적으로 수행하기 위한 기본 설계도면이자 안내서이다. 또한 관찰을 통하여 현상 내에 존재하는 원인(독립변수)과 결과(종속변수)를 구분하고, 외생변수를 엄격히 통제하여 그들 간의 인과관계를 체계적으로 규명함으로써 조사문제를 해결하는 데 필요한 자료를 획득하는 과학적 조사설계이다. 이러한 실험연구설계는 실천적인 조사방법이며, 가장 과학적인 조사설계로서 다른 조사방법보다 요구되는 조건들이 많고 엄격할 뿐만 아니라 매우 정교한 기술이 요구된다.

2. 실험연구설계의 요건

집단간의 비교를 위한 실험연구설계의 형태를 갖추기 위해서는 통제집단(control group), 무작위 배정(random assignments), 독립변수 조작이라는 세 가지 요건을 갖추어야 한다(황성동, 2006).

(1) 통제집단(control group)

실험연구설계에서 한 집단에 대하여 실험개입을 실시하기 전에 사전조사를 한 후, 실험개입이 이루어지고 그 후에 사후조사를 통하여 조작된 변수의 효과를 확인하는 방법도 행해지지만, 독립변수와 종속변수 간의 인과관계를 더 확실하게 밝혀내기 위하여 실험연구설계에서는 어떠한 실험조치가 행해지는 실험집단과 함께 그러한 조치를 행하지 않는 통제집단이 필요하다. 구체적으로 종속변수가 독립변수에 의해 변화되었는지, 그 대안적 원인(외생변수)이 있었는지 명확히 구분하기 위해서 비교를 목적으로 하는 통제집단이 확보되어야 한다. 이는 동일한 상황에서 실험집단은 개입을 하고 통제집단은 아무런 변화를 주지 않는 상태를 유지하여 종속변수의 결과를 비교하였을 때에만 효과를 정확히 측정할 수 있기 때문이다. 실험집단과 통제집단을 구성할 때 중요한 것은 다음에 나올 무작위배정이다. 두 집단의 성격이나 특성이 동일하지 않다면 외생변수의 가능성이 존재하여 독립변수와 종속변수와의 관계를 명확하게 나타낼 수 없게 된다.

(2) 무작위배정(random assignments)

실험조사설계에서 집단 간 비교를 하기 위해서는 두 집단(실험집단, 통제집단)의 성격이나 특성이 동일해야 하는데, 이렇게 하기 위해서는 무작위로 각 집단에 대한 연구대상자의 배정이 이루어져야 한다.

두 집단에 대한 배정이 무작위로 이루어져야 두 집단이 동일하게 되며, 순수한 개입효과에 방해가 되는 불필요한 외생변수를 통제할 수 있다. 예를 들면 '취업모의 양육 스트레스 완화 프로그램'을 위해 취업모들을 각각 실험집단과 통제집단에 배치할 때 어떤 조건도 고려하지 않고 무작위로 두 집단에 배치해야 한다.

(3) 독립변수의 조작

독립변수의 조작이란 실험조사설계에서 실험집단에 개입(또는 실험조치)을 하고 통제집단은 개입을 하지 않았을 때, 실험집단에 가하는 개입을 의미한다. 예를 들어, '취업모의 양육 스트레스 완화를 위한 프로그램'을 실시하여 프로그램의 효과를 알아보고자 할 때, 실험집단에는 스트레스 완화를 위한 '집단상담 또는 대화기술 향상 프로그램'이 제공되고, 통제집단에는 어떤 프로그램도 제공되지 않는 것이다.

3. 실험연구설계의 단계

실험연구설계는 일반적으로 다음과 같은 기본적인 절차를 통해 수행된다(Bailey, 1987; 220~231, 김기원, 2001; 433~434).

(1) 대상 선정

연구대상을 선정한다.

(2) 실험환경(experimental environment) 선정

실험을 실시할 환경(실험실 또는 현장)을 설정한다.

(3) 무작위 표집(random sampling)

연구대상자를 무작위적으로 표집한다.

(4) 무작위 할당(random assignment)

연구대상자로 추출된 표본을 무작위적으로 실험집단과 통제집단에 배치한다.

(5) 사전검사(pre-test)

연구대상자의 특성인 종속변수에 대한 사전검사를 실험집단과 통제집단에 실시한다.

(6) 실험조치(experimental stimulus)

실험집단에 대해서만 실험조치(독립변수, 실험변수)를 실시하고 통제집단에 대해서는 실험조치를 실시하지 않는다.

(7) 사후검사(post-test)

연구대상자의 특성인 종속변수에 대한 사후검사를 실험집단과 통제집단에 대해 실시한다.

(8) 비교 – 검증

사후검사와 사전검사를 실시하였을 때 실험집단과 통제집단의 종속변수 간에 통계적으로 의미 있는 변화가 있었는지를 비교검토 한다. 즉 양 집단간의 사후검사측정치와 사전검사측정치간에 통계적으로 의미가 있을 만큼의 차이(statistically significant difference)가 있는지를 비교 검토한다. 만일 유의미한 차이가 있으면 독립변수와 종속변수간에 인과관계를 갖는다는 가설은 수용이 되고, 유의미한 차이가 없으면 그 가설은 기각이 된다.

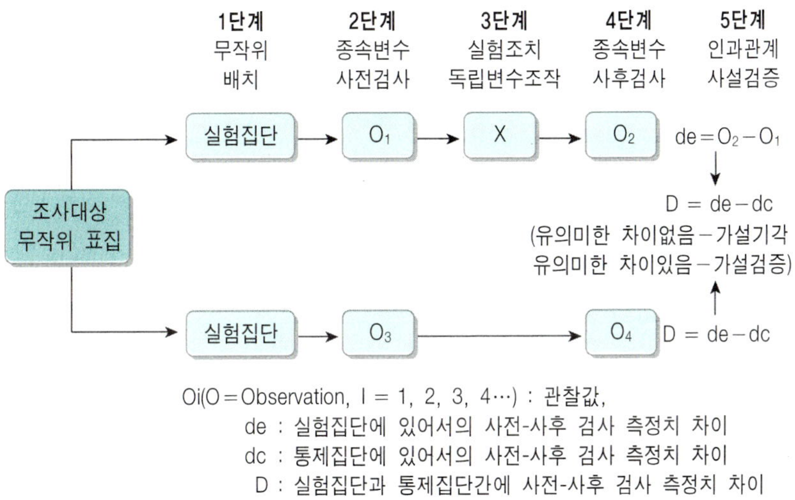

그림 8-3 **실험연구실게의 단계**

8.4 내적 타당도

1. 내적 타당도(Internal validity)의 개념

내적 타당도란 연구결과에서 한 변수가 다른 변수의 원인인지 아닌지를 정확하게 기술하고 있다는 것을 확신한다는 의미이다(Allen rubin & Earl R. Babbie, 2001; 김기덕 외, 2008). 또한 특정한 실험연구설계에서 발생한 실험대상의 변화가 정말로 연구자에 의해 조작된 실험조치의 영향에 의한 것인가와 관련된 개념이다. 즉, 독립변수에 의하여 종속변수의 변화가 나타났는가를 확신할 수 있는 정도를 말한다. 실험연구설계에서 내적타당도가 높다는 것은 인과성에 대한 추론 가능성이 높다는 것을 의미한다. 구체적으로 연구자가 자신의 실험가설이 정당하다는 것을 확실하게 보여줄 수 있는 방식은 대안가설(plausible alternative hypothesis)을 충분히 배제하는 것이다. 여기서 대안가설이란 연구자가 염두에 두고 있는 실험조치 이외에 종속변수에 영향을 미칠 수 있다고 추정되는 다른 영향들이 실제로 실험대상에 변화를 일으켰을지도 모른다는 가설이다. 연구에서 대안가설을 배제하면 할수록 그 연구는 내적 타당도를 충분히 가진 것으로 간주할 수 있다.

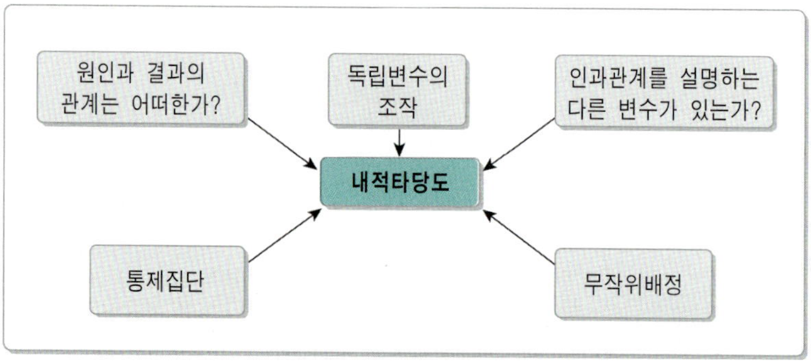

그림 8-4 **실험연구설계에서 내적타당도**
(출처 : Marlow, 2005, 89; 황성동 2006에서 재인용)

2. 내적 타당도 저해요인

Campbell과 Stanley(1963) 그리고 Cook과 Campbell(1979)은 내적 타당도에 영향을 주는 저해요인에 대하여 다음과 같이 설명하고 있다. 또한 이 요인은 외생변수 또는 대안적 설명으로 불리기도 한다.

① 우연한 사건(history)

우연한 사건이란 조사연구의 과정에서 조사연구자의 의도와는 상관없이 외부의 어떠한 사건들이 발생하는 것을 의미한다. 사전검사와 사후검사 사이에 발생한 통제불가능한 사건으로 조사연구가 진행되는 동안 연구자가 조작한 실험조치 이외에 실험대상에 영향을 미쳐 종속변수를 변화시킬 수 있는 특별한 사건이 발생할 수 있다. 조사연구기간이 길어질수록 외부사건의 영향을 받을 가능성은 커지게 된다. 예를 들면, 젊은 부부들의 비중이 상대적으로 높은 소도시에서 가족계획에 관한 프로그램을 실시하여 출산율을 저하시키고자 하였다. 1년에 걸쳐 주기적으로 교육한 뒤 조사해 보니 출산율이 현저히 저하한 것을 발견하였다. 그러나 이는 프로그램의 영향일 수도 있지만 경기의 악화로 인하여 출산계획을 바꾼 영향일 수 있다.

또 다른 예로는 노인우울증 완화 프로그램의 효과를 검증하는 연구에서 볼 수 있다. 프로그램에 참가하고 있는 노인 중 한 명이 행복한 노후생활에 관한 어느 노인의 사연을 TV 프로그램에서 보게 되었고 그는 이후 삶의 의욕을 갖고 우울증에서 벗어나게 되었다. 이럴 경우 노인의 우울증의 해소는 프로그램 시청이라는 우연한 사건을 계기로 발생했을 가능성이 있다. 그렇기 때문에 우울증완화라는 종속변수에 노인우울증 완화프로그램이라는 독립변수의 영향뿐만 아니라 TV프로그램이라는 우연한 사건이 함께 영향을 미친 것으로 독립변수의 영향력을 제대로 볼 수 없게 된다.

② 성숙(maturation) / 시간의 경과(passage of time)

성숙의 효과란 조사설계가 오랜 시간에 걸쳐 진행되거나 조사대상이 성장기에 있는 경우에는 조사연구 기간 동안 조사대상 자체가 실험조치와는 무관하게 스스로 성장 또는 퇴행 등 특성이 변화할 수 있다. 조사대상자의 특성의 변화란 조사대상자의 인구통계적, 사회적, 심리적, 경제적, 생리적 특성 등의 모든 변화를 포함한다. 그러나 그러한 변화가 발생할 경우에 사전조사와 사후조사 사이에서 추정된 인과관계가 독립변수의 영향만으로 종속변수의 변화가 발생했다고 결론짓기 어려워진다. 성숙의 효과가 종속변수에 영향을 미치게 되면 결과의 해석을 복잡하게 할 수 있다. 그 예로 연구자가 6학년 학급을 대상으로 주기적인 운동이 신체발달에 효과가 있는지 여부를 검증하고자 하여 6개월간 프로그램을 실시하였다. 실시 이전과 이후를 비교하였을 때 상당한 정도의 신체 성장과 체력 향상이 있었다고 하여 실험가설이 타당하고 결론짓기는 어렵다. 학생들의 변화가 프로그램의 영향에 의한 것인지 성장기에 있는 학생들의 자연스러운 성숙의 결과인지 확신 있게 구별할 수 없기 때문이다.

다른 예로는 성폭력 피해여성에 대한 상담 프로그램의 효과를 실시 전후를 비교하여 조사하는 방식으로 알아보고자 할 때, 상담을 하지 않는 것보다 하는 것이 효과가 있다고 나타날 것이다. 하지만 과연 상담 프로그램만이 성폭력 피해여성의 변화에 영향을 미쳤다고 결론 내릴 수 있을까? 성폭력 피해를 당했을 직후에는 최악의 상태에 있으므로 시간이 경과함에 따라서 서서히 회복을 하는 성장 또는 성숙의 효과를 무시할 수 없다.

③ 검사(testing) 효과

검사효과란 개입 전후에 측정을 반복할 때 사전검사가 사후검사에 영향을 미칠 수 있다는 것이다. 즉, 반복되는 측정은 검사에 대한 연습이 될 수 있으므로 측정검사 결과를 왜곡시킬 가능성이 있다. 실험조치가 실시되기 이전에 수행되는 사전검사가 실험대상을 통해 사후검사에 영향을 미쳐 실제로는 실험조치로 인한 효과가 전혀 발생하지 않았음에도 불구하고 마치 연구대상에게 의미 있는 변화가 있었던 것과 같은 효과를 발생시킬 수도 있다.

동일한 질문지의 사전사후검사를 실시했을 때 대부분의 사람들은 사후검사의 점수가 높다. 이는 개입의 효과로 나타난 결과일 수도 있지만, 사전검사의 질문지에 대한 기억 때문에 사후검사에서 답을 더 잘하게 될 가능성도 있다. 예를 들면 어떤 사람들은 가끔 지능검사를 받고 지능검사의 점수를 개선하고 있다는 것이다. 이는 처음의 지능검사가 기억에서 사라지기 전에 동일한 재검사를 하게 됨으로써 높은 지능지수가 나오는 것이다. 이때 재검사 후 높은 점수가 나온 것은 검사효과에 의한 것일 수도 있다.

④ 도구(instrumentation) 효과

도구효과란 사전검사와 사후검사의 측정도구가 다름으로써 발생하는 변화를 말한다. 즉, 도구 효과는 측정도구의 사용, 도구의 점수 산정방법 등의 측정 절차와 관련하여 의도하지 않은 영향을 주는 것이다. 구체적으로 사전·사후조사의 실시요원이 다른 경우 측정방법의 변화 등의 측정도구 문제가 결과에 영향을 미칠 수 있다. 또한 측정자의 육체적, 심리적 상태 또는 성별이나 측정기술 등에 따라서 종속변수에 영향을 미칠 수도 있다.

조사연구에서 연구대상을 관찰하기 위해서 사용하는 도구들이 신뢰도가 낮을 경우 이와 같이 잘못된 도구의 사용으로 인한 단순한 측정오류를 의미 있는 실험조치의 결과로 오해할 가능성이 있다. 예를 들면, 학생들의 사회성 향상을 위한 또래관계 증진 집단프로그램을 실시하면서 사회성측정을 위한 사전검사에서는 20분의 시간을 주고, 사후검사에서는 30분의 시간을 주었다면 측정의 결과가 개입의 효과라고 단정하는 것은 어려울 것이다. 또 이 경우 사후검사 시 측정도구가 바뀌거나 변경된 경우, 또는 측정도구 자체가 신뢰도가 낮아서 같은 도구라도 사후조사에서 학생들이 다르게 이해하여 응답하게 되는 경우, 프로그램의 효과를 정확하게 측정하기가 어렵다.

⑤ 통계적 회귀(statistical regression)

실험대상으로 선정된 집단이 적절하게 선정되지 않아서 측정하고자 하는 종속변수의 수준이 아주 높거나 아주 낮은 상태의 극단치라면, 개입 후에 측정결과가 개입의 영향을 정확히 반영하지 못하는 경우가 나타날 수 있다.

극단적인 사례를 집단에 포함시킬 때 발생하는 오류로 극단적인 측정값은 사후검사 때 중간값(집단 평균) 쪽으로 이동하는 경향이 있다. 즉, 극단적 특성을 가진 연구대상이 시간의 경과에 따라 자연스럽게 평균값으로 수렴하는 현상을 통계적 회귀라고 한다. 사전검사 때 낮은(높은)점수를 기록한 사람들은 통계학적 회귀의 영향으로 사후검사 때 더 높은(낮은)점수를 기록할 가능성이 많다. 예를 들면, 초등학교 방과 후 교실 프로그램에서 학업성적이 극히 낮은 학습부진아만을 선택하여 방과 후 교실 프로그램을 실시하였다면, 사후검사에서 나타난 학업성적의 향상은 프로그램 실시의 영향일 수도 있지만 더 이상 학업성적이 낮아질 수 없는 극단의 아동들을 실험집단으로 선택하였기 때문이다.

⑥ 실험대상자의 상실(mortality)

실험 도중에 여러 가지 이유로 조사대상자가 상실되고 감소될 때, 전체적인 집단의 분위기에 변화를 줄 수 있고, 사후검사 시 측정값을 왜곡시킬 수 있다. 연구기간 중 발생한 조사대상자의 탈락으로 인하여 집단 간의 동일성을 잃는 경우 실험조치의 내적 타당도는 현저하게 약화될 것이다. 예를 들어 학교사회복지 프로그램의 일환으로 복학생을 위한 학교적응 프로그램을 실시하면서 학생의 적응도를 검사하려는 실험 시, 중도에 참여 학생들이 프로그램에 불참한다면 실험결과에 왜곡을 가져올 수 있다. 왜냐하면 이미 중도에 탈락한 학생들에 대한 측정은 되지 않기 때문에 프로그램의 효과를 왜곡시킬 수 있다.

⑦ 선정과의 상호작용

선성 편향(selection bias)과 다른 내적 타당도 저해요인과의 상호작용이 발생하여 종속변수의 변화가 어떤 원인에 기인한 것인지를 파악하기 어렵게 되는 경우이다. 먼저 선택과 우연한 사건의 상호작용을 살펴보자. 이는 실험집단과 통제집단이 서로 다른 우연한 사건을 경험하거나 한 집단만이 특정의 우연한 사건을 경험한 상태에서 구분되어 각 집단으로 선택됨으로써, 그러한 사회적 상황이 종속변수에 영향을 미치게 된다.

조사설계에서 선정의 문제로 타당성의 저하가 발생하는 이유는 실험집단과 비교집단을 선택하는 과정에서 발생한 집단 간의 차이가 실험 결과에 영향을 미치기 때문이다.

다음으로 선정과 성숙 간 상호작용은 실험집단과 통제집단이 성숙되는 정도가 서로 다른 이질적인 집단이 선택되는 경우이다. 예를 들어 아동들 가운데 남자를 통제집단으로, 여자를 실험집단으로 구분하여 선택하고 조기 영어프로그램을 실시한 후, 사후검사를 하였을 때 여자아동의 프로그램 효과가 더 높은 것으로 나타났다면 이는 프로그램 효과일수도 있지만, 그보다는 선천적으로 언어습득능력이 남자아동보다 상대적으로 높은 여자아동을 선택한 결과일 수 있다.

선정편향은 사회복지 서비스 평가의 내적 타당도에 대한 일반적인 위협이 된다. 이는 서비스를 이용하기로 결정한 사람들과 서비스를 이용하지 않기로 결정한 사람들을 비교할 때 가장 일반적으로 발생한다(Allen rubin & Earl R Babbie, 2001; 김기덕 외 옮김, 2008).

⑧ 개입확산 또는 모방

개입이나 치료가 유사하여 발생하는 것으로, 통제집단이 실험집단으로부터 개입에 대한 정보를 얻게 되거나 다른 환경에서 그와 유사한 개입을 받게 될 경우에 나타날 수 있는 현상이다. 예를 들면, 자아존중감 향상 프로그램에 참여하는 A중학생(실험집단)과 프로그램에 참여하지 않는 B중학생(통제집단)이 있다. B학생이 A학생과의 교류를 통해 프로그램에 대한 정보를 얻게 되거나 다른 기관에서 그와 유사한 프로그램에 참여하고 있는 경우 프로그램의 효과를 정확하게 측정할 수 없다.

8.5 외적 타당도

1. 외적 타당도(External validity)의 개념

외적 타당도란 조사결과를 일반화할 수 있는 정도를 말한다. 즉, 연구결과를 연구의 조건을 넘어서 보다 많은 상황과 모집단에 적용시킬 수 있는 정도를 말한다. 외적 타당도는 조사연구에서 선정된 표본의 대표성과 실험조사에 대한 민감성의 문제이다. 한편 내적 타당도는 외적 타당도를 위한 필요조건이지 충분조건은 아니다.

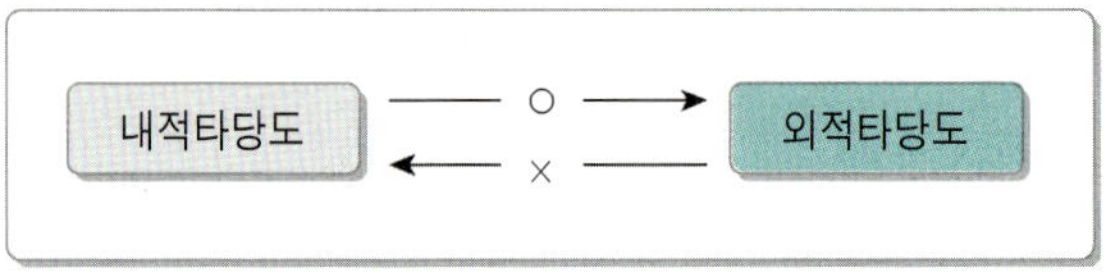

2. 외적 타당도 저해요인

외적 타당도를 저해하는 대표적 요인으로는 표본의 대표성, 실험조사에 대한 반응성, 플라시보 효과 등이 있다(김태성, 2005; 김치영, 2007).

(1) 표본의 대표성(representativeness)

표본의 대표성이란 선정된 조사대상자가 전체 모집단을 대표할 수 있는 정도를 말한다. 연구를 어떤 실제 상황에 일반화 할 수 있기 위해서는 그 연구가 대표하고자 의도했던 대상을 대표해야만 한다. 예를 들면, 시설에서 생활하는 중증장애인의 직업재활프로그램의 효과성을 평가하는 연구는 외적 타당도를 갖기 위해 재가장애인이나 경증장애인에게까지 일반화되어야 할 필요는 없다. 연구 안에서 설명하고자하는 모집단의 대표성만 지니면 된다.

(2) 실험조사에 대한 반응성

조사대상자가 자신이 실험에 참여하고 있다는 것을 알게 될 때, 일반화될 수 없는 종속변수의 변화를 야기할 수 있다. 이를 조사대상자의 반응성이라 부르며, 이로 인하여 조사대상자가 실험의 문제나 실험상황 등에 민감하게 반응함으로써, 실험결과가 다른 상황에서는 발생하지 않을 가능성이 있다.

(3) 플라시보 효과

플라시보 효과[6]는 위약효과라고도 하며, 일종의 조사반응성 효과이다. 실제로는 실험의 조치나 개입이 행해지지 않았는데, 조사대상자에게 마치 그것을 받은 것과 유사한 효과가 나타나는 경우를 말한다. 이는 조사대상자가 스스로 조사를 의식하고 이에 대하여 반응하고 있기 때문이다.

(4) 기타

① 인과방향의 모호성 : 거의 모든 외생변수들이 통제되었다고 해도 변수들 중 어느 것이 원인이고 결과인지 애매할 경우가 있다.

② 실험변수의 효과를 상쇄시키는 보상 : 만약 어느 대상자집단이 통제집단이 되어 적절한 개입을 못 받거나 손해를 보게 될 경우, 이에 대한 보상을 다른 방법으로 주게 되면서 순수한 통제집단으로서의 효과를 잃는 경우가 있다.

---

6) 플라시보 효과란 약효가 전혀 없는 거짓약을 진짜 약으로 가장, 환자에게 복용토록 했을 때 환자의 병세가 호전되는 효과를 말한다. '플라시보'란 말은 '마음에 들도록 한다'는 뜻의 라틴어로, 가짜약을 의미한다. 만성질환이나 심리상태에 영향을 받기 쉬운 질환에서는 이 플라시보를 투여해도 효과를 보는 경우가 있는데 이를 '플라시보 효과'라 한다. 따라서 어떤 약품을 개발했을 때 임상효과가 있는지 파악하기 위해 플라시보를 이용한 검사를 반드시 거치도록 하고 있다. 가짜 약을 투여한 집단과 진짜 약을 투여한 집단을 비교, 확실한 유효성이 드러나야 된다는 말이다(출처 : 네이버 지식사전).

③ 중복된 실험변수 : 동일한 조사대상자가 여러 가지 실험조치나 개입을 동시 또는 시차를 두고 받게 되면 각각의 실험이나 개입의 효과가 상쇄되어 각각의 변수의 실험효과를 밝히기 어려울 수 있다.

3. 통제의 방법

제 3의 설명가능성을 줄이기 위해서 통제(Control)를 하게 되는데 여기서 통제라는 말은 여러 가지 의미를 가진다. 먼저 넓은 의미에서 통제는 ① 관찰하고자 하는 원인변수의 분산, 효과를 극대화시키는 것, ② 원인변수와 함께 결과변수에 영향을 미치는 원인변수 외의 제 3의 설명변인들의 영향을 배제하는 것, ③ 표본추출에서 생기는 오차를 최소화시키는 것을 말한다(Kerlinger, 1986). 좁은 의미에서 통제는 위의 세 가지 통제 중에서 두 번째, 원인변수 이외의 다른 설명성을 배제하는 것을 의미하고 이것이 바로 실험설계의 특성이다. 연구설계에서 원인변수 이외의 제3의 설명가능성을 가지는 변수들을 내적 타당도를 저해하는 요인이라고 언급한 바 있다. 즉 좁은 의미에서 통제란 이러한 내적 타당도를 저해하는 요인이 작동하지 않도록 하는 것이다(김병섭, 2008).

(1) 외적 타당도 저해요인 통제방법

실험조사가 어떤 특정 프로그램 또는 특정에 지역에 국한하는 프로그램을 평가하는 경우에는 외적 타당도가 그다지 중요하지 않을 수 있다. 그러나 조사연구가 실시된 환경과 조건을 넘어서 조사결과를 일반화하고자 한다면 주의할 사항들이 있다(황성동, 2006). 외적 타당도의 저해요인으로는 선정된 표본이 모집단을 얼마나 대변할 수 있는지의 정도, 실험조사에 대한 조사대상자의 반응성, 플라시보 효과 등이 있다. 이를 통제하기 위한 방법으로는 표본에서 발견된 특정한 사실을 일반화시키기 위해 표본이 모집단을 적절하게 대표할 수 있도록 선정해야 하며, 조사대상자가 조사문제나 상황에 대해 민감하게 반응하지 않도록 주의를 기울여야 한다. 또한 조사진행 연구자 및 요원은 잘 훈련되고 자질을 갖춘 사람이 맡아야 하며 개입이 동일하게 진행되도록 노력해야 한다.

(2) 내적 타당도 저해요인 통제방법

내적 타당도를 저해하는 요인들을 통제하는 방법은 세 가지로 살펴볼 수 있다. 첫째는 저해하는 요인들을 모두 제거하는 방법이고, 둘째는 그러한 요인을 아예 독립변수의 범위에 모두 포함시키는 방법이다. 셋째는 실험집단 이외에 비교가능한 집단을 통제집단으로

정하고 실험개입 이외의 변수에 대해서 이 두 집단을 같은 성질의 집단으로 동등하게 만드는 방법(equalization method)이다. 현실적으로 실험개입 이외의 변수들을 모두 제거하기란 불가능하며, 소수의 제 3의 설명변수들을 독립변수로 포함한다고 해도 여전히 남아있는 다른 변수들을 통제할 필요가 있기 때문에 내적 타당도를 저해하는 요인들을 통제하는 방법의 핵심은 실험집단과 통제집단을 동등하게 하는 방법이라고 할 수 있다(김병섭, 2008).

① 매칭(matching)

매칭(배합)은 조사자가 독립변수와 종속변수에 영향을 미칠 것이라고 사전에 알고 있는 외생변수를 실험집단과 통제집단에 동등하게 배치하여 외생변수의 영향을 동등하게 함으로써 실험집단과 통제집단을 동일하게 만드는 방법이다.

매칭방법은 변수를 통제하여 실험집단과 통제집단을 동일하게 만들려는 방법이지만, 영향을 미칠 수 있는 모든 변수를 사전에 다 알 수 없으므로 모든 면에서 두 집단을 동일화시키는 데는 어려움이 많다.

매칭의 방법으로는 정밀한 매칭(precision matching)과 빈도분포에 의한 매칭(matching by frequency distribution)이 있는데, 먼저 정밀한 매칭방법은 한 집단에 들어있는 각 변수마다 같은 특성을 지니는 다른 사례를 선정해서 다른 집단에도 배정하는 방법이다. 이 방법은 양 집단에 대해 정확한 동등성을 확보할 수 있지만 변수의 수에 따라서 매칭이 불가능한 경우가 많아서 그만큼 사례를 많이 상실하게 되는 단점을 지닌다. 두 번째로 빈도분포에 의한 매칭 방법은 정밀한 매칭방법처럼 개별변수를 정확하게 매칭하는 것이 아니라, 실험집단과 통제집단에서 중요한 변수를 유사하게 만드는 방법이다. 예를 들면, 두 집단의 조사대상자들의 연령을 동등하게 하기 위해서 그들 하나하나의 연령을 똑같이 배정하는 것이 아니라, 각 집단의 평균연령을 동일하게 하면 된다. 이러한 방법은 정밀한 매칭에 비해서 정확성은 떨어지지만 현실가능성이 높고 사례를 상실하지 않는 장점이 있다(김병섭, 2008).

매칭은 무작위화와 병행해서 사용될 경우 실험의 정도를 더욱 높일 수 있다. 예를 들어, 연구대상이 중학생 10명 고등학생 10명이며, 중학생 중에는 남학생이 4명 여학생이 6명이고, 고등학생 중에는 남학생이 6명 여학생이 4명이라고 하자. 20명 전체를 무작위 확률표본추출의 방법(제비뽑기, 난수표 사용 등)으로 실험집단과 통제집단으로 나눌 수도 있지만 중·고생, 남·여라는 속성이 보다 고르게 가기 위해서는 아래 그림과 같이 연구와 관련 있는 특성들로 구성한 할당 행렬(quota matrix)을 통해서 각 특성이 동일한 사람들을 무작위로 두 집단에 배정할 수도 있다.

	남학생	여학생
중학생	4	6
고등학생	6	4

② 무작위 할당(random assignment)

무작위 할당은 실험집단과 통제집단의 모든 특성을 동등하게 만드는 것을 목표로 한다. 무작위 할당은 연구대상자들을 실험집단 및 통제집단에 무작위적으로 배치하는 방법으로서 두 집단이 동질적인 집단이 될 가능성을 가장 높이는 방법이다. 어떠한 외생변수들이 작용할지 모를 경우에 실험집단과 통제집단을 모집단에서 무작위로 추출함으로써 연구자가 설정한 독립변수 외의 모든 변수들에 대한 영향을 동일하게 만드는 것이다(김치영, 2007).

하지만 무작위 배정을 한다고 해서 개별표본의 특성이 사라지는 것은 아니지만, 개별표본의 특성이 상쇄되는 효과가 있어서 동등성이 확보된다고 볼 수 있다. 즉 실험집단과 통제집단이 완전히 동일하다고 할 수 없지만, 두 집단 간의 차이가 제 3의 변수로서 작용할 정도의 큰 차이는 사라지게 된다. 그러므로 실험결과가 집단 간의 차이에서 비롯되었다고 보기 어렵다. 일반적으로 무작위 배정을 하면 비교가능한 통제집단을 구성할 수 있으므로 내적 타당도를 위협하는 요인들을 제거할 수 있다. 그러나 무작위 배정을 실시해서 위협요소를 완전히 제거할 수 있는 것은 아니며, 무작위 배정은 윤리적, 정치적, 법적 문제를 야기할 수도 있고 오랜 시간이 소요되는 경우나 조사대상자에게 정신적 또는 신체적 고통을 주는 실험에서는 무작위 배정이 불가능하다는 한계점이 있다(김병섭, 2008).

③ 통계적 통제(statistical control)

통계적 통제란 일종의 사후통제방법으로, 실험이 이루어진 후에 통제를 시도한다. 통제해야 할 변수들을 독립변수로 간주하여 실험연구설계에 포함시키고 실험을 실시한 후 결과를 분석함에 있어 통계적으로 그 영향을 통제하는 것이다.

8.6 순수실험설계

1. 순수실험설계의 개념

순수실험설계(experimental design)는 공변성 확인이 가능하고 변수조작이 가능하여 시간적 우선성을 확인할 수 있고 엄격한 통제를 통하여 외생변수를 배제할 수 있으므로 실험설계 중 인과관계를 확인할 수 있는 가장 이상적인 설계 방법으로 내적 타당도를 저해하는 요인들을 최대한 제거하기 위해 통제집단 구성과 무작위 배정이 이루어지는 조사설계다(김영종, 2000; 김기원, 2001; 김병섭, 2008).

순수실험설계는 내적타당도를 위협하는 요인들에 대한 통제가 가능하여 내적 타당도를 높일 수 있는 장점이 있지만 실제 사회복지실천 현장에서는 윤리적인 측면을 비롯한 현실 여건상 무작위 배정과 독립변수의 조작에 의한 실험설계의 적용이 불가능한 측면이 있다(황성동, 2006).

순수실험설계의 유형에는 통제집단 사전사후검사설계, 통제집단 사후검사설계, 솔로몬 4집단설계, 요인설계, 가실험 통제집단설계 등이 있다.

＊ 실험설계에서 사용되는 기호

- R : R은 무작위화(Randomization)의 줄임말로 조사대상자를 실험 또는 통제집단에 배치할 때 무작위 배정을 실시하였음을 의미한다. 무작위배정을 통하여 실험집단과 통제집단을 실험개입을 제외하고는 동등하게 구성했다는 의미이다.
- X : 실험집단에 대한 실험조치(프로그램 개입)를 의미한다.
- O : 개입을 하기 전 사전조사 또는 개입을 한 후의 사후조사를 의미한다.

2. 통제집단 사전사후검사설계

실험집단 : R　O_1　X　O_2

통제집단 : R　O_3　　O_4

R = 무작위화(randomization), $O_{1,3}$ = 사전검사(observation)

$O_{2,4}$ = 사후검사(observation), X = 치료(treatment)

통제집단 사전사후검사설계(pretest-post-test control group design)는 준실험설계의 비동질집단 사전사후 설계와 기본형태는 동일하나 무작위 할당을 통해 실험집단과 통제집단을 동등화시킨 것이 다른 점이다.

인과관계를 추정하기 위한 가장 전형적인 설계로서 연구대상자를 실험집단과 통제집단에 무작위적으로 배치하고, 실험처치(experimental treatment, 독립변수)를 실시하기 전에 양 집단을 사전검사(O_1, O_3) 하고, 실험처치(X)를 실시한 후, 양 집단을 다시 사후검사(O_2, O_4) 하여 사전검사의 결과와 사후검사의 결과간의 차이$(O_2-O_1)-(O_4-O_3)$를 비교하는 설계이다.

즉, 실험집단에 주어지는 개입(X)을 제외한 나머지 모든 것은 두 집단에 똑같은 상태로 주어지며, 개입이 종료되면 다시 두 집단에 대해 사후검사(post-test)를 실시한다. 그리고 두 집단의 사전검사와 사후검사의 차이를 비교하여 개입의 효과성에 대한 경험적 준거를 삼는다.

❋ 예시

신장투석 클리닉에서 만성 신부전증 환자의 불안감 완화를 위한 지지프로그램을 실시하고 있다. 투석 클리닉을 이용하는 신장투석 환자를 대상으로 실험집단에 25명, 통제집단에 25명을 무작위 배정하였다. 프로그램을 실시하기 전에 두 집단의 불안감 정도를 측정하기 위해 불안감 척도(Clinical Anxiety Scale)라는 표준화된 측정도구로 사전검사를 실시하였다. 그 후 실험집단에는 6주에서 8주정도의 프로그램이 실시되었고 개입 종료 후에 개입 전에 사용했던 표준화된 측정도구로 사후검사를 다시 실시하여 두 집단의 전후 차이를 비교하였다. 사전사후검사의 비교결과, 실험집단 구성원들의 불안감 평균이 눈에 띄게 감소한 반면 통제집단의 불안감 평균은 거의 변화가 없었다면, 불안감 완화를 위한 지지프로그램의 개입이 효과적이었다는 결론을 내릴 수 있다(자료 : Royse, 2004 : 100; 황성동, 2006에서 재인용).

이 설계는 다른 내적 타당도 저해요인들을 통제할 수 있어 전반적으로 내적 타당도가 높다. 내적 타당성을 위협하는 요인인 역사요인, 성숙요인, 검사요인, 도구요인 등을 통제할 수 있지만 사전검사와 실험처치(독립변수)가 상호작용($O_1 \rightarrow X$)을 일으켜서 생기는 상호작용시험효과(사전측정이 실험대상자가 받아들이는 실험변수의 강도에 영향을 미쳐서 발생하는 것)를 제거할 수 없다. 이로 인해 외적 타당도를 낮게 할 가능성이 있다. 예를 들어, 상실감을 경험한 아동을 대상으로 자아존중감 향상 프로그램을 실시할 경우, 조사대상자인 아동들이 이 프로그램의 내용과 목적에 대하여 알게 되었다면, 사전 검사 후 프로그램이 진행되고 사후검사 때 실제로 향상된 자아존중감보다 정도가 높은 방향으로 검사

결과가 나올 가능성이 있다. 또한 사전검사의 경험이 사후검사의 결과에 영향을 미칠 수 도 있다. 이러한 경우에는 사전검사를 배제한 통제집단 사후검사설계가 유용할 수 있다.

3. 통제집단 사후검사설계

실험집단 : R X O_1
통제집단 : R O_2
R = 무작위화(randomization), $O_{1,2}$ = 사후검사(observation), X = 치료(treatment)

통제집단 사후검사설계(Post-test-only control group design)는 통제집단 사전사후검사설계에서 사전검사를 실시하지 않는 설계이다. 비동질집단 사후검사설계의 형태와 유사하지만 무작위 배정된 실험집단과 통제집단을 비교하는 방법이다. 앞의 통제집단 사전사후검사설계에서 발생할 수 있는 사전검사의 영향을 배제하고자 할 경우 또는 사전검사가 어려울 경우에 편리한 조사설계이다. 또한 비용 면에서 통제집단 사전사후검사설계보다 간단하여 비용이 적게 들고, 큰 문제가 될 만한 외적 비용이 별로 없으므로 사회조사에서 흔히 쓰인다(김해동, 1991).

통제집단 사후검사설계는 연구대상자를 무작위로 실험집단과 통제집단에 배치한다. 두 집단에 모두 사전검사를 실시하지 않고 실험집단에만 실험변수를 도입한다. 그리고 사후검사를 통해 양 집단 간 차이를 비교한다. 실험개입의 효과는 ($O_1 - O_2$)로 나타낼 수 있다. 통제집단 사후검사설계는 사전검사를 실시하지 않으므로 주시험효과(사전검사가 사후검사에 미치는 영향)나 상호작용시험효과(사전검사가 실험변수에 영향)가 존재하지 않아 실험결과를 다른 상황에도 일반적으로 적용할 수 있는 가능성이 높아져 외적 타당도가 향상된다.

내적 타당도를 저해하는 외적요인인 선택의 편의(selection bias)도 조사대상자를 무작위로 실험집단과 통제집단에 할당함으로써 통제할 수 있다. 한편 연구대상자에 대한 무작위 할당은 실험집단과 통제집단을 사전에 동질화시킬 수 있기 때문에 사전검사를 하지 않더라도 최초 상태가 같다고 가정할 수 있다. 하지만 애초부터 두 집단이 다른 특성을 가지고 있을 경우에는 개입의 결과가 실험개입으로 인한 효과인지 확신할 수 없으며 사전측정이 이루어지지 않음으로써 최초 상태를 정확히 파악하지 못하는 단점이 있으며, 실험 전에 비해 실험 후에 어느 정도 변화되었는지 확인하기가 쉽지 않다.

＊ 예시

전주지역에서 부모가 만성적인 실직상태에 있는 저소득층의 아동들을 대상으로 무작위 할당을 하여 실험집단과 통제집단에 30명씩 배정하고, 실험집단에는 5개월 동안 총 60시간의 프로그램 개입을 실시하였고 통제집단에는 사후검사만 실시하였다. 개입한 프로그램의 내용은 부모의 실직이라는 위험상황에 처한 아동들에게 심리적 안정감을 주기 위한 놀이치료와 다양한 스트레스를 조절할 수 있는 상담으로 구성되어 있다.

사후조사결과 실험집단은 통제집단에 비하여 우울 등의 스트레스로 인한 부정적 성향에 대해 현저하게 낮게 나타났고, 통계적으로도 유의미하게 나타났다. 하지만 이 실험설계의 경우 프로그램의 효과성에 대해서는 입증 가능하지만, 프로그램을 받은 실험집단의 아동들의 개입 전의 상태를 확인할 수 없기 때문에 변화의 정도 측정은 어렵다.

4. 솔로몬 4집단설계

R	O_1	X	O_2	(실험집단 i)
R	O_3		O_4	(통제집단 i)
R		X	O_5	(실험집단 ii)
R			O_6	(통제집단 ii)

R = 무작위화(randomization), $O_{1,3}$ = 사전검사(observation),
$O_{2,4,5,6}$ = 사후검사(observation), X = 치료(treatment)

솔로몬 4집단설계(Solomon four group design)는 통제집단 사전사후검사설계와 통제집단 사후검사설계를 결합한 설계로 두 설계의 약점을 보완하기 위해 고안된 설계이다.

통제집단 사전사후비교의 단점인 사전검사로 인한 영향을 통제하기 위하여 통제집단 사전사후검사설계에 사전검사를 실시하지 않는 또 다른 실험집단과 통제집단을 추가하여 4개의 집단으로 구성된 설계이다. 솔로몬 4집단설계의 4단계를 살펴보면, 첫 번째 단계는 실험에 응할 수 있는 조사대상자들을 네 개의 집단에 무작위로 배정하는 단계이다. 다음 단계는 사전검사를 두 집단에 실시한다. 세 번째 단계는 실험개입을 두 개의 실험집단에 실행한다. 이때 두 실험집단의 차이점은 한 집단에는 사전검사를 실시한 상태이고 다른 실험집단에는 사전검사를 실시하지 않았다는 것이다. 마지막 단계는 네 개의 집단에 모두 사후검사를 실시하는 것이다.

솔로몬 4집단 설계는 역사요인, 성숙요인 등을 통제할 수 있으며, 검사효과와 실험효과의 상호작용 효과를 배제할 수 있으므로 내적 타당도와 외적타당도를 높일 수 있는 장점이 있다. 그러나 4개의 집단을 무작위로 할당하여 동질하게 구성한다는 것은 실제로 매우 어려운 일이며 그 집단을 유지하기 위해 사전에 충분한 수의 조사대상자를 확보해야 하는 어려움이 따른다. 또한 설계에서 다루어야할 집단의 수가 많아지는 만큼 통제의 어려움도 커지고 비용이 많이 들어가는 등 현실적으로 어려움이 많아 실용적으로 자주 사용할 수 없는 아주 복잡하고 이상적인 조사설계 유형이다(채서일, 1995; 143~145, 황성동, 2006; 139, 김치영, 2007; 123~125, 김병섭, 2008; 266~267).

＊ 예시

조손가정에서 조부모와 손자녀 관계가 만족스럽지 못한 것으로 사전조사된 가정을 실험집단과 통제집단의 2개 집단으로 각각 무작위배정하고, 사전조사를 실시하지 않았지만 행복한 조손자녀 가정을 만들기를 원하는 가정을 무작위배정을 통하여 이 역시 실험집단과 통제집단의 2개 집단으로 구성한다. 조손가정의 관계회복을 위한 프로그램을 사전조사를 실시한 실험집단과 실시하지 않은 실험집단 모두 실시하고, 나머지 2개의 통제집단에는 프로그램을 실시하지 않고 프로그램 개입이 모두 끝난 후에 사후조사를 4집단 모두에 실시한다.

5. 요인설계

요인설계(Factorial design)는 독립변수가 두 개 이상일 때 적용되는 설계이다. 예를 들면 실험개입을 하는 실험집단에 프로그램을 두 가지 이상 실시하는 경우의 설계를 말한다. 각각 하나의 프로그램 효과인 주효과와 동시에 두 가지 프로그램을 실시한 상호작용 효과를 알 수 있다.

두 개 이상 독립변수의 속성에 따라 할당행렬(quota matrix)을 만들고 행렬 상의 각 범주에 따라 실험집단과 통제집단을 설정하고 개별 독립변수와 종속변수 간의, 그리고 두 개 이상의 독립변수가 상호작용하여 종속변수와 갖게 되는 인과관계를 검증하기 위한 설계이다.

즉 요인설계는 한 개 이상의 독립변수가 개별적으로 또는 두 개 이상의 독립변수가 상호작용하면서 종속변수에 미치는 영향을 파악하는 것이므로 조사결과의 일반화 정도가 높기 때문에 높은 외적 타당도를 갖게 된다.

그러나 요인설계는 고려해야 할 독립변수의 수가 많은 경우, 많은 범주가 생기게 되고 그에 따라 많은 실험집단들이 만들어지게 되어 복잡하고 시간과 비용과 인력이 많이 들게 되는 단점이 있다.

예를 들면, 청소년들에게 무용프로그램과 음악프로그램(두 개 이상의 독립변수)을 실시하면, 청소년들의 감성지수(종속변수)는 향상된다.

요인설계에서 2개의 프로그램 참여 여부에 따라 4개의 범주가 만들어진다.
- 범주계산식의 예 :
  - 2개의 프로그램 일 때 → 2^n → 2^2 = 4개의 범주
  - 3개의 프로그램 일 때 → 2^n → 2^3 = 8개의 범주

※ 요인설계 할당행렬

		무용프로그램(A)	
		A_1 = 참여	A_0 = 불참
음악프로그램(B)	B_1 = 참여	G_1	G_3
	B_0 = 불참	G_2	G_4

- G_1 = 무용프로그램참여 & 음악프로그램 참여 = A_1B_1 = X_1 ┐
- G_2 = 무용프로그램참여 & 음악프로그램 불참 = A_1B_0 = X_2 ┤ 실험집단
- G_3 = 무용프로그램불참 & 음악프로그램 참여 = A_0B_1 = X_3 ┘
- G_4 = 무용프로그램불참 & 음악프로그램 불참 = A_0B_0 = X_4 — 통제집단

→ 요인설계 형태

- G_1 R X_1 O_1
- G_2 R X_2 O_2
- G_3 R X_3 O_3
- G_4 R X_4 O_4

- 무용프로그램 효과 = $O_2 - O_4$
- 음악프로그램 효과 = $O_3 - O_4$
- 두 프로그램의 상호작용 효과(interaction effect) = $O_1 - O_4$
  (상호작용 효과 : 무용프로그램과 음악프로그램을 동시에 실시했을 때의 효과)

6. 가실험 통제집단설계(플라시보 통제집단설계)

가실험 통제집단설계(Placebo control group design)는 통제집단 사전사후검사설계나 통제집단 사후검사설계에 가실험효과(플라시보 효과, placebo effect) 내지 위약(가짜약)효과를 측정할 수 있는 한 집단을 추가로 결합해 만든 설계이다.

가실험·위약이란 실제적인 내용은 없으나 마치 실험처치를 받는 것처럼 여겨지도록 만들어진 실험처치를 말한다. 예를 들면, 새로운 약을 개발한 후 임상실험을 하고자 할 때에 실험집단에는 실제 그 약을 투여하고(실험처치) 플라시보집단에는 새로운 약과 모양, 색 등 모두 같은 약을 투여하는 것(가실험처치)이다.

R	X	O_1 (실험집단)
R		O_2 (통제집단)
R	Xp	O_3 (가실험집단/플라시보집단)

(X = 실험처치, Xp = 가실험처치)

- R = 무작위화(randomization), $O_{1,2,3}$ = 사후검사(observation), X = 치료(treatment)
- 실험 효과 = $O_1 - O_2$
- 가실험 효과(플라시보효과) = $O_3 - O_2$
- 순수실험 효과 = $O_1 - O_3$

7. 순수실험설계의 장점과 단점

순수실험설계는 외생변수의 철저한 통제를 통하여 다른 설계방법에서는 불가능한 각종 외생변수의 영향을 분리해낼 수 있다는 것이 가장 큰 장점이다. 특히 통제집단 사전사후 검사 실험설계에서 문제가 되는 상호작용효과와 기타 외생변수의 효과를 분리해낼 수 있다. 또한 대상의 무작위화와 변수의 명확한 조작화 등을 통하여 명확한 인과관계의 검증이 가능하다. 그러나 정밀하고 복잡한 설계를 구성하다보니 인위적이며 부자연성을 배제할 수 없다. 또한 순수실험설계를 위하여 여러 집단이 구성되는데 이 집단들을 통하여 인과관계를 검증하기 위해 집단 간의 격리가 필요한데 이에 대해 현실적인 어려움이 따른다. 또한 윤리적인 문제로 인해 실험이 불가능한 경우가 발생할 수 있으며 실험설비를 갖추기 위한 비용이 많이 들어가는 단점이 있어서 이상적인 실험설계방법이지만 실용성과 관련한 한계점이 있다. 한편 이러한 한계점이 있지만 실험설계 중 가장 이상적이기 때문에 비실험 설계들이 나타내는 한계점을 비추어 볼 수 있는 근거기준이 될 수 있다.

8.7 유사실험설계(준실험설계)

유사실험설계(Quasi Experimentation)는 순수실험설계에서 실시하는 무작위배정 또는 엄격한 통제집단 설정 등을 할 수는 없지만 그에 대한 대안으로 통제집단을 갖는 것와 비슷한 효과를 갖도록 하는 설계이다. 현실의 조사연구에서 완벽한 순수실험설계를 실시하기 어려울 경우에 순수실험설계의 대안이 될 수 있다. 하지만 무작위배정과 엄격한 통제집단이 활용되지 않는다는 점에서 순수실험설계에 비해 내적타당도가 떨어지나, 실험실 상황이 아닌 현실 상황에서 실험개입을 하는 설계방법으로 어느 정도 내적 타당도를 확보한다고 평가할 수 있다(김병섭, 2008; 249). 한편 뒤에서 설명할 전실험조사설계보다는 내적타당도 저해요인을 통제할 수 있는 비교집단을 둔다는 점에서 더 나은 설계라고 할 수 있다. 유사실험설계의 유형으로는 단순시계열설계, 복수시계열 설계, 비동일 통제집단설계, 분리표본사전사후검사설계 등이 있다.

1. 단순시계열설계

	O_1	O_2	O_3	O_4	X	O_5	O_6	O_7	O_8	
(단일집단)	———	———	———	———	———	———	———	———	——→	(시간)

단순시계열설계(simple time-series design)는 실험변수를 노출시키기 전후에 일정한 기간을 두고 정기적으로 몇 차례의 결과변수에 대해 측정하는 방법으로 시간연속조사라고도 한다. 단순시계열설계는 통제집단(비교집단)을 설정하기 곤란한 경우에 한 집단을 선택해서 독립변수의 조작이나 독립변수의 노출 전에 여러 번 관찰(검사)하고 독립변수 도입 후에 다시 여러 번 관찰하여 전후의 점수 또는 경향을 비교하는 것이다. 독립변수의 효과성은 사전검사 측정치의 합과 사후검사 측정치의 합을 비교하거나 각각의 평균치를 비교해서 계산한다.

이 설계에서는 안정된 기초선 확보를 위해서 최소한 3회 이상의 충분한 관찰을 실시해야 하며, 동일한 간격과 횟수의 측정을 필요로 한다. 또한 시계열은 비교적 높은 내적 타당성을 가지고 있지만 통제집단을 사용하지 않기 때문에 우연한 사건들의 영향일 가능성을 배제하지 못하는 한계를 지니고 있으며, 잦은 조사로 인해 검사효과 또는 검사도구 효과로 인한 외적 타당도가 저해될 가능성을 가지고 있다.

※ 예시

서울시에서 교통사고량을 줄이기 위해 교통신호 체계에 대한 변경을 실시하였다고 가정하자. 이 경우 이러한 조치가 실제로 교통사고량을 줄이는데 효과가 있는지 없는지를 확인하기 위해 신호 체계의 변경조치가 있기 전의 몇 개월과 조치가 있은 후의 몇 개월간의 교통사고량을 정기적으로 관찰한 후 그 경향의 차이를 비교하여 보면 실험조치의 효과여부를 판단할 수 있는 것이다.

2. 복수시계열설계

(단일집단)	O_1	O_2	O_3	O_4	X	O_5	O_6	O_7	O_8
(비교집단)	O_9	O_{10}	O_{11}	O_{12}		O_{13}	O_{14}	O_{15}	O_{16}

복수시계열설계(multiple time-series design)는 단순시계열 설계가 통제집단을 사용하지 않아 우연한 사건(history) 등에 의해 내적 타당도가 저해되어 조사결과를 가지고 인과관계를 추론하기 어렵다는 문제점을 개선하기 위해서 단순시계열설계에 통제집단(비교집단)을 추가한 것이다.

비슷한 특성을 지닌 두 집단을 택하여 실험집단에 대해서는 독립변수를 도입하기 전에 여러 번 관찰을 하고, 실험변수를 도입한 후 다시 여러 번 관찰을 한다. 통제집단에 대해서는 실험변수를 도입하지 않고, 실험집단의 측정시기에 맞추어 계속 관찰하여 종속변수의 변화 상태를 비교하는 것이다. 실험집단에 대해서 단순시계열설계와 같이 개입 전후에 세 번 이상씩 관찰하고, 통제집단에 대해서는 개입 없이 계속 관찰하여 종속변수의 변화를 알아본다. 위의 그림에서 실험집단과 비교집단 8개의 시점에서 자료들이 수집되고 복수집단의 변화를 알아보기 위해 필요하다.

복수시계열설계에서 통제집단을 사용함으로써 내적 타당도 저해요인을 크게 감소시킬 수 있으나, 무작위 할당이 이루어지지 않음으로써 실험집단과 통제집단이 이질적일 가능성이 크다. 복수시계열설계의 장점을 극대화하기 위해 비교집단과 실험집단이 최대한 동일한 속성을 가지도록 구성해야 한다.

실험집단의 경우 반복된 사전검사를 실시함으로써 검사와 독립변수 간의 상호작용 효과가 발생할 수 있고, 무작위 할당에 의하여 집단이 선정되지 않음으로 선택의 편의와 독립변수 간의 상호작용이 발생함으로써 외적 타당도가 저해되기도 한다. 하지만 통제집단을 통해 역사적 사건, 성숙, 측정 효과 등을 해결할 수 있는 유사실험설계의 유형이다(황성동, 2006).

서울시의 교통신호 변경조치가 교통사고량에 미친 영향을 검증하는 사례를 이용하여 복수시계열 설계를 설명하면, 서울시에서 실시한 교통신호변화조치가 교통사고량에 미친 정확한 영향력을 파악하기 위해서는 서울시의 교통상황과 매우 유사한 대도시를 비교대상으로 골라 동일한 시점에서의 교통사고변화량을 관찰하여 그 경향의 차이를 비교해 보는 것이다. 부산시가 비교대상으로 선정될 수 있는데 연구자는 서울시가 교통신호변화조치를 내린 시점 이전과 이후를 중심으로 두 도시의 교통사고발생량의 경향을 상호 비교해 보면 보다 정확하게 신호체계변경조치의 결과를 알아낼 수 있다.

3. 비동일통제집단설계

실험집단 O_1 X O_2
통제집단 O_3 O_4
$O_{1,3}$ = 사전검사(observation), $O_{2,4}$ = 사후검사(observation), X = 치료(treatment)

비동일통제집단설계(non-equivalent control group design)는 실험조사설계의 통제집단 사전사후검사설계와 유사하지만 무작위 할당에 의해 실험집단과 통제집단이 선택되지 않는 점이 다르다.

무작위 할당이 아닌 임의적인 방법으로 실험집단과 통제집단을 선정하고, 양 집단에 대해서 사전검사를 실시하고, 실험집단에는 독립변수를 도입하고 통제집단에는 독립변수를 도입하지 않고서 양 집단을 사후검사하여 종속변수의 변화를 비교하는 것이다.

조사대상자가 실험집단과 통제집단에 무작위로 배치되지 않았기 때문에 통제집단의 초기상태가 실험집단과 동일하지 않고 이질적일 가능성이 크다. 양 집단 간의 초기상태를 모르기 때문에 사전검사(O_1, O_3)를 통해서 양 집단 간의 초기상태가 동질적인지 아니면 이질적인지 여부를 확인하고, 만일 차이가 있다면 그 차이를 고려하여 해석하여야 한다.

만약 탐색적인 목적으로 실험을 실시하는 경우, 또는 이미 모집단이 동질적인 것으로 확인된 경우에는 적절히 사용할 수 있다.

이 설계는 사회복지 현장에서 많이 활용하는 설계로서 보통 기관의 프로그램이나 정책의 대안 효과성 평가 등에 이용한다.

❋ 예시

청소년 센터에서 청소년 금연 프로그램의 효과성을 검토하고자 청소년을 대상으로 니코틴 중독성 검사를 실시하였다. 검사 후 니코틴 중독의 경계선에 있는 청소년을 선정하여 프로그램에 우선적으로 참여하고자 하는 청소년은 실험집단에 배정하고, 니코틴 중독의 정도는 비슷하면서 프로그램 대기자 명단에 있는 비슷한 수의 청소년은 통제집단으로 선정하였다. 그 후 2개월 동안 청소년 금연 프로그램을 꾸준히 실시하였고 그 후 니코틴 중독성 검사를 다시 해본 결과 실험집단 청소년들의 중독성 정도는 확실히 낮아진 것으로 나타나 프로그램이 효과적이었다는 것을 알 수 있다.

4. 분리표본사전사후검사설계

통제집단	R	O_1	(X)		$D = O_2 - O_1$
실험집단	R		X	O_2	

R = 무작위화(randomization), O_1 = 사전검사(observation),
O_2 = 사후검사(observation), X = 치료(treatment)

분리표본사전사후검사설계(separate-sample pre-test post-test design)는 현실적인 이유로 인해 실험집단과 통제집단에 사전검사나 사후검사를 동시에 실시할 수 없어서 통제집단에 사전검사 후 독립변수가 도입되는 것을 배제할 수 없는 상황일 경우 채택되는 설계이다. 다시 말하면 한 집단(A)에 대해서는 독립변수 도입 전에 사전조사를 실시, 이후에는 아무런 조사를 실시하지 않고 다른 한 집단(B)에 대해서는 사전조사를 실시하지 않지만 독립변수의 도입 후, 조사를 실시한다. 이렇게 나온 전자 집단(A)의 사전조사와 후자 집단(B)의 사후 조사를 비교하는 방법이 분리표본사전사후검사설계이다.

위의 그림을 보자. 실험집단에 대해서는 사전검사를 실시하지 않고 독립변수를 도입한 후 사후검사를 실시하는데, 통제집단에 대해서는 사전검사만 실시하지만, 통제집단에 독립변수를 연구자가 의도적으로 도입하는 것이 아니라 독립변수가 도입되는 것을 막을 수 없는 불가피한 상황이기 때문에 독립변수를 도입하였음을 ( )로 표기하고 있다. 이 설계는 무작위로 실험집단과 통제집단을 배정하지만, 사전검사나 사후검사가 동시에 이루어지지 않고, 연구자가 통제집단에서 독립변수를 의식적으로 배제할 수 없는 점 등이 순수실험설계와는 차이를 보인다. 또한 상호작용 시험효과를 배제할 수 있다는 점에서 단일집단 전후비교설계보다 우세하다. 그러나 사전조사와 사후조사의 시간간격이 길어질수록 사건 요인을 통제하기 어려운 한계점을 가지고 있기도 하다.

5. 유사실험설계의 장점과 단점

유사실험설계는 순수실험조사설계의 대안으로 활용되며, 현장에서 무작위 배정이 불가능할 때 활용된다. 그러므로 현실에서 매우 복잡한 사회적 요인들이 작용하는 경우에 사용이 가능하고 융통성이 있으며 다양한 문제에 적용이 가능하다. 하지만 무작위 배정이 불가능할 때 실험집단과 통제집단을 유사하게 하기 위해 매칭을 활용하는데, 이 과정에서 참여자 성숙, 역사적 사건 간의 상호작용 등 외생변수들에 의해 독립변수의 효과가 오염될 가능성이 있다는 것이 단점이다.

8.8 전실험조사설계와 비실험설계

1. 전실험조사설계

전실험조사설계(Pre-experimental design)는 원시실험설계 또는 선실험설계라고도 불리며, 무작위배정에 의하여 조사대상자를 나누지 않고, 비교집단이 선정되지 않거나 동질성이 없으며, 독립변수의 조작에 의한 변화의 관찰이 한두 번 정도로 제한되어 있는 설계로 내적, 외적 타당도 저해요인을 거의 통제하지 못하는 가장 낮은 수준의 실험설계 형태이다. 따라서 다른 설계방법을 대안으로 활용 가능하다면 피해야 할 조사설계다. 하지만 현실적으로 순수실험설계나 유사실험설계를 이용할 수 없을 때 그 대안으로만 사용할 수 있는 설계다. 하지만 이렇게 한계점이 큰 실험설계라도 다른 설계방법을 사용할 수 없거나 다른 설계방법의 활용이 윤리적인 문제가 따를 때에는 어쩔 수 없이 사용하게 되는 경우가 있다. 예를 들면 역학조사자들이 AIDS의 전파경로를 추적해서 분석하는 경우, 살인사건을 수사할 때 사체부검을 통해서 범죄의 단서를 찾는 경우, 사례연구 등 사전조사가 어려울 경우에 사후조사만을 실시하는 경우가 해당된다(황성동, 2006; 김병섭, 2008). 전실험조사설계의 유형에는 1회 사례연구, 단일집단 사전사후검사설계, 정태적 집단비교설계

(비동일집단후비교조사)가 있다.

(1) 1회 사례연구(단일집단 사후설계)

$$X \qquad O_1$$

X = 치료(treatment), O_1 = 사후검사(observation)

1회 사례연구(one-shot case study)에서는 연구자가 실험대상에 대하여 한 번의 실험조치(X)를 행한 후 이 실험조치가 영향을 미쳤을 것이라고 판단하는 특성을 한 번 관찰(O1)하고 그 결과를 분석하는 것이다. 단 한 번의 측정으로 실험처치의 효과를 판단해야 하기 때문에 이 효과가 실험처치의 결과인지 판단하기 어렵다. 따라서 이 설계로 인과관계를 추론하는 것은 문제가 있다.

1회 사례연구의 문제점은 하나의 집단을 대상으로 한 번의 관찰을 하기 때문에 개입의 효과성을 판단하기 위한 비교의 준거점(reference point)이 전혀 없다는 것이다. 따라서 개입이 효과적이었는지에 대한 판단은 연구자의 주관적 판단에 따르게 되며 이 연구는 내적 타당도와 외적 타당도에 영향을 미칠 수 있는 요인들을 전혀 통제할 수 없으므로 내적 타당도와 외적 타당도가 모두 결여된 연구라고 볼 수 있다(황성동, 2006).

✻ 예시

여성의 우울증 치료에 효과가 있다고 알려져 있는 상담기법을 실제로 검증하기 위한 목적으로 우울증세가 심한 여성 집단을 선택하여 상담을 행한 후 일주일 후 그 집단의 우울증 정도를 평가하여 그 기법의 우울증 완화효과여부를 판단하기로 하였다. 우울증 정도가 완화되었다면 그 기법이 효과적이었을까? 여기에서 문제가 되는 것은 상담기법의 효과성을 판단할 수 있는 있는 비교의 기준이 전혀 없기 때문에 우울증 완화와 상담기법 간의 인과관계에 대한 설명이 불가능하다.

(2) 단일집단 사전사후검사설계

$$O_1 \qquad X \qquad O_2$$

$$D = O_2 - O_1$$

O_1 = 사전검사(observation), O_2 = 사후검사(observation), X = 치료(treatment)

단일집단 사전사후검사설계(One group pretest post-test design)는 앞의 일회사례연구에 사전조사를 추가한 설계다. 실험조치를 하기 전에 변수를 측정한 다음, 실험개입 후 측정한 것과 비교를 통해서 독립변수(실험조치)와 종속변수 간의 인과관계를 추론하는 것이다.

위의 그림에서 O_2-O_1의 값이 영이 아닌 경우, O_2와 O_1 사이에 존재하는 변화를 실험조치에 의한 변화로 추론하는 것이다.

✽ 예시

지역아동센터에서 해체가정을 경험한 아동의 자아존중감 향상을 위한 프로그램을 진행하기 전에 아동을 대상으로 자아존중감 정도를 검사한 뒤, 3개월간 자아존중감 향상 프로그램을 진행했다. 프로그램을 모두 마친 후 다시 자아존중감 정도를 검사했다. 사전검사와 사후검사의 차이를 통하여 자아존중감 향상 프로그램의 효과를 유추해볼 수 있다.

이 설계의 문제점은 연구대상의 변화에 영향을 미쳤을 것이라고 판단되는 여타의 다른 요소들의 영향을 전혀 통제할 수 없어 내적 타당도를 충분히 확보할 수 없다. 사전검사에서 사후검사를 하는 동안 발생할 수 있는 역사적 사건이나 성숙효과 요인 등이 개입할 가능성도 배제할 수 없기 때문이다. 또한 실험조치 이전에 사전검사를 실시하기 때문에 사전검사가 실험대상이나 실험처치와 상호작용을 일으켜 이 실험에만 고유한 영향을 일으키는 경우 이러한 실험결과를 가지고 다른 상황에 일반화하는 것이 힘들기 때문에 외적 타당도가 낮다고 할 수 있다.

(3) 정태적 집단비교설계(비동일집단후비교조사)

정태적 집단비교설계(Static group comparison)는 사전조사 없이 사후조사만 실시하는 대신에 실험집단과 통제집단 모두 설정하는 것이다(김병섭, 2008). 즉 두 개의 집단을 선정한 후 하나의 집단에 대해서는 실험조치를 하고 다른 집단에는 실험조치를 하지 않은 후 두 집단 간의 종속변수 차이를 비교하는 것이다. 즉, 아래의 그림에서 O_2-O_1이 영이 아닌 차이가 있을 경우에 이 차이를 실험조치의 영향으로 간주하는 것이다.

실험집단	X	O_1
통제집단		O_2

O_1 = 사후검사(observation), O_2 = 사후검사(observation), X = 치료(treatment)

이 설계의 문제점은 실험집단과 비교의 대상이 되는 집단이 무작위 할당과 같은 방식으로 선정되지 않아 두 집단 간의 동질성을 보장하지 못하기 때문에 내적 타당도가 낮다. 또한, 이 설계를 이용한 연구에서는 집단의 특이성과 실험조치 사이에 의미 있는 상호작용 효과가 발생할 경우 실험에 의하여 얻어진 결과를 상이한 다른 집단과 상황에 대하여 일반화하여 적용하는 데에 어려움이 따르기 때문에 외적 타당도가 낮을 수 있다.

❋ 예시

어느 기업에서의 탄력근무제(flextime) 도입의 효과에 관한 평가하고자 한다. 탄력근무제의 도입이 직원들의 직무만족도에 어떠한 변화를 가져오는지 확인하기 위하여 비동일집단후비교 조사를 실시하고자 한다. 이 실험설계를 할 때 탄력근무제를 실험조치로 보고 도입한 집단을 실험집단으로, 탄력근무제를 실시하지 않는 집단을 통제집단으로 설정한다. 두 집단을 비교한 결과, 만약 탄력근무제를 도입한 집단에서 직무만족도가 높게 나타났다면 이 연구결과를 바탕으로 탄력근무제 실시가 직무만족도를 향상시킨다고 결론을 내릴 수 있을까? 이러한 실험설계에서 두 집단 간의 동질성 확보가 관건이 된다. 두 집단 간의 일정 부분이 동일하다 하더라도 실험이전의 생산성이나 기타 다른 직무 만족과 관련한 요인들에 차이가 있다면 실험결과가 꼭 탄력근무제의 도입만으로 나타난 것이라는 결정을 내리기 어렵다(Finkle, 1979; 배정섭, 2008에서 재인용).

2. 비실험설계

비실험설계(non-experimental design)는 무작위배정이나 독립변수의 조작이 불가능할 때, 즉 실험적 연구방법을 활용하기 어려운 상황에서 쓰이는 설계로 시간적 우선성과 통제 등도 조사과정에서 결여된 설계를 말한다. 즉 조사연구자가 독립변수를 인위적으로 조작할 수 없는 경우나, 조작할 경우 윤리적으로 문제가 발생할 경우 등으로 조작이 불가능한 상황에서, 독립변수와 종속변수의 관계를 사후적으로 알아내기 위한 설계다. 이때 독립변수의 조작이 없으므로 인과관계를 밝힐 수가 없고 상관관계만 파악이 가능하다. 그러므로 비실험설계는 독립변수가 이미 나타나버렸거나 본질적으로 조작될 수 없기 때문에 연구자가 독립변수를 직접적으로 통제할 수 없는 경우, 독립변수와 종속변수의 동시적인 변화로부터 변수 간의 관계를 측정하는 설계이다.

이러한 비실험설계는 한계점들을 가지고 있음에도 불구하고 주요변수의 발견 또는 변수들 간의 관계를 발견하기 위한 사전적인 연구로서 탐색연구나 가설검증을 위해 활용된다. 또한 현실적 상황에서 자료 수집이 용이하므로 많이 사용되어지나, 외생변수의 개입

가능성이 크므로 내적 타당도가 낮음을 볼 수 있다(김영종, 2000; 김종천, 2004; 김치영, 2007).

비실험설계의 대표적인 연구는 횡단분석연구인데 이는 한 특정한 시점에서 독립변수와 종속변수와 관련된 모든 자료를 얻는 조사방법으로 설문조사, 욕구조사, 인구조사 등이 포함된다. 비실험설계의 유형으로는 현장연구, 후향적 연구, 그리고 전향적 연구 등 세 가지로 나누어 살펴볼 수 있다(김치영, 2007).

(1) 현장연구

현장연구(field study)란 사회에서 일어나는 현상들을 그 자체 그대로 관찰하고 분석하는 방법이다. 이 방법은 어떤 현상에 대한 인위적인 통제 없이 그 상황 그 자체를 자연스럽게 관찰 분석할 수 있다는 장점이 있다. 이러한 현장연구는 연구질문과 관련된 변수를 찾아내거나 변수들 간의 관계를 확인하기 위한 탐색적 현장연구와 실제로 현장에 대한 관찰을 통하여 미리 정립한 연구가설을 채택하거나 혹은 기각 여부에 대해 결론을 얻기 위한 가설 검증을 위한 현장연구로 구분된다.

(2) 후향적 연구

후향적 연구(retrospective study)란 현재의 특정 현상이 과거의 어떤 요인으로부터 발생하였는가를 찾아내는 연구이다. 그러므로 현재 일어난 사건이나 현상을 발생시킨 과거의 원인을 찾아내기 위한 특성을 가지므로 어떠한 실험개입이나 변수를 실험대상에 조치하여 그 결과를 분석하는 실험설계와는 차이가 있다. 하지만 후향적 연구도 일반화를 하기 위해서는 반복적으로 연구를 할 필요가 있다.

(3) 전향적 연구

전향적 연구(prospective study)란 앞서 살펴본 후향적 연구와는 반대로 원인이 될 수 있는 변수에 중점을 두고 미래에 나타날 수 있는 결과에 대해 연구하는 것이다. 그러므로 연구자는 어떤 사건이나 현상 등의 원인으로 추정되는 변수들을 발견하고 일정 시간이 지난 후에 기대하는 결과가 나타나는지를 분석하는 것이다.

실험연구설계의 유형

실험조사설계	실험설계	전실험설계	• 1회 검사사례조사 • 단일집단 사전사후비교설계 • 정태적 집단비교설계
		(순수)실험설계	• 통제집단 사전사후비교설계 • 통제집단 사후비교설계 • 솔로몬 4집단비교설계 • 요인설계 • 가실험 통제집단설계
	준실험설계	• 비동일 통제집단비교설계 • 분리표본 사전사후비교설계 • 시계열설계 • 복수시계열설계	
	비실험설계	• 현장연구 • 후향적연구 • 전향적연구	

실험조사설계에서 내적·외적 타당도의 주요 위협요인

	조사설계 유형	내적 타당도 위협요소	외적 타당도 위협요소
순수 실험 조사	통제집단 사전사후비교조사	측정효과	측정의 반응효과
	통제집단 사후비교조사	없음	측정의 반응효과
	솔로몬 4집단비교조사	없음	없음
유사 실험 조사	비동일통제집단	대상자 선정, 측정효과	대상자 선정-연구 속성의 상호작용, 측정의 반응효과
	시계열 조사	역사적 사건, 성숙, 측정 효과	측정의 반응효과
	복수시계열조사	대상자 선정	측정의 반응효과
전실험 조사	단일집단 사전사후비교조사	역사적 사건, 성숙, 측정도구, 통계적 회귀, 성숙과 다른 위협요소의 상호작용	대상자 선정-연구 속성의 상호작용, 측정의 반응효과
	단일집단 사후비교조사	대상자 선정, 역사적 사건, 탈락, 성숙 등	대상자 선정-연구 속성의 상호작용, 측정의 반응효과
	비동일집단 사후비교조사	대상자 선정, 탈락 등	대상자 선정-연구 속성의 상호작용, 측정의 반응 효과

8.9 실험연구의 장점 및 단점

1. 장점

(1) 인과관계를 명확히 규명할 수 있다.

연구자가 자신이 의도하는 바에 따라 집단을 통제하고 변수를 조작하면서 그 효과를 관찰할 수 있기 때문이다.

(2) 통제

순수실험의 경우 최대한의 통제를 행하는데 통제는 외생적 요인들로 인한 오류가능성을 줄이기 때문에 통제되지 않은 상황보다 더 작은 크기의 표본으로 더 많은 필요한 자료를 얻을 수 있다.

(3) 종단적 분석이 가능하다.

실험은 장기간에 걸친 연구를 할 수 있는 기회를 제공해 준다.

(4) 연구방향을 조정할 수 있다.

실험연구는 실험조건을 연구자가 임의적으로 조작하여 원하는 방향으로 진행시킬 수 있다.

(5) 반복적 연구가 가능하다.

실험상황을 다시 조성하게 되면 반복적으로 동일하거나 유사한 연구를 다시 수행할 수 있어 보편성과 일반성을 높일 수 있다.

2. 단점

(1) 인위적 환경(artificial environment)

실험환경이 인위적으로 조성되기 때문에 현실성(reality)이 결여되고, 인위적인 결과는 현존상황에 일반화할 수 없다는 제약이 뒤따른다.

(2) 실험자 효과(experimenter effect)

실험은 실험자의 기대가 실험 결과에 영향을 미칠 수 있다.

(3) 통제의 결여(lack of control)

실험대상자들을 실험실에 배치하게 되면 그들이 조사하고자 하는 바로 그 행동에 변화가 나타날 것이고 반면에 자연적인 환경에서 실험을 하게 되면 외생변수 모두를 통제할 수 없기 때문에 사회과학 분야에서 실험을 계획하는 사람들은 종종 갈등에 빠지게 된다.

(4) 표본의 크기(sample size)

집단의 크기가 크면 클수록, 실험실 내에서의 연구는 더 어려워질 뿐 아니라 외생변수를 통제하기도 그만큼 더 어렵다.

(5) 표본의 비대표성

모집단을 충분히 대표할 수 있는 적절한 표본을 추출하여 실험대상으로 삼기 어려운 경우가 많다.

(6) 비용의 과중한 부담

어떤 실험적 연구는 다른 연구에 비해 많은 비용이 들 수 있다.

(7) 가치-윤리의 문제

인간행태문제에 관한 실험 연구는 가치와 윤리적인 측면에서 실험이 용인될 수 없을 수 있다.

(8) 적용범위의 제한

엄격한 실험적 상황의 수립으로 인해 변수의 통제와 조작이 불가능한 대상이 실제로 많다.

(9) 적용가능성의 문제

복잡한 사회현상을 단순 실험이라는 방법을 통해 규명하는데 근본적인 한계가 있다.

(10) 과학성 확보의 문제

자연과학 실험과 비슷한 정도의 과학성을 사회과학 분야에서 실험할 경우에도 확보할 수 있는가라는 문제가 있다.

9

Chapter

단일사례연구설계

9.1 단일사례연구설계의 개념과 특성

단일사례연구설계[7]는 사회사업지식의 개발을 이끌어내고 사회사업실천의 효과성을 평가하는데 유용한 방법으로 사용된다. 단일사례연구설계는 사회복지사가 현장에서 이용할 수 있으며, 이론과 실천의 간극을 줄일 수 있는 도구로 평가된다. 단일사례연구설계의 주요 특징은 하나의 대상을 집중적으로 조사하는 것에 있다. 보통 연구설계의 경우, 둘 이상의 실험집단이나 비교할 집단을 통해 연구하는 데에 반해 단일사례연구설계의 경우 하나의 개인, 하나의 집단, 하나의 가족, 하나의 지역기관을 집중적으로 조사함으로써 연구의 효과를 평가할 수 있다. 물론 비교집단이 없기 때문에 여러 번의 반복측정이 필요한 단일사례연구설계는 여러 번의 반복된 측정을 통해 언제 클라이언트의 문제가 해결되기 시작했고, 어떻게 진행되고 있는지를 알 수 있다는 큰 장점이 있다(이익섭, 이윤로 공저, 2004).

1. 단일사례연구설계의 개념

하나의 사례를 분석하여 독립변수와 종속변수의 인과관계를 추론하는 실험설계의 방법이다. 사례는 개인, 가족, 집단, 지역사회 모두가 될 수 있으며, 이들이 직면하고 있는 문제를 해결하기 위해 적용한 개입이 어느 정도 효과가 있는지를 검증하고자 한다.

단일사례연구설계는 사회복지사가 클라이언트의 문제에 개입한 이후에 클라이언트가 변화하고 있다는 것을 즉각적이고 실용적으로 파악할 수 있기 때문에 사회복지실천 영역에서 많이 활용된다. 또한 개인에게 개입으로 인한 변화가 없어도 사회복지사와 클라이언트가 문제를 점검하여 피드백을 주고받을 수 있고 개입 도중에 언제든지 자료를 검토할 수 있어 개입방법을 수정하거나 보완할 수 있다는 장점이 있다.

2. 단일사례연구설계의 특성

(1) 단일사례와 반복측정

단일사례연구설계의 가장 큰 특징은 표본의 크기가 하나라는 점이다. 즉, 즉 단일사례를 가지고 반복 관찰하여 개입의 효과를 평가한다(N=1, N : 개인, 가족, 집단, 조직체 등).

---

7) 단일사례 평가설계, 또는 단일사례설계로도 불린다.

(2) 인과적 논리구조를 통한 개입효과 규명

사회복지사의 기초선 단계(baseline phase)과 개입 단계(intervention phase)의 클라이언트의 상태를 비교함으로써 실험설계와 비슷한 인과적 논리를 적용하여 개입의 효과를 과학적으로 증명한다.

(3) 즉각적인 환류를 통한 개입방법의 변경 및 수정 가능

사례를 진행하는 도중이나 종료 후 도출되는 즉각적인 환류(feedback) 정보를 통해 연구가 진행되는 도중에 발생하는 상황에 대해 개입방법을 변경하거나 수정하여 적절히 대처함으로써 개입효과를 높일 수 있다.

단일사례연구설계의 장·단점

장 점	단 점
• 실천현장 및 임상적 환경에 쉽게 적용되며, 치료과정에 전혀 방해가 되지 않는다. • 통제집단이나 개입을 위해 많은 클라이언트가 필요하지 않으며, 통계적 지식이나 이론적 배경 없이도 시작할 수 있다. • 시각화에 유리하다. 즉, 개입의 결과를 기초선과 비교하고 검토하기가 용이하다. • 치료과정에서 워커와 클라이언트 간의 지속적인 피드백을 주고받을 수 있다.	• 일반화하기 어렵다. 즉, 한 사람의 클라이언트에게는 효과가 있지만 다른 클라이언트들에게도 동일한 효과가 있을지는 확신할 수 없다. • 개입의 각 단계마다 그 기간이 동일하지 않을 수 있어 적용상의 문제가 있을 수 있다. • 사회복지사가 개입 중 특정 단계에서는 고의로 그 개입을 철회하는 상황이 발생할 수 있으므로, 때로 윤리적 도전을 받을 수 있다.

9.2 단일사례연구설계의 과정

1. 단일사례조사의 과정

(1) 표적문제의 선정

클라이언트가 해결하고자 하는 것들을 구체적이고 잴 수 있도록 조직화한 성취목표를 '클라이언트의 표적문제(target problem)'라고 한다. 이 표적문제는 변화되어야 할 클라이언트의 감정, 지식수준, 행동을 포함하는데, 항상 한가지의 표적문제만 갖는 것은 아니며 여러 가지를 동시에 갖기도 한다. 또한 표적문제가 상호 연결되어 있는 경우도 있으며 클라이언트가 문제에 대해 제대로 인지하지 못하는 경우도 있어 표적문제를 선정하는 것에 어려움을 겪을 수 있다. 하지만 결국 표적문제는 클라이언트가 지니고 있으며, 클라이언트가 어떤 상태에 있기를 원하는지, 무엇을 해결하고 싶은지에 대한 질문을 통해 구체적인 표적문제를 선정할 수 있다.

(2) 기초선 관찰

기초선(baseline)은 개입 후의 변화와 비교할 수 있는 개입 전의 상황을 말하며 보통 'A'로 표시한다. 기초선의 출처는 사회복지사의 업무일지, 클라이언트에 대한 (비)공식적인 기록, 클라이언트의 주변 사람에게서 수집한 정보, 클라이언트의 기억, 클라이언트의 자기보고나 일지 등을 사용하며, 기초선의 설정은 최소한 3번의 측정을 통해 이루어져야 한다. 더욱이 변화의 폭이 심하고 일정한 패턴이 나타나지 않는 경우에는 패턴이 안정될 때까지 측정의 횟수를 늘리는 것이 필요하다.

기초선의 기간(baseline period)은 얼마나 자주 표적행동이 발생하고 그 패턴이 얼마나 안정적인지에 따라 결정되며, 안정적인 패턴이 나타날 때, 절절한 기초선으로 설정하게 된다.

(3) 개입단계 관찰

사회복지사의 개입은 클라이언트의 변화를 위해 활용하는 것으로 하나 또는 여러 가지 실천기술이 하나의 패키지로 묶인 것이나 프로그램 등이 될 수 있다. 개입단계의 관찰은 'B'로 표시되며, 기초선단계의 관찰기간(횟수)과 개입단계(intervention)의 관찰기간(횟수)을 동일하게 하는 것이 보통이다.

내적타당도를 높이기 위해 개입단계의 측정을 하는 사람, 장소, 측정방법, 기타 조건을 기초선 단계와 동일하게 해야 한다.

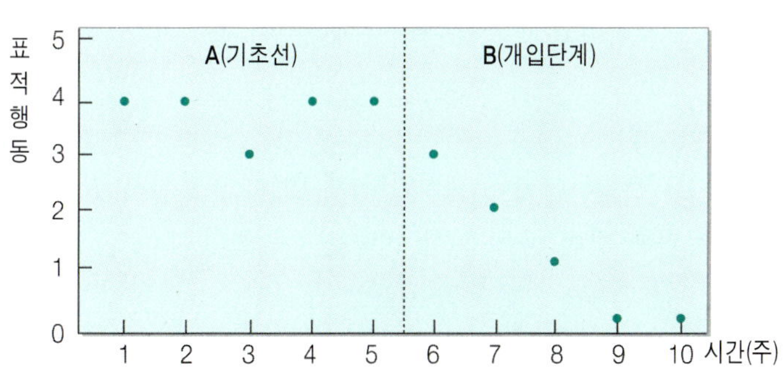

그림 9-1 **기초선(A)과 개입단계(B)**
기초선 단계와 개입단계의 관찰은 각각 5주에 걸쳐 실시되었다.

(4) 적합한 연구 유형의 선정

단일사례연구의 과정에서 최종단계는 적절한 조사유형을 선택하는 것인데 일반적으로 AB, ABA, ABAB, BAB, ABCD, 복수기초선 설계 등으로 분류한다. 연구 유형의 선택은 조사의 목적, 조사자의 선호도, 주어진 시간과 예산 등에 따라 결정된다.

2. 단일사례연구설계의 수행과정

(1) 문제의 확인-규정

클라이언트에게서 해결되어야 할 문제가 확인되면 명확하고 구체적으로 표적문제로 규정해야 한다.

(2) 변수의 선정

문제가 규정되면, 문제를 경험적으로 인식할 수 있는 실험에 사용될 변수를 선정해야 한다.

(3) 측정대상

선정된 변수의 속성 가운데 어느 측면을 측정할 것인가를 결정해야 한다. 측정대상은 여러 번 반복관찰이 가능해야 하기 때문에 정기적으로 측정하기에 충분할 정도로 자주 나타나는 것이어야 한다.

측정방법에는 횟수나 빈도, 지속기간, 강도를 직접관찰하거나 척도를 활용하는 법이 있다. 측정자는 클라이언트 자신 또는 주변사람, 독립적인 평가자, 사회복지사가 있다.

(4) 개입목표의 설정

개입의 목표는 구체적이고 명확할수록 문제해결이 용이하다.

(5) 조사설계

개입의 목표가 설정되고 나면 구체적인 설계 형태, 관찰시기 및 횟수, 자료의 출처, 자료수집 방법, 자료기록 방법 등에 관한 전략을 수립한다.

(6) 조사실시

조사실시과정에서 측정대상에 대해 측정할 때 가능한 다각적 측정을 행하는 것이 바람직하다. 여기서 다각적 측정이란 각각의 척도가 장단점을 갖고 있기 때문에 연구조사자가 다양한 척도를 사용하여 대상의 속성을 측정하는 것을 말한다.

(7) 개입의 평가(자료분석)

자료수집이 완료되고 이에 따른 그래프가 완성되면 일차적으로 그래프에 나타난 변화의 파동, 경향, 수준 등을 검토하여 개입효과를 시각적으로 판단할 수 있고, 개입효과의 유의미성을 판단하기 위하여 후속적으로 통계기법을 활용할 수 있다.

9.3 단일사례연구설계의 유형

1. AB설계(기초선 → 개입)

하나의 기초선단계(A)와 하나의 개입단계(B)로 이루어진 가장 기본적인 설계로 설계의 단순성 때문에 실천현장에서 가장 많이 이용된다. 과학적으로 충분히 검증받지 않은 개입에 대하여 반복측정하고 이를 통해 클라이언트에 미치는 영향을 파악, 경험적이고 논리적인 증거를 제공할 수 있다. 문제는 개입 이외에 제3의 요인(외생변수)에 대한 통제가 불가능하다는 점인데, 변화가 개입에 의한 것인지 제3의 요인에 의한 것인지 확증할 수 없기 때문이다.

아래의 그림은 제산제 복용을 표적문제로 설정하여 횟수를 줄이려는 목표를 세우고 개입을 통해 복용의 횟수가 어떻게 변화를 가졌는지에 대해 관측된 그래프이다. 처음 5주는 기초선 설정 단계로 평소에 제산제의 복용 횟수를 볼 수 있으며, 5번에 걸친 관측치가 안정적으로 기초선을 이루었다고 판단, 개입을 통한 관측치를 살펴보았음을 알 수 있다. 이처럼 AB설계는 5주차, 5번에 걸쳐 안정적인 기초선을 찾아냈다면 마찬가지로 5주차에 걸쳐 개입에 따른 관측치를 같이 봄으로써 개입이 표적문제에 영향을 미치는지 볼 수 있다.

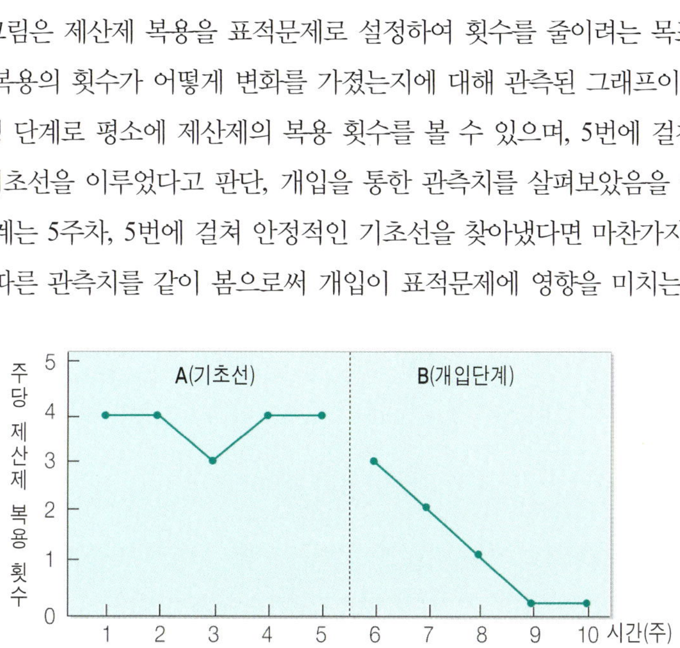

그림 9-2 AB 조사 그래프

2. ABA설계(기초선 → 개입 → 제2기 초선)

AB설계에서 개입이후 제2의 기초선 단계(A)를 추가하는 설계이다. 이는 AB설계에서 문제점으로 지적되는 외부사건, 즉 제3의 요인(외생변수)의 영향을 통제하지 못한다는 단점을 해결할 수 있다.

개입의 중단 후 표적문제의 양상이 다시 개입 이전, 즉 기초선으로 설정한 시기의 모습으로 돌아가는지 살펴봄으로써 개입단계에서의 변화가 개입에 의한 것이었는지 아니면 외부 요인에 의한 것인지 확인할 수 있다.

이처럼 ABA설계는 개입을 중단하고 또 다른 기초선 단계를 도입하기 때문에 AB설계의 문제점으로 지적되는 외부요인 효과를 해결하여 검증할 수 있는 장점을 가지지만, 그럼에도 불구하고 두 가지의 문제점을 보인다. 첫째, 개입을 중단하는 또 다른 기초선 단계 A를 도입한다는 것은 개입을 인위적으로 중단한 뒤의 변화를 관찰하는 것이기 때문에 조사연구가 비윤리적이라는 비난을 받을 수 있다. 둘째, 제2의 기초선 단계에 대한 개입의 이월효과(carryover effect)가 문제될 수 있다. 이월효과라는 것은 개입효과가 상당기간 지속되어 개입을 중단하더라도 문제 상황이 바로 변화하지 않는 것으로 개입단계에 나타난 표적문제의 변화가 개입에 의한 것인지 판별하기가 어려워지는 문제가 나타날 수 있게 된다.

아래의 그림을 보면 기초선을 통해 싸움빈도가 기존에 얼마나 나타나는지 볼 수 있다. 이에 B의 개입을 통해 점차 빈도가 줄어듦을 볼 수 있는데, 이것이 외부요인에 의한 것인지 확인하고자 개입을 중단하게 된다. 이후 싸움빈도의 관측치가 다시 상승함을 보이는데, 이로 인해 개입이 효과가 있음을 확인할 수 있다.

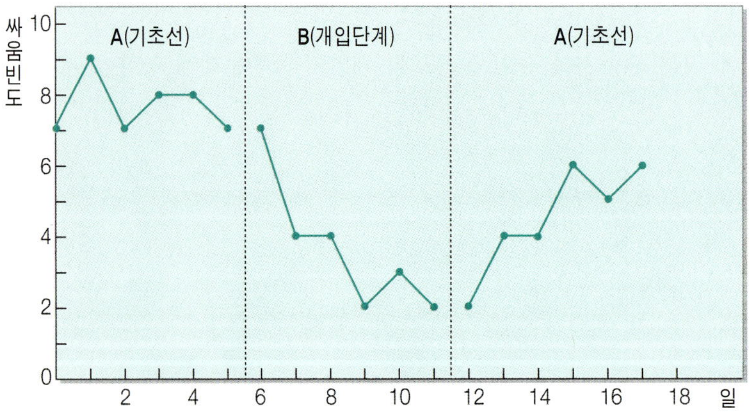

그림 9-3 개입의 효과가 입증되는 ABA설계의 예

3. ABAB설계(기초선 → 개입 → 제2기 초선 → 개입)

ABA설계에 두 번째 개입단계(B)를 추가한 설계이다. 외부사건의 영향을 배제한 개입효과성을 평가한다는 측면에서 ABA설계와 동일한 논리를 사용한다. ABA설계의 윤리적 문제를 극복하기 위해 제2의 기초선 단계를 가능한 짧게 하고 제2의 개입단계를 추가한 설계이지만, ABA설계의 윤리적 문제를 완전히 극복하지 못했다는 한계를 지니고 있고, 연구기간이 길다는 점과 이월효과를 배제하기 어렵다는 점은 여전히 문제점으로 지적된다.

아래의 그림은 ABAB설계로 지속적으로 지적되는 외부사건의 영향을 배제하여 개입의 효과를 증명하고자 한다. 앞의 ABA설계는 개입의 효과에 초점을 두기 보다는 외부사건의 영향을 배제하는데 더 집중했다면 ABAB설계의 경우, 외부사건 배제 이후 개입의 효과까지 입증하고자 한다. 결론적으로 첫 번째 'A'의 기초선에 개입 'B'를 통해 싸움빈도가 줄어듦을 알 수 있고, 이후 개입의 중단 뒤 두 번째 'A'와 개입 'B'를 다시 한 번 시도, 외부요인보다 개입이 효과가 있음이 입증되는 모습을 볼 수 있다. 눈여겨 볼 점 하나로 두 번째 A단계를 4회기로 짧게 관측함으로써 문제로 지적되는 비윤리적인 문제를 제거하고자 노력한다는 점이 있지만, 그럼에도 불구하고 앞에서 언급한 바와 같이 개입의 효과를 보고자 개입을 중단한다는 점은 비윤리적인 문제로 지적되는 한계가 있다.

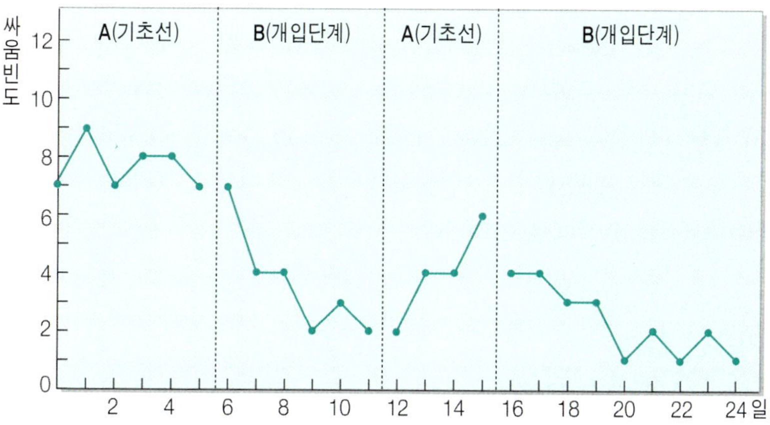

그림 9-4 개입의 효과가 입증되는 ABAB설계의 예

4. BAB설계(개입 → 기초선 → 개입)

처음 기초선 기간을 설정하지 않고 바로 개입단계(B)로 들어간 후 개입을 중단하는 반전의 단계(A)을 갖고 다시 개입을 재개하는 단계(B)를 갖는 설계이다. 바로 개입단계에 들어가기 때문에 빠른 개입이 필요할 때, 즉 응급상황이나 여유가 없어 기초선 단계를 통해 표적행동을 관찰할 수 없는 경우거나 조속히 개입이 이루어져야 하는 경우 적절히 이용될 수 있는 장점이 있다. 또한 반복된 개입을 통해 보다 나은 개입의 효과를 가질 수 있다는 장점을 가지고 있다. 반면 기초선 단계에서 외생요인 통제가 어렵고, 개입효과가 지속적인 경우 개입효과를 평가하기 힘들다는 점이 문제점으로 지적된다.

5. ABCD설계(복수요소 설계)

ABCD설계는 하나의 기초선(A) 자료에 대해서 B, C, D라는 복수의 다른 개입방법들을 연속적으로 도입하는 것이다. 이전의 개입이 일정한 상태의 경향성을 보이면 다른 개입방법을 도입해 보고, 다시 안정된 경향성이 나타나면 또다시 새로운 개입방법을 적용하는 것이다. 이 설계의 장점으로는 첫째, 각각에 대한 기초선이 요구되지 않는 상태에서 다른 개입방법들에 대한 비교가 가능하므로 매우 효율적인 점, 둘째로 실천적인 상황에서는 각기 다른 개입들이 연속되어 이루어지기 쉬우므로 그에 적합한 설계가 될 수 있다는 것이다. 하지만 어느 설계도 한계를 지니는 것과 마찬가지로 복수요소 설계도 단점을 가지고 있다. 첫째로 '이월효과'의 문제로 B와 C 개입이 D단계에 어떤 영향을 미치는지 통제하기 어려운 점이 있고, 둘째로 '순서효과'의 문제로 개입의 순서를 바꾸면 다른 결과가 나타날 수 있다는 점이 있으며, 셋째로 '우연한 사건'이 개입될 수 있다는 점, 마지막으로 해석의 한계로 인해 각 개입방법에 대한 독자적인 효과성의 인과관계를 파악하기 어렵다는 점은 복수요소설계의 한계로 지적된다.

6. 복수기초선 설계

동일한 개입방법을 여러 대상이나 상황, 표적문제에 적용하여 개입의 효과를 측정하는 것이다. 각 상황이나 표적문제, 사람에 따라 개입시점을 각기 다르게 하여 기초선단계가 하나가 아닌 여러 개가 되므로 복수기초선 설계라 한다.

복수기초선 설계는 여러 상황이나 표적문제의 개입시점이 다름으로써 표적문제의 변화가 외부적 사건에 의한 영향이 아닌 개입에 의한 변화임을 확인할 수 있다. 즉, 한 개입방법이 어떤 외부적인 환경이나 특정한 행동들에 대해 잘 적응되고 어떤 것들에는 잘 안되는지를 확인할 수 있는데, 이는 개입방법의 적용범위 및 한계 등을 명확히 하는데 중요 기초자료가 된다.

(1) 복수 문제 기초선 설계

복수 문제 기초선 설계는 한 대상자(사례)의 여러 표적문제에 대한 개입의 효과성을 확인하는 것이다. 즉, 같은 사람이 같은 상황(장소)에서 나타내는 여러 표적문제에 대하여 동일한 개입전략이 효과성이 있는지를 보는 것이다. 이 때 표적문제들은 서로 독립적이어야 하는데, 표적문제들 간에 서로 상호작용이 있다면 서로 다른 표적문제의 변화가 개입에 의한 변화인지 아니면 다른 연관된 표적문제의 향상에 따른 변화인지 분간하기 어렵다.

(2) 복수 상황 기초선 설계

같은 클라이언트의 동일한 표적문제에 대한 개입효과가 장소나 상황에 따라서도 보편적으로 검증되는지 보는 것이다. 의도된 개입을 두 가지 이상의 다른 장소나 상황에 적용시켜 그 개인의 표적문제를 변화시킬 수 있는지 볼 수 있다.

(3) 복수 대상자(사례) 기초선 설계

복수 문세 기초선 설계나 복수 상황 기조선 설계와 마찬가지의 원리로 같은 유형의 문제를 가진 여러 명의 사람들을 대상으로 개입을 실시한 후 개입의 효과가 있는지 파악하는 설계이다.

그렇다면 복수 기초선 설계의 장단점은 무엇일까? 우선 복수 기초선 설계의 장점으로는 첫째, 외적 사건의 영향 가능성을 배제하기 위하여 개입을 인위적으로 중단하지 않아도 되기 때문에 ABA, ABAB 설계가 가지고 있던 윤리적 문제점을 극복할 수 있다는 점이 있다. 둘째로 복수의 표적문제, 복수의 상황, 복수의 사례 등에서 유사한 결과가 나올 경우 개입효과의 일반화 가능성을 시사해 준다는 장점이 있다. 반면에 단점으로는 첫째, 동일한 개입방법을 여러 사례에 적용한 후 변화를 비교하는 것이므로 사례 간 상호작용이 일어날 수 있다는 점, 둘째, 개입이 진행되는 표적문제, 상황, 사례에만 적용되어야 하기 때문에 개입 효과가 기초선 상태에 머물러 있는 두 번째 표적문제, 상황, 사례에도 적용되어 효과의 일반화가 문제로 발생할 수 있으며, 개입의 효과를 파악할 수 없게 방해할 수 있다는 점이 한계로 지적된다.

9.4 단일사례연구설계의 결과 분석

1. 시각적 분석

기초선단계와 개입단계에 그려진 그래프를 보면서, 개입 이전보다 개입 이후에 표적행동에서 눈에 띨 만한 변화가 있었는지를 시각적(visual)으로 확인하는 것이다.

시각적 분석을 통해 두 가지, 즉 수준의 변화와 경향성의 변화를 중점적으로 볼 수 있다. 수준의 변화란 표적문제의 강도나 빈도, 지속기간 등에 있어서 개입 전후에 현격한 수준의 차이가 나타나는지 살펴보는 것으로 그래프에서 기초선과 개입선의 높이 자체가 얼마나 차이를 보이는지를 통해 알아볼 수 있다. 또한 경향성의 변화를 통해 표적문제의 양상이 어떤 방향성으로 나타나는지 살펴볼 수 있다.

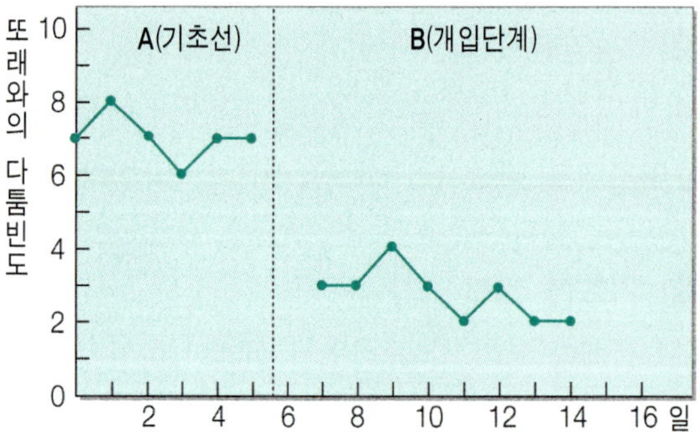

그림 9-5 수준의 변화가 뚜렷한 그래프

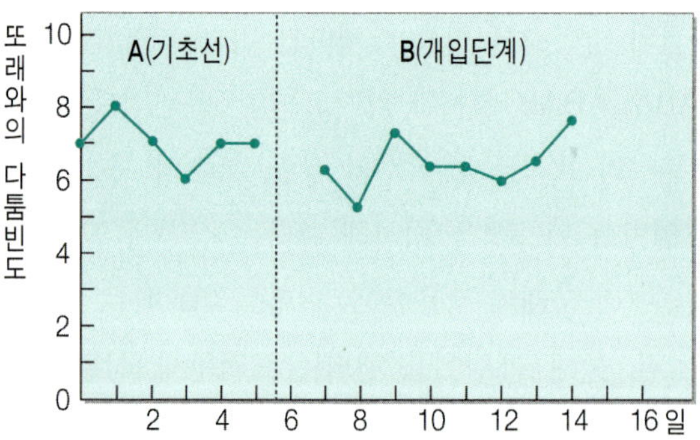

그림 9-6 수준의 변화가 뚜렷하지 않은 그래프

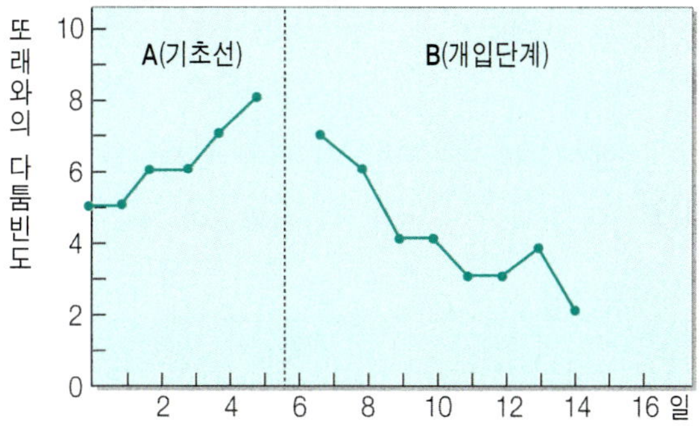

그림 9-7 **경향성의 변화가 뚜렷한 그래프**

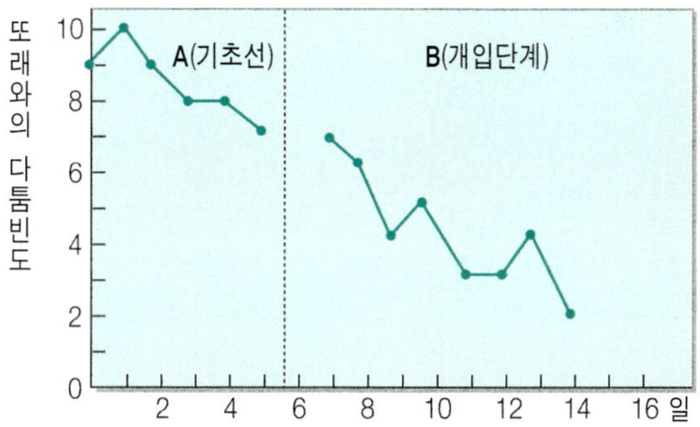

그림 9-8 **경향성의 변화가 드러나지 않는 그래프**

2. 임상적 분석

개입이후에 변화가 발생하였다면, 그 변화가 실질적인 면에서 얼마나 의미를 갖는 변화인지를 사회복지사가 임상적(clinical)으로 판단하는 것이다. 이는 다소 객관성에 문제가 있을 수 있다.

3. 통계적 분석

시각적 분석으로는 명확한 해석을 하기 곤란할 경우 좀 더 객관적인 방법으로 활용되는 것으로, 평균 비교와 경향선 접근의 두 가지 방법이 주로 사용된다.

(1) 평균 비교

기초선이 비교적 안정적일 경우 기초선과 개입단계에 나타난 표적문제의 평균값을 비교하여 변화를 파악하는 방법이다.

아래의 그림을 예로 보면 기초선에서 평균 7, 표준편차 0.63으로 다툼이 평균적으로 7번, 평균값에서 0.63 범위로 값들이 많거나 적게 나타남을 알 수 있다. 이렇게 나온 기초선의 평균과 개입단계에서 나타나는 빈도의 평균의 차이를 통계적으로 비교할 수 있다. 수치 비교를 통해 개입이 효과가 있는지 알 수 있으며, 평균이라는 기술통계 수치를 제공하기 때문에 좀 더 객관적인 방법으로 개입 효과의 근거로 사용할 수 있다. 일반적으로 기초선의 평균값에 표준편차의 2배수(2SD)를 뺀 값을 기준으로 개입으로 인한 영향력을 평가할 수 있다. 만약 기준값보다 개입선 평균이 차이를 보이지 않는다면 개입으로 인한 영향이 무의미하다고 볼 수 있는 것이다. 아래의 그림과 같이 5.74라는 수치보다 낮게 나와야 개입이 영향을 미친다고 분석할 수 있으며, 이 선에 겹침이 없이 높거나 낮게 나와야 영향의 유의미함을 평가할 수 있다. 또한 간과해서 안 될 점은 기초선이 안정적일 경우에 평균비교가 사용가능하다는 점인데 기초선이 불안정한 경우에는 다음에 설명하는 경향선 접근을 통해 분석해야 한다.

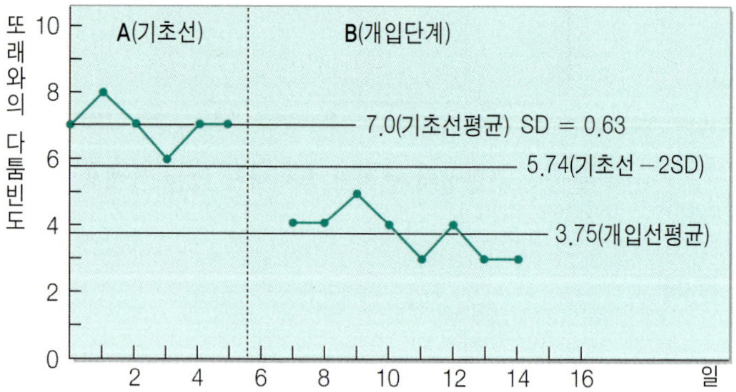

그림 9-9 **평균 비교법**

(2) 경향선 접근(celeration line approach)

앞에서 언급한 바와 같이 기초선이 불안정한 경우에 사용하는 접근방법으로 기초선 단계의 측정점들을 반으로 나누어 각 그룹의 평균을 구한 후 이 두 평균을 연결하여 경향선을 만든다. 위에서 기초선 평균에 표준편차의 2배수를 빼줘 기준선을 만들었다면 경향선 접근에서는 경향선을 기준으로 개입의 효과성을 판단할 수 있다. 개입단계에서 관찰점이 모두 경향선 아래 또는 위에 있다면 개입은 효과적이라고 분석할 수 있으며, 아래의 그림과 같이 개입단계의 관찰점이 모두 경향선 아래에 있기 때문에 개입이 효과가 있다고 말할 수 있다.

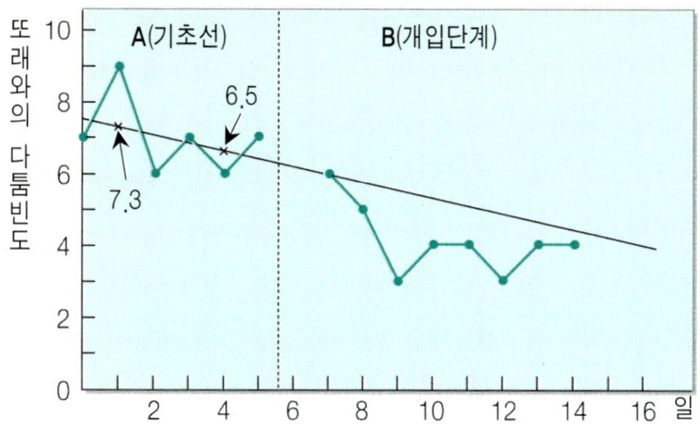

그림 9-10 경향선 접근법

10
Chapter

설문지 구성과 자료수집

10.1 자료수집

측정도구 개발까지 이르는 데 필요한 앞의 사항들을 통해 이제 측정도구를 이용하여 자료를 수집하고자 한다. 측정도구는 자료수집의 수단으로써 이 장에서는 자료수집이 무엇인지, 무엇이 있는지 등 자료수집에 대해 알아보고자 한다.

1. 자료수집의 개념

자료수집(data collection)이란 연구설계과정에서 결정된 연구방법론에 따라 자료를 수집하는 과정이다. 가설검증을 목적으로 하는 설명적 연구, 정확함과 객관성을 중시하는 기술적 연구, 현상에 대한 이해의 수준을 높이기 위한 질적 연구 모두 자료수집의 과정에서 구조화 정도나 조사도구의 엄격성이 강조되어야 한다. 일반적으로 질적 연구보다는 설명적 연구나 기술적 연구의 경우에 이러한 성격이 더욱 두드러지게 강조된다. 그러나 자료수집은 어떤 연구에서든지 신중히 이루어져야 하며, 이를 고려하여 연구문제와 환경에 맞게 적절히 이루어져야 할 것이다.

자료수집의 방법으로는 설문조사(서베이 방법)와 관찰 및 면접, 내용분석 등의 방법이 있고, 자료의 종류는 1차 자료와 2차 자료를 볼 수 있다. 이러한 자료들을 수집하는데 있어 고려되어야 할 점은 포괄성과 효율성, 정확성, 효과성, 편리성, 용이성, 객관성 등이 있으며, 이러한 성격들이 포함되어 있는 자료를 수집할 때 의미 있고 객관적인 결과가 나올 수 있을 것이다.

자료수집의 방법에 대해서는 지속적으로 제시될 것이기 때문에 여기서는 자료의 종류에 대해서 알아보도록 하자. 우선 앞에서도 이야기했다시피 자료의 종류에는 1차 자료와 2차 자료가 있다. 1차 자료는 조사자가 현재의 조사목적을 위해 직접수집하거나 작성한 자료를 말하며, 주로 실험, 설문지, 관찰, 면접 등을 통해 수집된다. 1차 자료의 장점은 무엇보다도 높은 효과성인데, 조사자가 직접 수집하거나 작성하기 때문에 조사목적을 달성하는데 필요한 정보를 얻는데 효과적이다. 또한 구체적이고 체계적인 조사설계를 통해 수집된 자료이기 때문에 신뢰도와 타당도를 적절히 평가할 수 있으며, 필요할 때는 언제든지 사용가능한 장점을 가지고 있다. 반면 자료를 수집하기 위한 시간과 비용이 많이 소요되기 때문에 효율성이 낮다는 단점을 가지기도 한다.

자료수집에 있어 2차 자료는 현재의 조사 목적을 위해 조사자가 직접 수집하거나 작성하지 않은 자료이지만 조사목적을 위해 도움을 줄 수 있는 자료로 볼 수 있다. 즉 다른 조사자가 다른 목적을 위해 사용한 자료로 볼 수 있으며 기존의 사례기록물이나 상담일지, 실태조사서, 발행물, 발표논문 등이 2차 자료로 수집될 수 있다. 또한 2차 자료는 조사자가 소속된 기관 내부의 자료를 의미하는 내부자료와 소속된 기관 외부에서 발간되거나 존재하는 외부자료로 분류된다. 2차 자료의 장점은 효율성이다. 1차 자료와 반대되는 이 특징은 자료수집에 필요한 시간과 비용이 상대적으로 적게 소요되며, 자료를 손쉽게 얻을 수 있다는 점, 자료가 정기적으로 발간될 경우 지속적으로 자료를 수집할 수 있다는 장점을 가지고 있다. 반면에 연구목적에 완전히 부합하는 자료를 구하기가 어렵고 원자료가 신뢰하기 어려운 경우도 있다는 점 등의 효과성 문제가 단점으로 지적되기도 한다(김기원, 2001; 295~297).

이번 장에서는 1차 자료수집 방법 중 설문지 구성과 설문조사의 유형에 대해 자세히 알아보겠다.

10.2 설문지(직접자료 수집방법)

설문지(또는 질문지)는 서베이 조사 등에서 자료를 수집하기 위해 가장 많이 사용되는 방법이다. 설문지나 면접조사표는 모두 언어적 표현을 통해 응답자에게 질문을 하는 도구로 비슷하게 볼 수 있지만 둘 사이에도 차이는 있다. 설문지의 경우 조사자에게 떠나 응답자에게 전달되는데, 설문지를 받은 응답자는 조사자의 도움이나 관여 없이 자신 스스로 설문지에 기입하고 작성한다. 이 방법은 조사자가 응답자와 만나는 것이 아니기 때문에 다수의 인원을 대상으로 일시에 자료를 수집할 수 있으며 수집한 자료의 통계적 분석이 용이한 장점을 가진다. 그러나 자료를 수집하는데 있어 많은 문제점을 지니고 있으며 연구에서 오류를 범할 가능성이 가장 큰 방법이기도 하다(Rubin & Babbie, 2008; 김기덕 외 옮김, 2008; 김갑용 외, 2009).

1. 설문지의 의의와 필요성

설문지는 조사자가 응답자에게 질문을 하기 위한 언어적 표현의 도구이다. 즉 설문지란 측정도구의 개발과정에서 조사자가 직접 개발하거나 기존의 측정도구 중에서 선정한 것을 포함하여 측정해야 할 모든 변수를 질문 형식으로 정리하여 응답자가 쉽게 이해하고 편안하게 응답할 수 있도록 만든 것을 말한다.

측정도구로서 설문지의 필요성은 첫째, 조사결과의 비교가능성을 높일 수 있다는 점에 있다. 응답자에게 주어지는 설문지는 질문하고자 하는 바가 모두 정리되어 있기 때문에 질문하고자 하는 응답자에게는 모두 동일한 방식으로 동일한 내용을 묻게 되므로 응답자 간의 응답을 비교할 수 있는 객관적인 근거가 될 수 있다. 또한 정리된 설문지는 중간에 흔들리거나 변경되는 일 없이 응답자가 작성하기에 측정의 오류가 쉽게 나타나지 않는 장점을 가지고 있다. 이 외에도 빠른 시간에 핵심적 정보만을 선별하여 비교적 개관적이며 솔직하고 정확한 정보를 입수할 수 있다는 장점과 셋째, 불필요한 내용을 설문지에서 삭제할 수 있고 응답자가 무기명으로 응답을 기록하는 경우에는 솔직한 응답이 가능하며 응답의 용이성과 정확성을 높일 수 있다는 장점을 가지고 있다.

2. 설문지 작성 과정

그렇다면 설문지는 어떤 과정을 거쳐 만들어지는 것일까? 설문지를 작성 하기 위해서는 여러 가지 고려해야할 점들이 많다. 먼저 작성 과정을 살펴보고자 한다.

설문지를 작성하기 위해서는 우선 ① 질문의 목적과 범위를 확정하는 것이 필요하다. 누구(who)를 대상으로 무슨(what) 내용을 어떻게(how) 질문할 것인지, 설문을 통해 얻고사 하는 내용과 범위는 어디까지 할 것인지를 결정해야 한다. ② 설문 항목을 선정하게 되는데, 커다란 범주부터 점차 내려가 세부적인 범주까지 설정하게 된다. 이는 설문지의 목적에 맞게 여러 목표를 설정하게 되고 각각의 목표가 범주가 된다. 또 범주의 설정 후 해당 범주별 세부 문항을 선정하여 응답자에게 묻고자 하는 질문들을 구성한다. 이때 중요한 것은 빠뜨리거나 중복되는 문항이 없도록 주의해야 하며 전체적인 맥락이 적절하게 관계를 맺고 있어야 한다. 이렇게 질문을 범주화 했다면, ③ 질문 문항을 작성하게 된다. 연구주제의 성격과 응답자의 특성, 조사결과의 분석 및 해석 방법 등을 고려하고 설문 항목에 따라 질문의 형태와 방법을 결정하여 개별 문항을 구성한다. 예를 들어 응답자의 만족도를 이끌어내고자 할 때는 척도를 이용하여 설문항목을 설정할 수 있을 것이다. ④ 질문의 순서를 결정하고 적절하게 배열한다. 이러면 설문지의 작성은 거의 끝난 것 같이 보이지만 ⑤ 설문지의 표지를 작성하는 중요한 부분이 남는다. 설문지는 조사자의 관여 없이 조사자 스스로 작성되어지기 때문에 응답자의 협조가 필수적이다. 때문에 표지에 협조를 이끌어 낼 수 있는 내용이 포함되어야 하며, 특히 응답자의 개인 신상이 들어갈 경우,

응답자는 정보 유출에 민감할 수 있기 때문에 그러므로 비밀보장에 대한 내용 등도 표지에 명시하는 것이 좋다. 이렇게 완성된 설문지는 ⑥ 본조사를 수행하기 전 사전검사를 하게 된다. 동일한 절차와 방법으로 설문지가 잘 구성되어 있는지 사전검사를 통해 시험하고 문제가 있는 부분은 수정한다(사전검사에 대해서는 뒤에서 다시 한 번 다루기로 한다). 이렇게 사전검사까지 마무리 되면 ⑦ 인쇄하여 본조사에 사용할 수 있을 것이다.

3. 설문 작성 시 고려사항

질문을 작성할 때에는 고려해야 할 사항들이 있다. 여기서는 연구자가 변수를 조작하는 가장 흔한 방법인 질문에 있어 변수의 조작화를 잘하기 위해 도움이 되는 몇 가지 지침을 제시하고자 한다.

첫째, 질문과 진술문을 구분해야 한다. 설문지라 하는 용어는 질문의 모음으로 보여지거나 사용되지만 살펴보면 질문만큼이나 많은 진술문을 볼 수 있다. 연구자는 종종 응답자가 가진 특정 태도 또는 관점의 정도를 측정하는 데 관심을 갖는데 만약 상당히 간결한 진술문 안에 태도를 요약할 수 있다면 종종 그 진술문을 응답자에게 제공하면서 그것에 찬성하는지 반대하는지를 알 수 있을 것이다. Rensis Likert는 이런 절차를 리커트 척도를 통해 형식화했는데 응답자는 매우 동의, 동의, 반대, 매우 반대 등으로 대답할 수 있게 된다. 이처럼 질문이나 진술문 둘 모두 잘 사용하면 유용한 설문지를 구성할 수 있을 것이다.

둘째, 질문에는 개방형 질문(open-ended question)과 폐쇄형 질문(closed-ended question)이 있음을 고려해야 한다. 간단히 생각하면 개방형 질문의 경우 흔히 시험에 쓰이는 주관식 문제와 같고 폐쇄형 질문은 객관식 문제, 즉 오지선다와 같은 유형으로 볼 수 있다. 개방형 질문은 응답자에게 질문을 하고 응답자 자신의 대답을 적게 하여 더 많은 정보를 탐문할 수 있는 기회가 된다. 그러나 이후 해석을 하거나 분석할 때 연구자의 이해나 편견에 따라 달라질 수 있는 가능성 때문에 기술적인 방법보다는 질적 방법인 면접질문에 주로 이용된다.

반면 폐쇄형 질문은 응답자에게 연구자가 제공하는 질문 문항에서 응답을 고르게 한다. 이는 응답의 획일성을 제공하고 이후 더 쉽게 처리될 수 있는 장점이 있다. 그러나 연구자가 응답을 구성하기 때문에 응답자가 자신에게 맞는 명확한 응답을 하지 못할 상황이 발생할 수 있다는 단점이 있다. 예를 들어 “귀하에게 직업을 선택하는데 가장 중요한 것은 무엇입니까?"라는 질문에 응답자가 원하는 응답항목이 없을 수 있는 것이다. 폐쇄형 질문을 고안할 때에는 첫째, 응답범주가 총망라적이어야 한다. 되도록 예상할 수 있는 응답들은 모두 포함해야 하는 것이다. 둘째로 응답범주들이 상호배타적이어야 한다. 하나의 응답을 해야 함에 있어 두 개 이상의 응답을 선택하고 싶어지는 질문이 있어서는 안 된다. 이러한 점에서 폐쇄형 질문은 신중하게 고안되어야 할 것이다. 아래의 표는 개방형 질문과 폐쇄형 질문을 정리하여 보여주는 것이다.

폐쇄형 질문과 개방형 질문

	폐쇄형 질문	개방형 질문
정의	• 응답자에게 미리 정해진 응답범주를 제공하여 그 중에서 응답을 선택하도록 하여 표준화된 응답을 유도하는 질문	• 응답자에게 미리 정해진 응답범주를 제공하기보다는 응답자의 생각, 느낌 혹은 의견 등을 자유롭게 표현하도록 하는 질문
장점	• 신뢰성 있는 응답의 확보 가능 • 질문에 응답하기가 용이 • 시간과 노력이 절약 • 응답 결과의 입력과 분석이 용이	• 응답자가 갖고 있는 정보의 양 및 의견, 감정의 강도 표현 가능 • 연구자가 생각하지 못했던 새로운 정보나 연구주제를 제공받을 수 있음
단점	• 자발성 유도가 어려워 응답자의 진정한 의견이나 감정을 측정하기 어려움 • 응답범주가 이미 구성되어 있어 응답자가 자신의 의견이 반영되는 느낌을 주지 못함 • 중요한 범주가 누락, 세부적 범주가 필요함에도 하나의 범주로 간주함	• 응답자의 자유로운 응답 → 재분류, 분석에 많은 시간 소모 • 응답이 장황, 해석어려움 → 연구자의 자의적인 판단 개입의 여지가 있음
예시	• 당신은 현재 정부가 가장 시급하게 도움을 주어야 할 대상이 누구라고 생각합니까? ① 노인 ② 장애인 ③ 아동 ④ 근로자 ⑤ 여성 ⑥ 기타	• 당신은 현재 정부가 가장 시급하게 도움을 주어야 할 대상이 누구라고 생각하십니까? [ ]

셋째, 문항을 명료하게 만드는 것이 중요하다. 설문지의 문항이 모호하면 응답자로부터 역질문을 받을 수 있게 된다. 설문지 문항은 문항을 명료하게 함으로써 연구자가 원하는 답이 무엇인지를 응답자가 정확하게 알 수 있게 할 것이다.

넷째, 질문들이 종종 응답자에게 복합적인 질문을 하고 하나의 응답을 하라고 요청하는 모습을 볼 수 있다. '찬성' 혹은 '반대'에 대해 선택하게끔 제시하는 질문 앞에 추가적인 하나의 질문, 즉 조건부 질문을 하게 될 경우, 응답자는 조건부 질문에는 찬성하지만 연속되어 질문하는 결과 질문에는 반대할 수 있는 모순적인 상황에 빠지게 될 수 있다. 일반적으로 질문이나 진술문에 '그리고'라는 접속사가 나오게 되면 복수응답 유발형 질문(double-barreled question)을 하고 있는지 점검하는 것이 필요하다. 결국 좋은 질문을 하기 위해서는 복수응답 유발형 질문을 피하는 것이 고려되어야 한다.

다섯째, 질문은 대다수의 응답자에게 관련이 있어야 한다. 응답자가 생각해본 적이 없는 이슈, 정말로 관심이 없는 주제에 관해 질문할 때, 응답자의 답변은 도움이 되지 않을 가능성이 높다. 물론 응답자의 태도는 알 수 있겠지만 응답자의 기억 속에 허구가 실제처럼 인지된다면 연구자는 오판의 위험을 감수해야 하는 것이다. 실제로 Babbie는 응답자에게 하나의 가상 인물을 추가하여 15명의 지역구 정치인을 잘 알고 있는지 물었을 때 응답자의 9%가 가상의 인물을 매체에서 보았다고 답했다 한다.

여섯째, 문항을 만들 때는 짧은 것이 좋다. 연구자는 종종 보다 정확한 정보를 전달하고 정확한 응답을 위해 복잡하고 긴 문항을 만들 때가 많다. 그러나 길거나 복잡한 문항은 응답자가 질문을 이해하고 답하기도 전에 피곤하게 할 수 있다. 문항은 응답자가 빠르게 읽으면서도 이해하기 쉽게 제공되어야 한다. 그렇기 때문에 문항의 올바른 해석을 이끌어 내기 위해서 짧고 명료하게 구성되어야 할 것이다.

일곱째, 문항에 부정문이 들어가게 되면 응답자의 해석이 잘못될 가능성이 높아진다. 쉽게 생각해보면 누구나 시험을 볼 때 문제를 끝까지 읽지 않아 틀릴 때가 많다. 항상 그 문제의 끝에는 '않은 것'과 같이 부정문이 숨겨져 있고 시험이 끝난 뒤에 왜 끝까지 보지 않았을까 후회를 하곤 한다. 이처럼 문항에 부정문이 들어가게 되면 응답자가 문제를 끝까지 읽느냐에 따른 여부에 따라 연구자가 원하고자 응답을 정확히 얻지 못할 수 있다. 또한 부정문이 들어가는 질문은 응답자의 질문 이해를 방해하기 때문에 질문 작성에 있어 피하는 것이 좋다.

이 밖에도 질문을 작성할 때에는 응답자의 특정 반응을 유도하게끔 하는 편견 있는(biased) 문항과 용어를 피해야 하며, 응답하고자 하는 대상의 문화를 민감하게 살펴야 할 것이다. 예를 들어 우리나라 문화에서 신뢰도와 타당도가 높은 측정도구라 할지라도 북한과 같이 문화가 다른 곳의 응답자에게는 측정도구의 신뢰도와 타당도는 보장할 수 없는 것이다. 이처럼 질문은 연구자의 의도도 중요하지만 대상자인 응답자 역시도 충분히 고려되어야 할 것이다.

4. 설문 작성 시 사전검사

앞에서 언급하였듯이 설문지 초안이 완성되면 본격적으로 조사하기에 앞서 소규모 집단이나 개인을 대상으로 검사(test)를 하게 된다. 이는 연구자가 아무리 신중히 설문지를 작성할 경우에도 애매모호한 질문이나 사람들이 응답할 수 없는 질문, 앞에서 언급했던 규칙들을 위반한 경우 등, 실수가 있을 수 있기 때문에 사전검사를 수행하는 것이 필요하다. 사전조사를 실행할 표본은 10명 이하로 설정해도 적당하며, 무작위로 선정하는 것보다는 본조사에서 응답을 얻어내고자 하는 대상과 유사한 사람들로 선정하는 것이 좋다. 주의할 점은 사전검사에 참여했던 대상들이 본조사에 참여해서는 안 된다는 점이다. 그 이유는 사전검사를 통해 본조사의 응답이 변할 수 있기 때문이다.

사전검사는 응답자들에게 설문지의 잘못된 부분을 찾아달라고 하기보다 성실히 질문에 응답하게 하는 것이 좋다. 응답자들이 설문지를 완성하고 이 완성된 설문지를 연구자가 결과를 도출하여 분석함으로써 결과가 예상과 달리 나타나는 부분은 없는지, 설문지 초안의 설문내용, 언어구성, 응답형태 및 문항 배열 등에 있어 오류나 문제점은 없는지를 검증할 수 있을 것이다.

5. 사전검사(Pre-test) 결과의 대처

사전검사를 통해 연구자는 설문지의 결과를 얻을 수 있을 것이다. 설문지의 결과에 따라 문제점이 파악될 수 있는데 그에 따른 대처에 대해 알아보자.

첫째, 설문지의 응답자체를 거부하는 경우가 많을 경우가 있다. 이럴 경우 연구자는 조사방법 자체를 변경해야 한다.

둘째, 응답자가 질문의 순서 변화에 따라 반응이 다르게 나타나는 경우에는 설문지 문항 순서를 수정한다. 어떠한 설문지든지 응답자는 순서대로 문항에 응답하게 된다. 물론 설문지에 순서대로 진행해 달라는 문구가 제시되지 않는다면 응답이 쉬워보이는 문항부터 응답하는 경우도 있겠지만 일반적으로 설문지는 나열된 순서대로, 더욱이 질문의 이동까지 지시되어 있는 경우도 있어 순서대로 응답하게 된다. 그런데 문제는 질문의 순서에 따라 질문들 간의 반응이 이상하게 나타날 경우인데, 이는 질문 순서가 질문들 서로 간에 영향을 미치게 되기 때문에 그러한 요인을 제거하기 위해서 순서의 변화로 대처하는 것이 필요하다.

셋째, 설문지의 결과 신뢰도가 낮게 나타난 경우 응집력 있게 설문지를 구성하는 것이 필요하다. 예를 들어 우울증의 여부에 대해 묻는 다섯 개의 질문이 포함된 설문지가 있다고 하자. 이 설문지는 사전검사를 통해 신뢰도가 낮게 나타났는데, 이는 다섯 개의 질문이 응답자의 우울증의 여부를 판단할 수 없다는 것이다. 즉, 질문의 신뢰도가 떨어져 응집력 있게 구성해야 한다는 말은 다섯 개 질문이 우울증의 여부라는 특성을 알아내기 위해 통일성 있게 구성되어져야 한다는 것이다. 다시 말하면 다섯 개의 화살(질문)이 중앙의 과녁(우울증의 여부)에 다 같이 명중되어야 한다는 것이다.

마지막으로 응답 내용이 한쪽으로 치우치거나 모순 또는 합치되는 응답이 나오는 경우 표현 방식 및 응답 범주를 조정하는 것이 필요하다.

6. 설문의 유형과 항목 배열

(1) 설문의 유형

질문의 유형에는 이분형 질문, 서열형 질문, 평정형 질문, 선다형 질문, 행렬식 질문, 조건형 질문 등이 있다.

① 이분형 질문은 '찬성, 반대' 또는 '그렇다, 아니다' 식의 폐쇄형 질문의 한 형태로 간단한 문제나 찬반양론을 묻는 질문에 적당한 방법으로 사용할 수 있다. ② 서열형 질문은 일련의 응답카테고리들에 대해서 중요성, 선호나 우선순위 등에 관한 순서에 따라서 응답하도록 하는 질문이다. ③ 평정형 질문은 강도를 달리하여 서열화된 응답카테고리(선택항목)들 중에서 하나를 선택하게 하는 것이며, ④ 선다형 질문의 경우 세 개 이상의 카테고리들 중 하나를 선택하도록 하는 방식이다. ⑤ 행렬식 질문은 동일한 응답 항목들을 가진 질문들을 체계적으로 묶어서 하나의 질문세트를 만드는 것이며, ⑥ 조건형 질문은 어떤 특정 내용에 대해 응답자를 걸러 내기 위한 것으로 여과형 질문(filtering question)이라고도 한다. 조건형 질문의 예를 들면 '장애인 의무고용제도에 대해서 어떻게 생각하십니까?'와 같은 질문을 통해 '찬성, 반대'로 응답하게 하고, '만일 반대하신다면 그 이유는 무엇이라고 생각하십니까?'라는 부가질문을 던질 수 있을 것이다.

문제는 앞에서도 언급한 바와 같이 복수 응답을 유발하는 질문인 쌍열질문(double-barreled question)이다. 쌍열질문의 예를 들면 '당신은 청소년통행금지지역을 설정하는 것(A)과 청소년통행금지시간을 설정하는 것(B)에 대해 어떻게 생각하십니까?'는 (A)와 (B)의 두 질문이 하나의 질문으로 합쳐져 있는 것으로 볼 수 있다. 이러한 질문은 응답자에게 혼란을 주게 되며 질문을 분리하여 물음으로써 해결될 수 있다.

좋은 질문이 된 첫 번째 변형은 '당신은 청소년통행금지지역을 설정하거나 또는 청소년통행금지시간을 설정하는 것에 대해 어떻게 생각하십니까?'라는 질문으로 '또는' 이라는 접속사를 통해 질문을 분리시켜 각각의 응답을 듣고자 하는 방법이다. 두 번째 변형은 '당신은 청소년통행금지지역을 설정하는 것에 대해 어떻게 생각하십니까?', '당신은 청소년통행금지시간을 설정하는 것에 대해 어떻게 생각하십니까?'처럼 아예 두 가지의 질문으로 따로 묻는 방법이다.

(2) 설문의 항목 배열

설문지를 만들기 위해 고려되어야 할 사항으로 질문을 어떤 순서로 배열해야 하는지에 대해서 알아보도록 하자.

첫째, 답하기 쉬운 질문을 먼저 배열해야 한다. 예를 들어 민감한 질문이나 개방형 질문이 먼저 나오게 될 경우, 응답자에게 어려움을 줄 수 있다. 이에 폐쇄형 질문이나 간단히 답할 수 있는 질문들을 앞으로 배치하여 응답자의 응답을 이끌어 낼 수 있게 한다.

둘째, 질문이 논리적으로 배열해야 한다. 논리적이라는 말은 질문들이 '개연성 있다'라고 볼 수 있는데, 하나의 질문 뒤에 뜬금없는 질문이 나오거나 자신에게 해당되지 않는 질문을 묻게 되면 응답자는 혼란을 가질 수 있다. 이에 응답자들이 질문에 응답함에 있어 매끄럽게 진행해 나갈 수 있도록 적합한 순서로 정리해야 한다는 것으로 이는 수반형 질문(앞에서 언급한 조건형 질문)과 연관 된다. 예를 들어 흡연 여부에 대한 질문의 경우 모든 응답자에게 적용되지 않는다. 그러나 연구자는 흡연을 하는 사람에게 '하루에 얼마 정도를 피는지'를 물어볼 수 있다. 이 때 흡연을 하지 않는 사람은 질문에 응답하지 않아도 되도록 작성해야 한다.

셋째, 응답군이 일정한 방향으로 응답하는 경향으로 조성되지 않도록 문항을 배치해야 한다. 행렬식의 경우 역질문의 배치를 하여 응답자가 응답함에 있어 집중력을 잃지 않도록 해야 한다.

이 밖에도 질문의 배열에 있어 응답자의 집중력을 떨어뜨리지 않게 유도하게 하는 일반적인 것을 먼저 묻고 특수한 것을 뒤이어 묻는 것, 질문 항목들의 유형과 길이를 다양하게 구성해야 할 것과 신뢰도를 검사하는 질문은 서로 떨어지게 배치함으로써 신뢰도를 확보하는 것이 중요하다. 자칫 응답자의 집중력이 떨어지거나 질문에 제대로 응답하지 못하는 상황이 왔을 때, 신뢰도를 검사하는 질문이 연달아 있게 될 경우, 응답의 신뢰도가 모두 떨어질 위험이 있다. 이에 신뢰도를 검사하는 질문은 부분부분 떨어뜨려 배치하는 것이 적절하다. 마지막으로 설문지는 연구자가 응답자의 응답에 관여하지 않기 때문에 수월한 응답을 위해 표지와 응답지침, 사전부호화 등을 포함시키는 것이 필요하다. 아래의 표는 질문문항을 작성 할 때 피해야 할 질문들의 예이다.

※ 설문문항 작성 시 피해야 할 질문

- 설문 문항을 작성할 때 일반적으로 피해야 할 질문은 다음과 같다.
  - 이중질문 : 이번 달에 헌혈을 하였거나 치과에 간 적이 있습니까?
    ( )예 ( )아니요 ( )모르겠다
  - 유도질문 : 당신은 부실기업에 공적 자금을 지원하지 말아야 한다는데 동의하십니까?
    ( )찬성 ( )반대 ( )모르겠다
  - 대답하기 어려운 질문 : 지난 한 해 동안 텔레비전을 몇 시간이나 시청하였습니까?
    ( )시간
  - 전문용어질문 : 에릭슨의 사회발달이론이 프로이트의 정신분석이론의 진보라고 하는 데 동의하십니까?
    ( )예 ( )아니요
  - 선동적인 또는 극단적인 질문 : 당신은 종교적으로 광신자에 해당됩니까?
    ( )예 ( )아니요
  - 부정적인 질문 : 마리화나는 마약류 처벌 대상에서 제외되어서는 안 된다고 생각하십니까?
    ( )예 ( )아니요

7. 설문조사의 장·단점

설문조사는 응답자에 대한 정보를 획득하는 자료수집 방법으로 사회조사에서 가장 많이 사용되고 있다. 사회복지영역에서는 클라이언트의 기능, 사회복지사의 개입 및 사회복지조직의 효과성 등을 평가하기 위해 널리 사용되고 있다. 여기서는 설문조사의 장점과 단점, 설문지의 응답과 회신의 용이성 및 유인책, 설문지 회수율 모니터링에 대해 알아보도록 하자.

(1) 설문조사의 장점

설문조사의 장점은 앞의 설문지의 필요성에서 언급하였기에 여기에서는 간략하게 보고자 한다. 설문조사는 면접법과 달리 ① 적은 비용으로 대규모집단을 대상으로 정보수집이 가능하기 때문에 시간과 비용이 절약되어 효율적이라는 점, ② 설문조사는 공간에 구애받지 않고 사용할 수 있기 때문에 접근성이 좋다는 점, ③ 동일한 언어로 구성된 설문지를 이용하기 때문에 객관적인 측정이 가능하다는 점, ④ 표본오차가 있으나 외적 타당도가 높은 정보를 얻을 수 있다는 점, ⑤ 자료의 범위가 넓기 때문에 일반화의 정도와 수준이 높은 점과 마지막으로 ⑥ 현실의 상태를 비교적 정확하게 반영하는 자료를 얻을 수 있다는 장점을 가지고 있다.

(2) 설문조사의 단점

계속해서 언급하던 설문조사의 장점과 달리 설문조사 역시 한계점들을 가지고 있다. 이를 살펴보면 ① 보통 한 시점에서 끝나 시계열적인 정보를 얻기가 어렵다. ② 고도의 조사지식과 기술을 요한다. ③ 응답자의 심리상태를 알 수 없어 피상적인 결과가 나타나기 쉽다. ④ 외생변수의 통제가 불가능하기 때문에 내적 타당도가 결여될 수 있다. ⑤ 모든 응답자들을 대상으로 하기 때문에 특정 집단 대상 질문이 누락될 가능성이 있다. ⑥ 응답자에게 응답이 맡겨지기 때문에 돌발 상황이 발생할 경우 대처가 유연히 이루어지기 어려운 융통성 부족의 문제가 있다. ⑦ 분석단위가 개인이기 때문에 광범위한 사회적 맥락은 다루기 어려운 한계가 있다.

(3) 질문지의 응답과 회신의 용이성 및 유인책

설문지는 완성하기 손쉬워야 한다. 그러나 설문작성에 관한 설명서가 없거나 부적절하게 되어 있는 경우, 개방형 질문이 너무 많거나 질문이 너무 긴 경우 설문지를 완성하기 어렵게 한다. 이는 부실한 설문지로 볼 수 있으며, 설문지를 손쉽게 완성할 수 있게 노력해야 할 것이다. 반면에 설문지는 완성이 쉬워야 하는 점도 중요하지만 응답의 회신 역시도 무척 중요하다. 설문지가 작성되었음에도 불구하고 받지 못한다면 연구자는 연구를 할 수 없게 되기 때문에 보통 명확한 설명서와 함께 자신의 주소가 적혀 있고 우표가 붙여진 봉투를 응답자에게 제공하는 것이 일반적인 관례이다. 그러나 최선의 응답유인책은 응답자에게 조사가 가치 있고 협력이 중요하다는 것을 확신시키는 것이다. 물론 설문지를 완성해주는 것에 대한 보상으로 현금이나 상품을 제공하는 것도 설문지의 회신을 유인하는 좋은 방법이기도 하다.

(4) 질문지 회수율 모니터링(사후독촉)

응답률은 사후독촉을 통해 상당히 향상될 수 있으며, 거의 모든 설문조사에서 사후독촉을 표준적인 운영절차로 사용하고 있다. 사후독촉이 없을 때는 응답률이 50~60% 정도 기대되는 반면, 사후독촉이 있을 때는 70~80% 이상의 응답률을 기대할 수 있다. 사후독촉 시 주의해야 할 점은, 독촉편지는 단지 회수를 위해 말을 하는 것이며 응답자를 위협해서는 안 된다는 점이다.

10.3 설문조사의 5가지 유형

1. 우편설문조사

우편조사는 우편을 통해 설문지를 전달하여 대상자가 응답하도록 하는 방법이다. 응답자 본인이 직접 응답을 기입하는 자기응답식(자기기입식)이며, 비대면적 관계를 통해 자료를 수집하기 때문에 설문지 외에 조사목적, 중요성 등을 설명하고 협조를 당부하는 소개문을 동봉해야 한다. 이 때 회신용 봉투와 우표를 준비해 함께 보내는 것이 중요하며 이는 회수율을 높일 수 있는 좋은 방법이다.

(1) 장점

우편설문조사의 장점으로는 ① 비용의 절약, ② 시간의 절약, ③ 익명성 보장, ④ 표본의 대표성 확보, ⑤ 면접자 편견의 배제, ⑥ 정보의 확보가 있다.

첫째, 우편설문조사는 우표, 인쇄비, 반송, 처리, 분석 등 비용이 상대적으로 적게 들며, 보내고자 하는 대상에게 한 번에 발송하여 응답을 받을 수 있기 때문에 약속시간을 잡고 면접을 진행하는 면접법보다 시간이 절약되는 장점이 있다.

둘째, 일반적으로 질문에 답하는 응답자들은 여러 가지 사회적 규범이나 개인의 프라이버시 노출과 관련하여 고려하고 응답할 때가 많다. 이러한 특징 속에서 우편설문조사는 응답자에게 익명성을 보장하여 사회적으로 바람직하지 않거나, 사회적 규범을 벗어나는, 또 타인에게 공개적으로 드러내기 곤란한 응답도 기꺼이 솔직하게 응답할 수 있게 하는 장점이 있다.

셋째로 우편설문조사는 광범위한 지역에 있는 많은 사람을 대상으로 조사하기가 용이하며, 많은 대상에게 응답을 받을 수 있기 때문에 표본의 대표성을 확보하는데 용이하다.

넷째, 설문이 우편으로 보내진 후 조사자와 응답자는 대면 접촉하지 않는다. 이에 설문 외의 내용에 대해서 조사자는 응답자에게 물을 수 없으며, 응답자를 조사자가 원하는 어떤 방향으로 이끌어 나갈 수 없다. 때문에 우편설문조사는 면접에서의 면접자가 편견을 가질 수 있다는 단점을 배제할 수 있다.

다섯째, 우편설문조사는 정보의 확보라는 측면에서 응답자에게 생각할 시간을 충분히 줄 수 있기 때문에 깊이 생각해야 할 사항이나 다른 사람의 의견을 참조해야 하는 사항일 경우에 적절하게 사용할 수 있다.

(2) 단점

위와 같은 장점에도 불구하고 우편설문조사에는 단점 역시 존재한다. ① 언어적 특수성, ② 융통성 결여, ③ 불성실한 응답 가능성, ④ 응답자에 대한 통제 불능, ⑤ 환경의 통제 불능, ⑥ 낮은 회수율, ⑦ 간단한 질문만 적합하다는 단점들이 있으며, 구체적으로 다음과 같다.

첫째, 우편설문조사의 경우 설문지를 읽고 응답해야 하는 것이기 때문에 글을 읽을 수 없는 사람은 조사대상자로 될 수 없다. 또한 면대면 조사가 아니기 때문에 비언어적 행위에 대한 정보를 수집할 수 없다는 한계를 지닌다.

둘째, 질문에 대한 응답자의 응답이 명확하지 않거나, 응답자가 질문을 잘못 이해하여 답하더라도 중간에 교정할 수 없기 때문에 융통성이 결여되는 한계를 가진다.

셋째, 조사자와 응답자가 직접 대면하지 않기 때문에 응답자의 불성실한 응답이 발생할 수 있다. 또한 같은 맥락으로 설문을 직접 작성하지 않는 경우도 발생하게 되는데, 본인이 아닌 제 3자가 특정 문항에 응답하거나 설문지 자체를 작성하게 되는 문제가 발생할 수 있다.

넷째, 설문지가 완성되는 데까지 필요한 날짜나 시간적인 요인을 통제할 수가 없다. 또한 낮은 회수율도 우편설문조사의 큰 한계로 지적된다.

다섯째, 우편설문조사는 설문이 시작됨과 함께 전적으로 응답자에게 모든 것이 맡겨지기 때문에 조사자는 더 이상 개입할 수 없다. 그렇기 때문에 질문의 수준에 있어서도 자세히 물을 수 없게 되며, 간단하고 간략한 질문만을 묻게 되는 한계를 가진다. 때문에 응답 대상에게 자세한 내용을 원할 경우에는 우편설문조사보다는 면접을 진행하는 것이 좋다.

(3) 우편설문지의 회수율에 영향을 미치는 요인

우편설문조사에서는 설문지를 만들고 응답자에게 보내는 것도 중요하지만 그에 못지않게 설문지를 회수하는 것도 중요하다. 그렇기 때문에 조사자는 설문지의 회수율을 높이기 위해 여러 가지 사항들을 고려해야 한다. 질문지의 형태나 봉투는 응답자의 응답에 대한 의지를 유도해낼 수 있도록 고려해야 하며, 안내서신을 동봉하는 것이 중요하다. 안내서신이 중요한 이유는 응답자가 설문을 작성하는데 보다 쉽게 이해할 수 있게 하며, 조사자의 의도를 알릴 수 있는 방법으로 이용될 수 있기 때문이다. 우편설문조사의 경우 설문지가 전달되어지면 더 이상 조사자의 의도를 알릴 수 없기 때문에 안내서신의 역할은 더욱 중요하다고 볼 수 있다. 이밖에도 조사자는 설문지의 우송방법이나 우송시기를 고려해야 하는데, 예를 들어 응답자들이 설문지에 집중하기 힘든 휴가기간이나 명절과 같은 시기는 피해 우송해야 할 것이다. 마지막으로는 앞서 언급한 사후독촉과 같이 후속조치를 통해 회수율을 높일 수 있을 것이다. 이처럼 조사자는 여기서 제시한 것들 외에도 여러 가지 요인들을 고려하여 설문지의 회수율을 높일 수 있도록 노력해야 한다.

2. 집합조사법과 배포조사법

위의 우편설문조사는 개인적 자기기입법에 속한다. 여기에는 집합조사법과 배포조사법도 포함되어 있는데, 아래의 표를 살펴보도록 하자.

집단조사법과 배포조사법의 비교

	집단조사법	배포조사법
의의	• 추출된 피조사자들을 한 자리에 모아 질문지를 배부하고 응답자가 직접 기입하고 조사자가 회수하는 방법이다.	• 유치법이라고도 한다. 질문지를 배부하여 응답자가 기입한 후 회수하는 것이다. 보통 응답자가 기입할 때 조사자는 그 곳에 있지 않는다.
장점	• 조사를 쉽게 진행 • 저렴한 비용 • 조사조건의 표준화 : 조사의 설명, 조건을 똑같이 할 수 있다.	• 회수율이 높다. • 저렴한 비용 • 응답자가 생각할 시간의 여유가 있다. • 재방문의 횟수가 많다.
단점	• 응답자 개인별 차이를 무시 → 타당성이 낮다. • 응답자를 모으는 것이 어려워 오히려 비용이 많이 들 가능성이 있다. • 응답 시 주변사람(옆 사람, 다른 사람)의 영향을 받을 가능성이 있다. • 질문지에 잘못 기입되었어도 시정하기 어렵다.	• 글을 읽을 수 있는 사람에게만 가능하다. • 응답 시 제3자의 영향의 가능성이 있다. • 질문지에 잘못 기입되어도 시정하기 어렵다.

3. 면접조사

조사자와 조사대상자간의 질문과 응답 등 언어적 상호작용을 통해 조사대상자가 내면에 가지고 있는 자료를 수집하는 방법이다.

면접조사의 특징을 보면 우선 면접조사는 대화를 통한 상호작용이므로 조사자는 면접을 통해 피면접자의 열성을 확인할 수 있다. 만약 피면접자가 열성이 없을 경우, 조사자는 피면접자가 응답을 적극적으로 할 수 있도록 유도하여 연구목적에 기여할 수 있게 할 수 있다. 그리고 중요한 것은 대화를 통해 이루어지기 때문에 조사자와 피면접자는 질문과 응답이 무엇을 의미하는지 인식할 수 있어야 한다. 만약 조사자가 질문을 제대로 인식하지 못한다면 연구목적에 맞는 질문을 할 수 없으며, 이는 피면접자가 질문을 제대로 이해하게 하지 못하게 만들고 제대로 된 응답을 이끌어 낼 수 없게 하는 것이다. 또 다른 특징으로 면접 초기, 피면접자의 의심과 경계가 생길 수 있다는 점이다. 면접에 참여는 긴장감을 불러일으킬 수 있으며, 긴장감은 편안한 응답을 할 수 없게 한다. 이에 조사자는 부드럽고 개방적인 태도를 통하여 편안하게 응답할 수 있는 환경을 조성하여 자연스럽게 응답할 수 있도록 할 수 있다. 마지막으로 질문의 순서나 내용은 면접의 흐름을 중단하지 않는 범위 내에서 융통성 있게 수정될 수 있다.

(1) 장점

면접조사는 우편설문조사와는 달리 응답자와 직접 만나 진행한다. 그런 성격에서 장점은 ① 융통성, ② 환경의 통제 가능성, ③ 복잡한 질문의 사용 가능성, ④ 높은 응답률, ⑤ 비언어적 행위 관찰을 들 수 있다.

첫째, 면접조사는 우편설문조사와 달리 응답자와 직접 만나 현장에서 진행하게 되므로 조사자가 면접상황에서 필요에 따라 적절한 질문을 결정하고 물을 수 있다는 융통성이 있다.

둘째, 우편설문조사의 경우 응답자의 환경을 통제할 수 없다는 단점이 있다. 반면 면접조사의 경우, 조용한 장소를 찾거나, 응답자가 설문에 집중할 수 있는 장소를 선택할 수 있다.

셋째, 복잡한 질문지를 사용할 수 있다는 장점이 있다. 우편설문조사는 일단 보내지고 나면 설명할 수 있는 방법이 제한적이기 때문에 간결한 질문을 주로 쓰게 되지만, 면접조사의 경우 복잡한 질문이라도 의문 사항이 있으면 직접 설명해줄 수 있기 때문에 사용가능하다.

넷째, 면접조사의 경우 글을 읽고 답하는 것이 아닌 말로 질문과 대답을 하기 때문에 글자를 모르는 문맹자의 경우에도 설문이 가능하다는 장점이 있다. 또한 직접 만나 진행하기 때문에 제3자가 응답할 수 있다는 문제를 차단할 수 있으며, 약속을 통해 이루어지는 만큼 높은 응답률을 이끌어 낼 수 있다.

다섯째, 질문에 응답하게 되는 언어적 행위는 직접적으로 응답자의 의사를 알 수 있지만 간접적으로 나타나는 비언어적 행위도 면접조사에서는 관찰 가능하다. 만약 응답을 하면서도 그와 반대되는 비언어적 행위가 나타난다면 응답의 타당성을 다시 한 번 고려할 수 있을 것이다.

(2) 단점

우편설문조사의 한계를 극복할 수 있는 면접조사라 하더라도 한계는 있다. 이는 우편설문조사의 장점이 단점으로 나타나게 되는데, ① 비용과 시간의 한계, ② 면접자의 편의 발생, ③ 익명성 부족, ④ 접근성의 낮음, ⑤ 기록을 참고할 기회가 부족하다는 점, ⑥ 질문어법의 표준화 부족 등이 있다.

우선 면접조사에서는 조사 참여 독려 및 협조 요청, 적극적 정보 제공 유도, 객관적 기록의 역할을 하는 면접원의 역할이 무척 중요하다. 이에 면접조사에는 면접원을 선발하고 훈련하는 것과 자료분석에 비용이 많이 들게 되는 단점이 있다. 또한 마찬가지로 자료를 정리하고 분류, 부호화하는데 시간이 많이 소요되며, 면접자가 장거리를 가야하는 경우에 시간이 많이 소요되는 단점을 가진다.

둘째, 면접자의 편의가 발생할 수 있다. 면접자는 질문을 하고 해석하면서 면접을 이끌어 나가게 된다. 이 때문에 응답자의 대답을 면접자 자신이 편의로 해석할 수 있는 문제가 발생할 수 있으며, 이에 질문 결과가 객관적이지 못할 수 있는 단점이 있다.

셋째, 면접조사는 면접자와 응답자가 면대 면으로 만나 진행되기 때문에 익명성이 보장되기 어렵다. 익명성이 보장될 수 없을 때의 문제는 자신의 개인적 정보나 환경에 대한 질문이 개인을 둘러싸고 있는 문화나 환경적인 상황에 이질적일 때, 응답자의 응답에 부정적 영향을 줄 수 있다는 단점이 발생할 수 있다.

넷째, 응답자가 광범위한 지역에 존재하기 때문에 면접자의 이동거리가 멀어질수록 조사가 어려워지는 접근성의 한계를 지니게 된다.

다섯째, 면접은 약속을 통해 이루어지기 때문에 보통은 시간을 정해놓고 진행할 때가 많다. 이에 면접자는 원활한 면접을 위해 질문지를 준비하여 사용하지만 때로 면접자 자신이 궁금한 점이나 정보를 전달해야 하는 상황이 발생할 수 있다. 이때, 기록이나 정보를 참고할 수 있어야 하지만 제한된 시간과 정보접근성이 항상 있는 것이 아니기 때문에 한계를 가질 수 있다는 단점이 있다.

여섯째, 질문지를 통해 질문의 기준은 표준화 될 수 있으나 응답자에 따라 질문에 대한 응답이 다르게 나타날 수 있다. 다양한 응답자의 응답 에 대한 표준화는 어렵기 때문에 응답 간의 비교도 어렵다는 단점을 지닌다.

(3) 면접조사의 구조화 정도에 따른 분류

구조화란 계획이나 문항이 사전에 결정되는 정도이다. 구조화에 따라 면접은 구조화 면접, 반구조화 면접, 비구조화 면접(개방형 면접)으로 구분된다.

구조화 정도에 따른 분류

구분	구조화 면접	반구조화 면접	비구조화 면접
의미	• 면접자가 구체적인 면접 계획(질문 문항, 질문 순서, 어조까지 제시)을 갖고 진행(면접조사표) • 임의로 질문을 바꾸거나 새로운 질문을 도입 등 수정을 가할 수 없다. • 면접자의 편향된 오류를 최소화하기 위한 조치 • 개방형 질문, 폐쇄형 질문 • 표준화된 면접	• 면접의 일정정도를 표준화하되 구체적인 면접지침이 아닌 자율권이 주어지는 방법(면접지침) • 반표준화된 면접	• 면접원은 단지 전반적인 면접 주제만 알고 면접의 진행에 맞추어 스스로 질문하는 방법(연구될 범위) • 자유응답식, 개방형 질문 • 비표준화된 면접

(4) 구조화 면접과 비구조화 면접의 장·단점 비교표

구분	구조화 면접	비구조화 면접
장점	• 정보의 비교 가능 • 신뢰도가 높음 • 자료의 수량적 표준화와 통계처리 가능 • 질문의 언어구성에 따른 오류 감소 • 분류하고 부호화하는데 용이 • 비교적 훈련이 덜 된 면접자에게 활용가능	• 융통성이 있음 • 의미의 표준화 가능 • 면접결과의 타당도가 높음(생생하고 정확한 정보를 얻을 수 있음) • 무의식적 경험, 지각, 동기와 같은 내면상태에 대해 알고 싶을 때 유용함
단점	• 새로운 사실을 발견할 가능성이 낮음 • 면접상황에 대한 적응도가 낮음(딱딱한 질문 시 응답자가 방어의식을 가짐) • 의미의 표준화가 어려움 • 특정분야의 깊이 있는 측정이 어려움 • 융통성 없는 질문으로 정확한 지식이나 의견을 파악하기 어려워 타당도가 낮을 수 있음 • 면접자의 자율성이 낮음	• 면접결과의 숫자화나 측정이 어려움 • 신뢰도가 떨어지고 결과의 비교가능성이 감소 • 가설입증, 인과관계검증의 어려움 • 면접자의 능력이나 기술수준에 조사결과의 질이 달라짐 • 면접결과의 정리, 분류, 부호화에 시간과 인력, 비용이 소요

4. 전화설문조사

훈련된 조사원이 전화를 통하여 응답자들에게 질문을 하고 응답을 얻어내는 방법으로 신속하고 대표성 있는 정보를 수집하는 데 적절하다. 자료수집에서 준대면적 방법을 사용하는 것을 특징으로 하며, 사회복지뿐만 아니라 여러 분야에서 널리 이용되고 있다.

(1) 장점

전화설문조사의 장점으로는 간편하고 신속하여 시간과 비용을 절약할 수 있다는 점, 전화번호부를 이용하여 비교적 쉽고 정확하게 표본을 추출할 수 있다는 점, 준대면적 방법으로 조사자의 선입관과 편견을 줄일 수 있고, 대부분의 사람들이 유선전화나 무선전화를 가지고 있기 때문에 접근성이 높다는 점이 있다. 이밖에도 전화설문조사는 즉각성에 민감한데, 예를 들어 국회의 대통령 탄핵의결 후 국민여론조사나 선거를 앞두고 현 상황에 대한 국민여론조사를 빠르게 조사할 수 있다는 장점이 있다. 이외에도 면접조사에 비해 비용 효과성이 높고, 통제와 완전자동화가 가능하며, 익명성이 높다는 장점을 가지고 있다.

(2) 단점

반면 우편설문조사의 단점으로는 설문조사와 같이 응답자의 비언어적인 표현이나 주변 상황을 알 수 없다는 점, 면접조사와 같이 시간의 제한(전화시간의 정도)이 있기 때문에 조사내용의 분량에 제한이 생기는 점이 있다. 또한 설문지를 주는 것도, 직접 만나는 것도 아니기 때문에 시청각적 보조물의 활용이 어렵고, 대상자를 추출하는 표집에 있어 조사자의 편의가 발생할 가능성이 있는 단점을 가진다.

5. 전자설문조사

인터넷이 보편적으로 사용가능하게 됨으로써 최근 활용되기 시작한 전자설문조사는 크게 이메일을 이용한 설문과 웹사이트에 게시하는 e-survey로 나눠 볼 수 있다.

(1) 장점

전자설문조사의 장점으로는 무엇보다 신속하고 비용이 저렴하다는 점인데, 발송과 회수에 비용이 없으며, 응답자의 응답이 바로 반영될 수 있다는 신속함은 큰 장점이다. 더불어 인터넷이라는 특수성이 조사자와 피면접자의 거리가 멀다하여도 상관없이 접근할 수 있는 장점을 가지며, 광범위한 대상에게 동시에 접근할 수 있다는 장점을 가지고 있다. 이와 같은 맥락으로 응답자들은 자신이 편한 시간대를 선택하여 설문지에 응답할 수 있으며, 조사자는 메일을 통해 후속독촉을 보다 간편히 할 수 있다. 마지막으로 광범위한 대상, 즉 표본수가 많아져도 추가비용이 들지 않는 장점이 있다.

(2) 단점

위와 같은 장점과 달리 전자설문조사의 단점은 표본추출의 문제가 있다. 설문조사의 경우 글자를 읽지 못하면 응답할 수 없는 것과 같이 전자설문의 경우 인터넷과 컴퓨터를 사용할 수 있는 대상자에만 국한될 수 있다. 또한 표집대상이 제한적이고 인터넷 표본은 전체인구를 대표하기 어렵다는 한계를 지니고 있고 전자설문의 경우 응답자가 자발적으로 참여하는 것이기 때문에 낮은 응답률과 회수율로 나타날 수 있다는 한계가 있다.

설문조사 유형 장·단점 비교

	장 점	단 점
우편조사	• 비용절약 • 시간절약 • 익명성 보장 • 표본의 대표성 확보 • 면접자 편견의 배제 • 정보의 확보	• 글을 읽을 수 없는 사람에게는 불가능 • 융통성 결여 • 불성실한 응답 • 비언어적 행위 정보수집의 어려움 • 환경 통제불능 • 낮은 회수율 • 응답자 통제불능
면접조사	• 환경의 통제 • 질문과정 유연성 • 높은 응답률 • 타당성 평가가능	• 비용소요 • 시간소요 • 면접자의 편의발생 • 익명성 부족 • 접근성 낮음 • 기록참고 기회 부족 • 질문어법의 표준화 부족
전화조사	• 간편, 신속, 시간과 비용 절약 • 비교적 쉬운 표본추출 • 조사자 편견 개입방지 • 접근성이 좋음 • 즉각성에 민감 • 면접조사에 비해 비용효과성 • 통제와 완전자동화 가능 • 익명성이 보장	• 응답자의 표정, 주변상황을 알 수 없음 • 시간의 제한 → 조사분량 제한 • 시청각적 보조물 활용의 어려움 • 응답자 표본 확인이 어려움
전자조사	• 신속하고 비용이 저렴 • 접근용이성 • 응답의 질 제고 • 표본수가 많아져도 추가비용이 들지 않음	• 표본추출의 문제 • 대표성이 떨어짐 • 낮은 응답률과 회수율 • 자기선택의 편의발생 가능성

11
Chapter

관찰법과 내용분석법

11.1 관찰법

1. 관찰법의 개념

관찰(observation)이란 사회적 상황에서 발생하는 여러 가지 현상에 대한 정보를 목격하는 대로 기록하는 방법을 의미하며, 이러한 관찰은 연구를 위한 자료수집방법으로 유용하게 사용될 수 있다. 즉, 자료수집 방법으로의 관찰은 관찰자가 조사대상을 구체적 목적을 통해 자신의 시각, 청각 등의 감각을 이용하여 관찰한 후 관찰내용을 사전에 정해진 방법에 따라 계량화하는 것을 말한다. 이는 과학적 관찰방법으로 볼 수 있으며, 특징을 보면 첫째, 관찰이 일정한 연구목적에 의해 제한되고, 둘째, 체계적이고 조직적으로 계획되며, 셋째, 체계적으로 기록되어 일반화된 명제에 관련되어 있고, 마지막으로 타당도와 신뢰도에 대한 검증과 통제가 가능해야 한다.

관찰이 사용되는 곳은 설문조사와 달리 특수한 상황에서 인간의 행동이나 어떤 현상을 조사하고자 하는 곳이며, 이를 심도 있게 분석한다는 점에서 탐색적 목적을 가진 예비조사에 흔히 사용된다. 또한 설문조사나 면접조사 등에서 얻기 어려운 자료나 다른 조사자료를 보완하기 위해 사용된다(전남련, 권경미, 김덕일, 2007. Selltiz, Wrightsman, & Cook, 1976; 채구묵, 2006; 양정하 외, 2006; 김갑용 외, 2009에서 재인용).

2. 관찰법의 장·단점

(1) 장점

관찰법의 장점은 여러 가지가 있지만 우선 관찰자가 관찰대상을 직접적으로 관찰하기 때문에 대상의 있는 그대로를 즉각적으로 기록할 수 있다는 장점이 있다. 둘째, 관찰대상자는 관찰되고 있다는 사실을 모르거나 오랜 기간 관찰될 경우, 관찰대상이라는 사실을 잊어버리기 쉽기 때문에 사회적으로 바람직한 행위나 태도를 취하려고 하는 모습이 배제되고 자연스러운 모습을 보일 수 있다. 셋째, 관찰법은 비언어적인 행위나 사회적 상호작용 등 비언어적인 자료들도 관찰 대상으로 할 수 있기 때문에 언어적인 의사소통이 어려운 아동이나 장애인 등을 조사대상으로 삼을 수 있다. 10장에서 본 설문조사나 면접법 등 대부분의 방법들은 대상자가 언어가 가능해야 조사가 가능하다는 한계점을 관찰법이 보완할 수 있을 것이다. 넷째, 관찰법은 자신의 의사를 표현하기 싫어하는 대상자라 할지라도 조사할 수 있는 점, 즉 다양한 연구대상을 조사할 수 있다. 다섯째, 설문조사나 실험의 경우 시간적 제약을 가지는 반면 관찰법은 자연스러운 상황에서 오랜 기간 동안 지속적으로 조사가 되므로 장기간의 종단 분석이 가능하다. 예를 들어 유전자와 환경 중 무엇이 더 인간의 성격 형성에 영향을 미치는지 보기 위해 쌍둥이의 환경을 관찰함으로써 연구될 수 있을 것이다. 이 연구주제는 오랜 기간의 연구가 필요하기 때문에 종단분석이 가능한 관찰법을 통해 이루어질 수 있다. 여섯째, 조사자가 연구대상자에게 개입하는 것을 최소화하기 때문에 연구자료가 오염될 가능성이 낮은 응답과정의 오류 최소화가 있다. 일곱째, 연구대상의 무의식적인 행동, 즉 너무 일상적이거나 의례적이어서 무의식적으로 이루어지는 행동의 경우 오직 관찰을 통해서만 측정이 가능하다.

(2) 단점

반면 관찰법의 단점에는 접근성 확보가 어렵다는 점이 있다. 범죄집단 또는 사이비 종교집단 등은 관찰자가 관찰을 위해 대상자에게 접근하는 것도 어렵지만 그 집단 속으로 들어가는 것은 위험할 수도 있다. 때문에 관찰법은 대상에 따라 관찰 행위에 대한 접근이 어려운 경우가 많다. 둘째, 민감한 쟁점이 있다. 관찰의 내용이 개인적이고 민감한 내용일 경우이거나 타인에게 드러내기 곤란한 행위일 경우에는 관찰이 어려울 수 있다. 예를 들면 익명성 보장과 관계된 범죄행위나 낙태, 부부의 성관계 등의 민감한 내용은 관찰대상자가 드러내기 곤란해 할 것이기 때문에 관찰이 어려울 수 있다. 셋째, 사건 발생까지 대기해야하는 문제가 있다. 즉, 관찰하고자 하는 행위가 있다면 발생할 때까지 기다려야 한다. 예를 들어 관찰하고자 하는 대상이 상습적으로 남의 물건을 훔치는 병을 갖고 있다면, 실제로 그 사건이 발생할 때까지 관찰자가 기다려야 하는 단점이 있다. 만약 관찰 목표를 설정하고 관찰을 함에도 불구하고 그 목표사건이 오랫동안 일어나지 않는다면 관찰자는 언제까지 관찰을 지속해야 할지에 대한 혼란과 갈등에 빠질 수 있을 것이다. 넷째, 인지력의 한계가 있다. 과학적 조사를 하기 위해서는 객관적 시선을 가지고 관찰하는 것이 중요하다. 그러나 관찰자도 인간이기에 주관적인 개인의 선호도나 관심정도, 지식 범위 등에 의해 관찰이 치우치게 될 수 있다. 다섯째, 유추 시 문제를 발생하게 하는데, 앞에서 이야기한 바와 마찬가지로 관찰에서 객관적인 사실은 문제가 되지 않으나 관찰한 사실을 유추하여 해석하게 될 경우에는 관찰자의 주관이 개입 될 수 있다는 문제가 발생할 수 있다는 한계가 있다. 여섯째, 사건의 발생을 관찰하는 것이 단순 서술이나 기록일 경우가 많기 때문에 계량화가 어렵다는 점, 설문조사에 비해 표본의 크기가 작은 점, 관찰대상자가 관찰당하는 느낌이 들 경우 평소와 다른 행동을 보이게 되는 관찰자 효과가 나타날 수 있다는 점이 단점으로 지적된다. 또한 외생변수와 같이 급작스럽게 관찰대상자에게 개입되는 사건들은 통제가 어려우며, 인간의 태도나 신념에 비해 인간행동은 쉽게 변할 수 있기 때문에 관찰에 의한 결과가 일회적인 것에 지나지 않을 수 있다는 단점들이 지적된다.

3. 관찰법의 유형

관찰은 절차의 조직성에 따라 조직적 관찰과 비조직적 관찰로, 관찰자의 참여정도에 따라 참여관찰과 비참여관찰, 준참여관찰로 나누어 볼 수 있다(채구묵, 2001). 여기에서는 이와 더불어 조사자가 직접 관찰 하는지를 기준으로 분류하는 직접관찰과 간접관찰까지 보기로 한다.

(1) 직접관찰과 간접관찰

관찰자가 관찰대상을 직접 관찰하는지 여부에 따라 직접관찰과 간접관찰로 나뉜다. 직접 관찰은 연구대상이 되는 사회적 현상, 행위나 태도를 관찰자가 직접 보고 관찰한 바를 기록하여 자료로 사용하는 것으로 시간과 비용이 많이 드는 특징을 가지고 있다. 반면 간접 관찰의 경우 시간적, 공간적인 접근성이 없어서 직접 관찰할 수 없었던 사건이나 행위, 태도를 각종 기록물이나 문헌 또는 사후적 흔적을 통해 관찰할 수 있다. 이러한 간접관찰은 직접관찰에 비해 적은 비용으로 자료를 수집할 수 있으며, 사후 흔적을 통해 관찰·조사하는 것의 예로는 마모측정을 들 수 있다. 마모측정이란 자료의 마모정도를 조사하여 조사대상의 특성을 파악하는 간접관찰로 인기 많은 도서를 알아보기 위하여 도서의 마모된 상태를 조사하곤 한다.

(2) 조직적 관찰과 비조직적 관찰

관찰 대상과 관찰법의 통제 또는 조직화에 따라 분류한다. 조직적 관찰(Structured Observation)은 관찰 행위의 유형, 시기와 기록 방법, 추론의 정도가 체계적으로 구조화되어 있는 관찰로서 관찰내용을 표준화하고 관찰표(observation schedule) 등의 보조기구를 사용하여 관찰하는 것을 말한다. 일반적으로 인과관계에 관한 가설검증 등 조사연구에서 주로 활용하는 조직적 관찰의 장점은 보다 체계적인 관찰이 가능하다는 점, 자료처리의 표준화가 있다. 반면 단점은 중요한 결과를 제공해 줄 수 있는 요소를 놓칠 수 있다는 것이다. 이와 반대로 비조직적 관찰(Unstructured Observation)은 관찰 행위의 유형, 관찰의 시기와 기록 방법, 추론의 정도가 비구조화되어 있는 관찰로서 참여관찰이 많이 활용된다. 이를 주로 사용하는 연구자들은 인류학자들을 예로 들 수 있으며, 가설 설정이나 문제를 형성하기 전, 자료 수집 목적의 탐색적 연구에서도 주로 사용한다. 비조직적 관찰의 장점은 조사대상을 보다 생생하게 관찰하고 기록함에 있어 융통성이 있다는 점이다. 하지만 조직적이지 못하고 자료처리의 표준화가 어렵다는 단점을 가지고 있기도 하다.

(3) 참여관찰과 비참여관찰

관찰자가 관찰대상인 집단에 참여하는 정도에 따라 참여관찰, 준참여관찰, 비참여관찰로 분류한다.

참여관찰(Participant Observation)은 관찰자가 신분을 밝히지 않고 대상 집단에 완전히 참여하면서 동시에 관찰하는 방법이다. 참여관찰의 장점으로는 집단구성원과 함께 행동하기 때문에 관찰대상들의 특별한 행동이나 미묘한 감정관계, 또 내부에서만 나타나는 사실까지 경험하고 관찰할 수 있다는 것이다. 또한 관찰대상으로서 인위적인 모습보다는 보다 자연스러운 모습을 관찰할 수 있다는 장점이 있다. 반면에 관찰자가 대상 집단에 들어가 역할을 수행하는 것이 힘들다는 단점이 있는데, 윤락여성 집단을 예로 들어 관찰자가 직접 역할을 수행하고 활동하는 것은 많이 힘겨울 수 있다. 또한 대상 집단에 합류했다 하더라도 역할을 수행하며 관찰을 병행하기는 어려울 수 있다. 때문에 부담되는 역할은 피하는 것이 좋다. 마지막으로 관찰자가 참여하는 기간이 흘러갈수록 집단에 동화되고 자신도 모르는 사이, 객관적인 시선을 잃기 쉽게 된다는 단점이 있다.

준참여관찰(Quasi-participant Observation)은 관찰대상자는 관찰을 알고 있으며 관찰자는 생활 일부에만 참여한다. 예를 들어 사회복지실습을 나가는 학생들은 기관에서 실습을 하면서 사회복지사들을 관찰한다. 기관의 직원들도 실습생들에 의해 관찰당하고 있다는 사실을 알지만, 업무에 방해가 되거나 크게 신경 쓰지는 않는다.

마지막으로 비참여관찰(Non-participant Observation)은 관찰자가 신분을 밝히고 관찰하는 것으로 조직적인 관찰에 주로 사용한다. 참여관찰과 다른 점은 관찰자가 성원으로서 참여하지 않는, 제삼자의 입장이라는 점이다. 문제는 관찰자의 신분이 밝혀짐으로 인해 대상들이 조사의 대상이 되고 있다는 것을 인식하여 미묘한 관계나 내부에서만 나타나는 관계, 자연스러운 모습을 볼 수 없는 호손효과가 발생할 수 있다. 반면 참여관찰과 달리 비참여관찰은 역할수행이 어려운 집단들, 위에서도 예를 들었지만 윤락여성집단이나 갱집단의 관찰에 있어 역할 수행 없이 관찰할 수 있다는 점과 객관성을 비교적 오랫동안 확보할 수 있는 장점도 있다.

위의 여러 방법들 중 관찰자가 어떤 방법을 사용할지는 조사대상이나 조사내용 등에 따라 선택해야 할 것이다. 자연스럽고 삶을 깊이 파악하고자 한다면 참여관찰이 좋을 것이고, 정신지체 집단에서 같이 관찰자가 역할을 직접 할 수 없다면 비참여관찰을 진행할 수 있을 것이다.

(4) 관찰자의 역할

앞에서 관찰법의 유형을 보았다면 여기서는 관찰자의 역할을 보고자 한다. 관찰자의 역할은 보통 대상 집단에 어느 정도 참여하는지에 따라, 또 관찰자의 신분공개 여부에 따라 네 가지, 완전참여자 > 관찰참여자 > 참여관찰자 > 완전관찰자로 분류된다. 하나씩 살펴보면 완전참여자의 경우, 관찰자가 자신의 신분을 속이고 대상 집단에 완전히 참여하여 자연스럽게 관찰하는 방법이며 범죄 조직을 연구하는 경찰의 경우를 예로 들 수 있지만 현재에는 잘 쓰이지 않는다.

관찰참여자는 관찰자가 자신의 신분을 분명히 밝히나 참여하는 집단에 완전히 참여하는 방법으로 인류학자들이 소수민족의 문화를 연구할 때를 볼 수 있다.

참여관찰자의 경우 관찰자가 자신의 신분을 밝히고 참여자들과 상호작용을 하는 것은 관찰참여자와 비슷하지만 대상 집단에 완전히 참여하지 않으며, 복지 분야 종사자의 노동조직화를 취재하는 신문기자의 경우, 기자는 자신이 관찰자임을 알리나 노조화의 과정에 노조원처럼 참여하지는 않는 것을 예를 볼 수 있다.

마지막으로 완전관찰자는 관찰 대상에 대한 어떠한 참여도 없이 객관적인 제3자의 입장에서 관찰하는 방법으로 아동의 행동을 아동이 모르게 관찰하는 경우를 말한다.

관찰자의 역할 구분

	관찰자 신분공개 여부	대상집단 참여여부
참여관찰자	X	O
관찰참여자	O	O
참여관찰자	O	△ (상호작용은 하지만 완전히 참여하지 않음)
완전관찰자	X	X

4. 관찰의 내용

(1) 비조직적 관찰의 내용

비조직적 관찰에서는 연구목적에 부합되는 관찰 대상의 기준이 명백히 규정되지 않기 때문에 관찰대상(자)의 행동, 언어, 관련된 해석 및 느낌 등 관찰자는 관찰되는 것이 무엇이든지 기록하고자 할 것이다. 이러한 비조직적 관찰에서는 보통 관찰 후 연구목적에 부합하는 점이 발견되는 경우가 많으며, 그렇기 때문에 관찰을 진행할 때에는 내용의 범주화보다는 앞으로 제시할 일반적인 관찰 요소에 따라 관찰하면 좋을 것이다(남세진·최성재, 1988; Rubin & Babbie, 2005; 김태성 외, 2005에서 재인용. 채구묵, 2001).

첫째, 참여자(participants), 즉 관찰대상의 신분, 상호관계, 수, 연령, 성별, 직업, 관찰 상황에서의 역할과 기능 등 참여자에 대해 파악한다.

둘째, 배경(setting)은 관찰대상이 처해 있는 물리적 혹은 사회적 상황을 의미한다. 즉, 관찰이 행해지는 장소나 대상들의 관계가 어떤 종류의 행위를 격려하고 허용하는지, 또는 억제하고 금지하는지 등을 통해 개인과 사회의 관계나 물리적 환경 등을 살펴 기술할 필요가 있다.

셋째, 관찰 대상이 집단에 참여하는 목적(purpose)과 집단의 목적이 '무엇인가?'를 관찰해야 한다. 즉, 집단이 어떠한 목적을 가지고 있는지, 공식적인지 비공식적인지, 그 집단에 참여하는 개인의 반응이 긍정적인지 부정적인지에 대해 관찰해야 한다.

넷째, 행위(behavior)는 참여자가 실제로 무엇을 누구와 어떻게 행하였는가를 관찰하는 것이다. 예를 들어 행위의 원인과 자극, 행위의 목표, 행위의 방향, 행위의 유형인 대화나 동작, 행위의 질로 열성, 강도, 지속성, 희귀성, 적절성 등을 볼 수 있고, 마지막으로 행위의 효과 및 영향에 대해서 관찰해야 할 것이다.

다섯째, 의미와 관점(meanings and perspectives)은 관찰에 있어 개인이나 개인의 행위에 대한 그들의 주관적 의미에 대해 매우 민감하게 관찰할 필요가 있음을 이야기한다. 두 사람이 같은 행위를 하더라도 개인적인 의미는 둘 모두 다를 수 있다. 그렇기 때문에 관찰대상이 인식하는 견해나 관점에 대해 뒷받침 할 수 있는 증거를 기록할 수 있어야 한다.

이 모든 사항을 빠짐없이 관찰하는 것은 사실상 불가능할 것이다. 그렇기 때문에 어느 것에 중점을 두고 관찰을 할지 선택해야 하며, 위 사항 외에도 중요한 관찰내용이 될 수 있다는 점을 인식해야 할 것이다.

(2) 조직적 관찰의 내용

조직적 관찰은 비조직적 관찰과 같이 융통성이 있지 않으며, 이미 조직화 되어 있는 것이 특징이다. 이미 조직화 되어 있다는 말은 조직적 관찰에서 관찰하려고 하는 대상이나 목적에 맞게 분석의 기초가 될 질문문항이 정해져 있다는 이야기이며, 관찰자는 제시된 문항에 따라 관찰하고 기록하면 된다. 이러한 특징으로 조직적 관찰은 행위나 사회적 현상을 구체화하여 객관화하고 수량화하기가 용이하다.

조직적 관찰에서는 관찰표(observation schedule)를 통해 질문문항과 카테고리를 분류해 분석기초로 사용할 수 있다. 따라서 관찰표를 잘 만드는 것이 조직적 관찰을 성공적으로 수행하기 위한 관건이라고 할 수 있으며, 분석의 기초가 되는 질문문항 또는 카테고리의 구성 여부에 따라 신뢰성과 타당성이 있는 관찰인가의 여부가 결정된다.

관찰표의 질문문항은 조사목적 및 기본이 되는 이론에 근거해서 마련하게 되지만, 처음 시작할 때의 관찰표는 상당히 많은 질문문항과 카테고리가 있기 마련이다. 이는 이후 관찰의 시작과 진행에 따라 생략하거나 보완하여 조사목적에 맞도록 조정하는 것이 좋다.

5. 관찰조사의 설계형태

관찰조사의 경우 관찰절차(비조직적, 조직적)와 관찰상황(자연상황, 인위적 상황)을 결합하여 4가지 형태의 조사설계가 있다.

관찰조사의 형태

		관찰상황	
관찰절차	비조직적	자연상황	인위적 상황
		비조직화 현지조사 Ⅰ	비조직화 실험실 조사 Ⅲ
	조직적	조직화 현지조사 Ⅱ	조직화 실험실 조사 Ⅳ

먼저 비조직화 현지조사는 현지조사에서 가장 많이 사용되는 질적조사의 대표적 설계형태로 볼 수 있다. 둘째로 조직화 현지조사는 조사 내용, 관찰원칙 및 기록방법 등을 사전에 설정하여 이 절차에 따라 관찰하는 방법으로 양적조사에서 많이 사용되고 있다. 셋째, 비조직화 실험실 조사의 경우, 실험적 상황에 관찰 대상자를 두고 비교적 오래 관찰하는 것이 현실적으로 어려움이 있기 때문에 짧은 기간 동안의 치료요법에 활용될 수 있다. 마지막으로 조직화 실험실 조사는 주로 특정 가설 검증을 위해 활용되고 있으며, 대표적인 조사로

는 베일스(Bales, 1952)가 개발한 집단 상호작용 연구조사[8])가 있다(최성재, 2008; 443∼444).

6. 관찰법의 신뢰도와 타당도

관찰법은 질문이나 면접을 이용하는 간접적 방법이 아니라 현실상황을 직접 관찰하는 방법이기 때문에 보다 믿을 만하고, 실제에 가까운 자료를 얻을 수 있는 접근법이라 할 수 있다. 그렇다고 해서 관찰법에 따르는 신뢰도와 타당도에 문제가 없는 것은 아니다(최성재, 2008; 459). 아래는 관찰법의 신뢰도와 타당도에 영향을 미치는 요인과 방안을 표로 정리한 것이다.

관찰법의 신뢰도와 타당도에 영향을 미치는 요인과 방안

타당도에 영향을 미치는 요인	방 안
• 관찰자가 기대하는 행위만 관찰 • 관찰자가 관찰대상과 상호작용 시 발생하는 편의(bias) • 관찰 내용 및 기록 방법에 대한 이해의 부족 **신뢰도에 영향을 미치는 요인** • 관찰할 행동이나 현상이 너무 추상적(관찰자의 추리가 크게 작용) • 관찰의 기록방법과 관련하여 범주의 수가 많고 기록하는 방법에 대한 지침이 불분명 • 관찰자의 건강상태, 작업환경, 신체적 상태 등	• 관찰자에 대한 훈련 : 관찰자의 영향을 줄임 • 철저한 기록, 제3자의 검토 • 사실과 해석을 구분하고 기록하여 편견개입을 검토 • 관찰과 기록방법에 대한 구체적인 지침 제공 • 유사한 형태에 대해 동일한 용어로 기록, 평가 • 조직적 관찰 경우 질문문항을 정확히 기록 • 윤리적·법적 문제가 없을 때 녹음기 등을 사용하여 사실 기록 • 관찰조사와 함께 면접조사나 질문지조사 등 다른 수집방법 병행 • 관찰시간에 따라 동일한 관찰대상도 관찰결과가 달라질 수 있음을 유의 • 관찰과 기록에 필요한 시간을 충분히 제공

11.2 비관여(간접자료 수집방법) 연구조사

비관여적 조사는 연구자가 조사하고자 하는 행위, 사건 혹은 상호작용으로부터 완전히 분리되어서 자료를 수집하는 방법이다. 관여적 연구조사의 문제점을 보완하기 위해 연구

8) 베일스는 많은 여러 가지 예비적 관찰조사를 통하여 집단에서 의사결정이나 문제해결을 해야 하는 경우에는 예측 가능한 형태의 공통적 상호작용 형태가 나타날 것이라고 가정하고, 경험을 통하여 어떤 행동을 관찰할 것인가를 알고 관찰해야 할 행동 카테고리를 만들어 이를 행동관찰에 적용하였다. 이 실험적 연구에서 베일스의 상호작용 과정분석(Interaction Process Analysis : IPA) 행동관찰 목록이 개발되었는데, 이 목록은 조직화된 관찰의 대표적 측정도구로 활용되고 있다

대상과 아무런 상호작용을 갖지 않으면서 기존에 이미 존재하는 기록물이나 역사자료 혹은 물리적 흔적 등을 분석한다.

1. 내용분석법

내용분석법(content analysis)은 개인이나 사회의 의사소통 기록물인 신문, 책, 편지, 일기, 자서전, 상담기록 등을 통하여 연구대상에 대해 간접적으로 자료를 수집하고 분석하는 방법으로 비관여적 자료수집 방법을 활용하는 대표적인 조사방법이다. 또한 내용분석법은 인간의 상징적 기호로 표시된 의사전달의 기록물에 대한 내용적 특징을 체계적으로 기술해서 동기, 원인, 결과, 영향을 객관적·체계적으로 추리하려는 사회과학의 분석기법으로 설명할 수 있으며 질적인 내용을 양적 자료로 전환하는 방법으로 볼 수 있다. 단순한 형태의 내용분석으로는 선전문이나 신문과 같이 분석할 자료를 선정하고 내용을 분류할 범주를 구성한 후 범주에 따라 코딩을 하는 방법이 있다.

(1) 내용분석법의 특징

내용분석의 특징에 대한 여러 학자들의 정의를 종합해 보면 다음과 같은 요소들을 포함하고 있다(Holsti, 1968; Kerlinger, 1986; Lin, 1976; Frankfort-Nachmias & Nachmias, 2000; 차배근, 1984; 김경동·이온죽, 1986; 최성재, 2005).

첫째, 분석 대상이 인간의 의사소통 기록물이다. 구체적으로 보면 출판물인 책·신문·잡지, 라디오와 영상매체, 개인의 편지·일기·자서전, 각종 공문서, 연설, 회의록, 상담에 관한 기록문, 녹음테이프, 녹화테이프, 그림 등이 있다.

둘째, 분석 측면으로는 분명히 파악될 수 있는 현재적(manifest)인 내용과 문맥이나 내용 속에 숨어 있는 잠재적(latent) 내용을 포함한다. 또한 누가, 왜, 무엇을, 어떻게, 누구에게 전달해서 어떠한 효과를 가져왔는지 등의 내용도 포함한다.

셋째, 분석 방법이 객관적이고 계량적이며 체계적이다. 단순히 내용에 대해서 보고하는 것은 내용분석이 되지 못한다. 내용의 분석은 같은 절차를 다른 사람에게도 사용할 경우, 같은 결과를 가져올 수 있을 정도로 객관적이고 계량적이며 체계적이어야 한다.

이상의 세 가지 특징을 중심으로 내용분석을 정의해 보면 “인간의 의사소통 기록물의 현재적 및 잠재적 내용을 객관적이고 계량적이며 체계적으로 분석하여 누가, 왜, 무엇을, 어떻게, 누구에게 전달해서 어떠한 효과를 가져왔는지를 추리하는 연구방법”이라 할 수 있다. 그러므로 내용분석은 그 성격상 문서기록 자료를 대상으로 한 표본 조사에 버금가는 사회과학 연구방법이라고도 할 수 있다(김경동·이온죽, 1986; 최성재, 2005에서 재인용).

(2) 내용분석법의 범주와 분석단위

① 범주

분석단위가 내용을 분석하기 위한 기준항목이라고 하면 범주는 그러한 기준항목들의 특성을 파악하기 위한 틀을 의미한다. 즉, 내용의 특징을 분석하고자하는 분류기준이다. 유의해야할 것은 범주가 연구목적에 적합해야 하고 포괄적이며 상호배타적이어야 한다는 것이다. 적절한 범주를 설정하기 위해서는 문헌 주제에 대한 사전지식이 필요하다.

② 분석단위

분석단위는 주어진 범주로 구분하여 계산하고자 하는 내용의 최소단위를 말한다.

분석단위의 종류

구분	내용
단어(word)	• 문헌자료의 내용 분석을 위한 가장 작은 분석단위로서 얼마나 많이 사용되었는가를 분석해 봄 • 장점 : 다른 단어와 뚜렷하게 구별, 간단하고 명료함 • 단점 : 내용분석 대상이 많아지면 시간과 노력이 많이 들고 맥락에 따라 의미가 달라짐
주제(theme)	• 어떤 내용의 중심이 되는 제목 또는 문제, 여러 개의 문장, 문단, 전체 본문에 확산적으로 나타날 수 있음 • 장점 : 문장의 맥락이나 문단의 전체적 목표를 파악, 대량의 자료를 다룰 때 단어보다 다루기 편리하고 분석단위로 널리 활용 • 단점 : 단어에 비해 경계가 불분명, 여러 개의 주제가 있는 경우 중심적인 주제를 찾는 것이 어려움
인물(character)	• 소설, 전기, 연극, 영화 등 역사적 인물이나 주인공을 중심으로 분석하는 것 • 단어처럼 경계가 분명하여 구별이 용이, 인물이나 주인공의 특성에 대한 시대별 변화를 파악할 수 있음
문단(paragraph)	• 문단은 여러 개의 문장으로 구성된 단락을 의미 • 장점 : 형태적으로 구분이 쉬움 • 단점 : 하나 이상의 주제를 담은 문장의 경우 한 범주에 명확하게 속하기 어려움
항목(item)	• 서적, 잡지, 신문, 학술지 등 소재를 크게 분류하는 것으로 의사소통 전체의 단위
공간 및 시간	• 인쇄물의 지면이나 방송의 시간도 분석의 단위가 됨 예 : 신문의 정치면에 실렸는지 사회면에 실렸는지, 방송이 아침시간대인지 저녁 시간대인지 등

(3) 절차

내용분석법은 연구문제의 형성부터 시작한다. 연구문제를 명확하게 규정하고 연구가설 설정을 통해 분석할 내용의 모집단 결정하고 선정하게 되며, 이후 표집단위와 사례 수를 결정, 모집단에서 표본을 추출한다. 이 때 확률·비확률 표본추출방법이 모두 사용 가능하다. 이렇게 추출하고 선정된 표본을 대상으로 분석 내용들을 특정 범주에 따라 분류하게 되는데, 범주 구성의 원칙인 상호배타성, 포괄성, 타당성, 신뢰성을 잊지 말아야 할 것이다. 내용의 범주화가 되어 지면 범주로 구분하여 계산하고자 하는 내용의 최소 단위로 분석단위를 설정하고 자료를 분석한다. 이후 출연 유무, 빈도, 강도, 시간·공간체계의 분석을 통해 결론을 도출하면 절차가 마무리 된다.

(4) 내용분석법의 장·단점

내용분석법의 장점을 보면 첫째, 직접적으로 자료를 수집하는 것에 비해 시간과 비용이 절약되기 때문에 경제적이다. 둘째, 조사자가 비관여적이기 때문에 연구대상에 영향을 주지 않고 조사 자체에 대한 반응이 없으며, 셋째로 자료를 반복조사하고, 분석의 오류를 쉽게 수정할 수 있어 안정적이라는 점이 있다. 넷째, 장기간에 걸쳐 변화된 내용들을 연구하기에 적합하며, 다섯째로 가치, 태도, 창의성, 인간성 등 다양한 심리적 변수가 측정 가능하다는 점을 들 수 있다. 반면 단점으로는 첫째, 기록된 의사전달만을 다루고, 둘째, 수집상의 타당도는 확보할 수 있으나 실제적인 타당도는 확보가 어렵다. 또한 자료를 구하는데 한계가 존재한다는 점이 단점으로 나타난다.

2. 2차 자료 분석

2차 자료란, 국제기구, 정부나 공공기관 또는 산하 연구기관들에서 제공하는 통계자료를 의미한다. 2차 자료 분석은 2차 자료를 이용하여 개인의 연구문제를 밝히는 것을 말하며, 오늘날에는 정보통신 기술의 발달로 인하여 접근성이 매우 좋아져 2차 자료의 분석이 보다 용이해지고 있는 실정이다.

(1) 2차 자료 분석 시 쟁점

① 타당도의 문제

연구자가 생각하는 변수의 정의와 자료 수집 기관에서 사용한 변수의 정의가 달라서 발생하는 문제이다. 특히, 국제적 비교연구나 시간적 추이연구를 할 때 흔히 발생할 수 있다.

② 신뢰도의 문제

일반적으로 정부나 국제기구의 통계자료는 공신력이 있다고 쉽게 생각하지만 신뢰도가 낮은 자료가 의외로 많다는 점을 주의해야 한다.

③ 생태학적 오류의 문제

2차 자료는 개인 정보를 묻기보다는 지역별 또는 인구 집단별로 종합된 통계치를 제공한다. 그러므로 지역 혹은 인구집단에 대한 통계에 기초한 결과를 마치 개인에게까지 적용할 수 있는 것처럼 해석하지 않아야 한다.

12

Chapter

욕구조사와 평가조사

12.1 욕구조사

1. 욕구의 의의

(1) 욕구의 개념

욕구(need)는 원함(want), 바람(desire)보다 기본적인 개념으로, 바람이 만족시킨다는 의미로 볼 수 있다면, 욕구는 충족시킨다는 의미로 차이를 보인다. 그러한 차이에서 욕구란 '인간의 생존과 성장, 발전을 위해 필요하여 구하는 것'으로 인간이 어떤 목적을 위해 무엇인가의 결핍상태를 충족시키기 위하여 그것을 필요로 하는 상태를 의미한다. 즉, 욕구는 충족되어야 할, 또는 해결되어야 할 문제로 간주되며, 대부분의 경우 욕구와 문제는 같은 의미로 사용되고 있기 때문에 사회적 욕구를 사회적 문제로 보는 경향이 있다. 그러한 의미에서 사회구성원이 필요로 하는 서비스를 사회로부터 위임 받아 전달하는 공익조직체인 사회복지조직체는 사회구성원의 욕구를 파악하여 이를 충족시키기 위한 서비스나 자원배분을 책임감 있게 전달할 수 있어야 한다.

2. 욕구의 유형

욕구를 파악하기 위해서는 인간에게 나타나는 욕구의 서열적 체계를 이해하는 것이 필요하다. 욕구를 내용에 따라 분류하여 개념화하는 것이 바람직한 사회복지에서는 매슬로우(Maslow, 1954)의 욕구단계이론(서열체계론)에 의한 욕구분류가 사회복지 정책과 직접 서비스 프로그램 개발에 많은 의미를 가지고 있다. 또한 욕구의 개념과 관련하여 욕구의 종류를 이해하는 것이 중요하기 때문에 브래드쇼(Bradshaw, 1972)의 욕구분류에 대해서 알아보고자 한다(최성재, 2005).

(1) 매슬로우(Maslow)의 욕구단계이론

매슬로우(Maslow, 1908)는 욕구를 다음의 다섯 가지로 유형화 하였다. 각 단계마다 상이한 욕구가 존재하며, 욕구가 충족되어져야 상위 욕구가 나타난다고 이야기한다. 먼저 가장 하위 욕구로 의식주와 관련된 인간의 가장 기본적이고 필수적인 생리적/신체적 욕구가 있다. 그리고 신체적으로 안정을 유지하고 외부의 위험으로부터 보호 받고자 하는 안전 욕구가 있으며, 정서적으로 만족을 얻고 집단에 소속되어 관계를 맺고 사랑받고 싶은 소속과 애정의 욕구가 있다. 소속과 애정의 욕구까지 채워지면 다른 사람으로부터 인정받고 존중받고 싶어지는 자아존중감 욕구가 나타나며 이 모든 욕구가 채워지면 마지막으로 자아실현 욕구가 나타난다. 가장 상위 차원의 욕구로 인간의 잠재적인 능력에 대한 실현의 욕구로 볼 수 있다. 이후 매슬로우는 성장욕구인 자아실현의 욕구를 인식적 욕구(cognitive needs), 심미적 욕구(aesthetic needs), 자아실현욕구(self-actualization needs), 초월욕구(transcendence needs)로 다시 구분하였다. 아래는 매슬로우의 초기 5단계와 이후 8단계의 욕구단계를 그림으로 정리한 것이다.

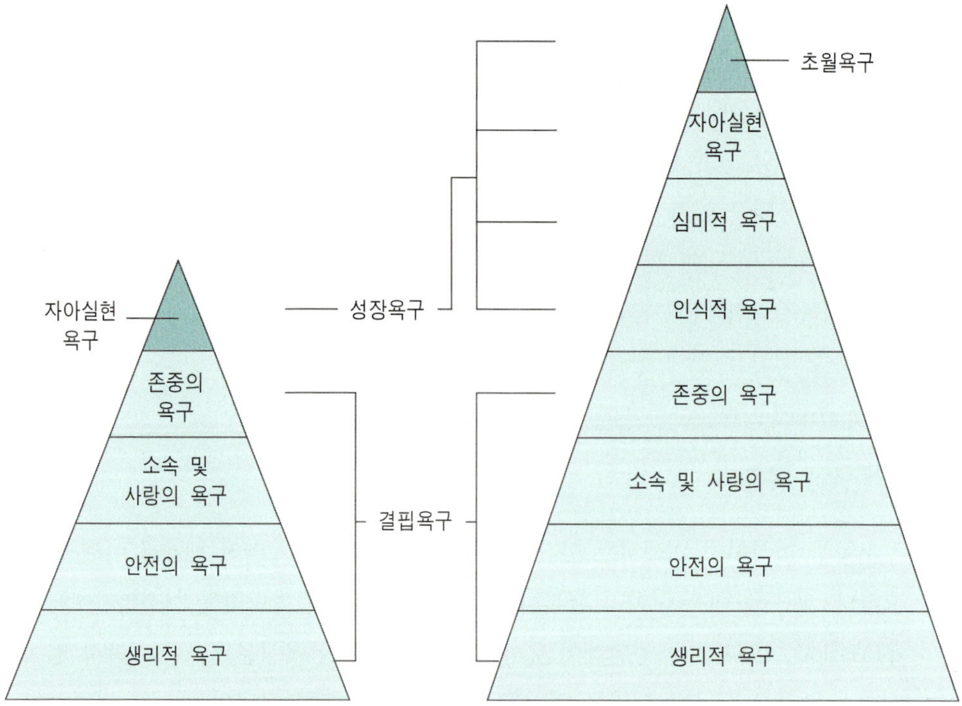

그림 12-1 매슬로우(Maslow)의 욕구 초기 5단계와 이후 8단계

(2) 브래드쇼(Bradshaw)의 욕구 분류

앞에서 언급하였듯이 욕구의 개념과 관련하여 욕구의 종류를 이해하는 것은 중요한데, 브래드쇼(Bradshaw, 1977)가 정리한 다음의 네 가지로 욕구 유형에 대해서도 알아보도록 하자.

먼저 규범적 욕구(normative need)는 일반적으로 전문가에 의해 필요하다고 규정된 욕구를 말한다. 즉, 바람직한 욕구충족의 수준을 정해놓는다거나 최고의 욕구수준을 정해놓고 그 정해놓은 욕구충족 수준과 실제로 충족된 상태와의 차이를 보고자 하는 것이다. 그렇기 때문에 규범적 욕구는 전문가의 전문성이나 지식 및 경험에 의해 영향을 받는다.

인지된 욕구(felt need)는 감촉적 욕구로 불리기도 하며, 당사자의 느낌에 의하여 인식되는 욕구이다. 클라이언트에게 직접 또는 전화 및 우편설문조사를 통해 물어보고 인지되는 욕구를 말한다. 하지만 이 경우 욕구가 과소평가되거나 개인에 따라 욕구가 다를 수 있다는 점으로 인해 객관적인 측정으로는 활용이 어렵다는 점과 더불어 표본의 대표성에 한계가 있다. 그럼에도 불구하고 욕구가 개인에 따라 차이가 나는 정도나 개인적 의미를 아는 데는 도움이 될 수 있다.

표출된 욕구(expressed need)또는 표현된 욕구는 필요한 서비스를 신청하였거나 어떤 프로그램이 필요하다는 것을 직접적으로 표출한 것으로 욕구의 수요(demand)라고 할 수 있다. 주로 대기자 명단(waiting list)으로 파악되지만 일반적으로 표출된 욕구는 항상 실제 욕구 수준보다 낮게 나타난다.

마지막으로 상대적 욕구(comparative need)는 서비스를 받고 있는 개인이나 집단과 비교하여 비슷하지만 서비스를 받지 않는 사람들을 욕구의 상태에 있는 것으로 규정하며, 비교적 욕구라고도 한다. 이처럼 네 가지 욕구 중에서 사회복지 정책이나 서비스의 기획, 실천에서는 규범적 욕구와 인지된 욕구가 주로 활용된다.

3. 욕구조사의 개념

사회복지 서비스를 계획하고자 할 때는 어디에 있는 누가 어떤 서비스를 필요로 하는지 정확히 측정해야 한다. 그러한 의미에서 욕구조사는 기본적으로 조사대상이 어떠한 욕구를 갖고 있는가를 파악하게 하고, 욕구의 수준과 서로 다른 욕구 간의 우선순위를 파악할 수 있게 한다. 이러한 욕구조사는 소규모 지역사회나 시·도와 같이 보다 큰 단위에서 생활하는 주민들의 욕구수준을 파악하기 위한 방법으로 서비스 제공자들이 언제, 어떤 프로그램을 시행할 것인지 결정하기 위해 필요한 정보를 수집하고자하는 방법이다. 예를 들어 저소득층 지역의 노인들은 어떤 욕구가 가장 우선적으로 해결되길 원하는지? 그리고 어떤 방법으로 해결하고자 하는지? 등과 같은 욕구조사 질문을 통해 자료를 얻고 프로그램 개발의 자료로 이용할 수 있다.

4. 욕구조사의 필요성

(1) 정보의 획득

클라이언트의 문제나 자신의 변화를 위한 욕구의 가능성에 대해 판단할 수 있는 정보를 얻을 수 있다.

(2) 객관성의 확보

정보획득의 과정은 체계적이고 과학적인 조사방법을 적용하여 객관성을 인정받아야 한다. 설득력 있는 정보는 생태학적, 개별화적 오류에 의해 왜곡되지 않도록 하여야 한다.

(3) 실증적 방법

욕구조사는 실제 상태를 측정하여 욕구를 증명하는 것이므로 계량화, 자료화 될 수 있는 실증적 방법으로 측정되어야 한다.

(4) 이용자 중심의 프로그램 개발

욕구조사의 궁극적인 목적은 이용자의 욕구를 파악하여 이용자 중심의 프로그램 개발에 있다.

(5) 체계적·전문적인 기관운영

프로그램을 실행하기 전에 욕구를 파악하고 얼마나 충족시켰는지 평가함으로써 기관운영의 체계를 확립하고 전문성을 제고할 수 있다.

(6) 자원의 효율적인 운영

욕구의 우선순위를 파악하고 상대적 우선순위를 정하여 인력과 예산을 배정함으로써 기관의 자원을 효율적으로 운영할 수 있다.

(7) 환경변화에 적극적 대응

욕구조사를 통해서 대상 집단의 욕구변화를 파악하고 정책운영에 반영함으로써 빠르게 변화하는 사회적 환경과 욕구에 부응해야 한다.

(8) 책임성에 대한 평가와 발전의 기초

욕구조사와 평가의 상관관계를 통해 프로그램의 효과성을 검증할 수 있으며, 욕구조사 결과는 서비스 필요성에 대한 객관적 자료가 되므로 서비스의 책임성 평가와 관련된다.

(9) 정보의 공유와 네트워크로서의 기능

클라이언트의 복합적인 문제를 해결하기 위하여 문제에 대한 다각적 접근이 가능할 수 있도록 네트워크가 형성되어야 하며 이를 위해서는 정보의 공유가 필요하다.

(10) 홍보와 참여기회 제공

욕구조사를 통해 앞으로 시행하고자 하는 프로그램의 내용에 대한 홍보효과를 기대할 수 있으며, 서비스 이용자들에게도 프로그램을 만드는 과정에 참여할 기회를 제공한다.

5. 욕구조사의 과정 및 내용

(1) 욕구조사의 과정

욕구조사는 매우 단순한 조사에서 매우 복잡한 조사까지 그 형태가 다양하다. 즉 어떤 하나의 표준화된 접근방법이 있는 것은 아니나 기본적인 형태로 욕구조사는 아래와 같이 진행된다.

단계	내용
1단계	욕구조사의 목적과 배정된 예산을 비롯해 이용 가능한 자원과 주어진 시간을 명확하게 이해하며, 누구를 위한 욕구조사인지 분명하게 인식한다.
2단계	욕구조사를 수행하는 데 필요한 구체적인 정보를 찾아낸다. 이 과정에서 기존의 욕구조사 관련 자료가 있는지, 그리고 쉽게 그 자료를 찾을 수 있는지를 확인하면 중복되고 불필요한 과업을 줄일 수 있다.
3단계	욕구조사를 수행하는 방법과 절차, 조사도구 등 욕구조사에 대한 전반적인 실행 계획을 수립한다.
4단계	욕구조사에 필요한 자료를 수집하고 분석한다. 이때 기존의 자료를 수집하거나 지역사회 포럼을 개최, 주민 서베이 등을 통해 욕구조사에 필요한 자료를 얻을 수 있다.
5단계	욕구조사의 결과보고서를 작성한다. 즉, 욕구조사의 모든 과정을 상세히 기록하며, 그 결과를 널리 알려 여론을 환기시킨다.

(2) 욕구조사의 내용

욕구조사에 포함될 내용에는 크게 지역주민, 클라이언트, 지역사회 등에 관한 기초적인 정보와 아울러 기존 서비스에 대한 평가와 새로운 서비스 프로그램에 대한 욕구가 있다. 자세한 내용은 다음의 표를 보자.

욕구조사의 내용

조사항목	조사내용	조사목적
	기초자료	
지역사회의 일반적 특징	• 연령 분포, 거주 기간, 직업 구성, 소득 수준, 빈곤 인구율, 주택 보급률, 범죄율, 공적 부조 수혜자 수, 결혼 상태분포 등	• 지역사회의 특징에 대한 대략적 정보 제공 • 자료분석 시 통제변수로 활용 • 잠재적 클라이언트가 많은 지역의 특성에 대한 정보제공
	기존 서비스 평가 및 새로운 서비스 개발에 필요한 자료	
현재 생활에 관한 사항	• 경제 : 소득 수준, 소비 형태, 신용 상태 • 고용 : 직업 유형, 경력, 직업교육의 필요성, 실업 상태 • 가정 : 부모–자녀관계, 아동의 적응성 문제, 부부문제, 이혼율 • 주거 : 밀집도, 주택 상태, 인구과밀 상태 • 건강 : 만성적 신체장애, 사망 원인, 질병 유병률, 의료서비스 이용현황 • 여가 : 여가, 운동, 문화적 활동 • 생활만족도 : 삶의 만족도, 지역사회 응집력 • 사법 : 성인 범죄율, 청소년 비행률	• 여러 가지 생활 영역에서 현재 상태 파악 • 욕구 측정(바람직한 상태 대 현재 상태)을 위한 기준으로 사용 • 새로운 서비스 개발 및 기존 서비스 보완을 위한 기초자료로 활용 • 사전, 사후조사를 통해 개선된 상태에 관한 정보 파악 자료로 활용
기존 서비스 평가	• 서비스 인지 정도 • 서비스 활용 정도 • 서비스 인지 및 활용에 대한 장애요소 존재 여부(예, 교통수단 등) • 직원에 대한 부정적 태도 여부 • 서비스 이용에 따른 비용 부담 • 까다로운 자격 조건	• 기존 서비스의 문제점 파악 • 기존 서비스의 보완에 필요한 정보 제공 예 : 지원적인 서비스 개발, 서비스 제공에 대한 재훈련, 프로그램 지지교육의 필요성 제시 등
새로운 서비스 개발 욕구	• 대상지역의 심각한 문제 • 현재 필요한 서비스 • 인구집단, 즉 아동, 청소년, 노인, 장애인, 여성 등을 위한 서비스 욕구	• 욕구 및 욕구들의 상대적 중요성 파악 • 새로운 서비스 개발을 위한 정보를 이용자의 입장에서 파악 • 하위집단을 위한 서비스 개발에 필요한 정보 파악
	지역사회 자원에 관한 자료	
지역사회 정보	• 공식적, 비공식적 의사소통 매체 • 표적집단에 가장 잘 정보를 제공해 줄 수 있는 의사소통 매체 또는 조직 • 기존의 이용 가능한 정보 및 각종 네트워크	• 클라이언트에게 서비스의 존재와 서비스 내용을 더 잘 파악하도록 하는 효율적인 의사소통 채널 개발에 필요한 정보 확보
서비스 자원	• 동원할 수 있는 공적, 사적 재원 • 직원들의 전문성을 제고하는데 필요한 인적, 물적 자원 • 새로운 프로그램을 수행할 수 있는 인력 및 시설	• 프로그램의 실행에 필요한 가용자원 파악
정치사회적 자원	• 다양한 프로그램에 대한 주민의 견해 • 정치 및 사회지도층의 지지도 • 프로그램 도입에 대한 지역사회의 준비성	• 프로그램 개발을 성공적으로 추진하기 위한 정보와 자원 파악

6. 욕구조사의 방법

욕구조사의 방법으로는 지역사회 포럼, 주요 정보제공자 조사, 서비스 이용자 조사, 지역사회 서베이 조사, 사회지표 조사, 델파이 조사, 이차적 자료분석 조사, 초점집단 조사가 있다(최성재, 2005; 269~274).

(1) 지역사회 포럼

지역사회 포럼(community forum)은 지역사회의 다양한 구성원들로부터 정보를 얻는 자료수집 방법으로 조사자가 포럼을 계획하고 비용을 부담하게 된다. 지역사회 포럼의 참석은 지역사회 구성원 모두에게 공개적으로 할 수 있으며, 특정 지역사회구성원들을 선정하는 경우도 있다. 많은 경우 출석자들이 자신의 의견을 피력할 수 있는 청문회 형식으로 진행되기도 하며, 때로는 집단토론회 형식으로 진행되기도 한다.

지역사회 포럼의 장점은 적은 비용으로 광범위한 지역, 계층 및 집단들의 의견을 들을 수 있고, 문제에 대한 인식과 관심을 개인, 집단 또는 기관에 따라 식별할 수 있으며, 지역주민의 협조와 다른 기관의 협조를 얻을 수 있는 기반을 마련하고, 지역사회의 문제를 생각할 수 있는 기회를 제공하며, 자료수집이 비교적 쉽고, 서베이 조사를 위한 사전준비의 기회가 될 수 있다는 점이 있다(성규탁, 1988; Rubin & Babbie, 2001; Reid & Smith, 1981).

단점으로는 관심있는 사람들만 참석하게 되는 자기선택의 문제로 표본의 편의(bias) 현상이 나타날 수 있다는 점(Reid & Smith, 1981), 참석자의 소수만이 의견을 발표하게 되는 점과 더불어 목소리 크고 적극적인 사람의 의견만 반영되고 표현력이 부족한 사람과 소수집단의 문제는 반영되지 못하는 단점이 있다. 이러한 단점을 개선하기 위해서는 특정 문제에 대한 소규모의 회의를 여러 번 개최하거나 지역사회 내의 다른 장소에서 여러 번의 회의를 개최함으로써 다양한 계층 사람들의 의견을 고르게 들을 수 있을 것이다. 또한 여러 동질적 집단을 대상으로 모임을 갖거나 비공개적 모임을 가질 수도 있을 것이다.

(2) 주요 정보제공자 조사

주요 정보제공자(key informant) 조사는 지역사회 전반의 문제에 대해 잘 알고 있는 몇몇 주요 인물을 대상으로 자료를 수집하는 방법이다. 사회복지 단체 대표자, 기관의 서비스 제공자, 공무원 혹은 관련 직종 종사자 등 목표대상집단의 문제점과 욕구에 대해 많은 지식을 가지고 있는 사람들로부터 질문지나 인터뷰를 통해 서비스 전달체계의 현존 결함뿐 아니라 전문적인 의견 등을 얻어, 자료를 수집할 수 있다.

장점으로는 비용이 적게 든다는 점, 비교적 단시일 내에 할 수 있으며, 표본을 쉽게 선정할 수 있고, 지역의 전반적 문제를 쉽게 파악할 수 있다는 점이 있다. 반면 단점으로는 의도적 표집으로 표본의 편의현상이 나타날 수 있고, 주민들로부터 직접적으로 이야기를 듣지 못하기 때문에 주요 정보제공자들의 주관이 많이 반영될 수 있으며, 이들이 지적하는 문제들이 정치의식에 민감한 문제들이 되고 따라서 실제적으로 많은 주민들의 문제가 제외될 가능성이 크다는 점이다(Rubin & Babbie, 2001; 성규탁, 1988).

(3) 서비스 이용자 조사

서비스 이용자 조사는 미래의 서비스에 대한 욕구를 과거 혹은 현재의 서비스 이용자들을 조사함으로써 추론할 수 있다는 전제 하에 행한다. 지역사회의 잠재적 클라이언트의 성향과 서비스 욕구를 측정하기 위해 이미 서비스를 받고 있는 클라이언트의 수나 성향에 기반을 두고 조사를 하는 것이다. 예를 들어 사회복지 서비스 만족도 조사를 통해 욕구를 파악하고 욕구에 맞춘 서비스를 제공할 수 있을 것이다. 또한 서비스 이용자 조사는 이용자에 대한 개별 기록을 이용하여 지역사회의 욕구를 파악할 수 있는데, 연령, 성별 혹은 거주지역과 같은 이용자에 대한 일반적 사항 이외에도 이용자가 갖고 있는 문제, 제공한 서비스, 개입의 빈도, 접촉한 기간 혹은 클라이언트가 기관으로 오게 된 방법 등에 대해 분석함으로써 지역사회의 욕구가 무엇인지 파악할 수 있다.

서비스 이용자 조사의 장점으로는 과거에 지역사회에서 해결하고자 노력한 욕구가 무엇인지에 대한 자료를 쉽게 얻을 수 있다는 점, 서비스 이용자에 대한 분석을 통해 지역사회가 직면하고 있는 문제의 형태를 파악할 수 있으며 미래에 발생하게 될 욕구의 내용이나 개입의 방법 등에 대한 정보를 얻을 수 있다는 점 등이 있다. 단점으로는 이미 서비스를 받았거나 혹은 받고 있는 사람들에 대해서만 조사함으로써 표출된 욕구만을 중심으로 서비스를 제공하게 될 위험성이 높아지는 점이 있다. 또한 지역사회의 전체적인 욕구를 반영하여 서비스를 제공하지 못하여 표출되지 않은 욕구에 대해서는 간과할 수 있는 한계가 있다.

(4) 지역사회 서베이조사

지역사회 서베이조사(Survey of Community)는 지역사회 전체를 대표할 수 있는 표본을 선정하여 이들에 대해 지역사회 대상 집단의 특성, 문제점 및 욕구를 구조화된 설문지나 면접 등을 통해 직접적으로 조사하는 방법이다. 지역사회 전체를 대표하는 표본을 선정하기 위해 확률표집 방법으로 적절한 크기의 표본을 선정하여야 하며, 신뢰도와 타당도가 높은 측정 도구를 이용하여 자료를 수집하여야 한다.

서베이 조사의 대상은 지역의 일반주민 전체가 되는 경우와 일부 특정 표적인구인 경우가 있는데, 전자의 경우는 지역사회중심의 욕구조사 접근방법에서 이용되고 후자의 경우는 클라이언트 중심의 욕구조사 접근방법에서 이용된다.

장점으로는 실제적 서비스 수혜자 또는 잠정적 수혜자가 인식하는 욕구를 직접파악할 수 있고 표본을 통하여 대상자 전체의 욕구를 파악할 수 있다는 것이다. 반면에 단점으로는 비용이 많이 드는 점, 우편질문지법을 사용하는 경우 회수율이 낮고, 사회적으로 바람직한 응답이나 내용에 관계없이 모두 찬성 아니면 반대 등으로 응답하게 되는 '한 방향으로의 응답(response set)'을 얻게 될 문제가 발생할 수 있는 점이 있다.

(5) 사회지표 조사

사회지표(social indicators)란 개인의 집합체의 어떤 면에 대한 계량적 측정치를 말하고 이러한 의미에서 사회지표 조사는 지역사회에 대한 기존의 계량적 측정치인 통계를 이용하여 그 지역의 욕구를 파악하는 방법이다. 이 방법은 기본적으로 지역사회의 지형학적, 생태학적, 사회·경제적 및 인구학적 특징에 기초하여 그 지역에서 생활하는 사람들의 사회복지 욕구를 추정할 수 있다는 것을 전제로 한다. 지역사회에 대한 다양한 기존 자료에 기초하여 그 지역사회의 욕구를 추정하는 방법이며, 특정 사회지표와 필요로 하는 욕구 간의 인과관계보다는 관련성에 더 초점을 둔다.

이러한 지표는 인구조사 자료, 보건의료 조사자료, 사법·형무 관계자료, 사회복지, 교육, 교통 등에 관한 공식 통계자료집 등에서 얻을 수 있고 경우에 따라서는 사회조사를 통하여 얻을 수 있다. 이 중에 가장 신뢰도가 높은 사회지표의 출처는 5년에 한 번씩 실시하는 인구조사보고서인데, 여기에는 인구밀도, 인구이동, 연령, 성, 교육 정도, 가족구조, 직업종류, 가족 수, 거주기간, 주택구조의 특성, 임대료 지불방식 등이 포함되어 있으나 사회복지적 지표가 될 수 있는 많은 것들이 포함되어 있지는 않다. 인구조사자료의 경우 통계청의 협조를 얻어 지역단위별로 지표를 산정할 수 있어 좋은 자료로 이용될 수 있지만, 5년에 한 번 이루어지기 때문에 매년 변화되는 추이를 파악하기에는 한계를 가지고 있다.

이처럼 사회지표 분석은 비용을 별로 들이지 않고 쉽고 빠른 시일 안에 할 수 있는 장점이 있지만 국가의 공식적 통계자료가 아닌 경우에는 자료의 신뢰성에 문제가 있는 단점이 있다.

(6) 델파이 기법

델파이 기법(delphi technique)은 어떤 문제에 대하여 전문가들의 합의점을 찾는 방법으로서 응답이 무기명이고, 대면적인 회의에서와 같은 즉각적인 환류를 통제하고 개인의 의견을 집단적 통계분석으로 처리한다. 순서를 보면 ① 전문가를 조사대상으로 선정하고, ② 설문지를 조사대상자에게 우송하며, ③ 회수된 응답내용을 합의된 부분과 합의되지 않은 부분으로 통계 집계한다. 이후 ④ 합의도가 낮을 경우, 그 결과를 다시 응답자들에게 보내어 각자의 의견을 묻게 되고, ⑤ 회수된 응답을 재분석하고 일정한 정도의 합의점에 도달할 때까지 분석한 결과를 참고하여 다시 응답하게 하는 절차를 반복한다.

장점을 살펴보면 익명성으로 인해 특정인의 영향을 줄일 수 있을 뿐 아니라 집단의 의견에 개인을 순종시키려는 집단의 압력을 줄일 수 있고, 응답자의 시간을 효율적으로 이용할 수 있다는 점 등이 있다. 반면에 단점으로는 반복적 과정을 거치므로 시간이 많이 걸리고 극단적 의견은 판단의 합의를 얻기 어려우므로 제외되는 문제가 있다(성규탁, 1988).

(7) 이차적 자료분석

이차적 자료분석(secondary data analysis)은 지역사회 내의 사회복지기관의 서비스 수혜자에 관련된 기록을 검토하여 욕구를 파악하는 것이다. 이차적 자료가 될 수 있는 것은 인테이크(접수면접) 자료, 면접상황 기록표(face sheet), 기관의 각 부서별 업무일지, 면접기록표(case record), 서비스 대기자명단(waiting list) 등이다. 위의 자료들로부터 빈번한 사회문제, 문제의 경향, 서비스의 수요 등을 알 수 있다. 예를 들어 청소년 상담소의 기록을 분석한 결과, 청소년의 따돌림 상담이 늘어나는 경향이 발견되었다면 청소년 따돌림 문제의 심각성을 알 수 있고 예방에 대한 서비스 접근의 수요를 산정할 수 있을 것이다.

이차적 자료분석의 장점을 보면 비용이 적게 든다는 점, 조사에 신축성을 기할 수 있다는 점이 있는 반면 단점을 보면, 자료의 비밀보장 필요성 때문에 기관 외부에서의 접근이 어렵다는 점이 있다. 그러한 이유로 분석은 극소수의 기관으로 제한되고 여러 기관간의 전반적 자료분석은 어렵게 된다. 둘째, 기관간의 자료분석 기회가 주어진다 하더라도 자료의 기록양식 등이 통일되지 않아 필요한 자료를 공통적으로 얻기 힘들다. 셋째, 이차적 자료분석은 서비스 이용자 중심의 분석이므로 여기서 얻은 결과를 이용가능 인구 전체에 적용시키기 곤란한 점이 있다(Gates, 1980).

(8) 초점집단 조사

초점집단(focus group)은 질적 자료를 수집할 때 사용하는 방법으로, 어떤 문제와 관련된 소수의 사람(8~12명)들로 구성된다. 여러 명이 동시에 질의와 응답에 참여할 수 있고 참가자들의 상호작용이 이루어지므로 집중적인 토론에 유리하다. 초점집단의 대상자들은 주요정보제공자, 관련 서비스 제공단체 대표, 수혜자(서비스 소비자), 잠정적 수혜자, 지역사회

일반인들이 될 수 있다. 구성원은 확률적 표집으로 선정된 것이 아니기 때문에 하나의 초점집단에 의존하기보다는 여러 초점집단을 선정하여 자료를 수집하는 것이 바람직하다.

초점집단 조사의 장점을 보면 문제를 보다 깊이 있게 파악할 수 있고 적은 비용으로 비교적 쉽게 자료를 수집할 수 있다는 것이다. 반면에 초점집단 구성원의 대표성이 없기 때문에 제시된 욕구나 문제가 서비스 대상집단을 대표하는 것으로 보기 어렵다는 점, 이야기할 것이 없는 사람이 이야기해야 한다는 무언의 압력으로 별로 중요하지 않는 사항을 말할 수도 있고, 이야기하는 내용이 주관적이며 자료자체가 비체계적인 점은 단점으로 지적된다. 그러한 의미에서 초점집단 조사는 다른 자료수집 방법을 보완하는 방법으로 이용하는 것이 바람직하다(Rubin & Babbie, 2001).

욕구조사의 방법들

지역사회포럼	
장 점	**단 점**
• 적은 비용으로 지역사회에 대한 정보를 수집할 수 있다. • 주민들의 자유로운 의사가 표현되고 반영될 수 있다.	• 토론과정이 적절하게 통제되지 못할 경우에 포럼을 통해 도출되는 자료가 지나치게 방만하거나 반대로 지나치게 지엽적으로 될 가능성이 있다. • 관심 있는 사람들만 참석하여 이들만의 욕구가 반영되는 표집자 편의현상이 나타나 표본의 대표성을 확보하기 어렵다. • 주변압력으로 인하여 자유롭게 의견을 개진하지 못할 수도 있다.
주요 정보제공자 조사	
장 점	**단 점**
• 빠르고 쉽게 저렴한 비용으로 표본을 얻어 자료를 수집할 수 있다. • 주요 정보제공자와 접촉을 통해 문제와 관련된 주요 지역사회 자원과 연계를 구축하고 프로그램에 관한 전반적 시각을 얻을 수 있다.	• 의도적 표집(purposive sampling)으로 조사대상자를 선정하기 때문에 지역사회 전체의 의견을 반영하지 못하고 표본의 편의(bias)가 개입될 가능성이 높다. • 선정된 주요 정보제공자들이 지역사회에 대한 전문지식이 부족할 수도 있다.
서비스 이용자 조사	
장 점	**단 점**
• 과거에 지역사회에서 해결하고자 노력한 욕구가 무엇인지에 대한 자료를 쉽게 얻을 수 있다. • 서비스 이용자에 대한 분석을 통해 지역사회가 직면하고 있는 문제의 형태를 파악할 수 있으며 미래에 발생하게 될 욕구의 내용이나 개입의 방법 등에 대한 정보를 얻을 수 있다.	• 이미 서비스를 받았거나 혹은 받고 있는 사람들에 대해서만 조사함으로써 표출된 욕구만을 중심으로 서비스를 제공하게 될 위험성이 높아진다. • 지역사회의 전체적인 욕구를 반영하여 서비스를 제공하지 못하며 표출되지 않은 욕구에 대해서는 간과할 수 있다.

지역사회 설문조사	
장 점	단 점
• 미래의 서비스에 대한 실질적 혹은 잠재적 소비자인 지역사회 주민이 인식하는 욕구를 직접적으로 측정한다. • 확률표본추출에 기초하여 지역사회를 실질적으로 대표하는 표본에 기초하여 자료를 수집한다.	• 과학적 설문조사는 시간과 비용이 많이 든다. • 우편조사, 전화인터뷰는 응답률이 낮아 표본의 대표성이 위협받을 수 있고 궁극적으로 비용－효과적 측면에서 불리할 수 있다. • 설문조사 자체가 프로그램에 대한 지역사회의 기대감을 상승시키는 효과를 초래할 수 있다.
사회지표조사	
장 점	단 점
• 조사가 객관적이고 신속하며 저렴하다.	• 기존자료의 신뢰도와 타당도가 높지 않을 경우에 문제가 될 수 있다. • 급격하게 변화되고 있는 현실에서 과거의 사회적 지표가 미래의 서비스 욕구를 제대로 반영하지 못할 경우가 많다.
델파이 기법	
장 점	단 점
• 익명성으로 인하여 특정인의 영향을 줄일 수 있다. • 집단의 압력을 줄일 수 있다. • 응답자의 시간을 효율적으로 이용할 수 있다.	• 반복적인 과정을 거치므로 시간이 많이 걸린다. • 판단의 합의를 얻기 위해서 극단적인 의견이 제외된다.
이차적 자료분석	
장 점	단 점
• 비용이 적게 든다. • 조사의 신축성을 기할 수 있다.	• 자료의 비밀보장 필요성 때문에 기관 외부에서의 접근이 어렵다. • 기관 간의 자료분석의 기회가 주어진다 해도 자료의 기록양식 등이 통일되어 있지 않아 필요한 자료를 공통적으로 얻기 힘들다. • 이차적 자료분석은 서비스 이용자 중심의 분석이므로 이 결과를 이용 가능한 인구 전체에 적용시키기 어렵다.
초점집단 조사	
장 점	단 점
• 문제를 보다 깊이 있게 파악할 수 있다. • 적은 비용으로 비교적 쉽게 자료를 수집할 수 있다.	• 초점집단 구성원이 대표성이 없어 제시된 욕구나 문제가 서비스 대상집단을 대표하는 것으로 보기 어렵다. • 이야기 할 것이 없는 사람이 이야기해야 한다는 무언의 압력으로 별로 중요하지 않는 사항을 말할 수 있다. • 이야기하는 내용이 주관적이고 자료자체가 비체계적일 수 있다.

12.2 평가조사

1. 프로그램 평가조사의 개념

프로그램의 계획, 새로운 프로그램의 개발, 기존 프로그램의 성과 및 목표효과성 등을 조사하기 위해 사용되는 과학적 조사방법의 일종이다. 프로그램 평가조사를 통해 프로그램이나 임상적 개입이 제대로 계획되었는지, 현재 제대로 진행되고 있는지 혹은 성취하고자 하는 목표를 얼마나 효과적으로 달성하였는지 평가할 수 있는 응용조사(applied research) 방법이다.

평가조사와 일반조사의 차이점

구 분	평가조사	일반조사
목 적	이론적 지식을 사회적, 정치적, 행정적으로 응용한다.	이론적 지식을 산출한다.
조사문제 설정	클라이언트나 행정가가 프로그램이 의도하는 목표를 달성하였는가를 알아보기 위해 설정한다.	조사자 개인적 관심에 의해 설정한다.
관 심	기준과 사실의 비교	사실을 발견
통 제	조사자가 평가목적을 위해 프로그램과 조사절차를 통제하기 힘들다.	조사자 개인이 조사절차를 통제 가능하다.
결 과	일반적으로 공개되지 않는다.	일반적으로 공개발표 된다.

2. 프로그램 평가조사의 목적

(1) 환류(feedback)적 목적

평가 결과의 환류를 통해 프로그램이 성공했는지 판단하고, 이 프로그램을 중단할 것인지, 축소 또는 확대할 것인지에 대한 합리적인 판단의 근거가 된다.

(2) 기관운영의 책임성 수행

예산을 포함하여 인적·물적 자원의 사용과 기관의 목적을 얼마나 달성하였는지 등에 대한 효율성과 효과성을 평가하여 책임성 이행의 근거를 마련한다.

(3) 이론의 형성

프로그램 실시 전후의 차이를 분석하여 프로그램의 실시가 어떤 영향을 미쳤는지 평가함으로써 인과관계를 검증하고 이론화 할 수 있다.

(4) 프로그램 진행과정 개선

형성평가의 경우 프로그램 진행과정을 평가하여 프로그램을 개선시키고 환류하여 보다 나은 프로그램이 될 수 있는 근거를 마련한다.

(5) 프로그램 설계

새 프로그램을 개발하거나, 현재 시행 중인 프로그램의 설계를 명백히 하거나 채택된 방법론을 합리화하기 위하여 프로그램을 평가한다.

(6) 합리적 자원배분

프로그램 평가결과에 따라 효과적인 프로그램과 그렇지 않은 프로그램에 대한 자원할당이 차등적으로 이루어진다.

(7) 전달체계 개선

서비스가 전달되는 과정을 평가하여 서비스 전달이 원활하게 이루어지도록 개선한다.

3. 프로그램 평가조사의 유형

평가는 두 가지로 크게 나눌 수 있다. 첫째, 운영 중에 이루어지는 평가로 프로그램을 형성하는데 초점을 맞춘 형성평가가 있고 둘째로 프로그램이 종료된 이후 행해지는 평가로서 어느 프로그램을 실시할 것인지, 지속할 것인지, 종결할 것인지, 또는 여러 개의 대안적인 프로그램들 가운데 어느 것을 택해야 하는지 등 총괄적인 의사결정을 할 경우 실시되는 총괄평가가 있다. 아래는 형성평가와 총괄평가를 비교한 표이며, 그 다음으로 프로그램 평가조사의 유형을 볼 수 있다.

형성평가와 총괄평가 비교

구 분	형성평가	총괄평가
목 적	프로그램의 가치나 질을 결정	프로그램의 효과성 판단
용 도	정책·프로그램의 발전	정책·프로그램의 장래 또는 채택에 관한 결정
이해당사자	집행자, 직원	집행자, 자금제공기관
주체	일반적으로 내부평가자	일반적으로 외부평가자
자료수집 목적	정책·프로그램의 진단	정책·프로그램의 결정

프로그램 평가조사의 유형

분 류	평가 종류	내 용
사용목적	총괄평가	• 프로그램 종료 후 실시 • 프로그램의 중단, 지속, 확대 등을 결정 • 대안 프로그램 중 선택여부
	형성평가	• 프로그램 운영 중에 실시 • 프로그램의 형성에 초점 • 서비스 전달체계 및 효율성 증진 도모
평가주체	내부평가	• 프로그램 담당자 외의 내부자에 의한 평가
	외부평가	• 기관 외부자에 의해 이루어지는 평가
평가규범	효과성 평가	• 프로그램 목적의 달성정도 평가
	효율성 평가	• 투입과 산출 비교, 최저비용의 최대효과
	공평성 평가	• 프로그램의 효과와 비용이 사회 집단 간에 공평하게 배분되었는지를 평가
평가시점	사전평가	• 프로그램이 종료되기 전에 행하는 평가(= 적극적 평가)
	사후평가	• 프로그램이 종료된 후에 행하는 평가(= 소극적 평가)
기관평가와 개인평가	기관평가	• 프로그램을 평가하고 서비스 전달 진행상황 확인
	개인평가	• 프로그램 운영자 개인에 대한 평가
양적평가와 질적평가	양적평가	• 획득한 자료의 속성이 계량화가 가능한 경우
	질적평가	• 획득한 자료의 속성이 계량화가 어려운 경우 나타나는 현상의 정도와 수준을 평가 • 소수 사례 대상
메타평가	메타평가	• 평가의 평가로, 평가 계획서나 평가 결과를 다른 평가자에 의해 점검

4. 프로그램 평가의 기준

평가 사례를 제시했을 때, 어떤 기준에 중점을 둔 평가인지 판단할 수 있어야 함에 아래와 같이 평가의 기준이 제시된다. 또한 평가는 문제를 정의하는 개념화, 측정, 표본추출, 누구로부터 언제 자료를 수집할 것인가에 대한 설계, 자료수집, 자료분석과 제출이라는 단계를 가지고 있다.

(1) 평가의 기준

① 합법성(legitimacy)	프로그램이 관련 법률과 운영규칙에 적합하게 운영되었는가?
② 적합성(fitness)	프로그램이 서로 다른 클라이언트의 욕구에 적합한지를 평가
③ 효과성(effectiveness)	프로그램의 목적달성 정도(프로그램 성공여부)
④ 효율성(efficiency)	투입 대 산출(최소비용으로 최대산출)
⑤ 만족성(satisfaction)	프로그램 이용자들의 만족도와 문제해결평가
⑥ 접근가능성(accessibility)	모든 사람들이 시간적·공간적·지리적으로 손쉽게 서비스를 이용할 수 있는가?
⑦ 적절성(adequacy)	프로그램의 실현 가능성(현실적인 프로그램의 운영·계획)
⑧ 노력성(effort)	프로그램과 관련된 사람들이 노력한 정도(활동시간, 활동내역, 장비, 이용자의 수 등)
⑨ 통합성(integration)	상호 연관된 서비스가 얼마나 통합적으로 제공되었는가?
⑩ 포괄성(comprehensiveness)	다양한 욕구를 충족하기 위하여 얼마나 다양한 서비스가 제공되었는가?
⑪ 지속성(continuity)	클라이언트가 지속적으로 서비스를 제공받을 수 있는 정도
⑫ 형평성(equity)	같은 처지의 사람들을 똑같이 대우(수평적 형평성)하고, 서로 다른 처지의 사람들을 다르게 대우(수직적 형평성)하는 정도

(2) 평가의 장애 요인

평가의 장애 요인으로는 평가의 설계나 실행에서의 오류로 인해 평가결과가 애매모호할 수 있는 평가자의 오류가 있다. 또한 의사소통의 한계로 인해 평가결과가 제대로 이용되지 못할 수 있다는 점이 있으며, 기존 프로그램에 익숙해져 변화에 호의적이지 않게 되는 변화에의 저항이 평가를 방해할 수 있다.

5. 프로그램 평가조사의 기법

(1) 모니터링 기법

프로그램의 운영을 평가자가 직접 평가하기 위한 방법으로 프로그램을 위해 사용된 자원할당, 수행과정의 일관성, 정확성 등을 검토하는 책임성 감사, 프로그램을 수행하는 사회복지사나 지도감독자들이 실제 수행한 업무실적을 검토하는 행정 감사, 프로그램에 투입된 전체 시간 대 프로그램 목표달성과 관련된 활동시간을 검토하는 시간-활동조사가 있다.

(2) 비용분석 기법

비용분석 기법에는 프로그램 비용을 프로그램 산출(입양아동의 수, 면접횟수, 서비스 이용횟수 등)과 관련 시켜 평가하는 비용회계 분석, 비용과 목표달성의 관계를 확인할 목적으로 비용과 프로그램 활동의 결과를 금전적인 단위로 관련시키는 비용편익분석이 있다. 마지막으로 프로그램 투입비용의 효율성을 측정하기 위해서 프로그램 비용과 결과를 관련시키는 방법인 비용결과분석이 있다.

(3) 사회조사 기법

사회조사 기법으로는 프로그램 활동과 목표 달성 간의 인과관계 존재여부를 증명하는 실험이 있는데, 순수실험설계, 유사실험설계, 단일실험설계 등을 통해 필요한 자료를 수집할 수 있다. 반면 서베이 조사는 표적집단에 표본을 선정하고 표본에 대한 자료를 수집하고 분석하여 프로그램을 평가할 수 있다. 또한 사례연구는 참여관찰, 면접, 내용분석법 등의 자료수집 방법을 이용하여 자연상황에서 평가를 위한 자료를 수집하는 것이다. 이렇게 수집된 자료를 프로그램 수혜계층과 비수혜계층으로 구분할 수 있다면 양자 간의 표적행동의 차이를 비교해 프로그램의 효과를 평가할 수 있을 것이다.

6. 프로그램 평가조사의 절차

프로그램 평가조사의 절차는 프로그램의 평가라는 특수성으로 인해 일반조사와 달리 몇 가지 특징을 가지고 있다. ① 평가목적 및 평가기준(내용) 결정, ② 프로그램 책임자 및 담장자의 이해와 협조, ③ 프로그램 목표 확인, ④ 조사설계 결정, ⑤ 조사대상 변수의 선정, ⑥ 평가도구 선정, ⑦ 평가자료 수집, ⑧ 평가결과 분석 및 해석, ⑨ 평가결과 보고서 작성, ⑩ 평가결과 활용이라는 열 가지 절차를 거쳐 이루어진다(최성재·남기민, 2000; 361~367, 정무성·정진모, 2001; 216~218, 채구묵, 2001; 375~380).

(1) 평가목적(유형) 및 평가기준(내용) 결정

프로그램 평가에서 우선적으로 결정해야할 일은 평가의 목적, 즉 총괄평가나 과정평가 등 여러 가지 평가 중에서 어떤 유형의 평가를 할 것인지를 결정해야 한다. 또한 평가기준(내용), 즉 효과성, 서비스의 질, 노력, 효율성, 과정, 영향, 형평성 등에서 어떤 내용을 평가할 것인가를 결정해야 한다.

(2) 기관운영의 책임성 수행

프로그램 평가는 그 프로그램 운영을 책임지고 있는 사람, 프로그램을 실제적으로 수행하는 담당자가 평가의 목적이나 방법 등을 이해하고 협조해 주어야 가능하다. 조직의 책임자 및 담당자는 평가결과가 예상하지 못한, 또는 부정적인 결과가 나올지 모른다는 불안감과 두려움을 가질 수 있다. 그렇기 때문에 이들이 평가의 목적과 방법, 내용, 범위 등에 대해서 이해할 수 있도록 협의와 토의가 이루어져야 하며 조사계획과 시행과정에서 긴밀한 협의가 이루어질 수 있도록 관계가 형성되어야 한다.

(3) 프로그램 목표 확인

프로그램 평가의 핵심은 프로그램의 목표에 대한 달성정도를 측정하는 것이므로 프로그램의 목표를 명확하게 설정하는 것은 무엇보다 중요하다. 이는 목표가 잘못 설정된 경우, 평가를 아무리 정확하게 했다 하더라도 그 결과가 프로그램의 개선이나 서비스의 질 개선에 도움이 되지 않기 때문이다. 그렇기 때문에 프로그램의 목표는 명확하고 구체적이며 측정 가능하도록 설정되어야 한다. 트리포드(Tripodi, 1983)는 목표가 명확하고 구체적이며 측정가능하기 위해서는 "누가(who), 무엇을(what), 누구를 위해(whom), 어느 정도의 기대되는 변화(what expected change)를 가져올 것이다"라는 내용으로 기술되어야 한다고 설명하고 있다. 하나씩 살펴보면, '누구'의 경우 클라이언트에게 직접적으로 서비스를 제공하는 사람의 수, 자격 및 특성을 의미한다. 서비스는 일정한 자격과 특성을 가진 사람들에 의해 제공되어야 하므로 서비스의 제공자에 관한 사항이 명확하게 명시되는 것이 바람직하다. '무엇'은 클라이언트와 접촉했던 장소와 빈도, 시간, 서비스의 내용 등을 의미한다. '누구를 위해'는 개입의 대상이 되는 표적으로 클라이언트를 의미한다. 서비스를 받기 위해서는 클라이언트가 일정한 자격요건을 갖추어야 하는데, '누구를 위해'는 그러한 자격요건을 갖춘 사람을 의미한다. '기대되는 변화'는 변화의 내용, 변화의 정도, 변화의 발생시기 및 지속기간 등을 의미한다.

이처럼 프로그램 목표가 잘 설정되어 있지 않다면 평가자는 프로그램 책임자 및 수행자들로 하여금 프로그램 목표를 명확히 설정하도록 요청할 수 있어야 한다. 한편 프로그램 관련자들이 목표를 제대로 설정할 수 없다면 평가자와 프로그램 관련자들이 같이 협의하고 목표를 명확하게 설정하는 것이 좋을 것이다.

(4) 조사설계 결정

목표달성 정도를 정확하게 측정하기 위해 독립변수와 종속변수에 대한 자료를 정밀하게 수집, 분석할 수 있는 조사설계를 선정한다. 이를 위해 준실험설계, 실험설계, 설문조사, 관찰 등 다양한 방법을 활용할 수 있다.

(5) 조사대상 변수의 선정

프로그램 평가기준(내용)은 노력, 효과성, 효율성, 서비스의 질, 과정, 영향, 형평성 등 다양하지만 프로그램 평가의 중심적인 내용은 효과성으로 볼 수 있다. 효과성이란 프로그램의 개입에 의해 나타난 결과가 프로그램에서 원래 예상했던 목표를 어느 정도 달성했는가를 나타내는 정도를 의미한다. 즉 프로그램의 개입에 의해 클라이언트의 태도, 지식, 행동, 기술, 조건, 지위 등에 변화가 생길 것으로 가설을 설정하고 이러한 가설을 검증하기 위한 경험적 조사를 실시하는 것이 평가조사의 핵심내용이다. 이렇듯 평가조사에서는 가설검증을 위해 독립변수, 매개변수, 종속변수를 설정할 필요가 있다.

(6) 평가도구 선정

선정된 변수를 측정할 수 있는 기존의 측정도구가 있는지, 있다면 이를 그대로 사용할 것인지, 수정, 보완해서 사용할 것인지를 결정해야 한다. 한편 기존의 측정도구가 없다면 새로운 측정도구를 개발해야 하는데 신뢰도와 타당도가 높은 측정도구가 되도록 해야 한다.

(7) 평가자료 수집

측정도구를 이용하여 실제로 자료를 수집하는 조사활동을 수행한다. 평가조사는 일반조사와 달리 조사수행 과정에서 프로그램 관계자와의 관계, 역할 등에 있어서 갈등이 있을 수 있으므로 계속적인 이해와 협조관계를 유지해야 한다.

(8) 평가결과 분석 및 해석

수집된 자료를 통계처리를 하여 분석하고 해석한다. 통계처리를 위해서는 SPSS 등의 통계처리 프로그램을 활용할 수 있다. 한편 자료의 성격에 따라 통계처리를 하지 않고 정리, 요약하여 의미 있는 결과를 도출해 낼 수도 있다.

(9) 평가결과 보고서 작성

평가결과를 분석하고 해석한 것을 요약, 정리하여 보고서를 작성한다. 보고서는 일반 조사보고서의 양식에 따라 작성할 수도 있지만 공개적으로 출판되는 경우가 아닌 경우에는 조사보고자의 재량에 따라 적절한 양식을 택할 수 있다. 또한 보고받아야 할 이해당사자에 따라 보고서형식이 약간씩 다를 수 있으며, 보고서에는 프로그램 평가를 통해 나타난 문제점 및 건의사항이 포함되어야 한다. 이는 14장 조사 보고서 작성에서 다시 다루고자 한다.

(10) 평가결과 활용

평가결과를 평가목적에 따라 적절히 활용하는 것이 좋다. 평가결과를 프로그램 개선에 활용할 수도 있으며, 외부의 제삼자에게 프로그램의 필요성을 인식시키고 계속적인 유지를 가능케 하는 데 활용할 수 있다.

13
Chapter

질적연구방법론

13.1 질적 연구방법론

1. 질적연구의 개념

(1) 질적연구의 의미와 필요성

질적연구에 대한 명확한 개념정의는 존재하지 않고, 오랜 시간동안 많은 학자들에 의하여 다양하게 정의되고 있다. 보편적으로 질적연구(qualitative research)란 양적연구의 한계점을 지적하면서 귀납적이고 해석적인 조사방법을 강구하는 연구방법으로서, 양적연구로는 밝혀내기 어려운 문제를 관찰하고 분석하며, 복잡한 사회현상을 해석하기 위한 것이다. 한편 인간과 사회의 끊임없는 상호작용에 대해 연구하는 사회복지학에서는 기존의 양적연구방법에 대한 대안적인 조사방법을 개발하고 있는데, 이를 양적연구와 구분하여 질적연구라고도 한다(김기원, 2001; 황성동, 2006). 연구자가 복잡하고 다양한 현실의 문제에 대해 심도있게 접근하고 그 해결책을 찾고자 할 때 질적연구방법은 양적연구방법을 보완하거나 대체하는 역할을 해왔다(김정근, 이용재, 1996).

질적연구는 사회에서 일어나는 현상과 사회적 실체 등이 어떻게 경험되고, 해석되는지 그리고 생성되는지에 관심을 둔다는 점에서 넓은 의미로 해석주의적인 과학철학에 근거를 두고 있다고 볼 수 있다. 또한 이 연구방법은 자료를 생성하는 과정이 융통성이 있으며 자료가 만들어지는 사회적 체계에 관심을 기울인다. 또한 분석과 설명방법에서 사회적 실체와 현상에 대한 세부사항, 복합성, 그리고 그 체계를 이해하는 초점을 두며 질적연구는 풍부하고 상황적이며, 구체적이고 상세한 자료들을 통하여 충분한 이해를 이끌어 내는데 목적을 둔다(김기원, 2001).

질적연구의 장점은 연구자에게 포괄적인 시각을 갖게 해주는 것이다. 연구자는 연구하고자하는 사회현상 속으로 직접 들어가서 가능하면 완전하게 관찰해야 그 현상에 대해 더 자세하게 이해할 수 있다. 그러므로 질적연구는 단순하게 수량화할 수 없는 연구주제에 더 적합하지만, 반드시 그 연구주제에만 국한되지 않는다. 단지 다른 수량적 연구방법을 사용하는 연구자들에 비해 그들이 파악하지 못하는 디테일한 여러 가지 태도나 행위에 대한 미묘한 차이를 인식할 수 있다. 예를 들어 인간의 모든 행위를 수치로서 표현할 수 없으며 노숙자의 경험을 연구하는 데는 양적연구보다 질적연구방법이 탁월할 수 있다. 또한 질적연구방법은 어떠한 현상이 일어나는 과정, 일정기간에 걸친 사회과정을 연구하는데 적합하다. 한편 질적연구방법을 사용하는 다른 예로는 노사협상에 관련된 주제, 상대적으로 제한된 지역과 시간 내에서 발생하는 시위에 관련된 주제, 이사회, 공청회 등이 있는데 이와 유사한 사건들에 대한 관찰은 단순히 수량화하여 나타낼 수 없으며 시간과 공간에 걸쳐 더 포괄적인 조사로 진행되어야 한다(Babbie & Rubin, 2009; 김기덕 외 옮김).

*** 질적연구방법이 적용되는 예시**

- 사회복지기관에서 실시한 프로그램을 질적연구방법을 통하여 평가할 때, 그 프로그램을 성공적으로 마친 클라이언트의 수가 몇 명인지, 그리고 프로그램을 통한 클라이언트의 변화를 살펴보기 위해 척도를 이용하는 등과 관련된 내용보다는 프로그램의 결과로 클라이언트의 삶이 실제로 어느 부분에서 어떠한 변화를 겪고 있는지에 대하여 더 관심이 있다. 그래서 클라이언트와의 직접 면접이나 진술 등을 통하여 클라이언트의 말이나 기록 등으로 그들의 변화와 경험을 깊이 있게 파악함으로써 프로그램의 효과에 대하여 더 엄격하게 평가할 수 있게 된다.
- 미국 사회에서 유색인종에 대한 차별이 존재하는지에 대해 조사하기 위해서는 다른 두 연구대상자를 선정하여 실험해볼 수 있다. 먼저 유색인종의 연구대상자가 아파트 관리자에게 아파트 입주신청서를 제출하였을 경우, 아파트관리자가 현재 입주할 수 있는 빈집이 없다고 대답한 사례와 두 번째로 한 시간 뒤쯤에 백인의 연구대상자가 아파트 입주신청서를 제출한 경우에 아파트 관리자가 빈집을 소개해준 사례가 있을 때 연구자는 각 신청서에 대한 아파트 관리자의 반응을 비교함으로써 인종 간의 차별이 존재한다는 것을 발견할 수 있을 것이다(Royse, 2004).

(2) 질적연구의 특성

질적연구는 양적연구와 다양한 면에서 다른 특성을 보인다. 또한 질적연구방법 안에서도 모든 질적연구가 같은 수준에서 질적인 특성을 가지는 것은 아니다. 같은 질적연구라고 불리지만, 연구에 따라서 보다 더 질적인 특징을 갖는 강한 연구가 있고 그보다 약한 정도의 연구가 있다. 또한 질적연구는 규모가 큰 양적연구와는 달리 연구대상자가 소규모일 경우가 많고, 연구의 장 또한 연구대상자가 생활하고 있는 공간, 자연스러운 삶의 그 현장 자체일 경우가 많다. 그리고 구체적이거나 특별한 가설 없이도 연구를 시작했다가 연구과정 속에서 오히려 구체적인 연구주제와 가설이 설정될 수 있으며 주로 논리의 전개방식은 귀납적 성격을 갖는다. 이러한 질적 연구의 일반적 특성을 정리하면 다음과 같다(신옥순, 1991; 김기원, 2001; Royse, 2004; 황성동, 2006).

첫째, 질적연구에서 연구자는 현장에서 직접 자료를 수집하며, 연구의 주된 도구는 연구자 자신이 된다. 보통 질적연구에서는 척도나 측정도구를 사용하지 않고 자신이 조사도구가 되며 모든 데이터는 조사자의 눈과 귀를 통해 걸러지고 수집하게 된다.

둘째, 질적연구는 작은 규모의 대상자에 대한 연구가 가능하다. 질적연구는 양적연구처럼 대규모 인구집단이나 코호트 등에 대하여 연구하기 보다는, 소수 집단이나 소수 사람의 생활을 깊이 있게 관찰하여 사회문제를 밝힌다. 또는 사회에 잘 드러나지 않거나 주류에 속하지 않는 사람의 생활경험을 이해하고자 노력한다. 예를 들면, 레즈비언의 생애사 연구, 북한 새터민의 삶에 관한 연구 등이 있다.

셋째, 질적 연구자들은 자신이 관심을 갖고 있는 연구의 대상이 생활하거나 활동하는 현장에 직접 들어가 관찰하고 연구하는 경우가 많다. 즉 연구대상자의 자연스러운 상태의 생활환경이 연구의 장이 되는 것이다. 사회복지 현장에서 잘 알려진 사례조사 방법과 같이 어떤 현상이나 사건에 대해 심도 있게 이해하려는 목적으로 진행된다. 또한 어떤 객관화된 척도를 사용하여 그 현상을 파악하기 보다는 연구대상자가 생활하고 있는 현장에서 이루어지는 구체적인 일상의 삶에 대한 이해를 추구한다.

넷째, 질적 연구는 주로 이야기 방식의 기술적(記述的, descriptive)인 특성을 지닌다. 질적연구의 자료는 보통 숫자가 아니라 말이나 그림의 형태를 띠기도 하며 구체적 자료로는 면접내용기록, 현장노트, 현장을 촬영한 비디오테이프, 메모, 사진, 개인적 소품 등과 같은 다양한 자료들이 있으며 이것을 인용하게 된다. 이는 어떤 가설을 검증하려는 양적연구와 달리 연구대상자들의 사회적 관계나 상호작용의 유형을 파악하고 해석하고자 하며 이를 설명하기 위해 또는 연구대상자의 삶을 묘사하기 위해 일화적 서술(anecdotal accounts)을 사용하는 경우가 많다.

다섯째, 질적연구조사는 양적연구보다 융통성이 많은 편이며 데이터가 수집되는 과정에서 연구목적이나 연구질문이 수정될 수 있다. 또한 그러한 특성상 일반적으로 탐색적 조사로 규정되는 경우가 많다. 질적연구자들은 연구과정에서 개별적으로 모은 자료를 귀납적으로 통합하고 분석함으로써 이론적 체계를 생성한다. 이런 식으로 귀납적으로 개발된 이론은 밑에서부터 위로 형성된 것으로 서로 관련이 있는 여러 자료로부터 개발된 것이다. 이러한 이론은 근거이론(grounded theory)이라고 부른다. 또한 질적연구의 초기 단계에서는 광범위한 자료들이 수집되지만, 연구과정이 진행될수록 연구의 범위가 좁아질 수 있고 조금 더 제한적이고 세부적인 내용의 자료가 수집된다. 그러므로 질적연구의 자료분석 과정은 마치 깔때기의 모습과 같다고도 할 수 있다.

여섯째, 질적연구자들은 연구과정을 통한 결과에 주요한 목적을 두기보다는 어떤 현상이 발생하게 되는 그 과정에 더 주목하게 된다. 예를 들면 어떤 현상에 대하여 어떤 과정을 통하여 그 현상을 특수한 용어로 지칭하는가? 한 사회에서 어떤 특수한 개념이 통용되는 이유는 무엇일까? 어떤 제도가 생성되는 과정과 배경은 무엇인가? 특정 제도가 사회적으로 받아들여지는 이유는 무엇일까? 등의 질문과 같이 질적연구에서는 연구자는 결과보다는 어떤 사건이나 현상이 발생하게 되는 과정을 되짚어 보게 되는 경우가 많으며, 연구자와 연구대상자 간의 상호작용과정에서 더 풍부한 자료를 얻을 수 있다.

일곱째, 질적연구자들은 연구대상자들에게 그들의 삶과 경험에 대한 질문을 계속적으로 하게 된다. 즉 질적연구자들은 연구대상자들의 삶이나 경험에 대한 인식에 초점을 둔다. 예를 들면, 연구대상자들은 어떤 경험을 하는가? 그 경험을 어떻게 인식하고 있는가? 그 경험에 대해 스스로는 어떻게 해석하는가? 이와 같은 질문을 통하여 질적연구자들은 연구대상자들이 그들의 삶을 어떻게 해석하고 어떠한 의미를 부여하며 살아가고 있는지에 대하여 연구하는 것이다.

13.2 양적, 질적 연구방법론의 비교

사회과학과 같이 인간과 사회의 상호작용에 대하여 연구하는 분야에서는 객관적이고 실증주의적 입장을 수용하기에는 한계가 따르는 경우가 많다. 이에 대한 대안으로 질적연구방법은 언어, 몸짓, 행동 등 상황과 환경적 요인들을 조사하는 방법으로서 연구자가 대상자와 긴밀한 상호작용을 하면서 연구를 진행하는 연구방법이다. 이에 비하여 양적연구방법은 연구자와 연구대상자 간의 긴밀한 상호작용보다는 객관적인 가설검증과 수량화를 통한 보편성 확보를 위하여 진행하는 연구방법이다. 두 방법론을 비교하여 살펴보겠다.

1. 양적, 질적 연구방법론의 비교

(1) 양적연구

양적연구는 연구대상의 객관성과 일반적인 보편성을 강조하며, 연구대상의 속성을 체계적이고 연역적 방법을 사용하여 수량적으로 나타내어 가설을 검증해 나가며 지식을 습득하는 방법이다. 또한 실증론적 인식론에 바탕을 두고 객관성과 가설 검증을 통한 일반화를 강조하고 있다. 실증주의적 인식론은 객관성과 보편성을 강조하며, 가설의 수립과 검증을 통해서 진리를 밝혀낼 수 있다고 주장한다. 이러한 양적연구의 특징은 객관성을 중요시하고 연구결과에 대해 중점을 두며, 연역적 방법을 이용하여 결과를 도출해낸다. 또한 질적 측면보다는 양적인 면에 초점을 두고 결과에 대한 일반화가 가능하다. 하지만 연구과정에서 연구절차가 유연하지 못한 점도 존재한다.

(2) 질적연구

질적연구는 연구대상의 행위나 언어를 분석하는데 있어서 언어, 몸짓, 행동 등 상황과 환경적 요인들을 조사하여 탐색, 발견, 서술을 목적으로 하는 방법이다. 이러한 질적연구는 현상학적 인식론에 바탕을 두고 주관성과 상황적 변화를 강조하지만 양적연구에서 강조하는 가설 수립과 검증을 통한 보편적 진리를 밝히는 데는 한계가 있다. 그러므로 질적연구의 특징은 객관성보다는 주관적이며, 결과보다는 결과가 만들어지기까지의 과정에 대해 중점을 두게 된다. 또한 여러 가지 근거를 바탕으로 하는 귀납적 연구방법을 활용하여 질적인 자료들로 인하여 질적연구는 풍부한 성격을 지니게 된다. 한편 일반화에는 한계가 있지만, 연구절차에 유연성이 있으며 연구도구로서의 연구자의 판단과 자질이 중요하다.

질적연구와 양적연구의 비교

구분	질적연구	양적연구
특성	• 주관적, 과정지향적, 특별한 개입 없이 시작 가능 • 방법과 연구 디자인에 융통성이 많음 • 가설 없이 시작이 가능 • 탐색적 성격이 강함 • 별다른 이론적 배경 없이 시작 • 학습자로서 연구자의 역할 • 자연스러운 환경에서 주로 실시 • 일반화 가능성이 낮음	• 객관적, 결과지향적, 주로 개입, 실험을 동반 • 방법과 연구 디자인에 융통성이 적음 • 주로 가설 검증이 목적 • 설명적 성격이 강함 • 구체적인 이론적 배경을 가지고 시작 • 전문가로서 연구자의 역할 • 비교적 구조화된 환경에 실시 • 일반화 가능성이 높음 • 규모가 큰 표본에 주로 실시
연구체계	• 개방적인 체계 : 복잡한 사회 현상이나 문제를 단순화시키지 않고 가능한 '있는 그대로' 개방적인 체계에서 파악	• 제한된 체계 : 사소하거나 예외적인 상황은 배제하여 가설에서 설정한 관계를 확률적으로 규명하려고 함
연구자와 연구대상	• 연구자와 연구대상 유지 : 연구자는 대상과 긴밀한 관계를 유지하면서 주관적으로 수행하므로 연구자와 연구대상을 유지해야 한다.	• 연구자와 연구대상 교체 가능 : 동일한 연구 조건이라면 같은 결과가 산출된다고 보기 때문에 연구자는 교체할 수 있다.
이론적 배경	• 상징적 상호작용론, 문화적 민속학, 이상주의, 현상학, 해석학, 변증법	• 구조적 기능주의, 논리적 경험주의, 실제주의, 실증주의, 체제이론, 행동주의
목적	• 주로 어떤 주제, 관계 및 패턴의 발견	• 주로 가설 검증
조사유형	• 근거이론 연구 • 사례연구 • 현상학 • 민속지학 연구(문화기술)	• 설문조사연구 • 실험조사연구 • 욕구조사 • 프로그램 평가조사 등

설계	• 융통성, 지금 나타나고 있는 것, 일반적	• 구조화, 미리예정, 세부적, 형식적
연구계획서	• 간략, 사실적, 자료의 수집 후 기록, 문헌 조사 부분이 별로 없음, 일반적 접근	• 방대, 절차가 세부적, 방대한 문헌 조사, 자료 수집 전에 작성, 가설설정
자료표본	• 기술적, 개인적 기록, 현장노트, 사진, 사람들의 말, 작은 표본, 비대표적, 이론적 표집	• 양적, 조작화된 변인들, 계량화를 위한 부호화(cording), 통계적, 큰 표본, 통제집단이 있음, 표본이 정확, 외생변인에 대한 통제
기법	• 참여관찰, 개방적 면접	• 실험, 구조화된 면접과 관찰
대상자와의 관계	• 공감적, 신뢰 강조, 평등, 긴밀한 접촉	• 제한, 격리, 거리를 유지
도구	• 녹음기, 전사기	• 목록, 컴퓨터, 설문지, 척도
자료분석	• 귀납적, 지속적, 연속적 비교법	• 연역적, 통계적, 자료수집이 끝날 때 이루어짐
장점	• 심층적이고 풍부한 사실 발견 가능 • 문제에 대한 새로운 시작(통찰력)을 제공 • 조사설계 및 자료수집의 융통성 • 쉽게 시작, 작은 집단(표본)에도 가능	• 객관적이고(측정 가능한) 일반화 할 수 있는 결과를 산출 • 재정 지원과 출판에 용이 • 'hard' 데이터의 구축이 가능하다.
단점	• 시간이 많이 소요 • 자료 축소의 어려움 • 신뢰성 확보의 문제 • 표준화된 절차의 결여 • 다수의 표본으로 조사하기 어려움	• 다른 변인의 통제가 어려움 • 구체화의 문제 • 타당성 확보의 어려움

(출처 : Babbie & Rubin, 2001; Creswell, 2005; 황성동, 2006에서 재구성)

13.3 질적연구의 종류

질적연구에는 여러 가지 접근법이 존재한다. 각 학자마다 연구방법의 유형을 분류하는 방법도 다양하며 각 연구방법의 명칭에 대해서도 모두 동일하지 않다. 하지만 질적연구의 각 유형들은 공통적인 특성을 지닌다. 통계적 방법이나 다른 계량화의 절차에 의해 연구하는 방법 외의 방식으로 연구결과를 도출해내며, 자료수집과정에서도 많은 사례와 많은 변수들 간의 관계에 초점을 두는 양적연구와 달리 적은 수의 사례에 대해 포괄적이고 깊이 있으며 다양한 자료들을 수집하여 연구대상자에 대한 심층적인 이해를 하는 데 중점을 둔다. 또한 질적연구의 연구자는 사람들의 말과 행동에서 의미를 찾고 그것을 통하여 사회현상을 해석하려고 시도한다. 이때 사회현상에 대한 접근은 주로 개방형 질문, 비통계적인 질문방법을 사용하여 연구주제에 대해 자연적이고 해석적인 접근방법을 사용한다(김태성외, 2005; 김치영, 2007).

질적연구의 종류로 포함될 수 있는 방법에는 근거이론(grounded theory), 문화기술학(ethnography)연구, 현상학(phenomenology), 사례연구(case studies), 현장조사(action research), 자연주의적 관찰(naturalistic observation), 역사적 방법(historical method) 등이 있다. 이 장에서는 Creswell(1994)의 근거이론(현실기반이론), 문화기술지(민속지학)연구, 현상학, 사례연구, 전기적 생애사연구 등의 대표적인 다섯 가지 질적 연구 방법론에 대하여 알아보겠다.

1. 근거이론(현실기반이론)연구

(1) 근거이론의 개념과 특성

근거이론(grounded theory)는 1960년 말에 사회학자인 글레이저와 스트라우스(Glaser & Strauss, 1967)에 의해 개발되었다. 이들은 처음으로 근거이론 연구를 명료화하였으며 그 후 후석 연구들을 통하여 정교화했다(Glaser, 1978; Glaser &Strauss, 1967; Strauss, 1987; Strauss & Corbin, 1990). 사회학에서 선험적이고 이론적인 면을 지향하는 성격과는 대조적으로 그들이 말하는 이론이란 현장(field), 특히 사람들의 행동, 상호작용, 사회적 과정 등으로부터 수집된 자료에 근거해야 한다고 주장했다(Creswell, 1994).

근거이론연구는 관찰로 시작하여 어떠한 유형, 주제, 공통의 범주 등을 찾아나가는 것이다. 근거이론의 목적은 사람이나 사건, 현상들에 대한 자료에 기반하여 이에 대한 이론을 발전시키고자 하는 것으로 귀납적인 과정을 통해 이론을 도출하고자 한다.

특히 기존의 이론들이 확립되지 않은 분야에서 이론을 잠정적으로 도출하고자 할 때 주로 사용되며 현실자료에 기반을 두고 도출된 이론이라는 측면을 강조하여 현실기반이론(Grounded theory)이라고 한다.

또한 특정 상황과 관련된 어떤 이론, 구체적으로 어떤 현상에 대해 추상적이고 분석적인 구조를 만들거나 발견하고자 하는 것이다. 여기서 상황이란 개인이 한 현상에 대한 반응으로 사회 또는 다른 개인과의 상호작용 또는 어떤 과정에 관여하는 상황을 의미한다. 이러한 현상에 대하여 사람들이 어떻게 행동하고 반응하는지에 대해 연구하기 위해서 연구자는 먼저 면접 자료를 수집하고 그 현장을 여러 차례 방문해야하며, 획득한 정보들을 통하여 그 정보들 안에서의 범주를 구성하고 상호 관련시키며, 결론적으로 이론적 명제 혹은 가설을 쓰거나 이론에 대한 시각적 그림을 제시할 수 있다(Creswell, 1994; 조홍식 외 옮김, 2005).

근거이론연구에서 행하는 분석은 어떤 가설을 확정하거나 거부하기 위한 것이 아니라 근거이론이 가진 특성 중 개방성을 통하여 예상하지 못했던 사실을 발견한다거나, 기존의 특정이론이나 가설을 이루는 개념을 통해서 전혀 기대하지 못했던 어떤 차별성이나 규칙성 등을 발견하게 해준다.

(2) 자료수집과 자료분석

근거이론연구의 핵심은 연구하고자하는 현상의 맥락과 밀접하게 관련되는 이론을 만드는 것이다. 근거이론을 적용하는 연구에서 연구자는 수집한 자료의 범주들이 포화(saturate)될 때까지 면접자료를 수집하기 위해 현장에 여러 차례 방문하여 보통 20~30회 정도의 면접을 실시하게 된다. 여기서 포화(saturate)란 더 이상의 새로운 정보가 발견되지 않을 단계까지 계속해서 추가정보를 찾아내는 것을 의미한다. 또한 범주(category)란 정보의 단위를 말하는데 이는 사건이나 사례들로 구성된다(Struss & Corbin, 1990). 연구자는 이러한 자료를 수집하는 과정 속에서 분석작업도 함께 행한다. 이미 수집된 자료의 분석을 통하여 새로운 정보를 발견하고 연구주제에 대하여 더 깊이 있게 밝혀내기 위해서 부족한 자료가 무엇인지 확인하고 또 다시 새로운 자료를 수집하고 분석하는 과정을 갖는다. 마치 '지그재그' 과정으로 묘사할 수 있듯이 연구자는 현장으로 나가서 정보를 수집하고, 그 정보를 분석하고 그것을 바탕으로 다시 현장으로 나가서 또 다른 정보를 수집하고 또 그 정보를 분석하는 과정을 포화상태까지 계속해서 반복하는 것이다. 연구자는 이론을 잘 형성시키기 위하여 면접의 대상이 되는 연구참여자를 이론적으로 선택하는 이론적 표본추출(theoretical sampling)을 하게 된다. 즉 연구주제에 적합한 전형적인 현상을 가지고 있는 개인 또는 집단을 표본으로 선택하는 것이다. 또한 현장을 몇 차례 찾아가서 관찰하고 몇 번의 인터뷰를 하는가는 정보의 범주들이 포화(saturated)되었는지, 복잡한 이론이 충분히 정교화 되었는지의 여부에 따라서 이론형성 가능성이 달려있다. 또한 이렇게 수집된 정보들의 비교를 통해서 범주화시키는 과정을 자료분석의 지속적 비교(constant comparative)방법이라고 한다. 구체적으로 관찰이나 인터뷰, 다양한 기록물로부터 수집한 자료로부터 도출된 잠정적 개념이나 범주를 이용하여 계속해서 검토하고 이 과정은 더 이상 새롭게 발전된 개념이 발견되지 않을 때까지 계속되어야 하며 그 개발된 개념을 이용하여 또 새로운 자료들을 수집, 분석하고 그 개념들의 정확성을 확인하는 것이다(Creswell, 1994; 조흥식 외 옮김, 2005, 김치영, 2007). 즉 근거이론연구는 연구자가 이론적인 민감성을 가지고 이론적 표본추출, 메모, 코딩, 지속적 비교방법 등을 통해서 어떤 이론(가설)을 도출하는 질적 연구방법이다(신경림, 2002; Glaser & Strauss, 1967; Strauss & Corbin, 1997; 황성동, 2006).

근거이론의 연구자들은 수집한 자료를 설명하기 위해 범주 또는 부호 같은 것을 사용한다. 이러한 범주와 부호들은 계속적인 분석과정을 통하여 이론의 근거를 형성할 가설의 형성에서 이용된다. 그러므로 근거이론에서 사용하는 자료분석은 특별한 과정을 거치게 된다. 근거이론 연구의 자료분석은 체계적인 코딩과정을 중요시하며 다음과 같은 표준적 단계를 거친다(Creswell, 1994, 김영종, 2000, 김치영, 2007).

① 개방코딩(open coding)

연구자가 수집한 정보 내에서 각 정보들을 구분하는 작업을 통하여 정보의 범주를 만들어내는 것을 말한다. 즉 연구하고자 하는 사건이나 현상에 대해서 정보의 초기 범주를 창출하는 것이다. 연구자는 원 자료로부터 함께 묶을 수 있는 개념들을 뽑아내어 같은 범주로 묶어낸다. 또한 그 각각의 범주(category)안에서 몇 가지의 속성(properties)이나 하위범주를 발견하고, 이렇게 만들어진 범주들은 지속적인 비교방법을 통해서 수정 보완한다.

② 축코딩(axial coding)

축코딩이란 개방코딩을 마친 후 연구자가 각 범주들 간의 관계를 설정하는 작업을 말한다. 연구자는 개방코딩 후 중심현상을 발견하고 이 현상에 대한 중심범주를 확인하고 중심현상에 영향을 미치는 조건들의 범주들, 중심현상의 결과로 나타나는 행동 또는 상호작용 등의 전략을 구체화한다. 또한 그 전략을 구성하는 맥락과 그 맥락에 영향을 미치는 중재조건들을 확인하고 이 현상의 결과를 찾아낸다.

③ 선택코딩(selective coding)

선택코딩이란 축코딩을 통해 나온 범주들을 연결하여 하나의 이야기를 형성하는 것을 말한다. 이 단계에서 각 범주들 간의 관계를 나타내는 모형 또는 조건적인 명제들을 제시하기도 한다.

④ 조건 매트릭스(conditional matrix)

자료분석과정에서 마지막 단계는 조건 매트릭스이다. 연구자는 중심현상에 대하여 영향을 미치는 사회적, 경제적, 문화적 조건 등 다양한 조건들을 밝히는 조건 매트릭스를 만들고 이를 도식화해야한다.

한편 근거이론 연구에서 연구자는 자료의 수집, 선택, 선별, 해석 등 모든 과정에서 개입하게 된다. 즉 연구자가 지닌 관점과 자료에 대한 연구자의 해석 등이 연구과정에서 매우 중요하게 작용한다. 같은 현상에 대해서도 연구자마다 다른 판단과 해석을 통한 다른 연구결과를 도출해낼 수 있다. 그러므로 연구자는 다양한 관점에 대하여 민감해야 하며 조사연구자의 주관적 관점의 한계를 벗어나기 위해 질적연구에서는 다수의 관점을 포함시키지만, 연구결과에 대해서 연구자의 관점이 얼마나 반영되었는지 또는 연구자와 조사대상자 사이의 상호작용 과정에서 어떠한 영향을 미쳤는지 등에 대하여 연구자가 확실하게 인식하고 있어야하며 연구내용에서 충분히 공개해야 한다.

❋ 근거이론연구방법을 활용한 예시

최유미(2004)는 근거이론연구방법을 사용하여 '주부 자원봉사활동의 지속성과 중단성의 요인에 대한 연구'를 수행했다. 이 연구에서 15명의 주부 자원봉사자를 대상으로 심층면접과 기록이 진행되었다. 얻어진 원자료를 개방코딩, 축코딩, 선택코딩의 과정을 통해서 분석하였으며 그 결과 자원봉사자 주부는 '자원봉사 참여 전 단계', '중단 및 지속 결정단계', '지속단계 및 재참여 결정단계'를 거치는 것으로 밝혀졌다(최유미, 2004; 황성동, 2006에서 재인용).

2. 민속지학 연구(문화기술학적 조사연구)

(1) 민속지학 연구(문화기술학적 조사연구)의 개념과 특성

민속지학 연구조사는 인류학에서 출발하였고 인류학, 사회학, 교육학 등에서 많이 활용되고 있다. 특정 문화를 공유하는 집단의 체계, 관습, 생활방식, 규범 등에 대한 기술을 하는 연구로서 민속지학 연구조사(Ethnographic research) 또는 민속지학(Ethnography)이라고 한다. 각 문화 속에서 생활하는 사람들의 관점에서 특정 문화를 연구한다는 것을 강조하기 위하여 민속지학 연구조사라고 부르며 그 문화 속에서 생활하는 사람들의 관점에서 연구를 하는 것으로 자연적 연구라고 불리기도 한다.

이 연구유형에서는 연구자가 연구대상자의 삶 속에서 그들의 실제 자연스러운 삶의 모습을 관찰하는 것에 중점을 두고 사람의 주관적인 경험과 해석에 대하여 강조한다. 연구자는 관찰, 몰입, 비공식적 대화, 참여 등을 통해 연구대상자의 문화, 삶을 이해하고자 하는 방법이다. 예를 들어, 노숙자의 삶을 그리기 위해 그 생활환경 속으로 들어가 아침에 일어나면서부터 밤에 잠들기까지 모든 생활 모습을 있는 그대로 기술한 것이다(황성동, 2006, 김치영, 2007).

(2) 자료수집과 자료분석

민속지학 연구자들은 보통 알아내고자 하는 개인 및 집단의 현장 속으로 들어가서 오랜 기간 동안 함께 생활하며 주로 면접과 관찰을 통해서 자료를 수집하는 것이 일반적이며 부수적으로 연구대상자들이 삶 속에서 만들어낸 인공물 등을 활용할 수도 있다. 관찰이나 인터뷰를 통하여 얻어지는 자료는 현장노트나 관찰지침서 등으로 정보를 기록할 수 있다.

한편 민속지학 연구에서는 연구자들이 연구대상자들의 현장으로 들어가 오랜 시간동안 함께 하다보니 연구자가 그들의 삶에 익숙해지거나 연구대상자들이 연구의 목적을 이해하고 그에 반응하여 행동하는 등의 반응성[9]의 문제가 생길 수도 있으며 그밖에도 호혜성[10], 현지화문제, 사적 정보의 누설, 속임수 등의 문제점들이 제기될 수 있다. 그러므로 민속지학 연구에서는 연구자가 조사대상자의 삶에 미치는 영향, 연구자와 대상자 간의 상호작용 등을 고려하여 연구결과를 도출해야 한다(김태성 외, 2005).

✻ 민속지학연구방법을 활용한 예시

서울시내에서 유명한 L호텔이 실시한 표적집단면접에 참가한 부부 및 연인관계의 소비자들을 대상으로 면접한 결과, 숙박할 호텔 및 호텔에 머무르는 시간 등을 결정하는 사람은 성별 중 남성이라고 응답한 비율이 높았다. 그러나 실제로 호텔 프론트의 비디오테이프를 관찰한 결과 결정권을 행사하는 성별은 일반적으로 여성인 것으로 드러났다. 대상자의 삶을 실제로 관찰하게 되면 표면적으로 드러나는 모습과는 다른 모습을 발견할 수 있는 것이 이 연구방법의 장점이다. 하지만 관찰하고 있다는 사실을 밝히지 않거나 연구대상자의 삶에 부정적 영향을 끼치는 등의 윤리적 문제가 발생할 수 있으니 연구에 대한 사선설명과 충분한 동의과정이 선행되어야 한다.

3. 현상학 연구

(1) 현상학 연구의 개념과 특성

현상학 연구(phenomenological study)는 어떤 현상에 대한 경험의 본질을 이해하기 위하여 수행되는 연구이다. 어떤 하나의 경험이 그 경험을 한 사람에게 주는 의미가 무엇인가를 탐색한다. 현상학 연구는 사회과학과 인문과학, 특히 사회학, 심리학, 간호학과 의학, 교육 등에서 활용되고 있다(Creswell, 1994; 조흥식 외 옮김, 2005에서 재인용).

---

9) 반응성이란 연구자가 현장과 연구대상자에게 미치는 영향을 의미한다(Creswell, 1994).

10) 현장을 조사하는 연구자는 연구자와 연구대상자 간의 호혜성을 주의해야 한다. 여기서 호혜성이란 연구대상자들이 연구에 대한 정보제공의 답례로써 혜택을 기대하는 것이다. 이에 따라서 기존의 삶의 방식과 다른 모습을 보일 가능성이 존재한다(Creswell, 1994).

연구자는 연구참여자들을 그들 자신들의 관점에서 이해하려고 하며, 그들의 감정, 실재에 관한 그들의 견해, 연구자가 관찰하는 현상이 그들에게 주는 특별한 의미 등을 이해하고자 한다. 즉, 자기 발견적 탐구이자 해석의 과정을 강조한다.

현상학적 연구에서는 개인들의 진술로부터 일반적이고 보편적인 의미, 즉 경험구조의 본질을 찾아볼 수 있다고 본다. 어떠한 현상에 대한 연구대상자의 의미와 의견, 바람 등 그들의 견해로 연구자가 관찰하고 이해하려는 것이라고 볼 수 있다(김치영, 2007).

(2) 자료수집과 자료분석

현상학적 자료분석은 환원(reduction)의 방법론을 활용한다. 즉 연구대상자의 구체적인 진술과 그에 대한 분석, 또한 모든 가능한 의미들의 발견을 통해 진행된다. 이때 중요한 것은 연구자는 자신이 가지고 있는 모든 편견을 배제해야 하는데, 이것을 자신의 경험을 괄호치기(bracketing), 판단중지(epoche)라고 표현한다. 현상학 연구의 전문가인 Moustakas(1994)는 초월론적 현상학을 정교화시켰는데, 그는 선입견을 괄호치기하는 것과 사람들이 무얼 경험하고 그에 대해 어떻게 경험하는지에 대한 보편적 구조를 완성시키는 것을 더욱 강조한다.

현상학 연구자는 먼저 주제에 대한 연구문제들을 선정하고 연구대상자들에게 자신들의 경험과 그 경험의 의미를 기술하도록 요청하는데 보통 심층면접을 통해서 자료를 수집하게 된다. 이때 연구대상자의 추출은 특정한 현상을 경험한 사람들만을 대상자로 포함시킨다는 점에서 기준 표본추출방법을 활용한다고 할 수 있다. 보통 10명에서 25명 정도의 연구대상자와의 장기간 면접을 진행하고 그 면접내용을 모두 녹취하여 자료로 활용한다.

현상학적 자료분석의 단계들은 통상적으로 유사한데, Moustakas(1994)와 Polkonghorne (1989)의 따르면, 모든 심리학적 현상학자들은 유사한 단계를 따른다. 먼저 개인들의 진술들을 나열하여 수평화(horizonalization)하는 작업이다. 진술들을 나열한 뒤 그 진술들 속에서 의미 있는 진술들을 골라내고 그 의미 있는 진술들끼리 묶는 작업을 한다. 즉 의미군(clusters of meaning)으로 변형한다. 이때 무엇을 경험하게 되었는지에 대한 조직적 기술(textural description)과 그것을 어떻게 경험하게 되었는지에 대한 구조적 기술(structural description)로 발전시키며 이 과정을 통하여 경험의 본질적인 구조에 대한 일반적 기술을 형성한다. 현상학적 연구물은 연구대상자들의 경험에 대한 단일하고 통합적인 의미가 존재한다는 것을 발견하고 인정하며, 경험의 본질적이며 불변구조(essential invariant structure or essence)에 대하여 연구물을 읽는 독자들이 더 나은 이해로 끝난다. 이는 모든 경험들에는 각각 기초가 되는 '구조'가 있다는 것을 의미한다(Creswell, 1994; 조흥식 외 옮김, 2005에서 재인용).

4. 사례연구

(1) 사례 연구의 개념과 특성

사례연구(case study)는 단일한 하나의 사례 혹은 복합적인 사례에 초점을 맞추어 다각적이고 심층적인 분석을 하는 것이다. 사례연구의 대상은 하나의 개인을 연구대상으로 하기도 하고 하나의 가족, 소집단, 조직, 지역사회를 대상으로 할 수도 있다. 하나의 현상에 대해 깊이 있고 다양한 조사가 가능하고 양적 조사방법과 함께 결합해서 활용할 수도 있다. 특히 인간행동의 복잡성에 대해 이해를 도울 수 있는 자세한 정보를 얻을 수 있다.

이미 언급했듯이 사례연구의 주요 특징은 하나의 사례에 초점을 맞추고 연구한다는 것인데 이때 하나의 사례란 '경계 지어진 체계(bounded system)'를 의미한다. 경계 지어진 체계란 어떤 현상이 단일한 사례에 속하기 위해서는 그 현상의 경계선이 명확해야한다. 그 경계선이 명확해야 연구하고자 하는 사례에 그 현상이 포함되는지 포함되지 않는지를 구분할 수 있다. 경계 지어진 체계는 각각 시간과 장소에 따른 경계를 갖게 되고, 그 예로는 개인들, 프로그램, 사건, 활동 등이 될 수 있다. 구체적인 예로 여러 장소에서 여러 프로그램을 연구하는 경우나 한 장소 내에서 단일 프로그램을 연구하는 것을 선택할 수 있다. 또한 이 연구에서는 관찰과 면접, 각종 문서와 보고서, 시청각 자료 등의 다양한 정보원들을 활용할 수 있다. 또한 사례의 맥락(context of the case)이란 그 특정 사례를 발생시키는 주변 물리적, 사회적, 역사적, 경제적 상황 등으로 사례연구에서는 그 사례의 각 맥락을 포함하여 함께 고려해야한다.

사례연구는 연구의 목적에 따라 몇 가지 유형으로 구분이 가능하다. 사례연구는 적용대상이 개인부터 특정계층에게서 나타나는 문화현상까지 다양한 분야에 대해서 적용가능하기 때문에 특정 적용대상이나 사례연구의 범위에 따라서 유형을 나누는 것보다 사례연구의 목적에 따라 구분하는 것이 적절하다.

사례연구는 어떤 사례에 대한 충분한 이해를 위한 목적으로 수행되기도 하고, 어떤 사회문제에 대한 이해를 돕고 이론을 보완하기 위해 수행되기도 하는데, 이렇게 목적에 따라서 사례연구를 본질적 사례연구와 도구적 사례연구로 구분할 수 있다.

본질적 사례연구(intrinsic case study)는 연구되는 사례 자체에 대한 깊이 있는 묘사와 이해를 하고자 하며, 도구적 사례연구(instrumental case study)는 조사연구를 위한 방법으로서 사례연구가 사용되는 경우이다. 예를 들어 노숙자 문제 등과 같은 사회적 이슈에 대해 더 나은 이해나 이론개발을 위한 연구목적에 대해서 사례연구는 목적달성을 위한 방법적 도구로서 사용된다. 또한 둘 이상의 사례를 연구할 때 집합적 사례연구(collective case study)라고 한다. 집합적 사례연구는 사례들 간이나 개념들 간에 비교가 가능할 수 있도록 선택하게 되며 그 목적은 어떤 집단의 사람들 또는 사회적 이슈에 대한 이해를 넓히기 위해 한 집단의 개인이나 사례에 대해 연구하는 것이다. 그러므로 집합적 사례연구는 사회적 여론이나 연구되는 모집단에 대한 관심이 집중되고, 개별 사례에 대한 관심은 부차적일 수밖에 없다(Creswell, 1994; 김영종, 2000).

지금까지 살펴본 사례연구의 특성에 대해 더 알아보자면, 사례연구는 일반적으로 새로운 사실을 발견하기 위해 활용되는데 이 연구를 통해 발견된 사실들은 후속 연구에 대한 가설로서 제시될 수 있다. 또한 사례연구는 실태조사나 실험적 연구 등 본 연구를 위한 예비조사의 기능을 할 수 있다. 본 연구를 실시하기 전에 그 연구대상으로부터 대표적 사례를 몇개 정하여 필요한 예비지식을 얻을 수 있다. 또한 사례연구의 큰 장점은 사례의 변천과정과 같은 시간적 차원의 파악이 가능하기 때문에 동태적 파악과 관련된 연구를 할 수 있다는 것이다. 하지만 사례연구의 가장 큰 한계점은 사례의 수가 한정되어 있으므로 그 연구의 조사결과의 일반화가 어려우며 통계적 유의성 검증도 불가능하다. 또한 자료의 분석에 있어 각 사례에 대한 자료를 표준화하기가 일반적으로 어렵다는 한계점이 존재한다(Good, W. J., and Hatt, P.K., 1952).

(2) 자료수집과 자료분석

사례연구의 연구자는 특정 사례를 선택하고 깊이 있게 연구한다. 그 사례를 선택함에 있어서 연구자는 왜 그 사례를 선정하게 되었는지에 대한 의도적 표본추출 전략의 근거를 명확하게 제시해야한다. 또한 연구자는 하나의 사례를 연구할 것인지 또는 여러 사례를 연구할 것인지를 고려해야 하며 결정해야 한다. 사실 한 개인의 연구자가 여러 사례를 다룰수록 그 사례에 대한 깊이는 얕아지기 마련이다. 일반적으로 연구자들은 넷 이상의 사례는 선택하지 않는데 연구자에게 더 많은 사례를 함께 연구하도록 동기부여하는 것은 일반화의 가능성과 관련 있다. 하지만 일반화의 가능성은 질적연구에서 별로 의미가 없다(Glesne & Peshkin, 1992; Creswell, 1994).

연구할 사례와 그 수가 정해진 뒤에는 자료수집 단계이다. 사례연구의 경우 심층 사례를 만들기 위해서 여러 형태의 자료를 사용해야 한다. 사례연구의 자료수집은 매우 폭넓게 이루어져야 하며, 다중적인 정보원 즉 관찰, 면접, 문서, 시청각자료 등을 활용한다. Yin(1989)은 문서, 문서기록, 면접, 직접 관찰, 참여 관찰, 물리적 인공물 등 여섯 가지의 정보유형을 추천하였다. 이렇게 다양한 원천으로 수집된 자료들의 분석은 사례나 현장에 대한 꼼꼼한 기술을 통해 구성한다. 예를 들어 사례가 장기간동안 진행된 것이라면 그 사례가 전개되는 각 단계나 각 국면에서 특징지을 수 있는 증거를 결정하기 위해서 다양한 출처의 자료들을 분석해야 한다.

연구자는 수집한 자료들로부터 범주별 집합을 만들어내고 자료들을 분리하고 의미 있는 방식으로 다시 모은다. 또한 연구자는 유형(패턴)을 만들고 두 개 이상의 범주들 사이에 일치되는 것을 찾은 뒤 몇 가지 유형으로 묶는다. 연구의 결론에서는 패턴과 관련한 부분에서 사례를 일반화하고 기존에 나온 문헌들과 어떻게 비교되고 대조되는 부분이 있는지를 확인하고 기술한다(Creswell, 1994).

5. 전기연구

(1) 전기 연구의 개념과 특성

전기연구(biographical study)는 역사연구의 한 유형이다. 먼저 김치영(2007)에 따르면, 역사연구란 어느 특정 시점이나 특정 집단에 대한 관심을 넘어서 사회적 형태의 발전을 살펴보고 그 안에서 문화 간의 교류 및 발전적 과정을 비교하는 연구이다. 역사연구는 어떤 사건 또는 현상의 변화, 발전과정 등을 살펴보며 어느 특정 시대 상황과 그 당시 현상과의 관계를 설명함으로써 그 현상에 대한 이론을 체계화하는 것이 목적이다. 또한 그러한 역사연구는 크게 네 가지 유형으로 구분할 수 있는데 첫 번째는 특정시대의 인물의 생애, 업적, 성격 등에 대해 연구하는 전기연구이다. 둘째 기관, 단체, 또는 제도에 관한 역사적 연구이며 다음은 특정 사상에 관한 역사연구이다. 마지막으로는 지역별 역사를 비교하는 비교사연구이다.

이러한 역사연구의 유형 중 Cresswell(1994)은 질적 연구의 다섯 가지 전통에서 전기연구를 하나의 전통으로 꼽았고 여기서는 전기연구에 대하여 구체적으로 살펴보겠다. 그에 의하면 전기연구는 연구자에게 진술하였거나 문서와 기록물 등에 남겨진 자료를 활용한 한 개인과 그의 경험에 관한 연구이다. Denzin(1989a)은 전기연구를 "한 개인의 삶의 전환점을 기술하는 인생 기록물에 대한 의도된 사용이며 수집"이라고 정의내렸다(Creswell, 1994; 조흥식 외 옮김, 2005에서 재인용). 또한 Creswell(1994)은 전기를 쓰는 연구자가 자신의 이야기가 아닌 다른 사람의 이야기를 말하고 글로 정리하기 때문에 해석적 전기(interpretive biography)라 불리는 Denzin의 전기에 대한 입장을 지지한다.

이러한 전기 연구는 다양한 학문분야에서 활용되고 발전되어 왔으며, 최근에 새로운 주목을 받고 있다. 특히 학문적 맥을 문학, 역사학, 심리학, 사회학, 인류학적 관점에 두고 있으며 또한 여성학이나 문화 사조의 다학문적 관점에서도 활용되고 있다(Cresswell, 1994).

한편 전기연구에서 질적 연구자는 몇 가지 단계를 거치게 되는데 먼저 전기 연구의 유형을 선택하여야 한다. 이와 관련하여 Denzin(1989a)은 다양한 유형들과 그 특성에 대하여 논의하였으며 그 유형으로는 자서전(autobiography), 생애사(life history), 구술사(oral history)등이 있다.

먼저 자서전(autobiography)에서는 저자가 자신이 살아온 인생에 대하여 인생이야기를 풀어내는 것이다. 전기연구의 다른 유형으로 생애사(life history)는 인류학에서 주로 다루는 접근으로 질적 연구자가 한 개인의 삶에 대하여 이야기하며, 그 개인의 삶이 어떤 방식으로 한 사회의 문화적 요소, 제도적 요소와 그 사회 역사를 반영하는지를 풀어내는 것이다(Cole, 1994; Creswell, 1994; 조흥식 외 옮김, 2005에서 재인용). 마지막으로 구술사(oral history)는 연구자가 어떠한 사건이나 그 사건이 일어난 배경과 원인, 그리고 그 사건으로부터 일어난 결과나 그 사건이 미치는 영향 등에 대한 정보와 기억들을 한 개인이나 여러 사람들로부터 수집하는 접근방법이다. 이때 정보는 사건과 관련된 사람들로부터 인터뷰한 내용을 녹음하여 수집되거나, 현재 살아있는 사람이나 이미 사망한 사람이 쓴 저작을 통해 수집할 수 있다(Creswell, 1994; 조흥식 외 옮김).

(2) 자료수집과 자료분석

전기연구는 대상은 현재 살아있는 사람일 수도 있고 사망한 사람일 수도 있으며 이러한 개인의 인생이야기는 연구되는 개인으로부터 얻는 자료 외에도 다른 사람이 보관하는 문서나 기록 또는 인터뷰 등의 자료를 이용하여 저술할 수 있다. 여기서는 해석적 관점에서의 전기연구에 대해 알아보고자 한다. 해석적 관점에서의 전기는 일정 부분 저자의 자서전적 성격을 지니기 때문에 사실과 허구의 경계선을 흐리게 하여 텍스트에서 대상을 창조한다고 볼 수 있다. 또한 전기의 저자는 본인의 편견과 가치를 완벽하게 제거할 수는 없으며 결국 전기는 저자의 삶을 반영하여 생성되는 계급 산물이라고 할 수 있다(Denzin, 1989a; Creswell, 1994; 조흥식 외 옮김, 2005에서 재인용).

Denzin(1989a; 조흥식 외 옮김, 2005에서 재인용)에 따르면 전기연구의 자료분석은 질적 연구자가 연구대상자의 삶 속에서 대상자의 객관적인 경험들을 확인하는 것부터 시작하는 것을 권한다. 대상자의 인생의 이야기를 전체적으로 그리기 위해서는 개인적인 일지부터 살피는 것이 좋으며 이러한 밑그림 작업에서 연구자는 연구대상자의 어린시절이나 그의 결혼이나 취업 등의 인생단계나 특별한 경험 등을 찾는다. 이러한 단계별 중요한 경험을 정리하는 것은 한 개인의 삶을 연대기(chronology)로 엮어나가기 위함이다. 개인의 삶에 대한 이야기나 발현(epiphany)등은 개인의 일기나 인터뷰를 통하여 나타나며 면접을 하게 될 경우 면접자는 대상자 삶의 다양한 분야의 정보를 알아내고자 하며, 연구대상자에게 자신의 인생을 이론화하도록 요청해야한다. 여기서 이론화된 이론들은 전기의 관련 모델, 인생 단계의 자연사모델, 인생 단계의 과정들, 경력 모델 등의 이론들과 연관될 수 있으며 연구자는 인터뷰와 이야기(interview-story)속에서 내러티브 조각들이나 범주들을 구분해서 분리함으로써 큰 유형과 의미를 결정할 수 있게 된다.

마지막 과정에서 연구자는 삶을 형성한 요소들을 발견하고 그것을 엮어내는 과정을 통하여 연구대상자 개인의 전기를 재구성한다. 이 과정은 첫째 개인의 인생과정, 둘째 개인인생의 여러 경험들을 연결 짓는 여러 이론들, 셋째 독특하거나 보편적인 다른 성격의 삶의 모습들을 강조하는 사례의 추상적인 개념을 기록할 수 있도록 한다(Creswell, 1994; 조흥식 외 옮김, 2005).

질적연구의 종류과 특성

차원	근거이론	민속지학	현상학	사례연구	전기연구
초점	현지에서 수집한 자료에 근거한 이론 개발	문화적 및 사회적 집단에 대한 기술과 해석	현상에 관한 경험의 핵심 이해	단일 또는 복수사례 심층분석	개인의 삶을 탐구
학문적 기원	사회학	문화인류학, 사회학	철학, 사회학, 심리학	정치학, 사회학, 평가, 도시 연구, 기타 사회과학	인류학, 문학, 역사학, 심리학, 사회학
수집 방법	항목분류나 이론개발에 더 이상 참고사항이 발견되지 않을 때까지 20~30명 정도 면접	현지에서 6개월~1년 정도 장기간 생활하며 면접과 관찰로 자료 및 관련 가공물 추가수집	10명 규모의 장시간 면접	증거서류, 기록문서, 면접, 관찰, 물질적 가공물, 질적 자료의 복합적 방법	주로 면접과 문서
자료 분석	부호화	기술, 주제분석, 해석	서술, 의미, 경험에 대한 일반적 기술	기술, 주제, 주장	이야기, 발현(epiphanies), 역사적 내용
서술 형식	이론 또는 이론적 모형	개인이나 집단의 문화적 행동기술	경험의 핵심에 대한 기술	단일 또는 복수사례 심층연구	개인의 삶에 대한 자세한 묘사

(출처 : Creswell, 1994; 조흥식 외 옮김, 2005, 91-92p)

13.4 질적연구의 자료수집

질적 연구의 과정은 양적 연구와 달리 엄격한 절차를 요구하지 않는다. 그러나 이것이 연구의 논리나 형식이 존재하지 않음을 의미하는 것은 아니며 질적 연구에서 수집하는 자료의 특성상 분석하는 절차에서 엄격한 형식이 결코 효율적이지 않다는 것을 의미한다. 또한 질적 연구과정의 특징은 연구문제의 설정에서 가설 검증에 이르는 단계를 언제든지 반복적으로 수행하게 되고 이러한 과정을 통해서 정교한 연구과정에 이르게 된다는 것이다(김기원, 2001). 이러한 성격을 가진 질적 연구의 과정은 자료수집, 자료정리, 자료분석의 단계를 거치게 되는데 여기서는 질적 연구의 자료수집 과정을 살펴보고자 한다. 특히 질적 연구에서 표본추출과정은 표본의 동질성을 중요시하는 양적연구와 다르다. 질적 연구에서는 연구하고자 하는 문제의 특성을 가장 잘 나타내는 표본을 찾고 그 표본에 대한 접근가능성이 중요한 문제로 떠오른다(김치영, 2007; 315). 이 장에서는 질적연구에서 활용하는 다양한 비확률적·의도적 표본추출방법에 대하여 살펴보겠다.

다음으로 연구대상이 선정되면 연구대상에 대한 자료수집이 진행되어야 한다. 질적 연구에서 자료수집은 연구대상자의 삶 속에 들어가서 그를 관찰하거나 또는 연구대상자와의 면접을 통하여 자료를 얻는 방법이 있지만, 그뿐만 아니라 전기, 일기, 편지, 역사적 기록, 영화, 사진, 비디오테이프 등의 다양한 기록물을 통해서도 수집이 가능하다. 이때 연구자가 택하는 자료수집방법은 연구주제의 성격이나 특성에 따라서 달라지며 보통은 몇 가지 방법을 통하여 자료 수집을 하게 된다. 질적연구는 양적연구와 달리 다양한 출처에서 자료를 수집할 수 있다는 특징을 지니며, 질적 자료의 수집방법은 크게 관찰, 면접, 일정기록과 일지, 문헌 및 기록물 검토 등 네 가지로 구분할 수 있다(Marlow, 2005; 165~179, 황성동, 2006; 290에서 재인용). 또한 여기서는 이 네 가지 외에 질적 연구의 자료수집 방법으로써 유용하게 활용할 수 있는 포커스 그룹에 대해서도 알아보겠다.

1. 질적연구에서의 표집

로플란드(1995; 16)는 연구자의 목표가 '가능한 한 가장 풍부한 자료'를 수집하는 것이라고 했다. 여기서 이상적으로 풍부한 자료란 비교적 긴 시간동안에 수집한 다양하고 폭넓은 범위의 정보를 말한다. 즉 이상적으로는 어떤 상황이나 사회적 위치와 직접적이고 대면적인 접촉을 통해서 또는 사회적 위치와 상황에 대하여 장기간동안 집중하여 자료를 얻는 것이라고 하였다. 로플란드가 말한 풍부한 자료를 요구하는 질적연구에서의 표집은 양적연구와는 크게 다르다. 보통의 양적연구에서 확률적표집방법을 선호하는 반면에, 질적연구에서는 연구목적에 따른 의도적 표집이 가능한 비확률적표집방법을 선호한다. 연구자의 조사대상자에 대한 의도적인 선택은 질적연구에서 매우 중요한 결정사항이다. 질적연구를 설계하는 연구자들은 표집방법에 대한 명확한 기준을 가지고 이에 대한 합리적인 근거를 제시해야할 것이다.

여기서는 질적연구의 표집방법에 대한 Babbie & Rubin(2001)의 설명과 Creswell(1994)의 설명을 인용하여 살펴보겠다.

먼저 Babbie & Rubin(2001)은 질적연구에서 적절한 비확률 표본표출 방법에는 할당 표본추출, 눈덩이 표본추출, 그리고 예외사례 표본추출 방법 등 세 가지를 제시했다.

첫째 할당표본(quota sample)추출의 경우 연구대상으로서 집단이나 어떤 사회과정(social process)이 명확하게 정의된 구성원의 범주를 지닌 경우에 표집방법으로 사용할 수 있다. 이 경우에 구성원의 모든 범주를 대표할 수 있는 사람들이 대상으로 표집되어야 한다. 예를 들어 서울의 고등학교 교사들의 정치적 성향을 분석하고자 할 경우에, 집단에서 급직적인 성향을 지닌 구성원과 온건한 성향을 지닌 구성원 모두를 면접하는 것이 효과적일 것이다. 보편적으로 대표성의 확보가 필요한 경우에 할당 표본추출 방법을 활용하여 남성과 여성, 또는 청년과 노인 등 모두를 면접해야한다.

둘째 눈덩이 표본(snow sample)추출방법은 연구자가 연구주제와 관련된 몇 명의 연구대상자를 시작으로 그들에게 다른 연구대상자를 소개받아서 표본을 확대해나가는 방법을 말한다. 예를 들어 '한국의 사회복지사 노동조합의 역사와 역할'에 대한 연구를 하고자할 때, 처음 노동조합을 꾸리고자 했던 사회복지사를 찾고 그와 인터뷰를 통해 그때 함께 노동조합활동을 했던 다른 연구대상자를 소개받는 것이다. 그 후 자료가 포화될 때까지 연구대상자를 통한 새로운 연구대상자 소개를 계속해서 받고 면접의 대상을 넓혀나가는 것이다. 연구자는 집단의 구조가 탄탄하지 않은 집단을 연구하면서 구성원 중 한사람에게 집단에서 가장 영향력이 있는 구성원이 누구인지 물어 볼 수 있으며, 연구자는 그 사람들을 면접하고 면접하면서 또다시 그 집단에서 가장 영향력이 있다고 믿는 사람이 누구인지 물어볼 수 있다. 이런 예에서 연구자의 표본은 면접대상자가 다른 대상자를 추천하는 형식으로 표본의 수는 '눈덩이'처럼 불어날 수 있다. 연구의 대상들이 널리 알려지지 않은 현상이나 사건에 대해서 조사할 때 유용하게 사용되는 표본추출방법이다.

셋째, 예외사례 표본(deviant case sample)추출은 규칙적이지 않은 사례를 연구할 때의 표본추출방법으로 규칙적인 유형에 맞지 않는 예외적 사례를 검토하는 것을 통하여 오히려 규칙적인 태도와 행위의 유형을 더 잘 알 수 있게 되는 경우가 종종 있다. 예를 들면 어떤 모임에서 보통 군중들이 느끼는 감정에서 배제된 것으로 보이는 사람들이나 그 모임에 전혀 참석하지 않은 사람들을 면접함으로써 그 모임에서 표출되는 집단의 사기 또는 응집력에 대한 특성을 역으로 이해할 수 있게 된다. 한편 예외사례는 어떤 측면에서 일상적이지 않은데 예를 들어 노인요양원의 케어(care)와 관련한 가족의 참여 정도에 대한 가설을 만들고자 한다. 연구자는 가족의 케어에 가장 많이 참여하는 것으로 알려진 가족들과 반대로 가장 적게 참여하는 가족들을 집중적으로 검토할 수 있다. 하지만 이때 연구자는 극단적인 사례나 예외사례가 너무 극단적이고 특이하기 때문에 연구하는 현상을 왜곡해서 나타낸다고 생각할 수 있다. 이러한 경우에 Patton(1990)은 준예외사례 표본추출(intensity sampling)을 활용하라고 제안한다. 준예외사례 표본추출방법을 이용하는 연구자는 일상적인 사례보다는 약간 예외적이지만 아주 극단적이지는 않은 사례를 선정하게 된다. 따라서 노인요양원의 케어사례에서는 케어에 가장 많이 참여한 가족과 가장 참여가 저조한 가족을 선정하는 것보다는 대부분의 가족보다는 참여를 약간 더 했거나 덜 했다고 알려진 가족을 선정하는 것이다.

또 다른 극단적 사례 표본추출 방법으로는 결정적 사건 표본추출(critical incidents sampling)방법이 있다. 이 결정적 사건 추출방법은 사회사업 실천현장에서 프로그램에 대한 효과성을 평가하는데 유용하다. 여기서 결정적 사건은 실천현장에서 개선할 수 있는 방법에 대하여 통찰력을 제공할 수 있는 특별히 중요한 일이 일어난 것(예 : 프로그램의 성공이나 실패, 프로그램에 대한 긍정적 혹은 부정적 평가 등)으로 보이는 사건을 의미한다. 이 기법을 활용하는 방법은 연구자가 실천현장에서 일하는 실천가가 직접 서비스를 제공한 경험 중에 자신의 판단에 따라서 아주 크게 성공했거나 실패한 사례들을 선정해달라고 요청하는 것이다. 이 경우에 연구자는 실천가를 통해서 결정적인 사례를 접할 수 있고 그 사례에 대하여 집중적으로 면접을 실시할 수 있다. 또한 연구자는 면접을 실시하면서 여러 실천가들이 실패했던 사례와 성공했던 사례에서 각각 공통점을 이끌어낼 수 있고 연구자는 이러한 유형으로부터 성공한 실천과 실패한 실천을 파악할 수 있는 특성에 대해 연구를 할 수 있는 가설을 설정할 수 있게 된다. Patton(1990)이 제시한 다른 방법은 최대변화량 표본추출(maximum variation sampling)방법이다. 이 방법은 작은 규모의 표본을 집중적으로 연구하여 다양한 현상을 찾아내려는 것이 목적이다. 예를 들면 연구자가 사례관리과정을 연구하고자 할 때에 도시지역, 교외지역, 농촌지역의 프로그램을 선정하거나, 서비스를 제공한지 오래된 프로그램이나 진행한지 오래 되지 않은 새로운 프로그램 등을 선정할 수 있다.

다음으로는 동질적 표본(homogeneous sample)을 선택하는 방법이다. 예를 들어 실천현장에서 너무 과도한 역할부담을 가진 사례관리자의 경험에 대해서 연구를 한다고 할 때 연구자는 사례관리의 담당건수가 특히 많은 프로그램으로 표본을 한정하여 연구할 수 있다.

또 다른 방법은 이론적 표본추출(theoretical sampling)방법이다. 이론적 표본추출은 이미 발견된 개념이나 가설을 만들어낸 사례들과 유사한 새로운 사례들을 선정하는 것으로 시작하여 연구자가 유사한 사례를 관찰한 뒤 어떤 새로운 정보를 얻지 못한다고 생각되면 다른 유형의 사례를 다시 선정하고 다른 사례에서 새로운 통찰력을 얻지 못할 때까지 이 과정을 반복하는 방법이다. 그러므로 이론적 표본추출은 동질적 표본추출과 예외사례 표본추출의 방법을 결합시킨 것이다.

한편 Creswell(1994)은 질적연구방법의 연구전통과 상관없이 질적연구자들은 Miles와 Huberman(1994)이 제시한 의도적인 표본추출 전략 16가지를 살펴봐야한다고 제시한다. 또한 그는 다음 표에서 보듯이 연구자들은 각각의 표본추출이 갖는 목적을 확인해야 할 것을 당부하였다. Creswell(1994)은 질적연구의 각 연구방법에 따른 몇 가지 전략에 대해 설명하였는데, 먼저 현상학 연구의 경우 표본추출 방법이 아주 제한적일 수 있다. 연구에 참여할 대상들은 연구될 현상을 모두가 필수적으로 경험해야 한다. 즉 연구될 모든 조사대상자들이 현상을 경험한 사람들을 대표할 경우에 표본추출 유형 중 ‘기준 표본추출’이 잘 맞을 것이다. 왜냐하면 모든 개인들은 이 기준을 충족시킬 것이기 때문이다. 다음의 예로 근거이론 연구에서 연구자는 이론 개발에 기여할 수 있는지에 대하여 중점을 두고 조사대상자를 선택하는데 이것은 이론적 표본추출(theoretical sampling)이다. 이것은 연구자가 이론개발에 도움이 될 수 있는 대상자들을 조사한다는 것으로 개인들에 대한 동질적 표본(예를 들어 아동기에 학대를 경험해본 모든 여성)을 선택하는 것에서 연구가 시작된다. 이후에 이와 관련된 이론이 개발된 후에 기존연구와는 다른 이질적 표본(예를 들면, 아동기에 학대를 경험했던 여성 이외의 다른 유형의 집단)을 선택하여 연구한다. 이렇게 이질적 표본을 연구하는 근거는 연구모델이 작용하는 맥락적 조건을 확인하거나 그것의 부당함을 증명하는 데 있다(Creswell, 1994; 조흥식 외 옮김).

이와 같은 여러 방식의 표본추출방법은 상호독립적인 것이 아니며, 표본추출의 초점에 따라서 다양하게 이름이 지어진 표본추출의 전략들로 볼 수 있다.

질적연구의 다양한 표본추출 유형

표본추출 유형	목적
최대변량 (Maximum variation)	• 작은 표본 내에서 다양한 속성을 지닌 사례들을 확보하기 위한 방법 • 다양한 변이(variation)를 기록하며 중요하고 공통적인 패턴을 확인함
동질적(Homogeneous)	• 동질적 사례들로 표본을 구성하는 방법으로 어떤 특정한 하위 집단을 깊이 있게 분석하고자할 때 사용하는 방법 • 어떤 특정 주제와 관련 있는 사람들을 대상으로 집단면접을 진행하기 위해 유사한 배경이나 경험을 가진 사례를 선정 • 단순화하고 초점화하여 집단 면접을 촉진시킴
결정적 사례(Critical case)	• 논리적 일반화와 다른 사례들에 대하여 정보적용을 최대한 가능하게 한다.
이론 기반 (Theory based)	• 연구자의 연구문제나 분석틀, 분석방법, 도출해 내고자하는 결과를 고려하여 연구할 집단이나 범주를 결정하는 것 • 이론적 구성체의 예시를 찾아내고 그것에 대해서 자세하게 설명하고 고찰함 • 현실기반 조사연구자들이 활용하는 방법 • 지속적인 비교를 통해 범주들을 수정하는 과정에서 장소나 사람, 사건을 표본추출하는 방법 • 연구시작하기 전에 미리 표본추출방법을 결정하는 것이 아니라 연구과정을 통해 발전하는 것
확증적/비확증적 사례 (확인 및 예외사례) (Confirming and disconfirming cases)	• 초기분석을 확인해줄 수 있는 사례와 그 분석이 잘 맞지 않는 사례를 중심으로 선정하는 것 • 초기 분석에 대하여 자세하게 설명하고 예외사례를 탐색하고 다양한 변이(variation)를 찾음 • 확인사례 : 이미 나타나고 있는 유형과 일치하는 사례 • 예외사례 : 이미 나타나고 있는 유형과 일치하지 않는 사례
눈덩이 굴리기 또는 연쇄 (Chain)	• 어떤 사례에 대해 풍부한 정보를 가진 사람을 아는 사람으로부터 관심사례(cases on interest)를 확인함
극단적 또는 일탈적 사례 (Extreme or deviant case)	• 연구자의 관심이 전형적으로 나타나는 유형과 아주 다르게 나타나는 유형을 보이는 극단적 사례를 연구함으로써 관심현상에 대한 이해를 높이는 방법 • 극단적 사례 : 아주 특별하게 성공하였거나 아주 특별하게 실패한 사례처럼 극단성을 보이는 사례
전형적 사례(Typical case)	• 평균적인 것을 강조함
준예외적인 사례 (Intensity)	• 극단적 사례 표본추출방법보다는 약간 강도를 낮춘 방법 • 극단적 사례가 너무 특별해서 연구하고자 하는 주제를 왜곡한다는 의심이 들 때 사용가능함 • 연구자는 일상적인 사례보다는 약간 예외적이지만 극단적 예외는 아닌 사례를 선정
정치적으로 중요한 사례들	• 원하는 관심을 이끌거나 원하지 않는 관심을 끄는 것을 피함
무작위 의도적 (Random Purposeful)	• 의도적 표본이 매우 크다면 표본에 신빙성(credibility)을 더해줄 수 있음
층화된 의도적 (Stratified purposeful)	• 하위집단을 묘사하고 비교를 촉진함

기준(Criterion)	• 연구주제에 맞추어 미리 결정한 어떤 기준에 적합한 사례들을 선정하는 것으로 민속지학연구 또는 현상학적 연구에서 많이 활용됨 • 몇 개의 기준을 충족하는 모든 사례들은 질 보증에 유리함
기회적(Opportunistic)	• 새로운 단서(leads)를 따르고 기대하지 않았던 것을 이용한다.
조합 또는 혼합 (Combination or mixed)	• 다원화(triangulation), 융통성(flexibility), 다양한 관심과 욕구를 만족시킨다.
편의(Convinience)	• 정보나 신빙성(credibility)을 희생한 대가로서 시간, 비용, 노력을 절약할 수 있다.

(출처 : Miles and Huberman, 1994; Creswell, 1994; 조흥식 외 옮김, 2005; 김태성, 2005)

2. 관찰

질적 연구의 자료수집 방법으로 '관찰'은 매우 중요한 수단이다. 연구과정에서 모든 정보를 하나의 수집방법으로부터 얻을 수 없기 때문에 정보의 다양한 원천을 모두 고려하는 것이 바람직하다. 특히 관찰의 경우 주변의 상황에 대해 인간의 감각기관을 통해 지식을 얻고 이를 인식하게 하는 가장 기초적인 방법이다. 물론 과학적 연구에서의 관찰은 일상적 관찰보다는 체계적이고 정해진 연구목적에 따라 관찰을 한다는 차이는 있지만, 관찰을 통하여 자료를 얻는다는 것은 동일하다. 따라서 광의에서 관찰이란 어떤 현상이나 대상에 대해 자료를 수집하는 모든 행위라고 말할 수 있다(김태성 외, 2005; 252). 하지만 여기서는 협의의 관찰로서 조사대상에 대한 자료 수집 방법으로 정의하고자 한다. 즉 관찰이란 "사회적 상황에서 발생하는 여러 가지 현상에 대한 정보를 목격하는 대로 기록하는 방법"을 말한다(김경동·이온죽, 1986; 이만갑·한완상·김경동, 1985; 김태성 외, 2005에서 재인용). 또한 우리가 사회조사에서 실행하는 관찰에는 크게 구조화된 관찰과 비구조화된 관찰이 있다.

먼저 구조화된 관찰(structured observation)은 연구주제나 연구목적에 따라서 무엇을 관찰할지에 대하여 미리 관찰 내용과 그 범주를 정해놓고 관찰하는 방법을 말한다. 보통 관찰할 내용에 대한 규정을 정해두고 그 발생 빈도, 범위, 방향 등을 범주화하게 되고 이러한 범주에 의해 관찰된 것을 계량화할 수도 있다.

다음은 비구조화된 관찰(unstructured observation)은 구조화된 관찰과 반대로 사전에 관찰대상이나 방법 등에 대하여 명확하게 결정해두지 않은 상태에서 관찰하는 것이다. 이 방법은 연구주제나 연구대상에 대하여 기존 연구에서 충분히 밝혀지지 않은 내용들에 대하여 깊이 있는 조사를 실시할 경우나 기존에 알려진 사실들이 충분하지 않은 상황에서 시작하는 질적 연구에 주로 활용된다. 비구조화된 관찰방법에서 가장 대표적인 것이 '참여관찰'이다. 참여관찰(participant-observation)은 인류학자나 사회학자들이 주로 사용하던 자료수집의 방법으로 관찰자(연구자)가 관찰대상 집단 내부가 들어가 그 구성원들 중 하나가 되어 그들과 함께 생활하거나 활동하는 등 관찰대상과 매우 밀접한 관계를 유지하면서 그들의 행동이나 삶의 방식 등을 관찰하는 것이다. 관찰자는 관찰대상이 생활하고 있는 자연스러운 맥락 속에서 관찰대상자들의 사회적 관계나 행동의 의미 등 모든 상황과 행위에 대하여 자연스럽게 관찰할 수 있다는 장점이 있다. 하지만 관찰자가 관찰대상과 함께 생활하고 긴밀한 관계를 유지하다보니 동조현상이 생겨 객관성을 상실할 가능성이 있다. 또한 관찰자가 관찰대상이 속한 집단 내에서 자신도 자신에게 주어진 역할을 하며 관찰해야 하기 때문에 관찰한 내용을 즉각적으로 정리할 수 없을 수도 있으며 철저한 관찰이 어려울 가능성이 있다(김태성 외, 2005; 황성동, 2006).

3. 면접

면접(interviews)은 양적 연구와 질적 연구에서 모두 사용하는 자료수집방법이며 특히 심층면접은 질적 연구의 자료수집방법으로 자주 활용된다. 면접이란 연구문제를 해결하기 위해 필요한 정보를 알아내기 위해 사전에 준비하고 이를 구체화한 것으로, 연구자가 직접 관찰할 수 없는 것을 발견하기 위해 활용하는 것이다. 연구의 목적이나 주제가 사람들의 행동, 감정, 사회와의 상호작용 과정 등과 관련 있는 경우, 또는 반복하기 불가능한 과거 사건들에 대한 관심이 있을 경우 면접은 필수적이라고 할 수 있다. 질적 연구에서는 면접의 구조화된 정도에 따라 구조화된 면접, 반구조화된 면접, 비구조화된 면접까지 다양한 형태의 면접을 통하여 자료수집을 할 수 있다(황성동, 2006; 290, 김태성 외, 2005; 246~250).

먼저 구조화된 면접(structured interview)이란 연구자가 연구대상자에게 동일한 질문을 하는 방법이다. 이는 가장 구조화된 형태의 면접으로 면접에 대한 구체적인 지침, 순서화된 질문 등 구체적인 면접계획을 가지고 진행하는 것이다. 보통 연구자는 질문이 기록된 면접지를 가지고 면접 일정에 따라 질문을 한다. 구조화된 면접에서는 질문, 질문방법, 면접 모두를 표준화시켜서 '편향'을 최소화시키고자 하는 목적이 있다.

다음은 면접의 유형 중 반구조화된 면접(semi-structured interview)은 주요 질문에 대해서는 표준화는 하되 정보를 더 얻기 위해서 상황에 따라서 질문을 수정하거나 변경 또는 추가할 수 있다. 반구조화된 면접을 실시할 때 연구자는 면접대상자가 질문을 이해하는 정도나 표현정도에 따라서 질문을 다르게 표현할 수 있다.

마지막으로 비구조화된 면접(unstructured interview)은 가장 덜 구조화된 면접방법으로서 연구자는 면접에 대한 간단한 주제 목록만을 가지고 개방형으로 질문한다. 연구주제와 관련하여 반드시 요구해야할 질문도 포함되지만 보통 질문을 하는 방식은 자유롭다. 비구조화된 면접은 면접 형식 중 가장 개방적이고 자유로운 형태의 면접이다.

4. 일정기록과 일지

질적 연구의 조사자료들은 일반적으로 현장관찰이나 면담의 내용을 풍부하게 묘사한 현장기록의 형태로 존재한다. 이러한 기록은 연구하고자 하는 대상자들의 일상생활이 포함된 다양한 맥락 속에서 관찰된 상세한 상호작용을 반영하는 것이기 때문에 연구에서 매우 중요한 기능을 한다.

질적 연구에서 주로 활용하는 중요한 일차적 자료로는 어떤 사건이나 행위 등의 내용을 일정별로 정리한 일정 기록(log), 어떤 행위의 내용을 상세하게 정리한 기록인 일지(journals), 그리고 이러한 기록들을 행위별이나 일정별로 정리한 일기(diary)가 있다(황성동, 2006; 292).

5. 문헌 및 기록물

질적연구의 자료 수집의 방법 중 직접적인 관찰이나 면담으로 수집할 수 없었던 정보를 제공해줄 수 있는 자료 수집방법이 문헌 및 기록물을 검토하는 방법이다. 기록물의 종류에는 전기, 일기, 편지, 필름, 그림, 사진, 비디오테이프, 역사적 기록 등이 있다. 이러한 문헌 및 기록물을 통하여 연구자는 연구대상자의 개인적인 삶, 연구대상자 개인과 사회와의 관계, 또는 중요한 사회기관이나 단체의 역사, 광범위한 사회적 경향 등에 관한 중요한 정보를 획득할 수 있다(황성동, 2006; 292).

6. 포커스 그룹

질적연구의 자료 수집의 다른 방법으로는 포커스 그룹을 통한 정보 수집 방법이다. 포커스 그룹은 일반적으로 6~8명 정도로 한 그룹을 구성하는데 많은 경우에 12명까지도 가능하다. 포커스 그룹 토론에 참여하는 구성원들에게 어떤 주제에 대해 구성원끼리 상호작용을 유발하여 서로 의견 및 제안을 도출할 수 있도록 하여 자료를 수집하는 방법이다. 포커스 그룹은 구성원들 사이에 상호작용을 유발함으로써 새로운 의견이나 다양한 시각을 발견할 수 있는 장점이 있으며 일반적으로 서비스나 프로그램에 대한 탐색적 또는 기초적 데이터를 얻기 위해 활용하는 경우가 많다.

한편 포커스 그룹의 한계는 소규모 표집이라는 것이다. 그러므로 연구의 타당성을 확보하기 위해서는 다양한 사람으로 구성되어 있는 2~5개의 포커스 그룹을 형성하여 타당성을 확보하는 것이 바람직하다. 또한 포커스 그룹을 진행하는 과정은 연구주제나 참여구성원들의 속성에 따라 다양하게 진행될 수 있으나 보통은 다음과 같이 7단계로 진행된다.

포커스 그룹 진행과정

단계	진행내용
1단계	연구주제와 관련하여 연구자가 알고자하는 부분에 대하여 연구문제나 구체적인 질문을 정해둔다. 즉 포커스 그룹을 진행하는 동안에 제기할 질문 목록을 먼저 정리해두는 것이다.
2단계	포커스 그룹의 참여구성원을 정한다. 이때 가능하면 그 참여자가 연구하고자하는 집단을 대표할 수 있도록 다양하고 무작위로 선정해야한다.
3단계	6~8명의 참여자를 수용할 수 있는 조용하고 적당한 공간을 준비한다(포커스 그룹의 구성원은 보통 6~8명의 참여자가 적당하나 12명까지도 가능하다.).
4단계	포커스 그룹 토론 중에 구성원에게 질문을 제기하고 토론을 이끌어나갈 조정자(moderator)를 정한다(이 때 조정자는 토론에 참여하지는 않지만 토론의 방향을 이끌어내고 질문을 구체화시키거나 참가자의 응답을 명료하게 이끄는 역할을 한다.).
5단계	포커스 그룹 토론이 진행되는 동안 오디오 녹음 및 비디오 녹화가 필요하다면 미리 장비를 갖추어야 하고, 이것이 불가능할 시에는 기록을 할 수 있는 보조원을 준비시켜 놓도록 한다.
6단계	포커스 그룹 토론의 기본적인 규칙을 설명하고 참여자가 모두 편안한 분위기에서 자유롭게 의견을 교류할 수 있도록 고려한다.
7단계	포커스 그룹의 토론이 끝난 후 토론으로부터 얻은 데이터를 분석한다. 녹음한 것을 기록문으로 작성하고 기록문에서 중심주제나 핵심사항을 추려낸다. 또한 이 과정에서 객관성과 합리성 확보를 위하여 기록문과 추려낸 내용을 3명 정도의 각기 다른 사람에게 읽고 확인하게 함으로써 연구자의 편향을 방지하도록 한다. 마지막으로 핵심사항과 주요 주제를 파악하여 결과보고서를 작성한다.

(출처 : 황성동, 2006, 230p)

❋ 포커스 그룹의 사례

아동복지 시설의 종사자 처우와 관련된 연구를 진행 중이다. 종사자들의 현재 처우와 개선방안을 연구하기 위해 포커스 그룹을 활용하고자 한다면 아동복지 시설의 종사에 대한 다양하고 구체적인 의견 및 개선방안을 도출할 수 있을 것이다. 포커스 그룹 토론 시에 다음과 같은 개방형 질문을 진행할 수 있다.

- 지금까지 일해 오면서 만족스러웠던 부분과 불만스러웠던 부분은 무엇인가?
- 급여, 근로환경, 기타 복지제도에 대하여 어떤 의견이 있는가?
- 아동복지 시설의 종사자 처우 개선방안에 대한 제언은 무엇인가?

7. 다섯 가지 전통에 따른 자료수집 활동

Creswell(1994)은 "자료수집은 연구문제에 답하기 위해 좋은 정보를 수집하려는 목적을 가진 일련의 상호관련된 활동들"로 표현한다. 다음 표에서 다섯 가지 연구전통별로 자료수집 활동에 대한 유사점과 차이점을 볼 수 있다. 차이점을 살펴보면, 먼저 자료수집의 형태에서 차이가 크다. 먼저 근거이론 연구, 현상학 연구, 전기연구의 경우에 연구자들은 자료수집방법으로 주로 면접방식을 활용한다. 한편 사례연구의 경우에는 연구자 심층 사례를 구성하기 위해 다양한 형태의 자료를 활용하게 된다. 또한 민속지학 연구자들은 실제 연구대상자의 현장에 들어가서 참여관찰방법을 주로 활용한다. 다음으로는 자료수집의 단위도 다양하다. 현상학자, 근거이론 연구자, 그리고 전기연구자들은 개인을 연구한다. 민속지학 연구자들은 전체 문화 체계 또는 그 체계에 대한 하위체계를 연구한다. 그리고 사례연구자들은 어떤 특정 사건이나 활동, 조직에 참여하는 집단을 연구한다. 이처럼 연구방법에 따라서 각 연구대상의 단위가 달라진다. 다음 표에서는 각 연구전통별로 특징을 나열하였다.

자료수집 활동	근거이론	민속지학	현상학	사례연구	전기연구
전통적으로 무엇을 연구하는가?(장소 또는 개인(들))	행위(action)에 반응해 왔거나 중심현상이 일어나는 과정에 참여한 여러 명의 개인들	문화공유집단의 구성원 또는 그 집단을 대표하는 개인들	특정 현상을 경험한 여러 명의 개인들	과정, 사건, 프로그램 또는 여러 명의 개인과 같이 경계지어진 체계	접근가능하고 독특한 개인 1명
접근과 관계형성에서 전형적인 이슈는 무엇인가?(접근과 관계형성)	동질적 표본을 찾아냄	문지기[11]를 통한 접근, 정보제공자의 신뢰를 획득	현상을 경험한 사람들을 찾음	문지기를 통한 접근, 참여자의 신뢰를 획득	개인들로부터 허락을 받고, 기록보관소에 있는 정보에 대한 접근을 획득
연구를 위한 장소나 개인을 어떻게 선택하는가?(의도적인 표본추출 전략)	동질적 표본을 찾음, 이론에 기반한 '표본', '이론적' 표본	어떤 사람이 그 문화집단에서 '이방인'이 되는 문화집단을 찾음, '대표적' 표본	현상을 경험한 개인들, '기준(criterion)' 표본을 찾음	'사례'나 '사례들', '비전형적인 사례' 또는 '극단적' 사례를 찾음	사람에 의존한 몇 가지 전략들(예를 들어, 정치적, 편의적으로 중요하거나 전형적이거나 결정적 사례)
전형적으로 어떤 문자형태의 자료가 수집되는가?(자료 형태)	이론의 세부사항들을 달성하기 위해 일차적으로 20~30명과 면접실시	참여관찰, 면접 인공물, 문서	10명 이상과 면접	문서와 기록, 관찰, 면접, 물리적 인공물과 같은 다양한 형태	문서와 기록물, 개방형 면접, 연구 대상자의 일기, 참여관찰, 일상적 대화
정보가 어떻게 기록되는가?(정보 기록)	면접지침서, 메모하기	현장노트, 면접과 관찰 지침서	긴 면접 지침서	현장노트, 면접과 관찰지침서	노트, 면접 지침서
자료수집에서 일반적인 이슈는 무엇인가?(현장 이슈)	면접 이슈들	현장 이슈(반응성, 호혜성, 사적정보의 누설, 속임수)	자신의 경험을 괄호치기	면접과 관찰이슈	자료에 대한 접근, 이야기와 자료의 진실성
정보를 어떻게 저장하는가?(자료 저장)	필사본, 컴퓨터 파일	현장노트, 필사본	필사본, 컴퓨터 파일	현장노트, 필사본, 컴퓨터파일	파일 폴더, 컴퓨터 파일

(출처 : Creswell, 1994; 조흥식 외 옮김, 2005, 144p)

13.5 질적연구의 자료정리

자료가 수집된 다음 단계는 자료정리 단계이다. 이 단계는 자료 분석 전에 거쳐야하는 자료의 체계적 정리과정을 말한다. 정리과정에서는 기록 정리, 자료의 조직화, 기록에 대한 코딩 등의 작업이 포함된다(Marlow, 2005; 218~230; 황성동, 2006; 292~296에서 재인용).

자료정리 단계의 첫 번째 과정은 기록정리 단계이다. 질적 연구에서 자료수집방법으로는 주로 관찰과 면접이 많이 활용되기 때문에 이 과정에서 현장을 관찰하고 기록하는 것은 아주 중요한 과업이다. 다양한 현장으로부터 얻게 된 많은 기록을 정리하는 것은 복잡하고 어려운 일이다. 특히 현장에서 관찰을 끝내고 바로 기록하는 것이 관건이다. 인간이 가진 기억력의 한계를 고려한다면 관찰 후 가급적 빨리 기록으로 옮기는 것이 바람직하다. 일반적으로 현장의 기록과 기록정리를 위하여 다음과 같은 조언을 제시할 수 있다(Bernard, 1994; 황성동, 2006에서 재인용).

- 기록을 길게 작성하려는 노력보다는 짧은 기록들을 가능한 많이 수집하라.
- 다른 장소에서 기록한 내용들은 따로 분리해서 보관하라.
- 기억에 의존하지 말며 언제라도 기록할 준비를 하라.
- 기록하는 것에 대해 미리 양해를 구하라.
- 그날 현장기록은 가능하면 그날 정리하라.

(출처 : 황성동, 2006, 293p)

✻ 현장기록의 내용별 유형

- 현장 메모(field jottings) : 현장에서 관찰하는 즉시 바로 받아 기록한 정리되지 않은 상태의 메모
- 현장 노트(field notes) : 현장메모를 정리한 노트
- 현장 일지(field journal) : 현장에서 특정한 날에 경험한 것을 비교적 구체적으로 정리한 기록
- 현장 일기(field diary) : 현장에서 기록한 것을 날짜별로 정리한 것
- 현장 일정기록(field log) : 현장에서 실제 진행한 일에 대한 기록이나 시간대별 계획을 기록한 것

(출처 : 황성동, 2006, 294p)

11) 문지기(gate keepers)란 민속지학 연구에서 연구자가 현장에 들어갈 수 있도록 하는 사람을 말한다.

자료정리의 두 번째 과정은 자료의 조직화(organizaing files) 단계이다. 질적 자료 관리의 목적은 연구과정에서 연구주제에 맞게 필요한 자료를 가장 효율적으로 선택하고 그것을 분석할 수 있도록 자료를 조직화하는 것이다. 현장기록이 진행된 뒤에 현장메모나 현장 노트 등의 초안 형태의 자료들을 바탕으로 다시 정리하여 활용하게 된다. 이때 자료의 손실을 막기 위해서 항상 복사본을 준비해두어야 하며, 모든 기록에는 각각 그 기록이 작성되었을 때의 해당 날짜와 시간, 장소가 반드시 함께 기록되어 있어야한다. 보편적으로 다음과 같이 자료 폴더의 유형을 나눈다.

기본자료 폴더	연구주제에 대한 대부분의 모든 기록이 이 폴더에 정리
방법론 폴더	면접, 녹음, 관찰 등 자료 수집방법에 대한 기록
신상 관련 폴더	연구대상자에 대한 정보 모음
문헌 폴더	연구에 활용하고 있는 문헌, 이론 등에 대한 정보 모음
분석방법 폴더	무엇을 어떻게 어떠한 방식으로 분석하였는가에 대한 분석방법과 관련된 정보 모음

(출처 : Marlow, 2005; 210, 황성동, 2006; 295p에서 재인용)

자료정리의 세 번째 과정은 기록에 대한 코딩(coding notes)작업이다. 자료를 조직화한 후에 기록에 대한 코딩작업을 하는 것이 효과적인 자료 분석을 위하여 바람직하다. 현장기록을 기록할 때 각 기록을 분류할 수 있는 코드를 설정하는 것이 중요한데 이 코드는 각 자료마다 가장자리나 머리 부분에 숫자나 부호로 표현할 수 있다. 양적자료의 코딩과 마찬가지로 질적 연구에서도 숫자나 부호의 의미에 대한 코드북(code book)을 만들어 두는 것이 효율적이다. 질적 연구에서 코딩작업은 기존에 결정된 틀에 따라서 각 기록과 자료들을 틀에 짜 맞추는 것이 아니라 수집된 자료들 속에서 틀을 도출해내는 것이다. 따라서 수집된 자료들이 각 코드에 적합한지 여부를 점검한 뒤 각 코드와 자료들이 적합하게 매치하지 않을 때 코드를 수정해야할 경우도 있다.

13.6 질적연구의 자료분석

수집된 자료들에 대한 정리가 진행된 후 남은 단계는 자료분석이다. 먼저 질적연구에서 수집한 자료들은 계량적 자료와 질적 자료로 특성에 따로 구분할 수 있다. 먼저 계량적 자료는 연역적 분석과정을 거치게 되며, 자료 수집과 조직화, 분석이 각각 분리되어 진행되어지는 편이다. 또한 구조화된 통계적 검증 사용이 가능하며 분석의 목표는 통계적 유의도를 밝혀내는 것이다. 한편 질적 자료는 귀납적 분석과정을 통하여 분석하는데 이때 자료 수집, 조직화, 분석이 동시에 진행되기도 하며 비구조화된 분석방법을 사용한다. 이때 분석의 목표는 자료의 패턴을 찾아내는 것이다. 질적 자료 분석에서는 연구자의 의도대로 독자적인 결론을 유도하려는 유혹에서 벗어나기 위해 자료를 그 맥락자체 내에서 유지할 수 있도록 고려해야 한다. 만일 그 맥락의 내용에서 벗어나 해석된 정보는 의미 전달이 부족하며 왜곡된 방식으로 사건을 설명하는 정보로 나타날 위험성이 존재한다. 질적자료와 계량적 자료의 특성과 차이점을 고려하여 질적 자료를 분석하는 것이 바람직하다. 보편적으로 질적 자료의 분석은 분석에 대한 계획 수립, 범주화, 자료의 해석, 자료에 대한 타당도 검증의 단계로 행해진다. 각 단계에 대하여 알아보자(Marlow, 2005; 218~230, 황성동, 2006; 296~306).

(1) 분석에 대한 계획수립

수집된 자료에 대한 체계적 정리를 마친 후 이 정리된 자료를 분석해야 한다. 가장 먼저 자료분석에 대한 계획수립이 필요하다. 그러나 질적 연구의 자료 분석에서는 확고한 규칙이 존재하는 것은 아니며 모든 기록을 다시 읽고 검토하며 모든 자료들에 대한 전체적인 흐름을 잡는 것이 중요하다. 이 과정 속에서 간단하게 기록을 남기거나 새로운 아이디어를 메모해주는 것이 바람직하다. 예를 들면, 주거빈곤에 관한 질적 연구에서 면접 자료 중에 계속해서 '집 없는 서러움'이란 단어가 자주 나오게 되는 것을 발견하면 이를 기록해두는 것이 필요하다. 또한 조사연구 저널(research journal), 즉 연구진행과정에 대한 일지(journal)를 기록하는 것이 중요하다. 연구과정 속에서 얻는 아이디어나 통찰력 등 기록하는 것을 말한다. 예를 들면, 앞의 '집 없는 서러움'이라는 말이 어떤 맥락 속에서 나오는지를 발견하고 그 맥락을 기억하고 기록해두는 것이 매우 중요하다. 분석에 대한 계획수립단계에서 중요한 것은 모든 자료를 체계적으로 정리하기보다는 일단 수집한 자료로부터 떠오르는 것들을 기록해두는 것이다.

(2) 범주화(identifying categories)

질적 연구는 귀납적인 특성을 지니므로 수집된 자료 속에서 연구주제와 관련된 어떤 패턴이 도출되어야 한다. 연역적으로 어떤 패턴을 도출하기 위해서는 자료가 조직되고, 분류·편집되어서 분석 가능한 형태로 만들어져야 한다. 이때 중요한 것이 범주화(identifying categories)작업이다. 연구자는 정리된 자료에서 어떤 주제, 즉 핵심내용을 뽑아내고 연구주제와 목적에 맞는 개별 데이터를 찾고 그에 대해 코드를 부여하고 범주화해야 한다. 이 단계에서 범주(categories)를 만들고 이것을 코딩하는 작업을 실시한다.

① 첫 번째 단계의 코딩 : 수집된 자료들에서 의미를 가진 정보들, 즉 의미단위(meaning units)를 발견한다. 그리고 이것을 범주로 묶고 각 범주에 코드를 부여하는 것이다. 이 단계에서는 다음과 같은 다섯 단계 작업을 진행한다. 먼저 자료에서 중요한 경험이나 아이디어 등의 의미 단위를 찾아내고 의미 단위를 범주 속에 맞추고 각 범주에 이름을 부여한 후 범주에도 코드를 부여한다. 그 후 코딩을 다시 조직화한 뒤에 코딩의 종료시점을 정한다.

② 두 번째 단계의 코딩 : 이 단계는 추상적인 면이 있으며 자료를 해석하는 과정을 어느 정도 포함한다. 또한 자료에서 어떤 관련성을 추출하기 위해 범주 사이의 유사점과 차이점을 확인해야 한다. 또한 이 단계에서는 각 범주에서 의미 단위를 뽑아내고 범주 간에 비교와 대조를 통해서 범주를 묶은 후 어떤 주제, 즉 중심내용으로 통합한다. 이러한 과정을 그림으로 표현하면 다음과 같다.

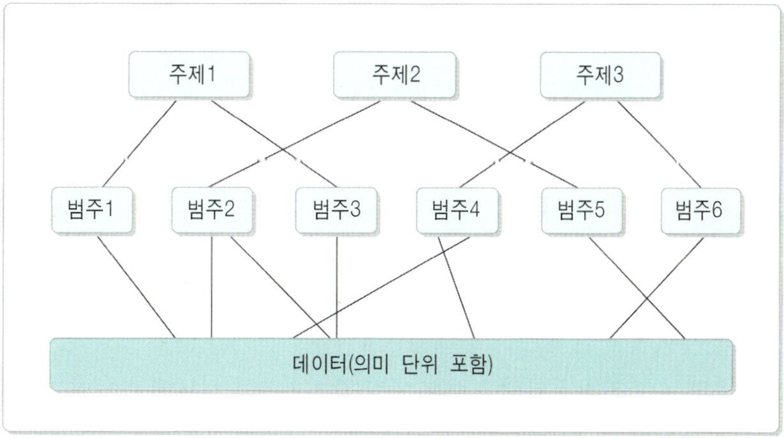

그림 13-1 **질적자료분석에서 범주화**
(출처 : Marlow, 2005 : 221, 황성동, 2006에서 재구성)

③ 범주의 유형 : 범주화 작업에 사용되는 범주의 유형은 두 가지인데 하나는 고유범주화이며 다른 하나는 조사자 범주화다. 고유범주화(indigenous categories)는 내부자적 접근법에 입각하여 연구대상자의 관점에서 관찰된 대상자의 표현이나 용어를 사용하여 범주를 명료화하는 것이다. 특히 이 접근은 사회복지실천가가 클라이언트의 관

점에서 접근할 수 있도록 하는 실천기술과 공감기법을 개발하는데 적절하다.

④ 다른 범주의 유형으로는 조사자 범주화가 있다. 이것은 조사자 본인이 수집한 자료에서 직접 범주를 구성하는 것이다.

(3) 자료의 해석

자료의 해석은 "변수와 개념 간의 관계를 관찰하는 것을 포함하며, 자료를 분류하는 방식을 선정하는 과업과 질적 조사의 목적을 달성하기 위한 가설이나 이론을 개발하는 과업으로 구분하여 살펴볼 수 있다."(Tutty, Rothery, & Grinnell, 1996; 황성동, 2006에서 재인용)

먼저 질적 자료를 분류하는 방법으로는 다이어그램, 매트릭스, 셈, 누락된 요소 연결, 반증 자료 등을 활용한다. 다이어그램(cluster diagram)은 질적 연구에서 수집된 자료를 정리하고 범주화하며 코드를 부여하고 중심주제를 찾아나가는데 이 과정 속에서 연구자는 자료의 해석을 위해 유의미한 자료들을 묶고 그에 대해 원이나 그림과 같은 시각적인 부호로 표시하는 것이다. 매트릭스(matrices)는 개별적인 의미를 표로 나열한 것이다. 연구자가 자료를 쉽게 분류하고 자료 간의 관련성을 확인할 수 있도록 한다. 다음으로 셈(counts)은 연구자가 자신의 연구를 계량화하지 않고도 의미 단위나 범주 등의 발생 빈도를 세는 것을 말한다. 셈을 이용하면 자료를 다루는 데 어떤 편향이 있었는지를 확인할 수 있다. 다음은 누락된 요소를 연결(missing links)하는 것이다. 자료를 범주화하고 일차적 분류를 한 후 다시 검토하는 단계에서 발생하는 것이다. 어떤 두 범주가 서로 관련되어 있는 것을 파악하고 여기에 이 범주들을 연결하는 제 3의 변수가 있다면 그것을 연결해주는 것이다. 마지막으로 반증 자료(contradictory evidence) 또한 질적 분석에서 반드시 고려할 사항이다. 그 이유는 반증 자료는 자료의 타당성을 검증하는 과정에서 활용될 수 있기 때문이다.

자료의 해석 단계에서 가설과 이론 개발을 고려해야 하는데 가설의 개발과 인과성에 대한 언급은 수집한 자료에 근거를 두어야 하고 이를 억지로 데이터에 끼워 맞추거나 연구자의 편견이 영향을 미쳐서는 안 된다. 질적 분석에서는 각 자료들이 서로 순환되고 상호의존하고 있음을 통해 각 자료들의 상호관계가 드러나게 하는 것이 바람직하다.

(4) 자료에 대한 타당도 검증

질적자료의 타당도 검증은 양적 자료의 타당도 검증과는 매우 다른 성격을 지닌다. 보통 질적 자료의 타당도 검증을 위하여 대안가설의 고려, 예외적인 사례 검토, 다각화 등의 과정을 거친다.

먼저 타당도 검증을 위한 첫 번째 과정은 대안가설(rival hypothesis)의 고려이다. 질적 연구에서 어떤 가설을 설정한 후 이 가설에 대한 대안가설이 검토되고 연구 가설과 비교, 검토과정을 거쳐서 연구 가설을 검증하는 것이다. 연구 가설과 대안 가설 모두 데이터를 기초하여 그것을 검토함으로써 검증되어야 하고 어떤 가설이 수집한 데이터를 가장 잘 반영하고 해석해낼 수 있는가를 고려해야 한다.

다음으로는 예외적인 사례(negative cases)를 살펴보는 것이다. 자료를 관찰하고 분석 시에 보통 그 자료들을 설명하는 어떤 유형이 나타나지만, 동시에 그 유형과는 맞지 않는 예외적인 사례가 나타나기 때문에 이에 대해서도 어떤 의미가 있는지 지나치지 말고 검토해야한다. 예외적 사례가 나타났을 경우에 이 사례에 대한 설명이 필요하다. 예외적 사례가 일반적인 사회적 변형의 한 부분인지, 연구 주제에 대한 연구자의 관련 지식 부족으로부터 발생한 것인지, 그 사례는 어떠한 의미를 가지는지 등 여러 면에서 살펴볼 필요가 있다.

다음은 다각화(triangulation)이다. 다각화란 자료의 수집방법, 자료의 유형, 여러 연구자의 분석과정 등을 모두 포함한다. 자료의 수집방법으로는 질적 자료와 양적 자료를 모두 포함하여 자료를 분석하거나 이해하는 데 다양한 이론을 활용하는 방법까지 포함한다. 즉 다양한 출처에서 얻는 자료들을 비교하여 자료의 타당성을 검증하는 방법이다. 다각화를 통해서 얻는 자료들은 서로 다른 특징을 가지고 서로 상충되는 결과를 도출할 수 있지만, 만약 상충되는 정보가 있다면 그것 또한 새로운 발견으로서 의미가 있고 연구의 주제를 이해하는데 다른 차원의 정보를 제공하는 의미가 있으므로 다각화는 중요한 방법이다. 다각화기법의 활용 예로서, 노숙인에 대한 연구를 실시한다고 하자. 이때 여러 가지의 자료 수집방법을 활용할 수 있는데 먼저, 현재 노숙생활을 하고 있는 홈리스 10명의 인터뷰 자료와, 현장에서 일하고 있는 사회복지사의 관찰, 주변 지역의 거주민들의 인터뷰, 관할 구청의 홈리스에 대한 정책 비교 및 담당자 토론 등 다양한 출처의 자료를 활용할 수 있다. 이러한 다양한 방법으로 수집된 결과들을 비교함으로써 연구결과에 대한 타당도를 높일 수 있다.

(5) 다섯 가지 연구전통에 따른 자료 분석방법

질적연구과정에서 여러 가지 형식의 자료들을 분석하는 것은 연구자에게 어려운 작업이다. 또한 수집한 자료들을 표 또는 매트릭스, 내러티브 형식 등을 이용하여 그 자료들을 어떻게 보여줄 것인가에 대한 방식을 결정하는 일도 쉽지 않다. Creswell(1994)은 다섯 가지 연구전통 각각의 절차에 대하여 다음의 표와 같이 구성하였으며 그에 의하여 설명된 분석과 보고의 구체적인 특성을 살펴보고자 한다.

다섯가지 연구전통에 따른 자료분석과 보고

자료분석과 보고	근거이론	민속지학	현상학	사례연구	전기연구
자료 처리	• 자료를 위한 파일을 만들고 조직화함	• 자료를 위한 파일을 만들고 조직화함	• 자료를 위한 파일을 만들고 조직화함	• 자료를 위한 파일을 만들고 조직화함	• 자료를 위한 파일을 만들고 조직화함
읽기와 메모	• 전체 텍스트를 읽고, 여백노트를 만들고, 최초의 코드를 형성함	• 전체 텍스트를 읽고 여백노트를 만들고, 최초의 코드를 형성함	• 전체 텍스트를 읽고, 여백노트를 만들고 최초의 코드를 형성함	• 전체 텍스트를 읽고, 여백노트를 만들고 최초의 코드를 형성함	• 전체 텍스트를 읽고, 여백노트를 만들고 최초의 코드를 형성함
기술		• 사회적 배경, 행위자들, 사건들을 기술하고 현장의 그림을 그림	• 연구자에게 주는 경험의 의미를 기술	• 사례와 그 맥락을 기술	• 객관적인 경험들을 기술(인생의 연대기)
분류	• 축코딩-인과적 조건, 맥락, 중재적 조건, 전략, 결과 개방코딩-범주, 속성, 속성을 차원화	• 주제와 유형화된 규칙을 찾기 위해 자료를 분석	• 개인을 위한 의미의 진술을 찾아 나열하고 진술들을 의미 단위로 묶음	• 범주별 집합을 사용하며 범주들의 패턴을 구성	• 이야기를 확인 발현(epiphanies) 찾기 • 인생의 맥락적 자료를 확인
해석	• 선택코딩과 이야기 전개, 조건적 매트릭스를 발전시킴	• 결과를 해석하고 이해	• '무엇이 일어났는지' 조직적 기술을 발전시킴 • '어떻게' 현상이 경험되는지 구조적 기술을 발전시킴 • '본질', 경험의 전반적인 기술을 발전시킴	• 직접적인 해석을 사용 • 자연주의적 일반화를 전개	• 패턴과 의미를 개발하기 위한 이론화
보고와 시각화	• 시각적 모형이나 이론제시, 명제 제시	• 표, 그림, 스케치가 첨가된 이야기(narrative)제시	• 경험의 '본질'을 이야기(narration)하고, 진술과 의미단위를 표, 그림으로 제시	• 표나 그림이 첨가된 이야기(narrative) 제시	• 과정, 이론, 독특하고 일반적인 인생의 모습에 초점을 둔 이야기(narration)제시

(출처 : Creswell, 1994; 조흥식 외 옮김, 2005, 183p)

13.7 질적연구의 한계와 고려할 점

질적연구를 실행하면서 질적연구자가 고려할 점은 크게 윤리적 문제와 과학적 엄격성의 문제 등 두 가지이다(김치영, 2007). 먼저 질적연구의 자료 수집과정은 연구대상자의 삶 속에서 그를 관찰하거나 수차례의 면접을 갖는 등의 대상자를 직접 접하는 경우가 대부분이다. 이 과정에서 발생할 수 있는 윤리적인 문제를 방지하기 위해서는 사전에 연구대상자의 동의를 받는 것이 필수적이다. 또한 연구목적과 내용, 연구절차, 연구참여에 따르는 위험 및 부담 또는 혜택, 비밀보장 등의 연구의 내용을 자세하게 연구대상자에게 제공해야 한다.

다음은 과학적 엄격성의 문제이다. 질적연구는 다양한 사례보다는 적은 사례에 대하여 다양하고 깊이 있게 연구하는 방법으로 양적연구와는 다르게 일반화의 어려움이 있으며 조사연구자가 자료수집의 도구이기 때문에 조사연구자가 가지고 있는 가치관이나 관점에 따라서 자료의 질이 영향을 받을 가능성이 크다. 그러므로 과학적 엄격성을 확보하기 위해서는 반응성의 문제와 조사연구자의 편견을 줄이는 것이 중요하다. 그 구체적 방법으로는 먼저 연구대상자가 연구관찰이 이루어지는 상황에서 기존의 행동방식과 다른 행동양상을 보일 가능성이 있다. 따라서 연구자와 연구대상자간의 신뢰성을 바탕으로 관계형성이 보장되어야 사실적인 정보를 얻을 수 있을 것이다. 또한 조사연구자의 편견을 줄이기 위하여 삼각측량방법과 동료집단의 조언을 활용할 수 있다. 연구자 한명의 관찰이나 해석에 의존했을 때보다 다양한 자료수집방법을 활용하면 충분한 자료를 얻을 수 있을 것이며 동료집단 여러 명의 연구자의 관점을 통한 해석의 과정을 공유한다면 편견을 최소화할 수 있을 것이다. 마지막으로 연구결과를 연구대상자의 시각을 통하여 재확인하는 것이다. 질적 연구는 연구대상자의 관점이 존중되어야 하는 철학적 기반을 지니고 있기 때문에 확인과정은 매우 중요하다. 또한 이 과정을 통해 연구결과의 오류를 수정할 수 있다. 다음의 표는 연구참여자들에게 연구가 시작되기 전에 연구에 대한 참여 동의를 얻기 위한 동의서에 들어갈 사항을 제시하였다. 다음의 사례는 실제로 사용했던 연구대상자의 참여동의서 견본을 제시하였다.

❋ 연구참여자들의 참여동의서에 들어가야할 사항

- 연구참여를 자발적으로 그만둘 수 있는 권리
- 연구참여자의 비밀을 보장받을 권리
- 연구의 주요 목적과 자료 수집 등 연구과정에서 사용되는 절차들
- 연구과정 속에서 연구참여자와 관련된 위험에 대한 내용
- 연구참여를 통해 연구참여자가 얻게 될 것으로 예상되는 혜택
- 연구참여자들이 연구동의에 대해 서명하고 날짜를 쓸 수 있는 공간

(출처 : Crewell, 1994)

❋ 질적 연구 학습 경험 : 질적 사례연구

아래 정보들은 귀하가 본 연구에 대한 참여의사를 결정하는 데 도움을 주기 위해 제공되는 것입니다. 귀하는 학과, 교수, 네브라스카-링컨 대학과의 관계에 영향을 주지 않으면서 연구에 참여하지 않거나 혹은 연구 참여를 언제든지 중단하는 결정을 자유롭게 할 수 있습니다.
이 연구의 목적은 박사과정에서의 질적 연구 학습과정을 이해하고자 하는 것입니다. 이 연구는 단일한, 총체적인 사례연구(single, holistic, case study) 설계 절차를 따를 것입니다. 현 연구 단계에서, 학습과정은 박사과정에 대한 인식과 박사과정의 상이한 단계에서 질적 연구를 이해하는 것으로 정의될 것입니다.

자료는 세 시점-박사과정 초기, 중기, 말기-에서 수집될 것입니다. 자료수집은 문서(학생과 교수들이 작성한 학술지 목록, 수업과 연구절차에 대한 학생들의 평가), 시청각 자료(수업장면을 촬영한 비디오테이프), 면접(학생들 간의 면접 축어록), 교실 관찰 현장노트(학생들과 교수들이 작성)를 통해 이루어집니다. 자료수집에 포함될 사람들은 수업에 참여하는 교수와 학생들이 될 것입니다.

참여하기 전이든, 참여하든 중이든 언제든지 연구에 대해 질문하십시오. 연구가 끝난 다음에 저희는 연구결과들을 귀하와 기꺼이 나눌 것입니다. 그러나 귀하의 이름은 어떤 방식으로든 연구결과에 제시되지 않을 것이며 참여자로서 귀하의 신분은 연구자만 알고 있을 것입니다.

이 연구와 관련된 위험요인이나 불편사항에 대해서는 알려진 바가 없습니다.

본 연구의 참여와 관련하여 귀하에게 기대되는 이익은 질적 연구 학습 경험에 대한 정보와 질적 연구에 참여하는 기회이며, 그리고 구체적인 자료분석에 참여하는 학생들에 대해서는 공동 저술의 기회가 제공될 것입니다. 출판을 하게 된다면, 학생들의 참여를 필자 명을 쓰는 줄에서 밝힐 것입니다.

연구 절차의 특성과 목적을 완전히 이해하고 동의하시면 서명해 주십시오. 이 동의서 사본은 귀하에게도 드릴 것입니다.

참여자의 서명 ____________________

날짜 ____________________

John W. Creswell, Ed. Psy., UNL,

책임연구자(Principal Investigator) 402-472-2248

(표이름 : 연구대상자의 참여동의서 견본, 출처 : Creswell, 1994; 조흥식 외 옮김, 2005, 148p)

13.8 질적연구와 사회복지실천

1. 유사점과 차이점

질적 연구와 사회복지실천간에는 유사점과 차이점이 있다(Pagadett, 1988; 34~44). 양자간의 유사점은 다음과 같다(김귀환 외, 2005).

(1) 유사점

사회복지실천가는 각각의 클라이언트에 대한 개별화된 사정을 중요시하기에 클라이언트의 삶을 아주 꼼꼼하게 기록한다. 그러면서도 귀납적이고 유연한 사고를 행하는 사회복지실천가는 클라이언트의 문제를 정의하고, 조사를 실시하는데 있어 필요한 정보를 모으고, 그에 따라 적절한 개입의 방안을 결정하고 실시하게 된다. 이후 개입의 결과에 관한 정보를 수집, 필요한 경우 개입방법을 보완하고 수정하게 되는데, 이러한 점이 질적 연구의 자료수집방법과 유사하다. 또한 질적 연구에서는 일차적 자료수집방법으로 심층면접과 관찰, 기록참고 등을 사용하고 있으며, 이는 사회복지실천가들도 자주 사용하는 것으로 사회복지실천상의 과정기록, 메모, 사례보고 등은 질적 연구의 자료분석과정과 유사하다 할 수 있다. 셋째로 질적 연구의 질적 면담은 치료적 면담과 유사한데, 양자는 모두 면접자의 공감이나 감정이입을 통해 조성된 안정감 있고 비심판적인 환경 속에서 면접내상의 생각이나 기억, 느낌, 감정 등을 이끌어내고자 한다. 넷째로 질적연구와 사회복지실천에서는 클라이언트에 대한 개별화된 사정을 중요시하는 점도 유사점으로 이야기할 수 있다.

(2) 차이점

질적 연구와 사회복지실천간의 차이점도 존재하는데, 사회복지실천가의 경우 이론과 모델에 바탕을 둔 규범적 시각이 있는 반면, 질적 연구자는 규범적인 가정이 연구의 질을 저하시키는 요소로 간주한다. 이에 질적 연구에서는 규범적인 가정을 가능하면 피하고자 한다. 두 번째로 사회복지실천가는 클라이언트에게 서비스를 제공하는 것이 가장 중요하지만, 질적 연구자에게는 엄격한 학문적 방법을 통해 지식과 이해를 증진시키는 것이 중요하다. 셋째, 사회복지실천에 있어 면담(session)은 질적 연구의 면접과 차이를 보인다. 사회복지실천가의 면담에서 관심의 초점은 문제나 감정에 두는 반면, 질적 연구자의 주된 관심은 사건이나 경험에 맞추어져 있다는 점에서 앞에 유사점과는 다른 차이점을 보인다.

넷째로 클라이언트와 사회복지사 간의 관계종결에 관한 결정은 일반적으로 클라이언트의 상태가 충분히 향상되었는지 여부에 대한 결정을 바탕으로 클라이언트나 사회복지사 혹은 양자가 내릴 수 있다. 반면에 질적 연구에서는 연구대상이 연구 도중에 이탈하는 경우가 아니라면 연구자가 자료수집이 충분히 이루어졌다고 생각할 경우 관계를 종결하게 된다. 마지막으로 사회복지실천가의 성공은 클라이언트의 변화에 대안 확인에 있는 반면, 질적 연구자의 성공은 학문적으로 검증된 연구에 있다는 점에서 질적 연구와 사회복지실천의 차이점이 존재함을 볼 수 있다.

2. 질적 연구에 대한 논쟁

질적 연구에 대한 대표적인 논쟁들, 질적 연구를 과학으로 볼 수 있는지, 질적 연구의 일반화, 연구자의 주관성, 관찰자 효과, 신뢰도, 양적연구와 함께 사용될 수 있는지에 대한 여섯 가지 주요 쟁점을 알아보도록 하자(김귀환 외, 2005; 288~289).

(1) 질적 연구는 과학적인가?

과학적이라는 것을 설명할 때에 반드시 연역적이고 가설검증적인 연구만을 의미하는 것이 아님을 인식할 필요가 있다. 과학적인 태도 중에는 방법과 증거에 대해 개방적인 자세를 견지하는 것도 포함되는데, 질적 연구자에게 있어 과학적인 연구란 엄격하고 체계적인 경험적 탐구를 뜻한다. 즉 질적 연구자는 자료를 근거한 연구(data based research)인 현실기반이론을 추구한다. 이러한 의미에서 질적 연구자들은 과학적 전통을 따르고 있다고 볼 수 있다.

(2) 질적 연구는 일반화될 수 있는가?

연구자들이 일반화 가능성이라는 용어를 쓸 때, 그 용어의 뜻은 그 연구결과가 연구대상의 물리적 환경 범위를 넘어서까지 적용된다는 가능성을 이야기하는 것이다. 그러나 질적 연구자들은 일반화 가능성을 이러한 관습적인 입장에서 바라보지 않는다. 그들은 연구결과가 일반적으로 적용될 수 있을 것인가라는 문제보다, 어느 다른 상황과 대상에게 그들의 연구결과를 일반화할 수 있는가라는 문제에 더 관심이 있다. 예를 들면, 정신 병동에서 알콜중독자들로부터 발견한 내용의 어느 정도까지 청소년들이 모여 집단활동을 하는 학교나 기타 장소에서 일반화할 수 있는지에 관심이 있다.

반면에 일부 질적 연구자들의 경우 일반화 가능성을 검토하는 것은 자신들이 해야 할 일이 아니라고 주장하기도 한다. 그들은 질적 연구자 자신의 일은 주어진 환경이나 대상자들에 대한 자료를 주의 깊게 수집하는 것이라고 이야기하며, 이것을 일반화시키는 일은 질적 연구자가 아닌 다른 사람들의 일이라고 간주한다.

(3) 연구자의 주관성을 배제할 수 있을까?

질적 연구자의 과업은 연구대상자들의 주관적인 상태를 객관적으로 연구하는 것이다. 질적 연구자뿐만 아니라 모든 연구자들에게 있어 편견과 태도는 종종 자료에 영향을 미치기 쉽다. 특히 질적 연구자에게 있어 자료는 일단 수집되면 정신적 기억과정을 거쳐 기록되기 때문에 연구자의 주관이 개입되기 쉽다. 질적 연구자들은 그들 자신의 주관성이 자료에 영향을 미치지 않도록 늘 주의를 기울여야 하며, 기울이고 있다. 질적 연구자들의 주관성에 대한 반성과 세부적인 현장기록, 연구에 자신의 편견이 개입되지 않도록 노력하는 모습을 통해 연구에 있어 주관성은 배제될 수 있을 것이다.

(4) 관찰자 효과를 어떻게 제거할 것인가?

연구자의 존재가 연구대상자의 행동에 변화를 일으키는 것을 '관찰자 효과'라 부른다. 이는 일종의 반응성(reactivity)이라고도 할 수 있는데, 사람들의 견해를 묻는 조사연구의 경우, 연구자의 동석을 통해 연구대상자에게 질문하고 답하도록 하며, 이 때 연구자의 존재 자체는 그들의 응답내용에 변화를 가져온다는 것이다. 결국, 사람들에게 견해를 직접 물어 보는 것 자체가 새로운 견해를 창조하는 결과가 될 가능성이 있게 된다.

질적 연구자들은 자연스럽고, 비강요적이며, 비위협적인 태도로 연구대상자들과 상호작용하고자 노력함에도 불구하고 연구대상자에 대한 자기의 영향력을 모두 다 제거할 수는 없기 때문에 자연상태 그대로를 연구하기 어렵다 하지만 연구자는 그 상황에 대한 깊은 지식을 가지고 연구대상자에 대한 자기의 영향력을 이해하며 그러한 영향력을 제거하기 위해 끊임없이 노력함을 통해 자연상태에 좀 더 가깝게 연구할 수 있을 것이다.

(5) 질적 연구도 신뢰도를 확보할 수 있을까?

같은 환경의 연구대상자에 대해 독립적으로 연구하는 두 연구자가 같은 연구결과를 얻을 수 있을 것인지에 대한 문제는 양적 연구자들이 말하는 신뢰도와 관계가 있다. 다른 연구와 마찬가지로 질적 연구 역시도 서로 다른 연구자들 또는 동일 연구자이지만 시간의 경과에 따른 관찰결과에는 일관성이 있어야 한다. 그러나 질적 연구자들이 추구하는 일관성에는 이러한 일관성만 있는 것은 아니며, 질적 연구자들은 모든 자료의 정확성과 포괄성에도 관심이 있다. 이는 질적 연구에 있어 서로 다른 관찰자들의 관찰결과 일치도가 글자 그대로의 일관성이 아닌, 자료로서 그들이 기록하는 내용과 그 상황에서 실제로 일어나는 일간의 일치되는 정도, 즉 자료의 정확성과 포괄성을 신뢰도로 간주하는 경향을 말한다.

(6) 질적 연구와 양적 연구는 함께 사용될 수 있는가?

두 접근을 동시에 사용하는 것이 가능하고 어떤 사람은 두 접근을 함께 사용하기도 한다. 그러나 어느 경우에는 바람직하다고 하더라도, 같은 사람이 심층적인 질적 연구와 복잡한 양적 연구를 동시에 수행하기에는 많은 어려움이 따르기도 한다. 두 접근이 각기 다른 가정에 근거를 두고 있기 때문이다. 그러함에도 양자를 상호보완적 측면에서 적절히 사용함으로써 질적 연구의 단점인 객관성을 보완할 수 있다는 주장도 있다.

13.9 질적연구와 양적연구의 통합

질적연구와 양적 연구의 통합에 관한 논의는 각각의 연구방법이 갖고 있는 상대적 유용성을 보완적으로 활용하자는 취지에서 비롯되었다. 각각의 연구방법의 상대적 유용성과 결함을 상호 보완적으로 활용한다면 더 나은 사회적 연구 및 정책 평가가 가능할 수 있다고 생각했기 때문이다. 그러함에도 통합 연구에 대한 찬성과 반대의 입장이 갈리는데, 우선 찬성론의 입장을 보면 양 방법론의 결합을 통하여 결합효과 및 보완효과를 기대하고 있다. 연구의 통합은 각 방법론에 필연적으로 내재해 있는 한계와 오류를 줄일 수 있고 사회현상에 대한 정확한 이해와 지식의 축적을 가능하게 한다고 생각한다. 반면에 통합 연구에 대한 반대론의 입장은 양적 연구와 질적 연구의 통합 문제를 단순한 통합론의 통합이 아니라, 각각의 방법론이 근거를 두고 있는 존재론적·인식론적 패러다임의 통합 문제로 인식하며 양자의 통합은 불가능하다고 보고 있다. 아래를 통해 통합의 상대적 유용성과 제약요인에 대해서 알아보자(김병섭, 2008; 599~603).

1. 양적 방법과 질적 방법 통합의 상대적 유용성

평가연구는 일반적으로 여러 목적을 지니고 있으며 이를 충족시키기 위해서는 다양한 방법들을 사용하는 것이 유리하다. 일반적으로 포괄적인 평가는 과정과 결과를 함께 보고, 과정은 다시 모니터링과 인과적 설명을 포함한다. 즉 포괄적 평가는 모니터링, 인과적 설명, 결과측정을 모두 수행해야 하는 것이다. 이러한 관계 속에서 모니터링은 질적 방법으로 할 때 가장 효과적이다. 그러나 결과측정은 양적 방법으로 할 때 효과적이고 인과관계 설명은 질적 방법과 양적 방법을 함께 써야 효과적이다. 이처럼 포괄적인 평가라는 하나의 영역에서도 양적 방법과 질적 방법은 각각이 효과적으로 접근할 수 있는 부분 영역이 있다.

마찬가지로 참여관찰과 무작위실험을 결합할 경우 심리적 측정이 이해관계를 소홀히 다룬다는 비판(양적평가방법에 대한 비판)과 내적 타당성 저해요인이 통제되지 못한다는 비판(질적 평가방법에 대한 비판)을 상호 극복할 수 있다.

따라서 통합적 연구를 통해 방법론 간의 통계적 추론에는 질적 방법론에 입각한 이해가 필수적이다. 자료에 적합한 통계모형을 선택하고, 나온 결과를 해석하고, 결과를 다른 상황에 일반화하는 것은 지적 지식에 달려 있다. 반대로 양적 측정결과가 질적 방법의 결과(예컨대 시각적 환상에 대한 참여관찰)를 바로 잡아 주기도 하고 보다 깊은 질적 탐구를 자극하기도 한다.

뿐만 아니라 각 방법론에 필연적으로 내재하는 오류를 완화할 수 있다. 함께 사용되는 각 방법론이 서로 이질적(disparate)일수록 편의를 줄이는 데는 효과적이며, 이미 오래전부터 상당한 편의를 갖고 있는 것으로 인정되어 온 양적 방법론은 기술타당성(descriptive validity)과 비확률 표본편의(nonrandom sampling biases)등의 질적 방법론에서 발달한 오류 제거방법을 배울 수 있다.

2. 양적 방법과 질적 방법 통합의 제약요인

이러한 장점에도 불구하고 양적 연구와 질적 연구의 통합에는 약간의 문제가 존재한다. 첫째, 비용과 시간이 많이 들게 되는데, 무작위실험과 사례조사를 결합할 경우 응답자를 현장에 나가서 일일이 만나야 하므로 설문지 방식보다 비용이 많이 들게 된다. 더구나 통제집단까지 조사해야 하므로 필요한 비용과 시간은 크게 늘어날 수밖에 없다. 둘째, 연구자가 어느 한 쪽 방법론에만 훈련이 되어 있는 경우도 있다. 셋째, 어느 한 쪽 방법론에 몰리는 연구경향(유행)을 무시할 수 없다. 넷째, 양적 방법과 질적 방법을 통합하여 연구를 수행했을 경우 결과가 동일하지 않은 경우가 발생할 수 있으며, 이러한 경우는 가치판단이 필요하게 된다.

14

Chapter

조사보고서 작성

14.1 조사보고서 작성

1. 조사보고서 작성의 의의

사회조사는 사회적인 욕구와 문제가 무엇인가 확인하고 문제 해결을 위해 필요한 정보를 수집하고 분석하며 지배적인 원리를 정립하여 이론을 형성하려는 일련의 활동이다. 그렇기 때문에 사회조사는 그 결과를 공식적으로 보고하거나 발표해야만 목적을 달성했다고 볼 수 있다. 그러한 의미로 조사보고서란, 조사 목적을 달성하기 위해 조사결과에서 발견한 사항들과 이로부터 추론한 내용을 조사문제, 조사대상, 조사방법, 조사절차 등과 함께 체계적으로 정리하여 행정책임자나 학계 등에 제시하는 문서이다.

2. 조사보고서 작성의 원칙

(1) 포괄성

조사에서 제기한 문제, 문제해결을 위해 사용한 조사방법, 수집된 자료들의 성격과 분석결과, 분석 결과에 대한 적용과 함의 그리고 가능하면 그 대안들에 이르기까지 모든 것이 빠지지 않고 설명되어야 한다.

(2) 정확성

정확한 보고서의 작성은 조사결과의 해석과 활용에 중요한 영향을 미친다. 따라서 자료수집과정의 타당성과 수집된 자료의 질, 자료 처리 및 분석과정의 적절성, 보고서 양식이나 내용에서 흔히 발생하는 사소한 오류들(오타, 누락, 수치 오류)이 정확성을 판단하는 기준이 된다.

(3) 명확성

보고서가 명확하려면 작성자가 보고서 내용에 대해 올바른 논리적 이해력을 갖춰야 하며, 그것들을 명확한 단어나 문장으로 표현할 수 있어야 한다.

(4) 효율성

보고서는 다양한 정보를 간결하게 전달하는 효율성을 가져야 하며, 보고서 이용자에게 필요한 것을 모두 포함하면서도 최소한의 함축된 내용으로 전달할 수 있어야 한다.

14.2 조사보고서의 구성

1. 서론

문제나 이슈를 명확히 하고 조사 질문이나 가설을 제시해야 한다. 또한 주제 범위 안에서 독자들의 흥미를 자극하고 조사에 합리성을 제공해야 하며, 문제에 대해 무엇이 알려져 있고 그렇지 않았는지를 밝히는 것이 중요하다.

2. 문헌고찰

문헌고찰에서 발견된 주요 내용에 대해 독자에게 설명하는 부분으로, 주제와 관련된 것만 언급하고 보다 재미있도록 약간의 논쟁이나 흥밋거리를 제공할 수 있다. 최근 조사의 진행사항 대부분이 포함되며, 현장에서 이루어지고 있는 주요 조사를 포괄한다. 조사 문제에 관하여 잘 알려지지 않은 문제에 관해 요약하고 연구자의 관심사를 독자에게 상기시키는 것이 중요하다.

3. 조사방법

조사방법에서는 어떻게 조사를 수행하였는가를 상세하게 서술한다. 일반적으로 조사방법을 서술함에 있어 다섯 가지의 요소가 포함되어야 한다. ① 실험설계인지, 비동일통제집단설계인지, 짧은 설문조사인지를 설명하는 조사설계 유형, ② 어떻게 선정되었는가? 무작위 표집인가? 비확률표집은 아닌가? 주제에 대해 특별하거나 독특한 것이 있는가?에 대한 대상자 설정, ③ 우편설문조사, 기록 고찰 혹은 응답자 개별면접법을 사용하였는지에 대한 자료수집 절차, ④ 사용한 도구는 무엇인지, 알려진 신뢰도와 타당도는 무엇인지에 대한 측정도구, ⑤ 어떤 통계기법이 사용되었는지에 대한 자료분석이 제시되어야 하며, 여기서는 조사자가 무엇을, 어떻게, 왜 수행하였는지 독자가 이해할 수 있도록 모든 부분을 분명히 설명하는 것이 필요하다.

4. 조사결과

수행한 통계분석의 결과를 보고한다. 실제 발견한 것을 포함하고, 자신의 견해 없이 발견한 사실을 있는 그대로 나타낸다. 유의할 점은 통계적으로 유의미한 것만 제시함으로써 독자들의 결론을 제한하지 않아야 한다. 핵심적인 발견 사실을 언급함에 있어 실천적 중요성도 빠뜨리지 않고 언급해야 하며, 표·차트를 이용하여 적절하게 표현할 수 있다.

5. 논의 및 결론

결과의 간결한 요약과 함께 주요 결과나 핵심적인 것을 다룬다. 독자들을 위해 결과를 해석하고 실천을 위한 결과의 타당성을 제시하며, 조사의 한계를 논의하고 조사결과의 일반화 가능 범위를 논의한다. 이후 향후 필요한 조사와 조사자를 위한 제안사항을 언급한다. 중요한 점은 결론 부분에서 개입이 기대한 것처럼 작용되었는지, 클라이언트에게 도움이 되었는지 등 자료에 근거하여 주장해야 할 것이다.

6. 참고문헌

최근 들어 문제가 되고 있는 표절을 피하기 위해서 참고문헌을 정리하거나, 인용하는 것에 유의해야 할 것이다. 참고문헌은 모든 조사보고서에 포함되어야 하며, 방식으로는 통상 저자의 이름에 따라 가나다(알파벳)순서로 정리하고 보편적인 문헌 표기 스타일인 APA 방식을 따른다.

7. 부록

조사과정에서 사용된 중요한 자료나 설문지, 지침을 기록하고 측정도구의 사본을 첨부한다. 예를 들어 설문지를 통해 조사연구를 했다면 부록에 연구에 쓰인 설문지 사본을 첨부해야 한다.

8. 조사보고서의 기본 구조

전체적으로 조사보고서의 기본 구조를 보면 아래와 같으며 표를 통해 더욱 쉽게 볼 수 있을 것이다.

① 표제 : 조사제목, 조사자, 조사기관의 이름, 의뢰조사인 경우 조사의뢰기관의 이름, 작성일자 등을 표기한다.

② 목차 : 세부제목들을 순서에 따라 나열하고, 해당 면을 표시한다.

③ 개요 : 조사보고서의 전체 중 주요한 부분을 요약정리 해놓은 부분으로 조사배경, 조사목적, 가설, 조사내용, 조사방법, 주요 조사결과 및 발견사항, 결론 및 제언 등에 관한 요약문이 포함된다.

④ 서론 : 서론에는 조사의 취지, 필요성, 조사의 목적, 조사범위, 기존의 연구와 비교, 용어의 설명 등을 간략히 기술한다.

⑤ 본문 : 서론에서 간략히 언급한 조사의 목적, 문제와 가설, 이론적 배경 조사 설계 및 조사바업 등을 상세히 기술한다.

⑥ 결론 및 제언 : 본문에서 조사결과가 정리되면, 이를 토대로 결론을 내리고 제언을 하게 된다. 이 부분에서는 전체적으로 조사목적, 조사과정, 조사방법, 조사내용 등을 간략히 정리하고 조사결과를 토대로 결론을 내린다.

⑦ 참고문헌 : 참고한 자료의 출처를 밝힌다.

⑧ 부록 : 통계분포, 사회지표, 프로그램 소개, 이용자 현황, 서문지 원본 등 부수적인 자료를 첨부한다.

조사보고서의 구성 및 주요 내용

	내 용	
서 론	• 문제의 기술 • 문제의 중요성과 조사 배경	• 조사 문제나 가설의 진술
문헌고찰	• 이론적, 역사적 고찰 • 조사 목적의 반복 기술	• 기존문헌에서의 갭(gap)
조사방법	• 조사설계와 자료수집 과정 • 표본추출 • 자료분석 절차	• 조사대상자의 특성 • 측정도구의 설명
조사결과	• 결과의 사실적 정보 제시 • 통계적, 실천적 중요성 논의	• 표, 차트로 제시
논의 및 결론	• 결과의 간결한 요약 • 조사의 한계나 제한점	• 결과의 실천적 적용 • 후속 조사의 제안
참고문헌	• 가나다(알파벳) 순 정리	• APA방식 등
부 록	• 설문지, 측정도구 사본 첨부	

참/고/문/헌

- 강신택(1981). 사회과학의 연구이론, 박영사.
- 경희대학교 사회과학연구원(2000). 알기 쉬운 조사방법론, 한국언론자료간행회.
- 김갑용·전남련·이은화·이상호·정현숙·박순철·권태연 공저(2009). 사회복지조사론, 학현사.
- 김경동·이온죽(1986). 사회조사연구방법론, 박영사.
- 김광웅(1997). 사회과학연구방법론, 박영사.
- 김귀환·김기원·남연희·류정욱·손정일·이경은·이계윤·이기량·이민표·이은경·정병오·정재운·최용·한영현(2005). 사회복지조사방법론, 나눔의 집.
- 김귀환(2007). 사회복지조사방법론, 나눔의 집.
- 김기원(2001). 사회복지조사론, 나눔의 집.
- 김렬(1999). 사회과학조사방법론, 박영사.
- 김미라 외(2003). 사회조사방법론, 광주사회조사연구소.
- 김범종(1998). 사회과학 연구조사 방법론 워크북, 도서출판 석정.
- 김병섭(2008). 편견과 오류 줄이기, 법문사
- 김성이·채구묵(1997). 욕구조사론, 아시아 미디어 리서치.
- 김영석(1999). 사회조사방법론, 나남출판.
- 김영종(1999). 사회복지조사방법론, 학지사.
- 김웅렬(2001). 사회조사방법론의 이해, 고려대학교출판부.
- 김정근·이용재(1996). 한국문헌정보학 연구와 문화기술적 방법. 도서관학논집(제24집).
- 김정기 외(1999). 사회조사분석론, 창원대학교 출판부.
- 김치영(2007). 사회복지조사론, 교문사.
- 김태성·김기덕·이채원·홍백의 공저(2005). 사회복지조사론, 청목출판사
- 김형식(1997). 사회복지프로그램 평가기법, 아시아미디어리서치.
- 김해동(1997). 조사방법론 : 이론과 기법, 법문사.
- 김환준(2004). 사회복지연구조사방법론, 나남출판.
- 남세진·최성재(1988). 사회복지조사방법론, 서울대학교 출판부.
- 류근관(2003). 통계학, 법문사.
- 박용치(1997). 현대조사방법론, 경세원.
- 삼성복지재단(1994). 사회복지프로그램 사례집, 삼성복지재단.
- 성규탁(1988). 사회복지행정론, 법문사.
- 성숙진 외(1998). 사회복지조사방법론, 나남출판.
- 성태제(2002). 타당도와 신뢰도, 학지사.
- 소영일(1994). 연구조사방법론, 박영사.
- 신경림(2002). Grounded Theory, 비판과 대안을 위한 사회복지학회 워크숍 자료집.
- 신옥순(1991). 교육연구의 새 접근, 교육과학사.

- 양정하(2006). 사회복지조사방법론, 공동체.
- 오혜경(1998). 사회조사방법론, 아시아미디어리서치.
- 우수명(2004). TP사회복지 Program 개발과 평가, 인간과 복지.
- 윤종주(1981). 사회조사, 개문사.
- 이관우(1976). 조사분석방법론, 형설출판사.
- 이관우(1982). 신조사방법론, 형설출판사.
- 이민수·이민규(2005). 한국 우울증 검사(KDS-30)검사요강, 학지사.
- 이윤로(2003). 사회복지조사방법론, 학서당.
- 이철수(2009). 사회복지학사전, Blue Fish.
- 이채원 외(2005). 사회복지조사론, 청목출판사.
- 이학식·김영(2002). SPSS 10.0 매뉴얼 : 통계분석방법 및 해설, 법문사.
- 이해영(1999). 사회과학 연구방법론, 학현사.
- 이홍탁(1994). 사회조사방법론, 법문사.
- 장인협·이정호(1999). 사회복지행정론, 서울대학교 출판부.
- 전남련·권경미·김덕일(2007). 유아관찰 평가의 이론과 실제, 양서원.
- 정창수(1996). 사회과학방법론, 대영출판사.
- 조동기(2000). 사이버공간과 사회조사 : 온라인 사회조사의 쟁점과 과제, 한국조사연구학회.
- 조성우(2005). SPSS를 활용한 사회복지조사연습, 청목출판사.
- 조용환(2000). 질적 연구: 방법과 사례, 교육과학사.
- 조흥식 외(2000). 난곡지역주민 욕구조사, 신림종합사회복지관.
- 차배근(1983). 사회통계방법, 세영사.
- 차배근(1996). 사회과학연구방법, 세영사.
- 채구묵(2001). 사회복지조사방법론, 양서원.
- 채서일(1990). 사회과학 조사방법론, 법문사.
- 채서일(1992). 사회과학조사방법론, 학현사.
- 최성재(2008). 사회복지조사방법론, 나남출판.
- 최일섭·김성한·정순돌(2001). 사회복지조사론, 동인.
- 최제호(2007). 통계의 미학, 동아시아.
- 최종혁(2002). 사회복지프로그램의 질적평가방법론, 청목출판사.
- 한경성(2005). 사회복지조사론, 진영사.
- 한승준(2000). 사회조사방법론, 대영문화사.
- 홍두승(2000). 사회조사분석, 다산출판사.
- 황성동(2006). 알기 쉬운 사회복지조사방법론, 학지사.
- Ackoff, R.(1953), The design of social research, University of Chicago Press.
- Bailey, Kenneth D.(1987), Methods of Social Research, N.Y.

- Bailey, K. D.(1994), Methods of social research(4th ed.), The Free Press.
- Blaikie, N.(2000), Designing Social Research, Polity Press.
- Campbell, D., & Stanley, J.(1963). Experimental and Quasi-Experimental Designs for Research. Boston : Houghton Mifflin Company.
- Creswell, J. W. 1994. Research design : Qualitative quantitative, and mixed methods approaches(2nd ed.) Thousand Oakes, CA : Sage Publications.
- Cook, T., & Campbell, D.(1979). Quasi-Experimentation : Design and Analysis Issues for Field Settings. Skokie, IL : Rand Mcnally.
- Cook, T. D., Campbell, D. T. & Peracchio, L.(1990), "Quasi-Experimentation", In Dunnette, M. D. & Hough, L. M.(eds.), Handbook of Industrial and Organizational Psychology. Palo Alto, CA: Consulting Psychologists Press.
- Dooley, L. M.(2002) : "Case Study Research and Theory Building", Advance in Developing Human Resources, 4(3) : 335-354.
- Everitt, Angela & et. al.(1992), Applied Research for Better Practice, Macmillan, Company, NY.
- Finkle, A. L.(1979). "Flextime in Government", Public Personnel Management, 8 : 152-155.
- Fischer, J.(1978), Effective casework practice, McGraw-Hill.
- Frankfort-Nachmias, C. & Nachmias, D.(2000). Research methods in the social sciences(6th ed..). New York : Worth Publishers.
- Good, W. J., and Hatt, P.K., 1952. Method in Social Research, New York : McGraw-Hill Book Company, Inc.
- Holsti, O. R.(1968). Content analysis. In G. Londzey & E. Aronson(Eds.), Handbook of social psychology(pp.601～614). Reading, MA : Addison-wesley.
- Jones, J(1981), Bad Blood : The Tuskegee Syphilis Experiment, Free Press.
- Kerlinger, F. N.(1986). Foundations of behavioral research(3rd. ed). New York : Holt, Rindhart and Winston.
- Kish, L.(1965), Survey sampling, Wiley.
- Li, N.(1976). Foundation of social research. New York : MaGraw-Hill.
- Lofland, John.(1995). "Analytic Ethnography : Features, Failings, and Futures", Journal of Contemporary Ethnography, 24(1), 30-67.
- Maslow, A.(1954), Motivation and personality, Harper & Row.
- Merton, R. K.(1957), Social theory and social structure, Free Press.
- Miller, D. C.(1991). Handbook of research design and social measurement(5th ed.) Newbury Park. CA : Sage Publications.b
- Miles, W. L., & Huberman, A. M.(1994). Qualitative data analysis : A sourcebook of new methods(2nd ed). Thousnad Oaks, CA : Sage.

- Mill, J. S.(1919). A System of Logic Ratiocinative and Inductive(eds.), London : Longmans, Green, Reader and Dyer.
- Monette, D. R., Sullivan, T. J., & Dejong, C. R.(5th de.)(2002). Applied social research: Tools fot the human sciences. Orlando, FL : Harcourt College Publishers.
- Moustakas, C.(1994). Phenomenological research methods. Thousand Oaks, CA : Sage.
- Myrdal, G.(1969). Objectivity in social science research. New York : Pantheon Books.
- Neuman, W. L.(2003). Social research methods : Qualitative and quantitative Approaches(5th ed.). Bostion : Allyn and Bacon.
- Nunnally, J. C. & Bernstein, I. H.(1994), Psychometric Theory(3nd ed.), McGraw-Hill.
- Nunnally, J. C.(1967), Psychometric Theory(2nd ed.), McGraw-Hill.
- Padgett, D. 유태균 역(2001). 사회복지 질적연구방법론, 나남.
- Patton, Michal Quinn. 1990. Qualitative Evaluation and Research Methods, 2nd ed. Newbury Park, CA. Sage.
- Popper, K.(1959), the logic of scientific discovery, Basic Books.
- Punch, K. F. 2004. Introduction to social research : Quantitative & qualitative approaches. London : Sage Publications.
- Ragin, C. C. 1991. Issues and Alternatives in Comparative Social Research, Leiden : E. J. Brill.
- Royse, D. 2004. Research Methods in Social Work(4th Ed.) Belmont, CA : Books/Cole-Thomson Learning.
- Rubin, A. & Babbie, E(2008). 김기덕 · 김용석 · 유태균 · 이기영 · 이선우 · 정슬기 공역, 사회복지조사방법론 제6판, 센게이지러닝코리아(주).
- Selltiz, C., L, S. Wrightsman & S. W. Cook(1976). Research Methods in Social Relations(3rd ed.). New York : Holt, Reinhart and Winston.
- Skidmore, W. 1979. Theoretical thinking in sociology. Cambridge : Cambridge University Press.
- Strauss, A. & Corbin, J. 신경림 역(2001), 근거이론의 단계, 현문사.

찾/아/보/기

가

바

자

RESEARCH METHODS IN SOCIAL WELFARE

사회복지조사론

발 행 1쇄 2012년 12월 10일
2쇄 2014년 9월 22일
저 자 박용순 · 배극수 · 강창교 · 권영길 · 길옥연 · 박준섭 · 서인균
이광석 · 이영주 · 이영희 · 장우심 · 전대성 · 정현태 · 조영순
발행인 이 웅 현
발행처 **퍼시픽북스**
서울특별시 중구 충무로 29 아시아미디어타워 501호
TEL. 02-2272-7766(代) / FAX. 02-2272-7166
E-mail: papu77@daum.net

ISBN 978-89-6130-583-9

정가 **20,000원**